U0883768

中国印刷年鉴

（2016-2020）

中国印刷技术协会
中国印刷杂志社
组织编写

文化发展出版社
Cultural Development Press

内容摘要

《中国印刷年鉴（2016-2020）》全面、系统地反映我国印刷业2015-2019年间的整体及主要细分市场、区域市场的发展情况。书中汇集了5年来印刷及相关领域发展的统计数据，基本展示了“十三五”以来我国印刷业发展取得的成绩，对相关政府部门制定行业发展政策，为企业了解和把握未来发展趋势并做出正确决策具有一定的参考性和实用性。

图书在版编目（CIP）数据

中国印刷年鉴. 2016-2020 / 中国印刷技术协会，中国印刷杂志社组织编写 .– 北京：文化发展出版社, 2020.9

ISBN 978-7-5142-3107-6

Ⅰ. ①中… Ⅱ. ①中… Ⅲ. ①印刷工业 – 中国 – 2016-2020 – 年鉴 Ⅳ. ① F426.84-54

中国版本图书馆 CIP 数据核字 (2020) 第 163409 号

中国印刷年鉴（2016-2020）

中国印刷技术协会
中国印刷杂志社 组织编写

责任编辑：魏　欣　　责任校对：岳智勇

责任印刷：邓辉明　　责任设计：侯　铮

出版发行：文化发展出版社（北京市翠微路2号　邮编：100036）

网　　址：www.wenhuafazhan.com

经　　销：各地新华书店

印　　刷：北京尚唐印刷包装有限公司

开　　本：787mm × 1092mm　1/16

字　　数：460千字

印　　张：24.5

印　　次：2020年10月第1版　2020年10月第1次印刷

定　　价：450.00元

ＩＳＢＮ：978-7-5142-3107-6

◆本书内文用纸：金东纸业（江苏）股份有限公司105g太空梭特级双面铜版纸，80g太空梭本白双胶纸

编辑说明

《中国印刷年鉴》是我国印刷行业唯一一本大型资料性工具书，收录了我国印刷及相关行业上一年度整体发展的相关资料，对于促进印刷资源的开发利用、促进业界对印刷业的深入研究和科学决策起到了重要的作用。

2020年是全面建成小康社会目标实现之年，亦是“十三五”规划的收官之年，为系统梳理过去5年中国印刷业发展成就，中国印刷技术协会决定编辑出版《中国印刷年鉴（2016–2020）》。本卷年鉴也是继1981年出版首卷以来的第29卷。

《中国印刷年鉴（2016–2020）》全面、系统地反映我国印刷业2015–2019年间的整体及主要细分市场、区域市场的发展情况。书中汇集了5年来印刷及相关领域发展的统计数据，基本展示了“十三五”以来我国印刷业发展取得的成绩，对相关政府部门制定行业发展政策，为企业了解和把握未来发展趋势并做出正确决策具有一定的参考性和实用性。

为综合反映我国印刷业2015–2019年的整体发展情况，本卷年鉴共设8个栏目：特载、业情综述、大事记、地方印刷、印刷人、政策法规、标准汇编、数据统计。

今年是中国印协成立40周年的纪念之年。本卷年鉴以“砥砺奋进四十载，不忘初心再出发”为主题，同时开设“中国印刷技术协会成立40周年纪念专辑”。

本卷年鉴的编纂工作，得到中宣部印刷发行局、部分省（市）委宣传部印刷发行处的关心和指导，得到各地印刷协会、海内外印刷界专家和学者以及广大读者的帮助和支持。在此，谨致谢忱。由于本卷年鉴的资料来源广泛，在编写过程中难免存在疏漏、错误之处，请广大读者批评、指正。

《中国印刷年鉴》编辑部

二〇二〇年九月

创新之路
乘风破浪的MK

25

YEARS

Leading Innovation
Strive Forward And Never Stop

长荣集团1995年创立，
是全球领先的印刷装备制造商及
综合服务方案提供商。
致力于通过推动印刷装备制造的
技术进步和服务创新，
以持续提升生产效率和包装工艺水平，
实现行业的可持续高质量发展。

2016

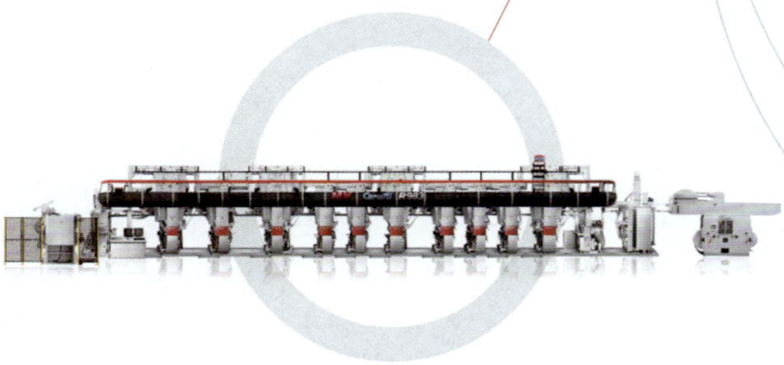

MK Cerruti R983 凹印机

2016年，首台长荣赛鲁迪MK CerrutiR983凹版印刷机在云南通印交机。随后，相继在至远、朗晖、瑞丰、通印等烟包标杆企业完成交付，运行良好。使凹印机有了一个世界顶端水平的中国方案、长荣方案！

2019

Diana X115+DianaFeeder+DianaPacker 自动糊盒生产线

Diana系列的高端机型，速度高达650米/分钟；搭载了DianaFeeder+DianaPacker，实现从送纸到打包完整的一体化解决方案，大幅减少人力。

长荣股份
MASTERWORK

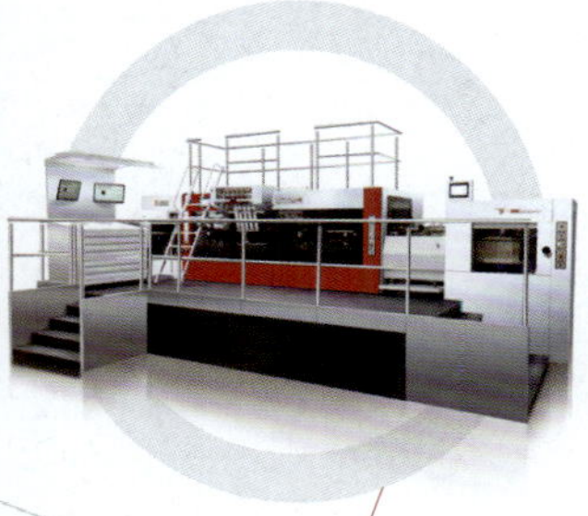

2019

有梦·MK2920FF双机组烫金机

MK920SS的继任者，2019年推出。配置了电子套准系统，速度由原来5000张/时提升到6000张/时，效率提高20%。

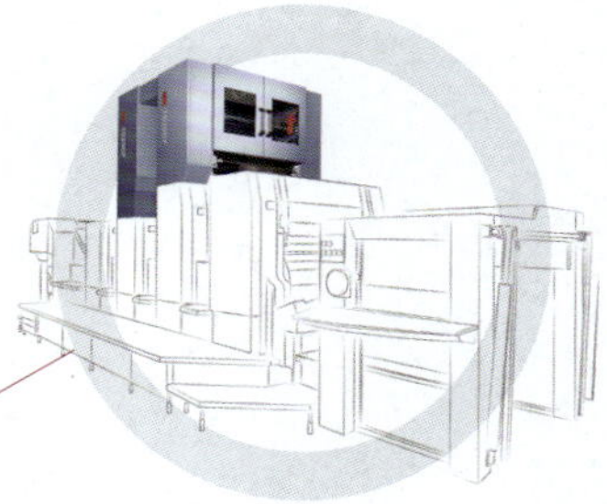

2019

MK1020CF冷烫机

海德堡胶印机搭载长荣高速冷烫设备，以及自动物流、在线检测系统，生产速度高达12000张/时。这是海德堡与长荣首次实现技术层面整合。

2018

有臻·MK420Qmini检品机

配置五个高速线扫描摄像头，可轻松应对：印刷、凹凸、烫金、丝网、褶皱、划伤及背面的脏污和二维码等缺陷。检测精度可达0.1mm^{2}点缺陷、0.1mm×5mm线缺陷，色差检测ΔE可达3。

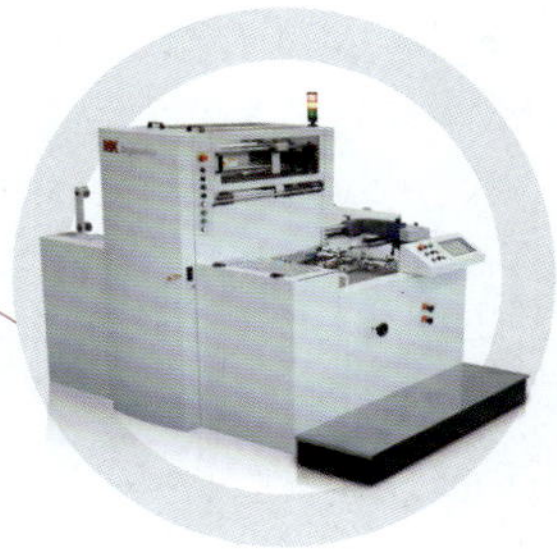

2019

Digimatrix60FC烫金模切机

专为数码印后打造，最大幅面600mm×450mm，占地面积仅6m^2；快速换版，不停机取样，实现更高生产效率。

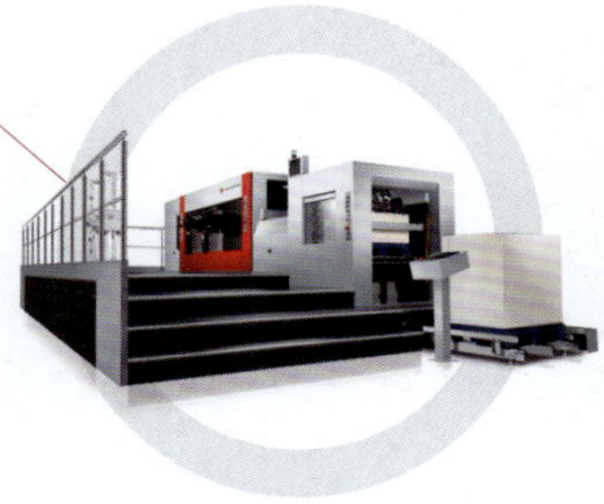

2017

有梦·MK1060CSB全清废模切机

是长荣集团与海德堡战略合作后，推出的首台全能型全清废模切机。配置电子套准系统，实现模切精度达到≤±0.1mm，为企业提供更加便捷高效的生产解决方案。

2019

有悦·MK1300CS清废模切机

涵盖胶印彩箱80%以上的产品，解决目前使用1620幅面模切机成本高，能耗高的问题。

林浆纸
一体化

爱德印刷

AMITY PRINTING

公司简介

1986年，在各级政府、行业协会等部门领导的关心指导下，爱德印刷作为南京市50项技术改造和技术引进的重点工程成立于南京江宁。2008年公司搬迁至占地130亩的新厂区，目前拥有500多名员工，每年印刷纸令数超110万令，产品包括字典、词典、教科书、世界名著、宗教书籍等各类图书，语言种类超170种，发往世界上一百多个国家和地区。公司历年累计纳税超过1.5亿元人民币，2019年主营业务销售额超过5亿元人民币，其中出口销售额近5000万美元，已成为江苏省书刊印刷业外贸出口的龙头企业，连续两年进入中国包装印刷业百强榜单。

爱德印刷 Amity Printing

南京新厂区鸟瞰图

公司于2015年在埃塞俄比亚首都亚的斯亚贝巴，成立非洲服务中心。2019年4月在北京，埃塞俄比亚投资局与爱德印刷签署了投资备忘录，同意爱德印刷作为首家外国印刷企业进入埃塞俄比亚。

埃塞分厂鸟瞰图

获得荣誉

多年来，公司与商务印书馆、外语教学与研究出版社、译林出版社、南大出版社等国内大型出版社保持长期紧密的合作，印制的产品曾多次荣获国内外大奖——荣获多届中国出版政府奖，多次获得国际印制大奖中的各类奖项近30项，荣获2018年、2019年“世界最美的书”，荣获多届“中华印制金奖”，荣获“首届长三角区域印艺精品金奖”等。作为“国家文化出口重点企业”，先后荣获了“企业信用评价AAA级信用企业”、“高新技术企业”、“国家印刷示范企业”和“南京对外交流文化基地”等称号，并连续六年获得“中国印刷业最佳雇主企业”等荣誉。

精装线

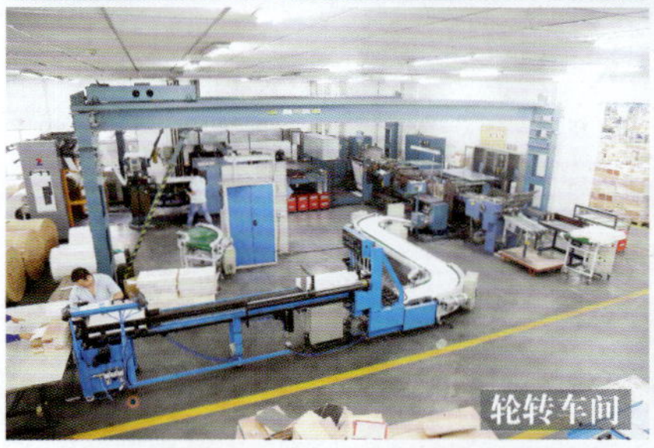
轮转车间

平印车间

配锁线

VOCs设备

助推公益

公司积极组织员工参与爱德基金会脱贫攻坚和乡村振兴等各项公益慈善活动，探访和援助西部贫困山寨，支持爱德面包坊等关爱残障人士项目，积极参加“爱德杯”乒乓球公益赛。2016年，公司成立了以印刷工人为主体的爱德国际救援队，参与爱德基金会国内和国际灾害救援工作。特别是在今年抗击新冠疫情中，发挥独特优势，积极支持配合爱德基金会的国内外抗疫救援工作，还成为江苏统战抗疫医疗防护物资的仓储和调配中心，真正践行了企业的社会责任。

目 录 CONTENTS

特 载

业情综述

目 录 CONTENTS

砥砺奋进四十载 不忘初心再出发——中国印刷技术协会成立40周年纪念专辑

大事记

目录 CONTENTS

企业简介
Corporate Culture

山东临沂新华印刷物流集团，始建于1952年，位于临沂国家高新技术开发区新华路，占地400亩，建筑面积15万平方米，员工1200人，总资产5.6亿元。山东省重点文化企业和重点文化产业园区基地，山东省文化产业示范基地，国家印刷示范企业，荣获国家绿色印刷认证证书。

新华集团下设物流分公司和6个全资子公司：山东新麒印刷物资公司、华铠包装印务公司、新隆印刷版材公司、华兴数字商务印刷公司、华升商业运营管理有限公司、华章文化传媒公司。是全国印刷行业中少有的集创意设计、宣纸艺术品仿真、数字化书刊印刷、数字化精品印刷、图书物流配送、绿色精美包装、环保印刷版材生产、印刷物资供应、印刷机械设备维护与培训、商业运营等一条龙产业链的文化产业集团。特别是凭借“商城临沂，物流之都”的独特优势，将图书直接配送全国，降低出版成本，缩短出书周期，成为赢得出版客户的重要品牌和全国印刷行业的亮点。人民教育出版社、高等教育出版社、人民出版社、山东出版集团、广西师范大学出版社、中信出版集团股份有限公司、北京三联书店等近百家出版社成为长期战略合作伙伴。在保持省级文明单位、山东省诚信企业、全国诚信印刷企业、全国书刊印刷金奖企业等荣誉称号基础上，被相关部门授予“文化体制改革与文化产业发展先进单位”、“全国新闻出版行业文明单位”，荣获“国家印刷示范企业”、“绿色印刷标兵企业”、“中国印刷行业AAA级信用企业”、第四届“中国出版政府奖印刷复制奖”。

BSCI商界社会责任认证

FSC森林认证

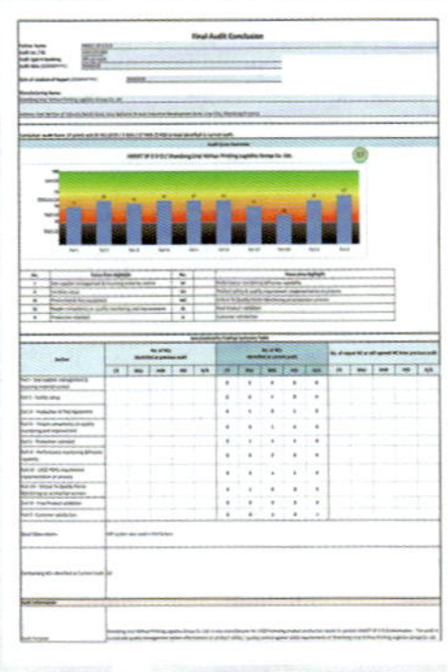
SQE乐高质量认证

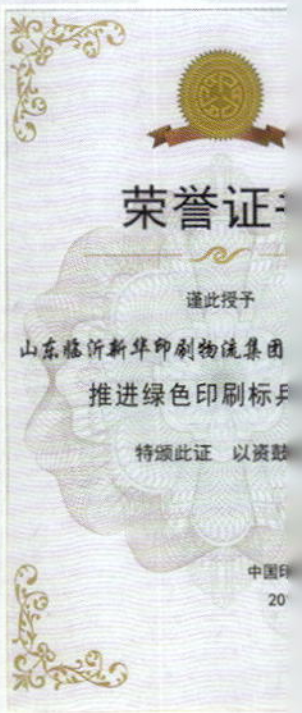

目 录 CONTENTS

印刷人

毕昇奖由中国印刷技术协会于1986年设立，为了纪念我国活字印刷术创始人毕昇对人类文化做出的贡献，表彰奖励在长期的工作中，为中国印刷业的科研、生产、教育和管理做出卓越贡献者。1997年中共中央宣传部批准毕昇奖为新闻出版系统的政府奖项，2002年国家科学技术奖励工作办公室发布公告，正式将该奖项定名为“毕昇印刷技术奖”，至今已成功评选15届。本卷年鉴收录了2015-2019年评选出的第13-15届获奖人。

目 录 CONTENTS

政策法规与标准

目 录 CONTENTS

中国印刷年鉴

目录 CONTENTS

中国印刷年鉴

重庆升光电力印务有限公司

优质·高效·准时·守信

重庆升光电力印务有限公司创办于1972年，主要印制教材、教辅、图书、期刊和包装装潢。公司获得中国环境标志产品认证证书、ISO9001:2015质量管理体系认证证书、ISO14001:2015环境管理体系认证证书。

公司占地13000多平方米，员工200余人，各类技术人员50人；曾多次被授予“优秀企业”“最具竞争力印刷企业”“诚信印刷企业”“质量优异奖”等荣誉称号。近三年，公司承印的出版物在重庆市相关部门春季、秋季出版物印制质量检测中多次获优质品种数第一，在北师大版中小学教科书印制质量评比中多次获优质品。

公司有爱司凯CTP制版机2台、八色商业轮转机4台、北人双面双色轮转机4台、对开四色平版印刷机5台、高速插页联动线等各类印装设备，三条精密达胶订联动线和一条骑马订联动线全部工位安装了摄像监控系统和精准称重系统，在投料、生产、检验等多环节实现自动化操作，极大地减少了对人工的依赖，以最大效率保证产品印制质量和交货周期。

公司主要客户有重庆出版集团、重庆大学出版社、西南师范大学出版社、北京师范大学出版集团、人民教育出版社、清华大学出版社、教育科学出版社、首都师范大学出版社、上海科学技术出版社、重庆新华传媒有限公司、重庆课堂内外杂志社出版有限公司、重庆市天下图书有限责任公司、重庆五洲世纪文化传媒有限公司等。

与时俱进，可持续发展。我们决心抓住经济和社会文化教育事业发展的重要历史机遇，着眼长远规划，科技创新和绿色智能发展，不断进行设备改造，提高印刷技术，增强企业的核心竞争力。同时，公司高度重视人才培养，着力打造出一支优秀的员工团队，激发员工的积极性和创造力，增强员工的责任感、归宿感、自豪感，不断提高员工自身素质，使他们能够自觉地为企业和社会做出自己的贡献！

相关证书

单位名称：重庆升光电力印务有限公司

单位地址：重庆市大渡口区跳磴镇建业路3号(建桥工业园C区19幢)

邮　箱：shengguang0618@sina.com

联系方式：023-68561203

目 录 CONTENTS

中国印刷年鉴

目　录　CONTENTS

广告索引

天津长荣科技集团股份有限公司
APP 大纸事业部
南京爱德印刷有限公司
亚太森博（广东）纸业有限公司
北京尚唐印刷包装有限公司
北京中科印刷有限公司
山东临沂新华印刷物流集团有限责任公司
曼罗兰（中国）有限公司
山东润声印务有限公司
山东工业技师学院
重庆升光电力印务有限公司
北京盛通印刷股份有限公司
山西新华印业有限公司
北京利丰雅高长城印刷有限公司
泰山新闻出版小镇
辽宁新华印务有限公司
北京建宏印刷有限公司
凌云光技术股份有限公司
网屏精密设备（上海）有限公司
浙江劲豹机械有限公司
好利印科技（深圳）有限公司
泰州市久泰科技有限公司
江苏王子制纸有限公司
乐凯华光印刷科技有限公司

天津东洋油墨有限公司
深圳精密达智能机器有限公司
芬欧汇川（中国）有限公司
北京北大方正电子有限公司
汉高（中国）投资有限公司
无锡奥康环保科技有限公司
杭华油墨股份有限公司
苏州科斯伍德油墨股份有限公司
江苏康普印刷科技有限公司
鸿博昊天科技有限公司
湖南天闻新华印务有限公司
高教社（天津）印务有限公司
浙江顺福印业有限公司
山东世纪开元电子商务集团有限公司
深圳劲嘉集团股份有限公司
中国人民解放军第一二〇六工厂
云南省人大机关印务中心
肥城新华印刷有限公司
东莞金杯印刷有限公司
北京天宇星印刷厂
浙江正至包装科技有限公司
山西人民印刷有限责任公司
湖南奔腾文化创意股份有限公司
保定永丽印务有限公司

山东新华印务有限公司
江苏凤凰新华印务集团有限公司
中闻集团南京印务有限公司
中华商务联合印刷（香港）有限公司
杭州日报报业集团盛元印务有限公司
福建新华联合印务集团有限公司
北京凌奇印刷有限责任公司
上海西口印刷有限公司
安徽新华印刷股份有限公司
森林包装集团股份有限公司
北京科信印刷有限公司
北京印刷学院
上海出版印刷高等专科学校
鹤山雅图仕印刷有限公司
北京中石油彩色印刷有限责任公司
山西省印刷物资有限责任公司
北京中献拓方科技发展有限公司
杭州科雷机电工业有限公司
爱克发感光器材（深圳）有限公司
浙江紫明印刷机械有限公司
印工社（青岛）互联网科技有限公司
虎彩印艺股份有限公司
北京万邦联合科技股份有限公司

山西新华印业有限公司
SHANXI XINHUA PRINTING CO., LTD.

企业简介 COMPANY PROFILE

山西新华印业有限公司，隶属于山西出版传媒集团有限责任公司，是山西省国有大型综合印刷企业、政府定点采购企业、国家秘密载体印制资质单位（乙级）、人民教育出版社印刷示范企业。

山西新华印业有限公司主要承印中、小学教材教辅、党政刊物、图书、画册、期刊杂志等出版物和广告宣传品、产品样本、企业手册等社会印刷品。

山西新华印业有限公司始终坚持以“诚实守信、客户至上”为原则，用真诚的服务打动客户；以“品质为本、精益求精”为实践标准，推动企业稳中求进高质量发展。

企业荣誉 ENTERPRISE HONOR

在全国第 39 次人教版中小学教材印装质量检测中，在山西获得的 28 个优质品和 8 个良好品中，我公司荣获 13 个优质品，5 个良好品。在第二届山西出版奖评比中，2 种产品获印刷复制奖，3 种产品获印刷复制奖提名奖。承印《求是》杂志，在 2019 年产品质量检测中 16 期评为优秀。在《读者》杂志社组织的 2019 年印制质量检测中，公司取得全国第二名的好成绩。在意林集团 2019 年度期刊评优获得第三名的优异成绩。2019 年，公司囊括第九届精密达杯印后装订明星企业、印刷优质示范图书、精密达胶订联动线优胜机台三类奖项。

企业发展 BUSINESS

2020 年 7 月，山西新华印业有限公司搬迁至位于山西转型综合改革示范区晋中开发区汇通产业园，组建山西出版传媒产业园·新华印务中心。该中心建筑面积有 50397.82 平方米，其中综合车间 41481.85 平方米，保密车间 3288.44 平方米，保密服务楼 5627.53 平方米，拥有书刊印刷、密件印刷、商业印刷 3 条专业化生产线，形成设备齐全、管理高效的数字化印装基地和保密印刷基地。

文化特色 CULTURAL CHARACTERISTICS

01 关心职工

心职工的专业生涯规划，帮助职工实现人生价值。

02 重视职工

人才是企业生存和发展最根本、最重要的资源。

03 尊重职工

尊重分歧、开放分享，让职工都得到公平的尊重。

山西新华印业有限公司坚持以人为本，注重职工精神文明建设，重点发扬职工主人翁精神，从而不断激发全公司职工的昂扬斗志，提升职工的自豪感和凝聚力。

展望未来 LOOKING TO THE FUTURE

2020 年，新发展、新机遇、新挑战，我们将牢固树立创新、协调、绿色、开放、共享的发展理念，在实践中实现新突破，以稳固生产经营、稳定职工队伍、提升发展动能、提高职工收入四大目标为牵引，继续开拓前行。

地址：山西省太原市迎泽区双塔西街 32 号；晋中分公司：山西省晋中市山西示范区晋中开发区汇通产业园区 108 国道北六堡段。

联系人：李先生

联系方式：0351-4040125　0351-7041288

QQ：278476032

中图按需印刷

贴心善印·岂止于印

北京建宏印刷有限公司成立于1999年，于2015年加入中国图书进出口（集团）总公司后，在保持原有大批量生产服务的基础上，全面数字化转型，着重为社会各界、特别是国内外出版企业提供一本起印、本本不同的按需印刷生产服务以及数字内容加工、可变数据印刷、网络印刷和安全存储等生产加工和技术服务。

我们有一支热爱按需印刷事业的专业团队，有先进的智能化按需印刷工厂，有多项领先于行业的创新技术，由此不仅成为了政府定点采购单位，还是众多世界著名出版企业和世界五百强企业选择的服务商，是国家环保型样板企业，绿色节能环保的生产模式为广大客户提供了不间断的生产服务保障。

我们会一直秉承“贴心善印”的服务理念，全力打造信息技术与数字印刷相结合的全新产业模式，助力中国出版及印刷行业的数字化转型和发展。

北京市朝阳区工体东路16号

No. 16, Gongti East Road, Chaoyang District, Beijing, 100020, P.R China
Tel : +8610 - 6585 08
Fax : +8610 - 6585 088080

北京市顺义区后沙峪吉祥工业区吉安路 2 号

Ji'an Road No.2, Houshayu Jixiang Industrial Park, Shunyi District, Beijing, PRC
Tel : +8610 - 5167 9898 / 8041 5701
Fax : +8610 - 8041 5710

中图按需印刷
CNPIEC DIGITAL PRINTING

www.epod.cn
400-8181-860

特载

- 贯彻落实全国宣传思想工作会议精神 开创我国印刷业高质量发展新局面
- 不忘初心 勇担使命 努力为全行业提供优质服务

编者按：2018 年 9 月 8 日，国家新闻出版署主办的首届中国印刷业创新大会在北京拉开帷幕，本届大会的主题为“聚焦智能化”。会上，印刷发行司司长刘晓凯作了题为“贯彻落实全国宣传思想工作会议精神 开创我国印刷业高质量发展新局面”的主旨讲话。

贯彻落实全国宣传思想工作会议精神 开创我国印刷业高质量发展新局面

——在 2018 中国印刷业创新大会上的讲话

刘晓凯

尊敬的王华明院士、王瑞华副司长，同志们、朋友们：

上午好！

全国宣传思想工作会议不久前召开，习近平总书记发表重要讲话，深刻阐述了新形势下党的宣传思想工作的历史方位和使命任务，深刻回答了一系列方向性、根本性、全局性、战略性重大问题，对做好下一步工作作出重要部署。

今天，国家新闻出版署在此召开 2018 中国印刷业创新大会，主要任务是，深入学习贯彻习近平新时代中国特色社会主义思想和党的十九大精神，全面贯彻落实全国宣传思想工作会议精神，统一思想、提高站位，凝聚力量、守正创新，推动印刷业在新时代开创高质量发展新局面。

刚才，大家参观了大会同期举办的几项展览，收看了中国印刷业改革与发展宣传片。我们深切地感觉到，40 年来，得益于改革开放这个决定当代中国命运的关键一招，我国印刷业走过了不平凡的历程，取得了不平凡的成就。

我们实现了从计划经济体制下行业管理向市场经济体制下统筹监管与行业治理相结合的深刻转变，实现了从落后的技术装备向现代制造业的深刻转变，实现了从印刷供给严重短缺向文化产品较为丰富的深刻转变，实现了从国际影响微弱向全球瞩目的印刷加工基地的深刻转变。

40 年来，我国印刷总产值由不到 50 亿元增长到 1.21 万亿元，企业数量由 1.2 万家发展到近 10 万家，印制出版物品种由不足 1.5 万种增加到近 53 万种，印刷产能融进各业态，印刷服务渗透各领域。这些成就的取得，依靠的是党中央国务院的坚强领导、各有关部门的大力支持、印刷战线全体同志们的艰辛努力和各级行业协会及行政管理部门的贯彻落实。

党的十八大以来，面对外部需求下降、环保约束增强、要素成本上升等诸多阶段性、障碍性困难，全行业始终坚定正确政治方向，树牢新发展理念，转变发展方式、优化产业结构、加快动能转换，开拓创新、迎难而上，在机制、产品、技术、业态、模式等各方面推动创新，取得了很多务实成果，印刷业生产能力、服务能力和塑造能力不断增强，实现了深层次产业变革。五年多来，印刷业较好地完成了中央交办的各项任务，较好地满足了人民群众的文化新需求，在党和国家事业发展中发挥了积极作用。

新时代新任务新要求，全行业要深入学习宣传贯彻习近平新时代中国特色社会主义思想和党的十九大精神，贯彻落实习总书记在全国宣传思想工作会议上的重要讲话精神，增强“四个意识”、坚定“四个自信”，自觉地承担起使命任务，切实做好新形势下的印刷工作。

一、我国印刷业发展处于新的历史方位

党的十八大以来，按照中央决策部署，印刷业加强阵地建设和精准管理，贯彻意识形态工作责任制，推动供给侧结构性改革，加快“四化”发展，历经考验、应对调整，展现出较强的活力、黏性和韧性，破茧成蝶、实现变革，处于新的历史方位。

（一）发展态势稳中趋强，印刷业成为社会主义文化建设的重要支撑。

一是发展速度触底攀升。2017 年，我国印刷业总产值超过 1.2 万亿元，同比增长 4.6%，一举扭转 2012 年以来的增速下跌态势，综合考虑结构调整的滞后性，我们认为，发展的“U”型轨迹可能显现。

二是生产能力趋稳渐强。2017 年，全国图书总印数、总印张再创新高，比 2012 年分别增长 16.6% 和 21.3%，比如，今天下午将介绍经验的河南新华，在发展环境不利情况下，其总印数、总印张仍同比增长 6% 和 4%，取得不俗业绩；包装装潢印刷保持稳步扩张，2017 年产值同比增长 7.3%。

三是盈利水平走出低谷。2017 年，全行业利润总额止跌缓升，由上一年的 -3.3% 转为 0.2%。特别是规模以上重点印刷企业（年产值 5000 万以上）利润情况明显好转，利润总额同比增长 10.5%。

四是装备升级明显提速。2017 年以来，印刷设备器材市场行情复苏，国内厂商产能上涨，保持住了前端跟进、迭代更新的格局和趋向，比如，国内骨干印后设备厂商天津长荣，2018 年上半年的印刷装备业务收入同比增长 40%。

（二）产业结构不断优化，印刷业内在动力和市场活力同步激发。

集约化程度不断提高。2017 年，全国共有规模以上重点印刷企业 3723 家，产值 6926.2 亿元，占全国印刷总产值的比重由上一年的 54.7% 提升到 57.4%。国家印刷示范企业作为发展先锋，为印刷业走出低潮期援手发力，起到了中流砥柱作用。

92 家国家印刷示范企业 2017 年印刷产值、资产数量、利润水平均大幅高出行业平均水平。产业升级步伐负重前行。2017 年，全国注销和吊销印刷企业 7088 家，同比增长 31.2%; 新设立印刷企业 4722 家，同比增长 40.7%，无效供给逐渐退位，市场活力明显增强。

我国印刷产业结构正在从以“增量扩能”为主向“做精存量、做优增量”并举的格局转变，规模发展、创新发展、差异化发展取得新突破。

（三）发展方式加速变革，印刷产能、印品质量、服务水平持续提高。

一是生产组织方式不断变革。印刷生产正加快由单一机械化设备生产向数字化自动化智能化连线生产、系统集成生产转变，推动印刷质量效率得以提升，组织管理模式加速变革，涌现出一大批差异化、精细化企业。比如，北京悟略专注从事 ERP 和 MES 研究，坚持多年，终成正果，今天下午他们将为大家介绍企业艰难的嬗变过程和显著的创新成效。

二是要素配置方式深入变革。近 5 年，从业人员数量虽有所下降，但资产总额却保持较快增长，增长方式、发展动力正在发生深刻转变。

三是市场竞争模式逐步变革。以单一价格竞争为主的市场竞争模式正加速向以综合服务、质量竞争为主的模式转变。比如，少儿图书更加注重印制质量，印刷电商更加注重印前服务，个性文创和包装产品更加注重综合设计效果，等等。优化重组、升级换代、精耕细作，推动着企业革故鼎新、内生增长和提质增效，在创新中实现了新旧动能的接续转换和动态发展。

（四）创新驱动加速发力，印刷业为人民群众文化新期待奠定了良好条件。

一是优质增量供给扩大。重大主题出版物、少儿图书、塑料软包装、标签印刷等产品类别，绿色印刷、数字印刷、印刷电子商务等新兴业态，以及教育培训、创意设计、物流配送、综合服务等新兴产业，均跟进市场、保持发展。

二是技术创新动力增强。这几年，我们明显地感觉到，企业对新技术的渴求期盼从没有像现在这样强烈，发展的危机感从未像当前这样迫切。比如，上海紫丹和鹤山雅图仕均投巨资设立研发部门，问题导向、弥补短板，着眼长效、启智开源，企业技术创新内生动力持续加强。

三是“印刷 + 互联网 +X”深度发力。印刷与互联网在生产制造、综合服务、创意研发、人才培训、市场开拓等众多领域实现深度融合，印刷业的黏性特质和跟进意识极大焕发。比如，山东世纪开元深耕互联网个性冲印市场，市场占有率持续升高，营造出难得的稳定成长期。明天，几位企业领导人还会进行现场融资路演，深入拓展行业融资新路径，相信会引发企业特别是发展型、成长型小微企业的高度关注。

四是全产业链融合深化。印刷与创意设计、出版发行等上下游的融合明显提速。本次创新大会同期举办的首届印刷艺术设计双年展，筹办期间便受到国内外业界高度关注，投稿数量超过 7000 份，反映出行业对创意、融合发展的极大兴趣。经过“十二五”及“十三五”前期的不懈努力，我国印刷业新增长点逐渐孕育成型，新动能彰显引领威力，为“十四五”业态定位、发展定向奠定了好基础。

总的看，我国印刷业呈现出治理格局深度变迁、发展路径清晰明确、服务方式重大变革的新特征新趋势，处在推动文化产业健康发展、引领相关装备制造业持续推进、内生动力发酵增强这样一个新方位。这为印刷业可持续、高质量发展展示出潜力和前景。

二、自觉地承担起使命任务

印刷业具有文化、工业和现代服务业三重属性。其中，工业生产是实现方式，现代服务业是具体形态；而文化属性作为其核心功能，则发挥着践行价值观，传递知识、呈现理念、表达情感等传播性作用，因此成为我们党思想文化建设的重要载体、阵地和平台。

习近平总书记在全国宣传思想工作会议上指出，宣传思想战线要肩负起“举旗帜、聚民心、育新人、兴文化、展形象”使命任务，这对印刷业提升站位、履职担当，指明了方向、明确了职责、提出了要求。全行业要认真学习、统一思想，对标对表、勇于担当，切实肩负起新时代赋予的新使命。

（一）印刷行业要成为主流价值的守护者、传播者、践行者。

旗帜引领方向，道路决定命运。回顾以往，在中国革命、建设和改革开放不同时期，印刷始终是我们党宣传思想工作的重要力量，在服务党的中心工作、鼓舞人民伟大实践中发挥着重要作用。习近平总书记“举旗帜”政治要求，就是要高举马克思主义、中国特色社会主义旗帜，推动新时代中国特色社会主义思想深入人心、落地生根。

党的十九大召开前后，按照中宣部统一部署，印刷业服务政治工作大局，做出了应有贡献。“举旗帜”要求我们印刷业，必须始终坚持、牢记工作导向和政治责任，扎实做好各类重大主题出版物的印刷工作。特别是对党的创新理论著作、党和国家重要文件文献以及中小学教科书等出版物的印制发行，要提高认识、强化监管、确保质量，维护好文化安全，为党的意识形态和中心工作提供坚强有力保障。

要坚决守好意识形态阵地，自觉抵制非法印刷和盗版盗印行为，勇于向各类非法出版物、内容存在问题的印刷品说不，不给任何错误思想、观点提供传播渠道。这是我们每一位从业者安身立命之本、职责使命之源。各级印刷行政管理部门的领导同志要与业界同志一起做好这项工作、守好这道红线，确保主流意识形态、主流价值观在业内得到坚决、充分地彰显。

（二）印刷企业家要成为员工发展的领路者、企业前行的带头人。

印刷企业是党和政府联系行业 280 多万从业者的桥梁，是解决行业思想政治工作“最后一公里”问题的关键环节。企业家既能焕发出员工齐心协力、凝心聚力、共襄盛业的巨大威力，也会使员工人心涣散、不思进取、得过且过。这是一些企业发展基础大抵相当，但发展成果泾渭分明的重要原因之一。

习近平总书记“聚民心”政治要求，就是要把全党全国人民士气鼓舞起来、精神振奋起来，朝着党中央确定的宏伟目标团结一心向前进。落实“聚民心”要求，对印刷企业和企业领导而言：

一是以制度创新激励员工创业创新。要理顺体制机制，激发起广大员工在技术创新、管理创新中的巨大潜力，凝结出克服困难、推动发展的不竭动力。比如，江苏利特尔公司，在内部精心营造鼓励创新的良好氛围，支持员工以小组为单位、以课题研究为形式全面开展生产革新和创新探索，并将创新收益量化按一定比例奖励员工，方式方法虽传统，但焕发出的是员工的尊严感责任感使命感，凝聚起的是巨大的不竭竞争动力源。悠悠万事，人心为大，无论企业发展到什么程度、处于什么方位，动力源头都蕴藏于员工的头脑里。

二是以文化建设凝聚人心。以维护人、关心人、提升人为出发点，精心创建企业精神文明，营造充满爱心、实现暖心的良好环境，塑造员工昂扬向上的精气神，这是中外优质成长型企业发展壮大的不二法门。凝聚和珍惜这种精神底蕴，将其与技术性因素合理融汇，企业改革发展面临的矛盾和困难都有可能破解。这方面，不仅是国企领导者，很多民营企业家也有高度认同。

我们的企业能否成为百年老店，能否在国际竞争中自成一派、立于不败之地，企业的精神气质是重要的基础性条件。在这方面，每位企业家都应如慈祥的保姆一样，精心养育和呵护企业精神动力源。

三是以坚强的党建提高员工战斗力。要学习贯彻习总书记在全国组织工作会议上的重要讲话精神，强化企业党建工作，强化政治引领，自觉贯彻党的主张，确保正确方向。特别是对民营企业来说，企业有了党的组织，发挥出党的群众工作优势和党员的先锋模范作用，了解大势、明确方向的主动意识会更强，也会有效地提升创造力、凝聚力和战斗力。

（三）印刷产品要有思想、有筋骨、有温度，负责任。

一个好的印刷产品，在设计、文字、图像，甚至工艺、材料、结构等方面都应做到传递正确信息，达到启迪人、感动人、教育人的效果。习近平总书记“育新人”政治要求，就是要坚持立德树人、以文化人，建设社会主义精神文明、培育和践行社会主义核心价值观。印刷产品作为文化传播、思想传承重要载体，其核心功能是育人。

因此，一要在产品设计上体现价值追求和责任担当。要以社会主义核心价值观为统领，结合群众文化新期待新需求，推动创意创新、提升“颜值”担当。要让设计有质量、有品味、有风格，让产品有质地、有内涵、有美感，充满人文关怀，体现主旋律、壮大正能量。

二要推动印刷技术与中华优秀传统文化相融合。要使印刷成为民族优秀文化传统继承创新的承担者和放大器。“铅与火”并非落后生产力的代表，其内蕴的工艺智慧、环保因素、技能技巧，仍有许多我们目前难以企及、应借鉴之处。要深入研究传统印刷技术的机理、特点和优势，使之在新兴业态发展中尽展灿烂之光，为现代印刷美学价值的探索引发思路、提供源头。

三要创新印刷传播手段和表达方式。要磨炼眼光、扩展格局、放大效应，在创新印刷理念、表现形式、产品形态上下功夫，在增强印刷产品的吸引力、感染力、影响力上下功夫，在增进认同、推动核心价值观的诠释和表达上下功夫，尽展印刷的精神向度和文明分量，增添推动全面小康社会建设的文化动力。

（四）印刷产业要提质量、塑精品、育品牌。

习近平总书记“兴文化”政治要求，就是要发展社会主义先进文化，激发全民族文化创新创造活力，建设社会主义文化强国。具体到印刷业，要求我们培育骨干企业、多出印刷精品，实现高质量发展。

当前，我国印刷业营收占文化及相关产业营收的近10%，成为文化产业中名副其实的主阵地、主力军。肩负新使命，要求印刷业必须实现从量的增长转为质的提高，从简单的印刷加工转为深度的文化传播服务。

实现这“两个转变”，首先要夯实发展基础。“十一五”规划以来的十几年，我们孜孜以求的就是从体制机制调整入手，为行业营造好氛围、搭建好平台、推进好项目。

下一步，我们要全力提高技术装备水平，不断优化产业结构，持续提升行业标准，推动区域均衡发展。这虽是长远目标，但千里之行始于足下，我们各级印刷行政管理部门，都应耳聪目明、居安思危，都应有这方面的谋划和打算。其次是弘扬工匠精神。实践证明，即使再高端的设备、再精妙的智能制造技术，也需要与优秀的工人、卓越的技能相结合，缺乏厚重知识根基和精思妙想介入，难以出精品，难以实现“四化”目标。本届创新大会特设的年度人物，目的就是宣传典型、树立标杆，弘扬忠职敬业、极致求精、专注持恒的工匠精神。

大会稍后将会揭开谜底。本届大会还展示了近4届中国出版政府奖（印刷复制奖）的获奖作品，并对每个作品作了专业化的评点，值得细细品味。再次是培育龙头企业。要增强需求捕捉力、市场敏感力、品牌影响力、核心竞争力，培育一批在国际上有竞争力、影响力、话语权的印刷企业，这是我们“十二五”以来便汲汲而求、努力构建的一项重要工作。

惊涛骇浪之中必须以旗舰为导引，激烈竞争中必须有龙头稳住阵脚。今后，我们将在优势龙头企业的培育中标本并举、深耕厚植，打造中国印刷业新亮点。

（五）让中国印刷更具传播力、影响力、感召力。

我国印刷业历史悠久、底蕴丰厚、灿烂辉煌，其珍贵遗产和宝贵经验，既是我们坚定文化自信的精神依托和坚实基础，也是推进改革发展的信心之本、坚守之源。习近平总书记“展形象”政治要求，就是要讲好中国故事、传播好中国声音，提高国家文化软实力和中华文化影响力。

对印刷业而言，一要树立中国印刷信心。党的十九大昭示我们，要努力建成现代化印刷业经济体系，努力实现“三个变革”，努力成为宣传先进文化的主力军、主阵地。这些规划目标、发展前景，给行业以底气、信心和力量，推动着我们克服困难，负重前行，由大向强。

二要推动中国印刷走出去。当前，一些有实力的企业纷纷制定规划、立足优势，内引外联、畅通渠道，大力推动印刷走出去，取得了可喜的“双效益”。根据国家文化“走出去”战略和“一带一路”构想，我们支持以内容为核心的印刷产品走出去、以合作共赢为标志的印刷装备制造走出去、以产能输出为代表的印务模式走出去，以优质产能和深度服务实现中外合作，助推中外产业共同发展。

这方面，中国印协、中国印工协、上海版专、江苏凤凰、中华商务、湖南天闻和深圳裕同等单位探索了一些渠道，积累了一些经验，我们正在进行总结，将适时召开座谈会给予推广。

三要讲好中国印刷故事。抢抓各种机遇，利用各种平台，展示好中华印刷文化的独特魅力，既讲述好“历史的毕昇”也宣讲好“当代的毕昇”。近年来，中国印刷博物馆提高站位、发挥优势，所设计的各种展示形成了很好社会效应。

本届大会由他们组织的印刷改革发展成就展，讲述的虽然是印刷业 40 年的故事，但其内蕴的是中国博大精深的印刷文化精神。希望大家踊跃参观，树立行业信心，提振发展精神。

三、推动印刷业可持续、高质量发展

当前，我国印刷业内部换挡升级、融合创新，外部环境不断优化和完善，进入优化结构、转型升级，动能转换、业绩创新的较好时期；同时也处于克服阵痛、调整蓄能、谋划新机压力较大的时期。处于新时代、把握新态势、肩负新使命，我们有以下几个基本判断。

印刷业迎来新的窗口机遇期。印刷业目前呈现出环保刚性压力持续增强、结构调整动力持续释放、融合发展负重前行三个阶段性特征。从产业发展阶段看，印刷业已经走过高速发展积累期，“天凉好个秋”般的青春烦恼期已过，正迈入艰难成长成熟期，迈向新的动态平衡。

从产业发展周期看，我国印刷业可能已面临第三轮发展“窗口期”。第一次“窗口期”在改革开放之初的十几年里，宏观发展态势和产业格局为印刷业打开了一个奠定根基、确立门类的“窗口期”；第二次“窗口期”在上世纪 90 年代中期到本世纪初国际金融危机前的几年里，新科技新业态、新需求新融合为产业创新打造了一个渗透各行业、延伸产业链的重要机遇期。

两次“窗口期”，为行业体制改革、制度创新释放出巨大红利。如果说前两次发展机遇给予了先行者、探索者，那么，这一次新窗口期就应该给予坚定者、变革者、创新者，因循守旧、抱残守缺，将难以为继、将注定落伍。

印刷业面临严峻挑战。受国内外产业发展态势、信息化发展趋势及意识形态领域形势影响，印刷业面临着严峻挑战：一是发展质量亟待提高。中低端产能相对过剩、结构性矛盾比较突出、集约化程度有待提高等制约性矛盾和问题还较严重，亟待大力培育新业态、新动能、新模式，为市场竞争优势的巩固争取更多腾挪空间。

二是自主创新仍存障碍和藩篱。大量企业创新积极性虽高，但投入有限，存在着“叶公好龙”现象；科研院所和高校受传统科研模式影响，技术装备和研发能力还不够强。应该说，全行业在高精尖技术创新的投入热情、实施力度和成绩成效与上世纪八九十年代相比，有较大差距。行业技术创新整体上仍存在着被发达国家“卡脖子”“设陷阱”的问题，成为“阿喀琉斯之踵”。

这既需要我们以历史耐心加强顶层设计，也需要以只争朝夕的魄力和实干精神抓紧研究抓紧破解。

三是外部挑战依然严峻。全球宏观政策出现拐点，贸易摩擦持续升级，环保安全等刚性约束日趋强化的发展大环境，促使行业资源要素、流通成本不断上升，一定程度影响企业技术投入和战略扩张。

印刷业探索到了清晰明确的发展思路。站在新起点、承担新使命，深入学习贯彻习近平新时代中国特色社会主义思想和党的十九大精神，按照党中央推动社会主义文化繁荣兴盛、建设现代化印刷业经济体系、实现高质量发展要求，近年来，我们全行业积极探索、深入实践，在认识层面，基本达成“绿色化、数字化、智能化、融合化”发展共识，形成了以下发展思路。

一是以技术发展推动提质增效。就是大力推广绿色化、数字化、智能化技术，持续提升行业资源配置效率。这既需要导向，也需要意志和信念，循此路径，假以时日，产业定会枝繁叶茂。

二是以市场和政府合力推动集约化发展。就是以产业结构调整和空间布局优化为契机，实现规模实力再上新台阶。这是强化企业自我张力的良好经验，也是行政管理助推发展的有效手段。

三是以融合创新培育壮大新动能。就是加快印刷与最新科技、相关行业、产业链上下游的深层次融合，支持新技术、新模式、新业态创新。这是企业实现差异化发展的重要战略选择，也是行业高质量发展的必经之路。

四是以对外开放扩大走出去步伐。就是通过加强印刷国际合作，既讲好中国故事、阐释好中国精神，也为国内产业发展“腾挪空间”。面对快速发展的时代，印刷业要以时不我待的精神，坚持正确方向、冲破创新桎梏、提高发展质量，加快实现质量变革、效率变革、动力变革。为此，近期要抓好四项工作。

1. 切实把握印刷领域政治主导权话语权。要坚定正确政治方向，坚持为人民服务、为社会主义服务，当好意识形态和文化阵地安全守护者、文化建设参与者、核心价值践行者。要加快推动建立社会效益放在首位、社会效益和经济效益相统一的企业管理机制。

要立足人民文化新期待、发展新需求，不断地拓宽领域、强化主导，整合要素、深度融合，多印制充满理想、传递信念、富含正能量的好印品，承担起培养能够担当民族复兴大任时代新人的历史重任。要守原则守底线、守立场守根脉。

坚决抵制含有盗版、色情、暴力、低俗内容的印刷品，坚决抵制违反社会功德、行为准则、个人品德的印刷行为。这是我们行业的底线，不可踩、更不可越。在这方面，各级行政管理部门一直遵循“丑话说前头、枪打出头鸟、秋后必算账”工作原则，一经发现，就依法查处，以此维护行业风清气正。

2. 不断激发印刷企业的活力和创造力。创新是引领发展的第一动力，是推动发展的关键和要害。抓创新就是抓发展，谋创新就是谋未来。

一是坚持内容形式创新。印刷企业要有大发展、大出息，必须在产品创新上做足文章。要自觉将实现形式融入产品内容，孜孜以求扩充内容的深度、广度、亮度。

二是推动核心技术创新。我国印刷装备在核心技术上目前还有短板，受制于人的态势未从根本上改观，要提升忧患意识，要靠自力更生。关系如何好、资金如何雄厚，也永远换不来人家的核心技术。因为那是人家生存的命门。智能印刷、软件开发等领域是当前印刷业发展的重要切入点和突破口，要加大投入，重点发展。

三是坚持企业在创新中的主体地位。企业是创新的需求主体、投入主体、应用主体和收益主体，要通过知识产权保护和市场化扩展及应用，调动企业创新积极性。这方面，目前我们做的还很不到位，办法不多、力度不够，靠的还是企业自主自发行为，孵化催生机制不健全，今后要抓紧弥补。

四是构建创新体制机制。要推动建设有利于创新的市场环境、产权制度、投融资体制和分配制度，通过体制机制培育新动能，扩展新增长点。

3. 推动并形成智能化引领的良好局面。制造业是实体经济的重点、大国经济的基石和国家安全的命脉。随着新一代信息通信技术与先进制造技术的深度融合，智能制造正在成为全球制造业的主导趋势。

智能制造的本质特征是“融合”，目的是实现数据信息与生产制造的智慧联通，推动企业在研发设计、管理决策、加工制造、市场拓展等方面实现转型升级。从此角度看，智能制造不仅是行业面临环保、用工等诸多压力的权益之选，而且是加快科技创新，实现高质量、可持续和迈向世界高端产业链的必由之路。

当前，我国印刷业智能化发展整体上处于起步探索期，发展水平多化并存，区域布局离散不均，没有成熟的经验可供遵循，但发展方向渐成共识。为推动印刷智能制造的发展，我们将本届创新大会的主题设为“聚焦智能化”。为此，我们解放思想、开动脑筋，做了很多调研，想了很多办法，进行了一些初步的组织和制度安排。

比如，委托中国新闻出版研究院编制了《中国印刷业智能化发展报告》，加强对印刷业智能化发展的规划指导，稍后魏玉山院长将为大家发布报告；还委托全国印标委和印机标委会，联合编制了《印刷智能制造标准体系》，本次大会正式公开征求意见；还指导中国印刷科学技术研究院建设“一本图书印刷智能制造测试线”，等等。

一会儿，中国工程院王华明院士将为大家介绍前沿课题和发展情况，工信部装备工业司王瑞华副司长将现场给予指导，海尔集团也要进行经验分享。为办好这次大会，行业协会、科研机构、印刷类高等院校以及行业媒体，都以极大的热忱和专业精神在各自领域和优势层面参与了相关工作。

我们希望通过这次大会，能够为行业智能化发展梳理现状、研究路径、树立信心。下一步，我们将与装备工业司及各单位各部门一道，持续推动印刷智能制造发展。为此，要加强政策引导，继续抓好协调推进、信息发布、标准制订、政策扶持等重点工作；要实施项目带动，切实抓好印刷智能制造示范和试点项目的落地落实，争取财政资金支持，发挥项目带动和辐射作用；要总结发展路径，介绍典型经验，加强宣传推广，在行业营造起良好的智能制造发展环境。

4. 加快建设高质量发展产业体系。我国印刷业当前实现高质量发展面临的瓶颈性、制约性困难，主要体现在制度、技术、人才几方面。技术创新单纯依靠企业投入，往往成本太高，而且难以短期见效，因此需要从制度设计层面多下功夫。

一要构建技术创新体系。要聚焦国家需求，强化规划引领。建立市场化的创新方向选择机制和鼓励创新的风险分担、利益共享机制。要当好市场的“守夜者”，营造良好发展生态，以优惠的产业政策激励企业多研发多投入。要促进产学研深度合作，推动院所、高校激活、释放出创新优势和潜力，壮大行业、发展自己。这次大会征集了一批产学研合作优选项目，目的在于引导、推动和培育这项工作。

二要引导金融资本聚集。探索建立印刷业和现代金融实现产融对接的路径、渠道和机制，这是这次大会的一项重要收获。深圳证券交易所和金山工业区给予本次大会大力支持。明天上午，我们将组织印刷创新项目路演观摩活动，4 个项目将在现场对投资人进行路演。希望通过这个活动，更好地培育全行业的资本和金融意识，支持项目落地实施。

三是加强人才培养。高校印刷类专业，要立足行业前沿、着眼“四化”方向，优化专业设置，健全人才培养机制，创新技术技能人才培养模式，促进企业和院校共同开展人才培养工作，特别是要注重印刷实训基地建设，培养满足高质量发展需求的印刷高素质人才。这次大会上，全国 22 所涉及印刷专业的高校将成立印刷高等教育联盟，组织了印刷高校专题展，北京印刷学院还联合各高校共同主办印刷教育与产学研协同创新论坛，目的就是通过大会平台，扩大影响、推动合作，提升面向市场、对接企业，推进创新、实现变革的能力。四是营造良好发展环境。要推动政府“放管服”改革、完善市场机制建设、优化企业经营环境。

最后，我还想提请大家再看看这个会场，两边有很多钢筋立柱。这里曾经是北人集团包装印刷机的生产车间。经过调整蓄能，会场旁边变为北人智能科技公司总部，这里变为北京亦创国际会展中心，并且是世界机器人大会的永久会址，设立了机器人创新园区。

这座工厂的华丽转身，对印刷而言具有很强的转型升级的寓意，赋予我们强烈的精神感召力，于是决定将首届中国印刷业创新大会设在这里，让印刷创新从这里起步。在此，感谢北京亦创国际会展中心对创新大会的大力支持。另外，还要感谢科印传媒，作为本次大会统筹会务的协办单位，做了大量工作，一并表示感谢。

同志们、朋友们，新时代新气象新作为，让我们紧密团结在以习近平同志为核心的党中央周围，深入学习贯彻习近平新时代中国特色社会主义思想和党的十九大精神，不忘初心、牢记使命，守望相助、务实工作，为开创我国印刷业高质量发展新局面做出更大的贡献！■

编者按：2019年12月20日，中国印刷技术协会第九次全国会员代表大会及九届一次理事会全体会议在京成功召开。按照会议既定议程及中国印协章程，通过严格的民主程序，选举产生中国印协第九届理事会领导班子。中宣部印刷发行局局长刘晓凯当选为新一届理事会理事长。

不忘初心 勇担使命 努力为全行业提供优质服务

——在中国印协九届一次理事会上的讲话

刘晓凯

各位理事、各位代表，同志们：

大家好！

感谢中央宣传部、相关部委和兄弟群团组织，以及各位同仁对中国印协新一届理事会、新领导班子和我个人的信任与支持，感谢在座各位长期以来给予中国印协的关心和指导，感谢以岩镔同志为核心的八届理事会所付出的艰辛和努力。大家的关心、支持和指导，是我们不断学习、承志前行的勇气和动力！

本次会议及其有关决议，是新时代我们党进一步加强对印刷战线领导的战略布局，是推动印刷业自觉承担宣传思想工作使命任务的重要部署，是助推印刷业高质量发展的重大举措，是提升协会整体能力、构建科学规范运行格局的重要任务安排。中宣部、协会会员及全行业，对我们充满期待，使我肃然起敬，深感责任重大、诚惶诚恐。对承担好这样一份职责使命，我有三点深刻的感受。

第一，领导信任、大家支持。中宣部副部长梁言顺同志今年10月，专门就拟兼任协会理事长事宜与我进行了谈话，指明了方向、提出了期望、作出了指示；在今天上午的大会上，中宣部出版局、中国科协、中国出版协会、中国版权协会的领导同志在贺词、寄语和重要讲话中，介绍了情况、共享了经验、提出了建议，给予新一届理事会以及我本人充分信任和鼎力支持；八届理事会、九届理事会诸位同事，在此次大会工作调研、组织筹备过程中，给予我们诚挚的工作支持和精神鼓励。这些，是我履职尽责、做好工作的信心之源，是新一届理事会团结会员、开创工作新局面的精神动力。

中国印刷年鉴

“我们必须以只争朝夕的精神，努力在战略谋划、关键环节和机制构建上下功夫，勤奋勤奋再勤奋、努力努力再努力，推动工作落到实处。”

第二，任务艰巨、时不我待。当前，我国印刷业正处于迈向高质量发展的攻坚期，面临着“四化”转型、动能转换、环保制约持续增强等约束和挑战，增速于谷底徘徊，动能转换在试错中调整，治理态势较为严峻，发展空间需要拓展，市场竞争亟待增力。同时，由于印刷行业意识形态属性强、产业体量大、产业链长、市场化程度高，急待顶层规划、资源整合，融合共进、渠道开拓。因此，充分发挥行业协会的专业性、服务性、平台性重要作用，助推行业治理体系和治理能力现代化，实现产业高质量可持续发展，在当前就显得尤为紧迫和重要。我们必须以只争朝夕的精神，努力在战略谋划、关键环节和机制构建上下功夫，勤奋勤奋再勤奋、努力努力再努力，推动工作落到实处。

第三，基础坚实、信心坚定。在原总署总局、中宣部坚强领导下，在历届理事会有力带领下，近40年来，协会积淀和承继了良好的作风和传统，特别是在岩镔同志带领下的八届理事会，服务大局全面精准，工作作风扎实深入，队伍结构日趋合理，专业水平不断提升，社会影响声誉日隆，为我们打下了良好的基础。前辈栽树、后学乘凉，协会风范、山高水长。为了进一步发扬传统、推动工作，根据部领导指示精神，新一届理事会的构成更加注重行业和领域的全覆盖，更加注重产业链上下游的深度融合，更加注重组织架构的扁平化、效率效能和执行力，更加注重地区均衡和先进地区的带动作用，更加注重团队的整体素质和履职能力的成长性。我坚信，经过全体会员大会选举产生的新一届理事会，代表着印刷行业生产力的最高水平，标志着我国印刷产业的发展指向和整体素质。这样一个强有力的领导团队，是我们进一步强化自身建设、服务行业企业的坚强政治、组织基础。

在此，我代表新一届理事会领导班子向全行业作一个表态，我们一定不负重托，不辱使命，全心全意为全行业做一名合格、优质的服务员！

各位理事，各位代表！

习近平总书记指出，当今世界正面临百年未有之大变局，我国正处于实现民族伟大复兴的关键时期。印刷业站在变革的十字路口，需要新理念新思想、新主张新格局。努力做到“举旗帜、聚民心、育新人、兴文化、展形象”，坚定不移贯彻新发展理念，为新时期协会工作提出了新目标新任务新要求。在此，我就新一届理事会未来五年的工作简要谈四点想法。

一是坚持正确政治方向。党的十九届四中全会强调，我国国家制度和国家治理体系中最显著的优势就是坚持党的集中统一领导，坚持党的科学理论，保持政治稳定，确保国家始终沿着社会主义方向前进。我国印刷业是在党的领导下，从落后薄弱一步步发展壮大的。要以习近平新时代中国特色社会主义思想为指导，全面贯彻党的十九大和十九届二中三中四中全会精神，坚决贯彻党的基本理论、基本路线、基本方略，增强“四个意识”、坚定“四个自信”、做到“两个维护”，紧扣宣传思想工作使命任务，紧扣供给侧结构性改革主线，在结构调整、动能转换双重目标中寻求动态平衡，在高质量发展中实现产业优化，更好地满足人民群众不断增长的文化新期待。

“我们将进一步坚持问题导向、需求引领、效果目标、创新驱动，着眼于深严细实，立足于稳促改调，针对行业发展中的具体矛盾、现实困扰，夯基垒台、雪中送炭，强其弱项、补齐短板，在做实事、做好事中，在守正创新、攻坚克难中推进产业高质量发展。”

二是以行业和企业为中心。人民群众是推动印刷业变革发展的根本力量。每一个印刷企业、每一名印刷员工，都是印刷业发展改革、融合创新的主体。我国印刷业 70 年取得的成就，是广大印刷企业奋斗创造的，是员工用一本本图书、一个个包装产品、一项项融合创新项目积累完成的。我们将不断强化服务行业企业的意识，提高服务能力和水平，提升对行业企业的情感温度，着眼行业企业的现实需求和愿望期待，维护行业利益，推动企业发展，保护好员工的积极性。

三是始终做到从实际出发。习近平总书记反复强调，“要自觉坚定实事求是的信念、增强实事求是的本领”。我国印刷业当前最大的实际是处于迈向高质量发展的关键时期，最突出的矛盾是发展不平衡不充分，包括区域发展不平衡、绿色发展不平衡，数字化智能化高端产能发展不充分、骨干企业的规模效益和创新能力发展不充分，等等。我们行业的体量不小，但印企个体至今还未跻身全国文化企业 30 强。同时，印刷企业普遍面临着人才、环保、技术、融资等方面问题的严重制约。我们将进一步坚持问题导向、需求引领、效果目标、创新驱动，着眼于深严细实，立足于稳促改调，针对行业发展中的具体矛盾、现实困扰，夯基垒台、雪中送炭，强其弱项、补齐短板，在做实事、做好事中，在守正创新、攻坚克难中推进产业高质量发展。

四是着眼长远谋篇布局。党的十九届四中全会决定，要坚持和完善中国特色社会主义制度、推进国家治理体系和治理能力现代化。我觉得，党和国家制度体系建设是一项系统工程，其中，在坚持和完善社会主义基本经济制度、坚持和完善繁荣发展社会主义先进文化的制度、坚持和完善共建共治共享的社会治理制度、坚持和完善生态文明制度体系等几个方面，行业协会有大量的工作任务和广阔的努力空间。要对标对表找位、挖潜释能融汇，坚持大视野大格局大战略，着力在涉及行业发展的重大问题、重大政策、重大项目上推动和参与有关制度的建设，谋推动文化繁荣发展之根本，谋实现高质量发展之全局，谋引领行业持续发展之长远。

各位理事，各位代表！

事成于和睦，力生于团结。让我们紧密团结在以习近平同志为核心的党中央周围，在中宣部，民政部、中国科协的坚强领导下，在全行业大力支持下，不忘初心、勇担使命，齐心协力、真抓实干，努力推动协会工作再创佳绩！■

2021年

绿色原辅材料产品目录

中国印刷技术协会

辽宁新华印务有限公司
LIAONING XINHUA PRINTING COMPANY.LTD.

01 企业简介

辽宁新华印务有限公司是辽宁出版集团在整合原沈阳新华印刷厂、辽宁美术印刷厂优良资产基础上，于2014年10月成立的综合性国有印刷企业。公司已于2016年12月13日成功注入辽宁出版集团控股的上市公司——辽宁北方联合出版传媒（集团）股份有限公司。

公司位于沈阳经济技术开发区六号路14甲3号的辽宁出版印刷物资配送产业园内，建筑面积4.1万平方米。资产总额超过2亿元人民币。

02 核心业务

公司拥有海德堡M600、三菱、小森等世界知名品牌商业轮转及八色高速书刊轮转印刷机，多台海德堡、曼罗兰、小森对开四色平张纸印刷机，拥有柯尔布斯高速胶订联动线和柯尔布斯精装联动线、精密达高速联动线、马天尼及国产中速胶订联动线及数条骑钉线、全自动覆膜机和海德堡高速折页机等先进的装订设备，能够提供书刊、画册、期刊、包装物等印刷品制版、印刷、装订的一站式服务。辽宁新华在每年承担春秋两季在辽宁省内发行的教材、教辅的生产任务之外，主要承接社会图书、期刊产品、高端画册等印制业务。每年的书刊加工总量近一亿册，年营业收入超过2.2亿元，是东北地区规模较大的现代化书刊印刷企业。

联系电话：024-23280600、13940296877（梁先生）

公司地址：辽宁省沈阳市经济技术开发区中央大街六号路14甲3号

03 企业荣耀

公司成立以来，已取得了《中国环境标志产品认证证书》、沈阳市安监局颁发的《安全生产标准化二级企业证书》、中国印刷技术协会颁发的《AA企业信用等级证书》、辽宁省《信用等级AAA证书》等资质。公司于2016年成功贯标了质量管理体系、环境管理体系、职业健康安全三项管理体系。

2017年，公司被人民教育出版社授予“印刷示范企业”；在全国人教版教材质量评比中，获得全国综合排名并列第二、优级品率全国排名第一的殊荣；《景德镇窑（下）》荣获第六届中华印制大奖精装类图书优秀奖；《中华文脉—中国窑口系列丛书》在第二十六届优秀美术图书“金牛杯”评奖中被评为金奖；《中国机器人》获得第十四届精神文明建设“五个一工程”奖；2016-2019年连续四年获得“精密达杯”印后装订明星企业称号；2019年成为中国印刷技术协会“致敬新中国70周年印刷业时代先锋”百强企业和首批中国印刷业高技能人才教育培养基地。

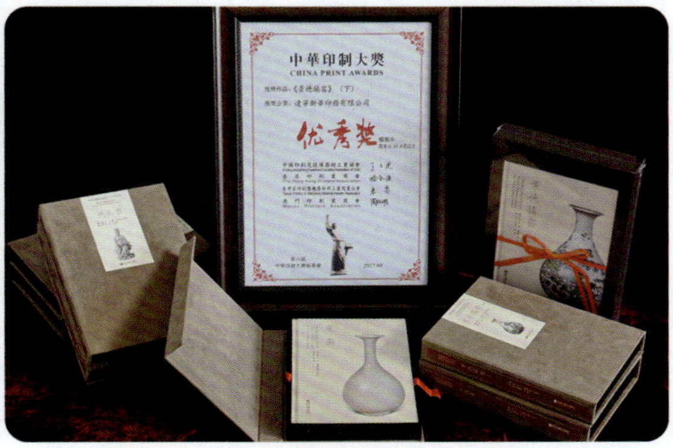

04 展望未来

2018年，辽宁出版集团批准拨付3742万元的技改资金和北方文化新谷创业产业基地8000平方米厂房支持辽宁新华精品印制中心的建设，公司迎来了历史上最大的发展机遇。在辽宁出版集团转型发展的大潮中，公司通过技术改造与升级，全力打造精品印制中心，使辽宁新华最终实现提高高端印刷品市场份额，扩大企业知名度，树立品牌效应。

未来，我们将进一步发展和壮大印刷产业，稳中求进、科学谋划、精准发力，传承“新华精神”，积极推动改革深化，不断探索企业发展新模式，履行社会责任，彰显国企担当，实现社会效益、经济效益稳步提升。

公司网址：www.lnxhyw.com
邮　　编：110041

泰山新闻出版小镇

TAISHAN PRESS PUBLISHING TOWN

泰山新闻出版小镇坐落于泰安高新区、天颐湖畔，规划用地9798亩，分为南北两个区域，计划总投资300亿元。北区为数字出版印刷产业园，用地面积1212亩；南区用地面积8586亩，主要由四部分组成，包括产业聚集区、商业区和配套生活区以及医疗教育区。

泰山新闻出版小镇以编辑、出版、印刷、发行、仓储、物流及文化创意为核心产业链，在做强拉长产业链的同时，不断吸引产业链相关项目入驻，最终打造一个以新闻出版为核心，集创意设计、出版发行、教育培训、文博会展、休闲旅游、艺术交流、众创空间以及商业配套、生活服务等为一体的综合性、多功能产业园区，形成以新闻出版相关产业为核心的产业集群。

园区将打造一馆三中心和一院三基地，一馆三中心，即新闻出版博物馆，国际新闻出版会展中心、国际出版物交易中心、园区展示中心；一院三基地，包括新闻出版职业技术学院，高等院校新闻出版实习基地、全国新闻出版培训基地、创业孵化基地，同时建设行政办公区、出版制作区、物流仓储区、专家工作区、商业服务区、医疗康复中心、国际学校区等相关工作、生活配套区。其中，院士写作基地、长篇小说创作基地、知名画家创作基地+美术馆、知名音乐家创作基地+新作品首演音乐节等多个文创基地将成为小镇未来打造著名文创品牌的核心竞争力。

最终，小镇将依托中国版本图书馆、人天书店馆配中心、新闻出版会展中心、新闻出版博物馆、印刷博物馆、最美书店、新闻出版大厦等场馆建设，以新闻出版产业为核心，以会展经济推动新闻出版业发展，以产业集群整合新闻出版产业资源优化、生产要素配置，优势互补，形成集聚发展的市场网络，以链拓面，打造新闻出版全产业链的聚集平台。

1 北京人天书店有限公司
2 北京时代天华文化传播有限公司
3 机械工业出版社
4 小镇职工居住区
5 学校
6 五星级酒店
7 数字出版大厦
8 泰山新闻出版大厦
9 文创办公园区
10 合院式专家公寓
11 出版文化主题公园
12 花园式专家公寓
13 图书商业综合体
14 作家艺术家客栈
15 酒店公寓
16 小镇邻里中心
17 艺术商业街区
18 幼儿园
19 智能化厂区
20 教学楼
21 行政办公楼
22 学生公寓
23 美食街
24 学生餐厅
25 教学实验楼
26 室内体育场
27 校医院
28 运动场

29 图书交流中心
国际印刷文化艺术论坛
30 校企联合实训基地
31 商业综合体
32 文创产业孵化区
33 综合门诊楼
34 急诊科技楼
35 数字化医养集成楼
36 后勤综合楼与餐厅
37 住院楼
38 老年公寓
39 独栋式精品商业
40 院士写作基地
41 文学创作基地
42 美术创作基地
43 专家工作基地
44 文创酒吧
45 创艺交流中心
46 社区主题商业

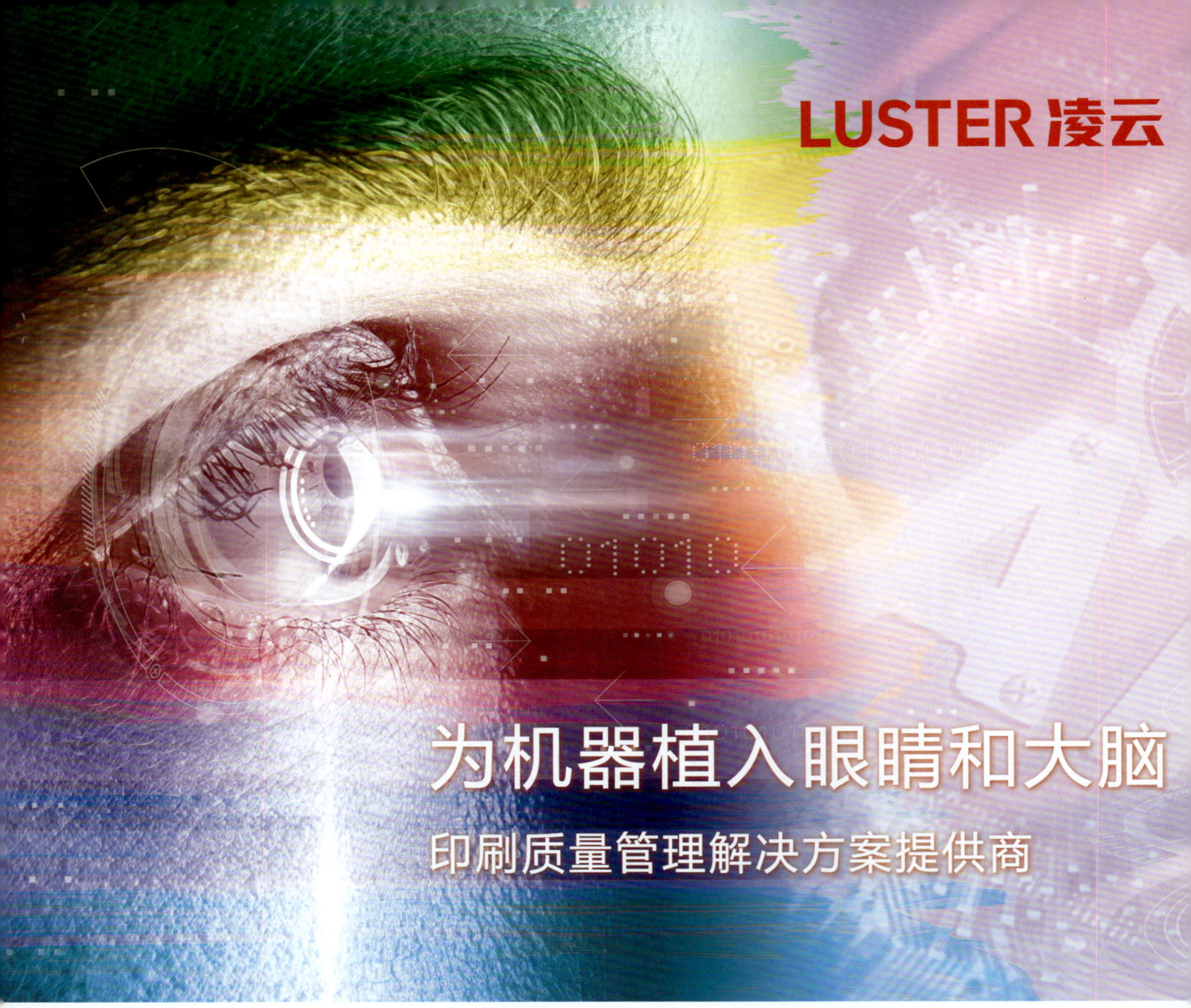

LabelMaster系列
标签印刷质量检测系统

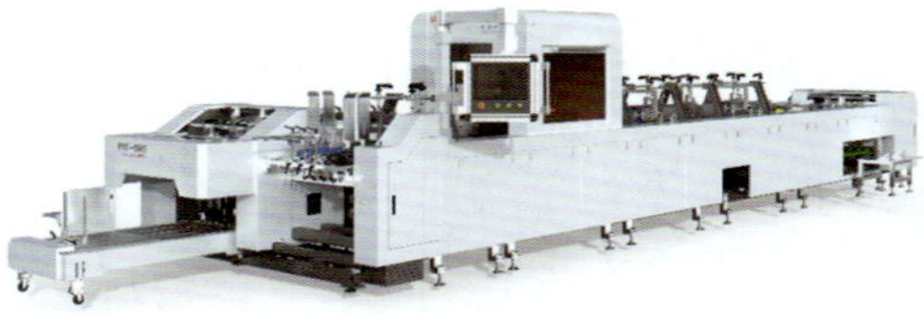

PrintMan系列
单张彩盒印刷质量检测系统

PackRolll系列
软包装印刷质量检测系统

印业情综述

TOPPAN

北京利丰

我们经常不断地回报客户的信任
凭借丰富的智慧与高超的技能，为客户奉献充满真诚的作品。
作为信息、文化的带头人，贡献于交流广泛的生活。

北京利丰雅高长城印刷有限公司是国家印刷示范企业、国家机关、北京市政府重点印刷企业，是一家为高端期刊、图书市场提供一站式解决方案的大型综合现代化印刷企业。公司于 2019 年被北京市委宣传部认定为“北京市出版物印刷服务首都核心功能重点保障企业”，正式成为北京市出版印刷服务首都核心功能的基本保障力量，优先承担服务保障任务。

值此中国印刷技术协会成立40周年之际，谨代表北京利丰雅高长城印刷有限公司向中国印刷技术协会表示诚挚的祝贺！

中国印刷技术协会诞生于改革开放的初期，在那个百业待兴，印刷行业赶超世界强国的年代，中国印刷技术协会推波助澜，构筑国际信息交流的平台，引入国外新思维，吸收先进印刷技术理念，培养精英印刷技术人才，发挥着巨大的桥梁纽带作用。

回首过去的40年，中国印刷业从改革开放初期年总产值不足50亿元，发展到如今万亿元级别，创造了国际印刷产业增长的奇迹！当今在迎接国家十四五规划的新形势下，面对“绿色发展，智能制造”印刷业全面升级的挑战，在由印刷大国向强国迈进的道路上，中国印刷技术协会砥砺发展，助力行业成功转型，为谱写产业发展新篇章做出卓越贡献！

最后，衷心期待中国印刷技术协会广开思路，锐意进取，引领中国印刷行业再次走向新的辉煌，共创美好的明天！

北京利丰长城印刷有限公司 郭健

打造华光精品，真诚服务印刷！
華光
HUAGUANG
绿色华光 绿色印刷
TD-G Plus免处理热敏版
TP-GX免冲洗热敏版
TP-U耐UV油墨双层热敏版
华光高清数码柔性版
华光自平顶网点数码柔性版
华光UV墨水系列产品
GREEN HUAGUANG ECO PRINTING
CASC
中国航天
乐凯华光印刷科技有限公司
LUCKY HUAGUANG GRAPHICS CO.,LTD
服务电话：400-652-6696
www.hgfilm.com.cn

誓扬彗光施电策，终破云霓镜万方！
谨此中国印协成立 40 周年暨
《中国印刷年鉴（2016-2020）》
巨制出版之际，天津东洋油墨有限
公司致以最诚挚、最热烈的祝贺！
我们愿同广大印刷行业同仁团结一
心，以光大中国印刷产业为旗，以
永无止境的科技创新实力为鞭，携
手挑战高峰、突破极限，共创更加
辉煌美好的未来！
www.tjtoyoink.com.cn
TOYO INK
Visible Science for Life
天津東洋油墨有限公司
地址：天津市西青经济开发区兴华二支路12号 邮编：300385
电话：022-23974597 传真：022-23979440

2019年印刷复制管理工作综述

中宣部印刷发行局

一、加强印刷复制阵地建设和管理

2019年2月，国家新闻出版署印发《关于做好2019年印刷复制暨内部资料性出版物管理工作的通知》（国新出发〔2019〕2号），明确全年工作思路，提出组织开展“印刷复制暨内部资料性出版物管理风险防控体系建设”活动和印刷复制暨内部资料性出版物“双随机、一公开”抽查，同时对优化服务推动印刷复制业高质量发展有关工作进行部署。3月15日，中宣部印刷发行局在京召开2019年全国印刷复制管理暨“3·15”质检活动座谈会，贯彻落实通知要求，部署全年重点监管任务。2019年，中宣部印刷发行局联合有关部门共检查全国11个省份的内部资料性出版物审批管理情况和75家印刷复制企业，指导当地管理执法部门对25家违规企业进行了行政处罚，并将处罚结果向全国通报。通过“双随机”抽查，指导各地发现问题、查找隐患，堵塞漏洞、强化措施，推动工作、落实责任，提升了印刷复制监管工作的权威性，印刷复制阵地管理能力、市场管控水平得到加强。

二、加强印刷业绿色化发展制度系统设计

为贯彻新发展理念，加强对印刷业绿色化发展的制度设计，推动印刷业绿色化发展全面升级，2019年9月，国家新闻出版署联合国家发改委、工信部、生态坏境部、市场监管总局等印发《关于推进印刷业绿色化发展的意见》（国新出发〔2019〕29号），意见从“推动完善印刷业绿色化发展的体制机制”“推动建设京津冀印刷业协同发展先行区”“推动建设长三角区域印刷业一体化发展创新高地和珠三角印刷业对外开放连接平台”“推动数字印刷新动能加快发展”“推动完善印刷业绿色化发展的标准和技术支撑”“推动印刷业绿色化发展重大项目实施”“推动成立中国印刷业创新基金”等七个方面提出了贯穿“十四五”的工作任务，努力构建印刷业绿色化发展的新格局。这是今后一个时期印刷业发展改革的纲领性、指导性文件，具有重要的举旗定向、统筹布局、制度创新的作用。

三、举办2019中国印刷业创新大会

2019年7月25日至26日，国家新闻出版署动员印刷全产业链力量，在京举办2019中国印刷业创新大会，主题是“聚焦绿色化”。大会充分宣传展示了新中国成立70年以来我国印刷业的发展成就，宣讲政策法规、通报发展情况，梳理发展模式、完善相关标准，介绍典型案例、指引发展路径，推动全行业全产业链分层次分领域抓好贯彻落实，为行业搭建了一个统摄发展的政治阵地和协同创新的服务平台。中宣部副部长梁言顺同志出席大会，作主旨演讲，并视察了“一本图书印刷智能制造测试线”工作情况。各地管理部门、骨干印刷企业和行业协会、研究院所、高等院校等单位主要负责人共计1000余人参加大会。大会产生了明显的溢出效应，成为我国印刷业顶层设计、统筹协调的政策性、前瞻性、引领性、公益性行业活动。

四、推动我国印刷业区域协同发展

为落实《北京市出版物印刷服务首都核心功能建设升级指南》有关工作任务，2019 年 6 月，中宣部印刷发行局推动北京市委宣传部认定发布 22 家北京市出版物印刷服务首都核心功能重点保障企业名单，为出版物印刷保障和升级发展提供了“北京经验”。为发挥长三角区域经济最具活力、开放程度最高、创新能力最强的优势作用，中宣部印刷发行局贯彻落实《长江三角洲区域一体化发展规划纲要》，2019 年 7 月联合上海市、江苏省、浙江省、安徽省党委宣传部和北京印刷学院等编制出台《长三角区域印刷业一体化发展升级指南》，规划推动将长三角建设成为我国印刷业可持续增长的发动机、全面深化改革开放的创新高地和高质量发展的样板。

五、完善印刷复制业法规和标准化工作体系

根据行业管理实际和产业发展需求，中宣部印刷发行局积极研究推动《复制管理办法》《印刷业经营者资格条件暂行规定》《外商投资印刷企业暂行规定》等部门规章修订工作，不断完善印刷复制管理法规体系。为充分发挥标准在产业发展中的基础性、引领性、战略性作用，推动印刷复制标准化工作提档升级，2019 年 11 月 27 日，中宣部印刷发行局组织相关标准化技术委员会、行业协会、研究机构等召开印刷复制发行标准工作座谈会。会上介绍交流了标准化工作情况，总结了近年来行业标准化工作取得的成绩，提出了 2020 年标准化工作思路和重点发展方向，努力构建行业生态圈协同发展的高质量标准体系。2019 年，中宣部印刷发行局指导印标委完成 9 项国家标准和 12 项行业标准申请立项工作，完成 20 项行业标准报批工作。

六、强化质量监督管理

为督促各地管理执法部门切实加强印刷复制质量管理，2019 年 3 月 15 日，中宣部印刷发行局会同中宣部出版产品质量监督检测中心在京召开 2019 年全国印刷复制管理暨“3・15”质检活动座谈会，全面部署质检工作任务。指导相关管理执法部门给予 2018 年“3・15”质检活动涉及的 20 家批质量不合格出版单位和印刷企业行政处罚，并将处罚结果进行全国通报。2019 年重点围绕庆祝新中国成立 70 周年主题出版产品组织开展质检活动，共抽查全国 9 个省份和中央在京出版单位 90 家，涉及出版物 450 种。重点对 2019–2020 学年秋季中小学国家统编教材印制工作进行检查，共抽查 8 个省份的 8 家租型单位，涉及教材 40 种。在第 29 届全国书博会期间组织开展图书印制质量抽检工作，将 25 种印制质量不合格图书有关情况向书博会组委会进行通报，组委会根据情况作出处理，确保了参展图书的质量。质检工作的开展推动了管理部门落实质量管理职责，企业守法经营、改进生产工艺、提升产品质量，为人民群众提供优质印刷复制产品供给。

七、指导推动行业交流平台建设

2019 年中宣部印刷发行局指导支持省级管理部门、行业有关单位举办各类展览展示、会议论坛、业务培训等活动，主要包括全国印刷经理人年会、中国印刷业互联网创新节、印刷出版文化国际研讨会、按需印刷出版改革试点研讨会、中国造纸可持续发展论坛、印刷包装智能化建设论坛、印刷业智能化发展论坛、印刷智能制造标准起草工作启动会、全国印刷机械标准化年会、第四届中国（广东）国际印刷技术展览会、第二届江苏印刷业创新发展博览会、九省区市印刷业发展交流会、华东六省一市印协工作交流会，以及质量管理培训班、印刷管理及内资编印培训班等。通过对这些活动的指导和支持，深入贯彻落实中国印刷业创新大会精神，初步形成了全行业团结一心共谋我国印刷业高质量发展的良好局面。■

2015-2019 年我国书刊印刷业发展情况分析

中国印刷及设备器材工业协会书刊印刷专业委员会

从这五年印刷业发展看，呈现出了印制方式多样化、生产过程绿色化、技术支撑网络化、装备制造智能化、服务产业专业化发展特点。书刊印刷业随着互联网时代的高速发展，以广告为主要收入来源的报纸期刊快速下滑，以内容为根基的图书稳步增长，出版市场呈现高质量发展态势；书刊印刷企业承印能力不断增强，销售收入增加，利润却下降，招工难留住技术人员难，复合型人才尤其匮乏；数字化印刷推进更为紧迫，市场供求关系发展逐渐回归平衡，媒体融合转型谋发展，书刊印刷业直面困难和挑战，守初心、勇担当、促创新、敢作为。

一、2015-2018 年我国书刊印刷业的基本情况

2018 年党和国家机构改革，为加强改善党对新闻舆论工作的集中统一领导，加强对出版活动的管理，发展和繁荣中国特色社会主义出版事业，将国家新闻出版广电总局的出版管理职责划入中央宣传部，中央宣传部对外加挂国家新闻出版署（国家版权局）牌子。出版社从 2014 年底启动转企改革，2015-2019 年是出版社改制、进入探索创新改革初期，也是互联网阅读、手机阅读风行时期，出版印刷共同面对抢占读者群阅读阵地挑战！构建媒体融合数字出版技术平台迫在眉睫，重新开发再利用纸质出版丰富资源。党的十九大报告为新时期的发展指明了方向，提出了我国经济已由高速增长阶段转向高质量发展阶段。

根据《中国新闻出版统计资料汇编》提供的数据，截至 2018 年底，全国共有出版社 585 家（包括副牌社 24 家）。其中，中央级出版社 219 家（包括副牌社 13 家），地方出版社 366 家（包括副牌社 11 家）。2018 年，出版图书总量 100.09 亿册（张），同比增长 8.28%，期刊 22.92 亿册、报纸 337.26 亿份，同比持续下降，全国出版图书、期刊、报纸总印张为 1937.18 亿印张，同比下降 4.14%。具体数据变化详见表 1~ 表 6。

自 2015 年开始，经济步入缓增长阶段，出版印刷业成本在上升，产业集中度在上升，绿色印刷、清洁生产的压力倒逼企业快速成长，结构调整、转型升级成为常态，纸媒仍具有不可动摇的优势，印刷与互联网的深度融合会产生新的商业模式；绿色印刷、清洁生产掀起了新的一轮技术改造，北京印刷业面临环保压力，疏解首都非核心功能压力，行业下行压力，北京出版物印刷企业小散乱进一步缓解，市场进一步集中到管理好的大中型企业，经营不利的小企业或倒闭、或外迁，北京地区出版物印刷企业数从 2015 年的 652 家，减少到 2019 年的 475 家。

表 1 2015—2018 年全国图书出版数量及与上年相比增减百分比（种数）

年份	本版图书种数（种）			与上年相比增减（%）			租型图书种数（种）	与上年相比增减（%）
	合计	新版	重印	合计	新版	重印		
2015 年	475768	260426	215342	6.10	1.77	11.84	10847	5.24
2016 年	499884	262415	237469	5.07	0.76	10.28	11629	7.21
2017 年	512487	255106	257381	2.52	–2.79	8.39	11150	–4.12
2018 年	519250	247108	272142	1.30	–3.14	5.74	11194	0.39

表 2 2015—2018 年全国图书出版数量及与上年相比增减百分比（总印数）

年份	本年图书总印数（万册、张）				与上年相比增减（%）	
	合计	新版	重印	租型	合计	租型
2015 年	866233	250308	461518	154408	5.84	5.40
2016 年	903682	240835	511852	150995	4.32	–2.21
2017 年	924399	227398	538743	158258	2.29	4.81
2018 年	1000974	251713	577441	171820	8.28	8.57

表 3 2015—2018 年全国图书出版数量及与上年相比增减百分比（总印张）

年份	本年图书总印张（千印张）				与上年相比增减（%）	
	合计	新版	重印	租型	合计	租型
2015 年	74318834	25458142	37812900	11047792	5.53	5.59
2016 年	77721102	24163518	42492226	11065358	4.58	0.16
2017 年	80803506	23004921	46425951	11372634	3.97	2.78
2018 年	88252795	25948117	49872471	12432207	9.22	9.32

表 4 2015—2018 年全国图书出版数量及与上年相比增减百分比（图书总定价）

年份		图书总定价（万元）			
	合计	增减（%）	新版	重印	租型
2015 年	14760911	8.26	6710595	6884311	1166005
2016 年	15809598	7.10	6814149	7830411	1165038
2017 年	17312528	9.51	6903943	9185521	1223064
2018 年	20029054	15.69	8271683	10437346	1320025

表 5 2015—2018 年全国出版物印刷企业财务情况

年份	单位数（家）	年末平均人数（人）	资产年末合计（万元）	主营业务收入（万元）	负债年末合计（万元）	所有者权益年末合计（万元）	营业利润（万元）	利润总额（万元）
2015 年	8910	482937	24016537.00	15079215.00	12028850.00	11969093.00	1103604.00	1297668.00
2016 年	8936	478315	24757431.02	15403439.26	12390173.11	12321220.58	1028861.28	1159573.96
2017 年	8753	451667	24896174.60	16042730.33	12393618.43	12443828.20	1071073.53	1175887.89
2018 年	8923	429799	25550503.96	16345142.75	12507391.38	12960522.36	992763.96	1101168.00

表 6 2015—2018 年全国出版物印刷企业生产情况

年份	单位数	印刷产量		装订产量	用纸量
		黑白	彩色		
	家	万令	万对开色令	万令	万令
2015 年	8910	30944.92	219634.12	31629.31	60698.24
2016 年	8936	31517.57	150688.38	33668.54	64299.06
2017 年	8753	30375.05	140600.54	33425.47	62255.52
2018 年	8923	27760.33	116387.94	33357.92	55951.23

另，截至 2020 年 4 月 30 日，20 家以传统出版为主业的上市公司，资产规模、营收、利润如表 7 所示，保持了高质量发展的良好态势。

表 7 2019 年出版传媒上市公司业绩排行（以出版业务为主营业务的传媒上市公司）

单位名称	总资产（亿元）	营业收入（亿元）	同比变化（%）	净利润（亿元）	同比变化（%）	利润率（%）
江苏凤凰出版传媒股份有限公司	238.22	125.85	6.67	13.44	1.41	10.68
中文天地出版传媒集团股份有限公司	228.14	112.58	–2.21	17.25	6.57	15.33
中南出版传媒集团股份有限公司	218.06	102.61	7.61	12.76	3.05	12.43
山东出版传媒股份有限公司	161.47	97.67	4.45	15.44	3.98	15.81
新华文轩出版传媒股份有限公司	153.25	88.42	8.01	11.39	22.19	12.88
安徽新华传媒股份有限公司	140.75	88.33	–10.16	5.57	–48.75	6.31
中国出版传媒股份有限公司	132.13	63.15	18.36	7.03	16.67	11.13
中原大地传媒股份有限公司	123.22	94.98	5.50	8.29	12.29	8.72
长江出版传媒股份有限公司	108.19	76.71	–25.97	7.86	7.32	10.25
南方出版传媒股份有限公司	107.45	65.25	16.58	7.33	11.87	11.23
时代出版传媒股份有限公司	68.23	64.71	0.54	2.33	–29.34	3.6
中国科技出版传媒股份有限公司	56.15	25.08	12.73	4.65	9.56	18.54
青岛城市传媒股份有限公司	40.74	23.14	6.65	3.75	7.62	16.18
上海新华传媒股份有限公司	39.78	13.47	–3.21	0.21	–35.00	1.53
天舟文化股份有限公司	39.52	12.40	10.08	0.31	102.31	2.52
北方联合出版传媒（集团）股份有限公司	36.88	27.11	15.62	1.48	–16.57	5.47
中信出版集团股份有限公司	27.02	18.88	15.56	2.51	21.56	13.31
新经典文化股份有限公司	20.94	9.25	–0.08	2.40	–0.22	25.97
读者出版传媒股份有限公司	20.54	9.72	27.76	0.65	52.21	6.65
世纪天鸿教育科技股份有限公司	7.19	3.86	1.12	0.34	5.67	8.71

从总资产规模来看，20 家上市公司中，2019 年总资产超过百亿的共有 10 家，凤凰传媒、中文传媒、中南传媒继续构成“200 亿元阵营”。

从以上表格数据可以看出出版市场的发展变化。其中，图书市场品种增多，新版图书品种减少，重印图书品种增加，租型图书品种增加，这与政府狠抓图书质量，抓选题相关，促进出版行业高质量发展，期刊和报纸出版印刷持续下降，印刷复制从业人员继续减少，表 5 显示主营业务收入持续增长，利润总额持续下降。从产业链上看，发展不平衡，印刷复制需要进一步去人工化，继续提高机械化程度，减少人工操作成本和管理成本，避免负增长的利润总额窘迫局面，出版物去库存，市场呈现品种增多，印数减少的发展趋势，因此要求书刊印刷企业加快数字化印刷建设进程。

二、2019 年书刊印刷企业经济效益统计数据分析

由中国印刷及设备器材工业协会书刊印刷专业委员会、北京印刷协会和北京地区书刊印刷企业联谊会共同编辑的《2019 年全国 94 家书刊印刷企业完成经济效益统计资料汇编》于 2020 年 7 月整理完成。

根据企业提交数据的情况，2019 年分析报告确定的样本企业为 66 家。这些企业分布于国内 28 个省、自治区和直辖市，涵盖了国内大部分区域和所在区域的主要书刊印刷企业。以当年企业主营业务收入总额为标准，本年样本企业中，规模以上企业（主营业务收入大于或等于 2000 万元）53 家、规模以下企业（主营业务收入小于 2000 万元）13 家；另外，按照投资主体不同，66 家样本企业中包括国有控股企业 57 家，民营及股份制企业 8 家、外资企业 1 家。

（一）2019 年书刊印刷企业的运营状况及经济效益基本概况

2019 年样本企业工业经济效益综合指数为 154.39%。与 2018 年相比，2019 年 43% 的样本企业工业经济效益综合指数出现下降。2016–2019 年样本企业工业经济效益指标（平均值）详见表 8。

表 8　2016–2019 年样本企业工业经济效益指标（平均值）一览表

经济效益指标	全国工业标准值	权数	工业经济效益考核指标体系				
			2011–2015 年	2016 年	2017 年	2018 年	2019 年
工业经济效益综合指数	100		102.82	114.22	107.74	141.64	154.39
资产贡献率（%）	10.7	20	4.60	4.11	2.03	3.54	4.02
资产保值增值率（%）	120	16	100.38	102.87	99.47	98.52	101.60
资产负债率（%）	60	12	52.75	53.83	57.25	58.75	58.68
流动资产周转率（次）	1.52	15	1.35	1.22	1.22	1.40	1.56
成本费用利润率（%）	3.71	14	–0.64	–0.66	–3.15	–0.83	1.28
全员劳动生产率（万元 / 人）	1.65	10	7.47	9.57	10.71	14.12	14.49
产品销售率（%）	96	13	103.77	107.08	104.72	102.48	100.16

2019 年样本企业经济效益综合指数提高了近 13 个百分点，影响综合指数变化的 7 项经济效益指标的状况如下：

- 资产贡献率 4.02%，连续两年增长，较上年提高 0.48 个百分点；
- 资产保值增值率 101.60%，起伏状况波动，较上年增长 3.08 个百分点；
- 资产负债率 58.68%，起伏状况波动，较 2018 年下降 0.07 个百分点；

● 流动资产周转率 1.56 次，持续改善，比上年提速 0.16 次；

● 成本费用利润率 1.28%，持续改善，实现由负转正，较上年提高了 2.11 个百分点；

● 全员劳动生产率 14.49 万元 / 人，连续大幅提升，同比增长 0.37 万元 / 人；

● 产品销售率 100.16%，连续下降，同比降低 2.32 个百分点。

参照全国工业标准值，结合样本企业的经济效益综合指数及相关指标的内在联系分析，对 2019 年书刊印刷行业运营状况的基本判断如下：

● 书刊印刷行业经济效益综合指数持续改善，而综合指数改善的主要因素来自企业全员劳动生产率的提高。2019 年样本企业经济效益综合指数 154.39，全员劳动生产率的贡献率高达 57%；

● 行业产能集中和采用高效率设备是全员劳动生产率提高的基础。行业产能集中为高效率的加工设备发挥作用创造了条件，使书刊印刷企业在全员劳动生产率提高的同时，流动资产周转率加快、产品销售率趋于合理、费用利润率得以改善；

● 效益提升缓慢影响企业发展能力。2019 年样本企业总资产贡献率（4.02%）虽有所提升，但仅为全国工业标准值（10.7%）的 38%；而同期资产保值增值率（101.60%）也仅达到资产保值的水平；

● 资产负债率高企意味着企业经营风险在增加。2019 年样本印刷企业资产负债率（58.68%）已经接近全国工业标准的 60%。如果没有较高收益的业务支撑，如此高的负债率对企业的运营压力是可想而知的。

由以上判断可知，高投入低收益是目前国内书刊印刷行业经济运营的特点。

（二）影响书刊印刷企业经济效益的规模因素

2019 年 66 个样本企业中规模以上企业 53 家、规模以下企业 13 家。由于主营业务收入规模的变化，在本次数据分析时，规模以上和规模以下的样本企业的清单有所变化。

1. 规模以上企业经济效益状况

2019 年规模以上样本企业工业经济效益综合指数为 179.71，较 2018 年提高了 30.77 个百分点，是继 2018 年后第二个经济效益综合指数提升的年份。根据样本企业整体的工业经济效益综合指数运行状态区间划分，2019 年规模以上样本企业书刊印刷企业处于运营安全区。2016–2019 年样本企业（规模以上）工业经济效益指标（平均值）详见表 9。

表 9　2016–2019 年样本企业（规模以上）工业经济效益指标（平均值）一览表

经济效益指标	全国工业标准值	权数	工业经济效益考核指标体系				
			2011–2015 年	2016 年	2017 年	2018 年	2019 年
工业经济效益综合指数	100		109.22	121.75	119.91	148.94	179.71
资产贡献率（%）	10.7	20	7.87	4.52	3.11	3.54	5.27
资产保值增值率（%）	120	16	93.98	97.37	96.20	89.48	106.97
资产负债率（%）	60	12	52.49	53.44	56.59	58.73	59.78
流动资产周转率（次）	1.52	15	1.42	1.27	1.26	1.52	1.69
成本费用利润率（%）	3.71	14	0.74	0.36	–1.51	–0.67	3.58
全员劳动生产率（万元 / 人）	1.65	10	7.65	10.09	11.36	15.22	16.48
产品销售率（%）	96	13	102.57	107.69	106.00	102.62	100.69

2. 规模以下企业经济效益状况

2019 年规模以下样本企业工业经济效益综合指数为 51.16，较 2018 年下降了 47.51 个百分点，其经营状况接近运营危险区。2016–2019 年样本企业（规模以下）工业经济效益指标（平均值）详见表 10。

表 10　2016–2019 年样本企业（规模以下）工业经济效益指标（平均值）一览表

经济效益指标	全国工业标准值	权数	工业经济效益考核指标体系				
			2010–2015 年	2016 年	2017 年	2018 年	2019 年
工业经济效益综合指数	100		51.63	63.34	46.41	98.66	51.16
资产贡献率（%）	10.7	20	3.56	2.23	–2.28	3.28	–1.07
资产保值增值率（%）	120	16	90.45	87.37	69.47	70.07	79.73
资产负债率（%）	60	12	53.72	55.33	59.80	58.82	54.20
流动资产周转率（次）	1.52	15	1.09	1.06	1.05	0.93	1.06
成本费用利润率（%）	3.71	14	–5.91	–4.56	–9.23	–1.43	–8.11
全员劳动生产率（万元 / 人）	1.65	10	3.15	4.79	6.67	8.88	6.37
产品销售率（%）	96	13	108.41	104.73	99.77	101.92	97.98

3. 对比分析

2019 年规模以上样本企业经济效益综合指数为 179.71，规模以下样本企业经济效益综合指数为 51.16，两类企业工业经济效益综合指数相差 127.56。2018–2019 年样本企业（规模以上与规模以下）效益指标对比详见表 11。

对比不难得出，规模以上和规模以下样本企业在经济效益上的差别是巨大的，这种差异是两类企业在经济运营诸多方面差距的综合体现：

- 运营效率：2019 年规模以上样本企业全员劳动生产率 16.48 万元 / 人，规模以下样本企业的全员劳动生产率为 6.37 万元 / 人，两者的差距为 10.11 万元 / 人；2019 年规模以上样本企业流动资产周转率为 1.69 次，规模以下样本企业流动资产周转率为 1.06 次，两者相差 0.63 次；
- 盈利能力：2019 年规模以上样本企业总资产贡献率为 5.27%，规模以下样本企业总资产贡献率为 –1.07%，两者相差 6.34 个百分点；同期规模以上和规模以下样本企业成本费用利润率分别为 3.58% 和 –8.11%，差距达 11.69 个百分点；
- 资本安全：2019 年规模以上和规模以下样本企业的资产保值增值率分别为 106.97% 和 79.73%，两者相差 27.24 个百分点；
- 经营风险：2019 年规模以上样本企业资产负债率为 59.78%，规模以下样本企业的资产负债率为 54.20%。同期，两类企业的资产负债率差距 5.58 个百分点。

表 11 2018–2019 年样本企业（规模以上与规模以下）效益指标对比

经济效益指标	2018 年			2019 年		
	规模以上	规模以下	指标差距	规模以上	规模以下	指标差距
工业经济效益综合指数	148.94	98.66	50.28	179.71	51.16	128.56
资产贡献率（%）	3.54	3.28	0.27	5.27	–1.07	6.34
资产保值增值率（%）	89.48	70.07	19.41	106.97	79.73	27.24
资产负债率（%）	58.73	58.82	–0.09	59.78	54.20	5.59
流动资产周转率（次）	1.52	0.93	0.59	1.69	1.06	0.63
成本费用利润率（%）	–0.67	–1.43	0.76	3.58	–8.11	11.68
全员劳动生产率（万元/人）	15.22	8.88	6.34	16.48	6.37	10.11
产品销售率（%）	102.62	101.92	0.70	100.69	97.98	2.71

进一步研究规模以下样本企业的统计资料发现，近些年多数规模以下企业的业务几乎处于停滞状况、盈利状况堪忧。同时，由于固定资产投入零增长、设备更新也难以为继。造成这种状况的原因是复杂的，但规模以下企业与规模以上企业在经济效益综合指数和多数指标上差距的扩大是不争的事实。

（三）影响书刊印刷企业经济效益的业务因素

2019 年 66 个样本企业中，36 家新华印刷企业是各地教材印刷的主力，而 30 家图书印刷企业则以北京地区企业为主。同为书刊印刷企业，业务结构的不同反映到其经济效益综合指数和相关指标上有什么特点？

1. 教材印刷企业经济效益状况

2019 年教材印刷样本企业工业经济效益综合指数为 146.21，较 2018 年提高了 19.49 个百分点。2016 年以来，教材印刷企业经济效益综合指数逐年提升。按照经济效益综合指数运营状况区间划分，2019 年教材印刷运营第一次进入运营安全区。2016–2019 年样本企业（教材印刷）工业经济效益指标（平均值）详见表 12。

表 12 2016–2019 年样本企业（教材印刷）工业经济效益指标（平均值）一览表

经济效益指标	全国工业标准值	权数	工业经济效益考核指标体系				
			2010–2015 年	2016 年	2017 年	2018 年	2019 年
工业经济效益综合指数	100		101.40	110.36	111.52	126.72	146.21
资产贡献率（%）	10.7	20	4.96	4.10	3.26	2.50	4.24
资产保值增值率（%）	120	16	93.13	95.84	107.75	86.59	107.78
资产负债率（%）	60	12	52.14	56.53	62.32	64.83	67.51
流动资产周转率（次）	1.52	15	1.34	1.32	1.31	1.41	1.60
成本费用利润率（%）	3.71	14	–0.85	–0.61	–2.41	–2.79	0.98
全员劳动生产率（万元/人）	1.65	10	7.51	8.71	9.92	13.23	12.71
产品销售率（%）	96	13	101.31	111.65	108.32	103.31	102.43

2. 图书印刷企业经济效益状况

2019 年图书印刷样本企业工业经济效益综合指数为 164.21，较 2018 年提升了 4.27，其经营状况连续第二年处于运营安全区。2016–2019 年样本企业（图书印刷）工业经济效益指标（平均值）详见表 13。

表 13　2016—2019 年样本企业（图书印刷）工业经济效益指标（平均值）一览表

经济效益指标	全国工业标准值	权数	工业经济效益考核指标体系				
			2010–2015 年	2016 年	2017 年	2018 年	2019 年
工业经济效益综合指数	100		104.24	112.87	105.80	159.93	164.21
资产贡献率（%）	10.7	20	4.51	4.02	0.79	5.04	3.76
资产保值增值率（%）	120	16	95.68	98.71	95.07	89.85	94.18
资产负债率（%）	60	12	51.39	47.46	47.93	47.60	48.09
流动资产周转率（次）	1.52	15	1.38	1.12	1.17	1.42	1.52
成本费用利润率（%）	3.71	14	0.36	–0.14	–3.00	2.37	1.63
全员劳动生产率（万元 / 人）	1.65	10	7.18	9.69	11.33	15.30	16.61
产品销售率（%）	96	13	105.63	99.44	97.49	98.48	97.43

3. 对比分析

2019 年教材印刷样本企业和图书印刷样本企业经济效益综合指数与上年相比均有提升。但就总体而言，图书印刷企业的综合指数要好于教材印刷企业的综合指数，两者相差 18.00。2018–2019 年样本企业（教材印刷与图书印刷）效益指标对比详见表 14。

表 14　2018—2019 年样本企业（教材印刷与图书印刷）效益指标对比

经济效益指标	2018 年			2019 年		
	教材印刷	图书印刷	指标差距	教材印刷	图书印刷	指标差距
工业经济效益综合指数	126.72	159.93	–33.21	146.21	164.21	–18.00
资产贡献率（%）	2.50	5.04	–2.54	4.24	3.76	0.47
资产保值增值率（%）	86.59	89.85	–3.27	107.78	94.18	13.60
资产负债率（%）	64.83	47.60	17.23	67.51	48.09	19.41
流动资产周转率（次）	1.41	1.42	–0.01	1.60	1.52	0.08
成本费用利润率（%）	–2.79	2.37	–5.16	0.98	1.63	–0.64
全员劳动生产率（万元 / 人）	13.23	15.30	–2.07	12.71	16.61	-3.90
产品销售率（%）	103.31	98.48	4.82	102.43	97.43	5.00

通过表 14 中罗列的 7 项经济效益指标分解归纳，两类企业的表现如下：

- 运营效率：2019 年图书印刷样本企业的全员劳动生产率（16.61 万元 / 人）高于教材印刷样本企业（12.71 万元 / 人），两者相差 3.90 万元 / 人；而教材印刷样本企业流动资产周转率（1.60 次）却比图书印刷样本企业流动资产周转率（1.52 次）快 0.08 次；

● 盈利能力：教材印刷样本企业总资产贡献率（4.24%）比图书印刷样本企业总资产贡献率（3.76%）高出0.47个百分点；而图书印刷样本企业成本费用利润率（1.63%）则比教材印刷成本费用利润率（0.98%）高出0.64个百分点；

● 资本安全：教材印刷和图书印刷样本企业的资产保值增值率分别为107.78%和94.18%，前者比后者高13.60个百分点。教材印刷企业的表现好于图书印刷企业；

● 经营风险：教材印刷样本企业资产负债率为67.51%，图书印刷样本企业的资产负债率为48.09%。两类企业的资产负债率差距19.41个百分点。教材印刷企业的资产负债率已经突破全国工业标准值60%。

另外，与2018年相比，2019年教材印刷企业和图书印刷企业经济效益综合指数的差距在缩小。教材印刷企业经济效益的提升速度快于图书印刷企业。

（四）影响书刊印刷企业经济效益的体制因素

2019年样本企业中，国有控股企业57家（占样本企业总数的86%），非国有控股企业9家（占样本企业总数的14%）。国有控股企业是国内书刊印刷行业的主力军，而非国有控股企业则是改革开放为国内书刊印刷行业引入的新生力量。尽管体制不同，但这些年来两类企业相互学习、相互借鉴，为国内书刊印刷行业的发展做出了各自的贡献。

1. 国有控股企业经济效益状况

2019年国有控股样本企业工业经济效益综合指数为145.33，较2018年提高了10.34。2016–2019年样本企业（国有控股）工业经济效益指标（平均值）详见表15。

自2016年起，国有控股样本企业的经济效益综合指数在经历了短暂的下降后持续提升，第一次进入运营安全区。

表15 2016–2019年样本企业（国有控股）工业经济效益指标（平均值）一览表

经济效益指标	全国工业标准值	权数	工业经济效益考核指标体系				
			2010–2015年	2016年	2017年	2018年	2019年
工业经济效益综合指数	100		92.06	104.81	98.64	134.99	145.33
资产贡献率（%）	10.7	20	4.39	3.79	1.59	3.11	3.70
资产保值增值率（%）	120	16	92.55	94.56	87.38	82.86	101.26
资产负债率（%）	60	12	52.50	53.86	58.09	59.7	60.13
流动资产周转率（次）	1.52	15	1.35	1.22	1.22	1.37	1.46
成本费用利润率（%）	3.71	14	–1.26	–1.18	–3.85	–1.40	0.62
全员劳动生产率（万元/人）	1.65	10	6.34	8.60	10.01	13.87	13.62
产品销售率（%）	96	13	103.55	108.31	105.00	102.79	100.64

2. 非国有控股企业经济效益状况

2019年非国有控股样本企业工业经济效益综合指数为211.76，较2018年提升了49.56。2016–2019年样本企业（非国有控股）工业经济效益指标（平均值）详见表16。

自 2016 年非国有控股样本企业进入运营安全区后，2019 年是非国有控股企业连续处于运营安全区的第四年。

表 16　2016—2019 年样本企业（非国有控股）工业经济效益指标（平均值）一览表

经济效益指标	全国工业标准值	权数	工业经济效益考核指标体系				
			2010—2015 年	2016 年	2017 年	2018 年	2019 年
工业经济效益综合指数	100		132.16	141.94	145.00	162.20	211.76
资产贡献率（%）	10.7	20	5.98	5.72	4.69	5.98	6.09
资产保值增值率（%）	120	16	97.91	100.19	112.39	102.69	103.74
资产负债率（%）	60	12	54.34	53.66	51.77	52.49	49.48
流动资产周转率（次）	1.52	15	1.38	1.28	1.23	1.62	2.23
成本费用利润率（%）	3.71	14	3.46	2.83	1.80	2.94	5.43
全员劳动生产率（万元 / 人）	1.65	10	9.27	11.63	12.88	14.21	19.97
产品销售率（%）	96	13	105.25	99.04	102.83	100.41	97.06

3. 对比分析

2019 年国有控股企业经济效益综合指数为 145.33，非国有控股企业经济效益综合指数为 211.76。两者的差距为 66.43。2018–2019 年样本企业（国有控股与非国有控股）效益指标对比详见表 17。

表 17　2018—2019 年样本企业（国有控股与非国有控股）效益指标对比

经济效益指标	2018 年			2019 年		
	国有	非国有	指标差距	国有	非国有	指标差距
工业经济效益综合指数	134.99	162.20	−27.21	145.33	211.76	−66.43
资产贡献率（%）	3.11	5.98	−2.88	3.7	6.09	−2.40
资产保值增值率（%）	82.86	102.69	−19.83	101.26	103.74	−2.47
资产负债率（%）	59.70	52.49	7.21	60.13	49.48	10.65
流动资产周转率（次）	1.37	1.62	−0.25	1.46	2.23	−0.77
成本费用利润率（%）	−1.40	2.94	−4.34	0.62	5.43	−4.81
全员劳动生产率（万元 / 人）	13.87	14.21	−0.35	13.62	19.97	−6.35
产品销售率（%）	102.79	100.41	2.38	100.64	97.06	3.58

通过表 17 观察最近两年国有控股企业和非国有控股企业在经济效益指标数据发现，这两类企业在经济运营方面差距如下：

- 运营效率：国有控股企业全员劳动生产率（13.62 万元 / 人）、非国有控股企业全员劳动生产率（19.97 万元 / 人），两个数据的差距为 6.35 万元 / 人；同期，国有控股企业流动资金周转率（1.46 次）与非国有控股企业流动资金周转率（2.23 次）相比，差距为 0.77 次；
- 盈利能力：国有控股企业资产贡献率（3.70%）与非国有控股企业资产贡献率（6.09%）相比，

差距为 2.40 个百分点；在成本费用利润率方面，国有控股企业和非国有控股企业的指标数据分别为 0.62% 和 5.43%，两者的差距为 4.81 个百分点；

- 资本安全：国有控股企业资产保值增值率为 101.26%、非国有控股企业资产保值增值率为 103.74%，两者差距为 2.47 个百分点；
- 经营风险：国有控股企业和非国有控股企业的指标数据分别为 60.14% 和 49.48%，两者相差 10.65 个百分点。

仅就经济效益指标衡量，国有控股企业与非国有控股企业相比存在不小的差距。但是，这种差距在企业运营多项指标的表现也处于不稳定状态。2017–2018 年，国有控股和非国有控股企业在各项经济效益指标的差距曾一度缩小，而 2018–2019 年两类企业各项经济效益指标的差距则在扩大。

（五）观察与思考

2019 年是书刊印刷样本企业经济效益持续改善的一年。样本企业经济效益综合指数达到 154.39（比 2018 年提高了近 13）。除规模以下企业外，各个细分领域（规模以上企业、教材印刷企业、图书印刷企业、国有控股企业和非国有控股印刷）的经济效益综合指数也都有不同程度的提高。

书刊印刷行业属文化产品、政治宣传读物、教材教辅加工业。由于其产品生产周期、定价机制等受非市场因素的影响较多，书刊印刷行业的经济效益指标也表现出不同于其他印刷领域的如下特点：

书刊印刷行业经济效益综合指数持续改善主要来自企业全员劳动生产率的提高。而行业产能集中和高效率设备采用是全员劳动生产率提高的基础；

高投入低收益影响书刊印刷行业的可持续发展能力。尽管规模大小、业务结构、体制差异对企业经济效益均有影响，可即使各个细分领域的相对优者的各项经济指标也无法达到全国工业标准值；

资产负债率高企意味着书刊印刷企业经营风险在增加。2019 年样本印刷企业资产负债率（58.68%）已经接近全国工业标准 60%。如果没有较高收益的业务支撑或政府的特别支持，如此高的负债率对企业的运营压力是可想而知的。

综上所述，不难发现，依靠产能集中带来的规模效益是有限度的，从规模经济到规模不经济是可能转换的。如何利用数字技术、网络技术突破现有的业务分工、地域限制，在夯实市场存量的同时，在市场增量中拼出一片天地，或许是书刊印刷企业摆脱传统加工业、重构生产运营体系的一个突破口！

三、2015–2019 年我国书刊印刷业中存在的主要问题及产生原因

环保、工价、人员缺失、企业转型、新技术应用滞后等一系列问题，困扰着企业，影响企业发展较为突出的有以下几个方面：

（一）企业面临环保治理压力

近年来，随着国家环保治理力度的逐渐加大，并出台的相关政策，印刷企业在获得发展机遇的同时，也面临不小的压力。就北京地区而言，印刷企业面临重污染天气限产停产，企业环保改造补贴取消，企业退出等一系列发展的压力，对印刷行业造成不小的影响。

（二）增产不增收

2015 年以来，国内经济下行压力持续，根据《书刊印刷（含其他印刷）企业完成经济效益统计资

料汇编》，选取保持连续经济统计指标，主营业务是书刊的企业作为样本企业，可以发现，2016 年是样本书刊印刷企业经济效益转差的一年，增产不增收则成为样本企业运营面临的最突出的问题。样本企业的主营业务规模扩大了 37%，而同期企业的负债增加了 42%，成本费用增长了 39%，增值税负增长了 32%，获得的利润总量却萎缩了 25%，造成企业获利能力下降，经营风险增加，发展动力和潜力丧失等问题。

1. 样本企业经济效益转差的根本原因是行业产能过剩，书刊市场需求疲软。样本企业主营业务增长主要是市场重新整合的结果。

2. 企业的业务订单在价格回款条件或周期方面不得不承受更大压力：①流动资产周转率的下降；②流动资产占用导致的银行贷款增加，进而企业资产负债率的提高；③企业成本费用高比例增长。

3. 企业经营环境的改变对企业经济效益增加的压力：①劳动力成本的增加；②刚性的税收政策；③融资成本的提高。

4. 企业利润的明显下降表现在多项效益指标的持续下降，影响的是企业依靠自身积累发展能力。作为服务性加工业，印刷企业位于产业链中段，在价值分配环节处于弱势。而高度专业化的书刊印刷更是出版产业链中的弱势群体，为扭转这种被动局面，逐步建立起企业可持续发展的内在机制，书刊印刷行业的发展需要寻找战略突破口。

（三）印刷工价

印刷工价问题是多年来一直困扰出版物印刷企业健康发展的大问题。企业面对各种成本上涨，工价停滞不前的困惑。分析原因，主要是市场供求不平衡，供大于求，价格战搅乱市场，印刷企业处于产业链的中间，只能在夹缝中谋求发展。

（四）企业升级改造

网络媒体的迅猛发展，数字技术的广泛应用，各行各业面临转型升级的压力，具体到书刊印刷行业，一时间感到困惑和迷茫，转型突破难度大，解决问题方法少等都是目前企业面对的问题。

四、2015-2019 年我国书刊印刷业改革创新发展案例

虽然由于各种原因，书刊印刷产业受到了较大冲击，发展举步维艰，但书刊印刷企业正视困难，认清责任，勇于担当，这期间涌现出一个个生动鲜活的改革创新发展案例。

（一）上海印刷集团有限公司

作为“新华系”的一支力量，上海印刷集团有限公司承接了大量的书刊印制工作，2017 年开始将这些文档数据做两次标记，进行碎片化管理，未来可以引进 IT 人才，与出版社一起对其进行二次开发，实现双赢。

（二）北京华联印刷有限公司

2015-2017 年的三年间，北京华联印刷有限公司在环保节能降耗方面投入超过 1000 多万元，主要体现在以下几方面：1. 围绕源头削减，选用达到环保要求的原辅材料；2. 过程控制，技术进步，比如采用 CTP、中央供气、供水等，在生产过程中进行固废、危废等的分类；3. 末端治理，针对废气、废水等分别进行治理；4. 节能降耗，利用改造的空压机的集中供气，虽然投入 100 多万元，但一年即可节约电费 100 多万元；5. 在线检测，将自己企业及第三方检测的结果公布在网上，接受相关监管机构和大众的监督。

在进行企业环保升级的过程中，华联印刷的投入和压力都非常大，一直在学习、摸索，如今连平时很少出入的调墨房都安装了相关设备。华联印刷在环保方面投入的诸多努力，让企业拥有了一个正面、积极的形象。2017 年 9 月 2 日，华联印刷作为行业内第一个以环保形象亮相于主流媒体的企业，登上了北京卫视。这带来的直接收益是，在政府环保监管日渐严苛的情况下，更多的客户和求职者开始倾向于像华联印刷这样有责任、有担当的印刷企业。华联印刷还在守法合规经营、文化执法上坚守企业信誉和形象，对不符合要求、没有相关手续的活件，一律不予接收。这对维护行业健康发展，对社会和谐繁荣而言都是勇敢地担起了一份沉甸甸的责任。

（三）新疆新华印刷厂

2010 年，新疆新华印刷厂正值困难时期，借助新疆维稳发展的东风，抓住了中石油、全国妇联等给予的机会。新疆发展的总目标是社会稳定长治久安，围绕这个总目标，全国妇联要为每个维吾尔族的家庭送一套 8 本的书，新疆维吾尔自治区“访惠聚”活动办为了让广大农牧民了解党的惠民政策，下发《新疆维吾尔自治区惠民政策明白册》，中石油要给全国每个石油工人送 10 本书，新疆有 17 万石油工人，正是新疆特殊情况，这系列图书带来了印刷厂发展机会，支撑企业在低工价，机械化程度较低等困难条件下向前发展。企业对外抓机遇，对内深化改革，减员增效，新疆新华印刷厂从当年 1100 多人，经过内退、调整岗位等人员消化措施将员工减少到现在的 460 人，同时通过修理、引进等手段提升设备应用能力。

（四）浙江印刷集团有限公司

在经济新常态下，浙江印刷集团有限公司保持企业活力的唯一途径就是创新，其中管理创新是最重要的，以转变观念、创新理念为要求，先后实施了后备人才选拔、师带徒、岗位轮换、挂职锻炼、课题研究、导师制、校企合作在职学历教育等制度，创新人才培养模式，培养了一批业务精，素质好的经营管理骨干和生产操作骨干，充实了企业员工队伍。增强了企业发展后劲。推行“6S”管理为抓手，改变传统管理模式，通过每周检查通报、每月与收入挂钩考核，创新“6S”管理内涵，将“6S”管理与精细化管理有机结合，持续提升精细化管理的幅度和深度，提高管理的合理性和科学性，在规范低耗控制、尾数管理，原材料领用等操作要求同时，确保管理效率的提升，切实有效控制成本费用、提高效率。通过设备技术改造和引进，实施“机器换人”和科学定岗减编，优化工种、岗位，优化定员分布结构，按最优化人力资源配置组织生产，以最小的人工成本投入取得最大的经济效益，提高生产效率，扩大生产能力。

五、我国未来书刊印刷业的发展预期和展望

2020 年是决胜全面建成小康社会，实现“十三五”规划收官之年。年初，国家新闻出版署发布关于做好 2020 年印刷复制发行管理工作的通知，其中包括以下内容：完善重点出版物印刷发行保障机制，加大产能，拓展渠道，全力做好《习近平谈治国理政》第三卷等党的创新理论著作，党和国家重要文件文献印制发行工作，开展 2020 年度创新理论著作和主题出版百家书城、千家门店联合展示展销活动，推动主题出版物网络传播平台建设；健全机制，完善体制，做好 2020–2021 年中小学教科书印刷发行工作，确保高质量完成课前到书，人手一册的政治任务。贯彻新发展理念，推动印刷复制发行业高质量发展，推动印刷业绿色化、数字化、智能化、融合化发展，提升发行行业专业化、集约化、标准化、信息化水平。

书刊印刷专业委员会将继续加大推广力度，推广数字印刷，推动印刷业向智能化、绿色化、融合化

转型升级；主要推广印后加工自动化，帮助企业最大限度地减少各工位对人的依赖，提高劳动效率，提升产品加工质量和稳定性，印刷过程增加在线检测，减少质量事故，降低操作人员重复性劳动，减少重复劳动带来质量差错和超大强度体力劳动。政府主导方向加之技术进步和经济发展，一带一路经济带打造与开发等题材图书，广告宣传页，二胎政策继续繁荣儿童图书市场，万物互联加速，小镇文化的发展，乡村民宿建设，特色旅游、文化旅游发展，出版物市场随之扩大，商业印刷市场随着经济发展，生活水平提高，需求量也随之扩大，出版物印刷企业疫情期间受困带来的经济损失会慢慢好转。

媒体整合出版平台建设，媒体融合数字出版技术平台架构，满足纸书阅读、互联网阅读、手持阅读器、手机阅读、数字图书馆等变化多端的终端阅读需求。印刷行业培养新媒体所需人才，在近 10 年数字网络技术的裂变式发展中，印刷产业生态环境巨变，书报刊受众规模逐渐缩小，市场需求多元，营业收入增加的同时利润总额下降，商业和经济环境艰难，呈现出通过“数字”求生存，媒体融合转型谋发展，拓展增值服务抢占先机的新格局。面向媒体融合，用纸媒优势服务新兴媒体，以重点项目为抓手来凸显自身先进技术，才能找到支撑未来内容建设的目标与对策。政产学研协同创新通过重大项目规划和重大工程建设，提高产业集约化水平，加快技术创新、产品创新和管理创新，鼓励“小微特”企业向“新、高、精”转型升级，引导印刷业融合转型发展，完善市场监管机制，解决媒体融合中无法满足用户需求以及发展不规范的问题，实现内容质量，产品形态与企业收益的俱佳。印刷企业要积极争取各级政府财政对文化创意产业，数字出版产业发展的扶持，对重点数字出版工程、绿色印刷工程、数字印刷工程、“小微特”印刷企业扶持工程以及创意设计印刷支持工程等项目的资金投入，利用好各级政府对文化产业发展投入的专项资金，宣传文化发展专项资金、服务业发展引导资金、科技创新资金和现代信息服务业专项资金，更重要的是主导或参与政府专项资金重点扶持的数字化出版公共服务平台、骨干项目建设和技术升级以及自主创新技术的研发与应用项目；借助移动互联平台，建立线上线下结合的业务模式、生产管控模式与品质控制模式，通过移动互联平台实现内容编创、作品印制、智能配送的协同作业，实现交互作业、团购定制、降低产品成本和节能减排，衍生各种数字媒体产品与文创产品的制作与服务，实现印刷企业的新增长点。纸质出版物有完全不同于屏幕的阅读感受，尤其是深阅读和重复阅读能带人进行深入思考、产生精神升华和创新思维！可以相信，随着社会物质生活的进步，纸质阅读会出现反弹，这是社会成熟发展的必然现象，更是国家始终强调的“全民阅读”的深意所在。■

报纸印刷，下滑中的坚守

——报纸印刷业5年发展述评

中国报业协会印刷工作委员会　李保强 马开悟

自2011年全国印刷总量达到历史最高的1678亿对开张后，报纸印刷生产量进入了连续下滑通道。至2019年，中国报协统计的全国报纸印刷总量为689亿对开张，已较最高时跌去一半有余，仅相当于1999年前后的水平。

2015年以来，报纸印刷业同时经受了智能手机普及带来的读者流失、新闻纸价格高企造成的成本加大等严峻挑战，印刷总量持续下滑，在2017年、2018年下滑趋缓后，2019年再次加速下滑。近年来，党和国家重视各级党报的舆论引导作用，党报发行稳中有升，但都市报、生活服务类报纸印刷量持续下跌，在报纸印刷业的占比越来越低，印刷总量仍难改下滑态势。一升一降，说明中国报纸印刷业正在回归以主流新闻媒体传播为主体的原有产业结构，都市报这一特定时期的特定报纸类型正逐步退出历史舞台，已不再是报纸印刷业的主力支撑。

一、质量稳步提高

不论是在技术大发展的上世纪90年代，还是本世纪初报纸印刷的辉煌10年，或是近十年来印量持续下滑的困难时期，报纸印刷行业始终牢记保障报纸出版的使命，忠于职守，恪尽职责，做到了报纸印刷人的担当和责任。过去的5年里，在印刷总量持续下滑、生产经营困难不断加大的不利条件下，有力地保障了各级报纸的出版发行，为报纸出版事业做出了应有的贡献。

2019年是中国报协印刷工作委员会开展质量检测工作的第30年，30年来得到了全国各报社和报社印刷厂的大力支持，各单位从领导到一线职工都十分重视印刷质量工作，参评范围不断扩大，参加中国报协质量检测的厂家达90余家，不少省级报协也组织了本省报纸的质量检测。目前中国报协印刷工作委员会的质量检测评价已经成为中国报纸印刷领域影响最大、公信度最高的质量评价项目，成为报社对印刷厂进行质量管理的主要手段，报协的报纸质量检测方法也已经成为中国报业领域公认的最权威的质量评价方案。

自2012年以来，中国报纸印刷业面临着印刷生产量不断下滑的困境，各报纸印刷厂的生产、经营、管理等方方面面都面临越来越大的困难。但在困难中，各报纸印刷厂都没有放松印刷质量管理，始终坚持质量的首位性，做了很多具体有效的工作，保证了报纸印刷质量的稳定和提高，这显得十分难得。

令人可喜的是，在过去的5年间，各报纸印刷厂在经营困难不断加大的情况下，仍然保持了报纸印刷质量稳步提高态势。

表1　2014—2019年质量检测精品级报纸比例

年份	参检报纸数	精品级报纸数	精品级报纸占比%
2014年	89	54	60.67
2015年	92	60	65.22
2016年	92	65	70.65
2017年	91	70	76.92
2018年	90	71	78.89
2019年	91	78	85.71

5年间，精品级报纸一直呈上升趋势，占比从60%提高到85%，充分说明中国报纸印刷质量管理的显著成效。各报纸印刷单位都很重视印刷质量工作，质量管理部门和生产车间做了很多细致的具体工作，采取了行之有效的措施，不断加强质量管理，保证了质量的稳定和提高。不断强化质量责任意识，切实规范操作，杜绝见报差错，保证报纸印刷质量已经成为所有单位和所有报业印刷人的共识，这也是报纸印刷业在任何时候的坚持和坚守。

为了进一步提高报纸质量检测的科学性和数据化，由人民日报社牵头，中国报协印刷工作委员会参与的新闻出版行业标准《新闻纸冷固型胶印报纸印刷质量评价方法》起草工作自2017年初启动，于2017年底完成了送审稿，已于2019年底发布，自2020年1月1日起正式实施，标准号为CY/T197-2019。该标准以人民日报和中国报协印刷工作委员会的报纸质量检测方法为底稿，依据即将采标为国家标准的ISO国际标准ISO12647-3:2013新闻纸冷固型油墨胶印标准和世界报业和新闻出版协会WAN-IFRA的IFRACheck报纸质量检测项目，对报纸的印刷质量评价方法进行了规范和优化，提出了以文字、图片、外观为分类基础的印刷质量指标和相应的评价要求。为与此衔接，2018年中期中国报协印刷工作委员会即启动了新的《报纸印刷质量检测要求及检测办法》的修订，对质量的要求对比原方法有了明显提升，对彩报的适用性更全面科学，检测方法更为客观。2019年是该方法试行的第一年，各报社在试行过程中普遍认为新的检测要求及检测办法更为全面客观，也比较便于操作和使用。规范的CY/T197-2019《新闻纸冷固型胶印报纸印刷质量评价方法》的发布和报协新的《报纸印刷质量检测要求及检测办法》的实行，对各报纸印刷单位质量管理工作的提升会有一个很好的促进作用。

二、总量下滑持续趋缓

中国报协印刷工作委员会自1994年起开展了全国性的年度报纸印刷量统计工作。根据统计数据，全国报纸印刷总量从1993年的310亿对开印张增长到2005年时的1460亿对开印张，其中1997年至2004年年均环比增长达到了两位数。2005年以后报纸印刷总量快速增长告一段落，开始出现连续数年的起伏变化，在2011年达到历史最高点1678亿对开张。自2012年起，总印刷量持续下降，下降幅度都比较大，其中2015年和2016年达到15%以上的降幅，2017年和2018年下滑幅度明显回落，但至2018年印刷总量已经相较2011年跌去一半有余。

2019年度全国报纸总印刷量为689亿对开印张，较2018年的781亿对开印张再度减少92亿对开印张，下降幅度达11.75%。2019年情况比较特殊，下滑加速的主要原因是高纸价的影响在2019年集中体现。

表2 1993—2019年全国报纸印刷总量

年份	总量（亿对开张）	增减（亿对开张）	增减比例%
1993年	287	——	——
1994年	311	24	8.28
1995年	360	49	15.73
1996年	392	33	9.12
1997年	460	67	17.18
1998年	540	80	17.44
1999年	637	97	17.90
2000年	800	163	25.63
2001年	939	139	17.39
2002年	1067	128	13.68
2003年	1237	169	15.85
2004年	1415	178	14.43
2005年	1460	45	3.18
2006年	1524	64	4.39
2007年	1634	110	7.21
2008年	1594	–40	–2.45
2009年	1486	–108	–6.78
2010年	1613	127	8.55
2011年	1678	65	4.03
2012年	1630	–48	–2.86
2013年	1505	–125	–7.67
2014年	1360	–145	–9.63
2015年	1145	–215	–15.81
2016年	958	–187	–16.33
2017年	855	–103	–10.75
2018年	781	–74	–8.65
2019年	689	–92	–11.78

中国报协的年度统计数据对于摸清全国报纸印刷行业的市场底数，协调报纸印刷业技术和管理发展，提供报社和上级部门管理决策等方面，都有着重要意义。持续近30年的印刷总量统计，不仅每年提供权威的全国性市场发展参考数据，也积累了丰富的历史数据，对于分析行业发展趋势，认识行业发展特点，具有不可替代的作用。

具体到最近的这 5 年，是报纸印刷总量进一步下探的 5 年，也是报纸印刷“寻底”的 5 年。2015 年和 2016 年环比下降在 15% 以上，2017 年收缩到接近 10%，2018 年再度收窄到 8.64%，报纸印刷总量大幅下滑的态势虽得到明显抑制，党报和时政类报纸印刷总量继续保持稳定，起到了“定海神针”的作用，但都市类报纸仍在减量、减版，停刊的也有发生，导致印刷总量仍下滑不断。

突如其来的新冠疫情，报纸这种实体媒介的发行带来致命影响。疫情期间正常的订阅发行受到限制，阅读率、传阅率大幅下降，更严重的是都市报自办发行无法送报进户，传统个人订户受到巨大冲击，各报纸出版都在维持一个最低限度的出版版数，2020 年上半年报纸印刷总量持续低迷，大部分报纸印刷厂生产量下滑 20% 以上，2020 年全国印刷总量再次大幅下滑已成定局。受疫情影响，各行业景气度都相对较低，广告量在下半年仍然存在巨大的下滑压力，使以广告为重要收入来源的都市类报纸进一步承压，版数预计仍将保持较低水平。2020 年的印刷总量下滑，主要以出版版数减少为明显特征。

其实，报纸印刷总量下滑始自 2005 年，2005 年至 2011 年，报纸印刷总量涨跌互现，2007 年的印刷总量已达 1634 亿对开张，接近 2011 年 1678 亿对开张的历史最高值，虽然没有开始大幅下滑，但快速发展时期已经结束。原中国报协顾问夏天俊在 2005 年报协统计报告发布后说：

“2005 年全国报纸印刷总量的增幅下降到了 3.18%，可以说是掉到了谷底，是 10 年来所未有的。1995–2004 年全国报纸总印张年年增长，其幅度均在 15% 左右，其中最高的 2000 年达到 25.62%，最低的 1996 年为 9.6%。2005 年的报纸印量下滑是非常普遍的，从南到北，从东到西基本如此。

“在下降原因基本一致的情况下，这些地方增长的原因是值得分析研究的。

“此次报纸印量下滑，始自 2004 年第四季度，至今没有好转，其根本原因是广告收入减少，发行量下滑。2004 年全国报纸印量尽管增长了 14.48%，但主要体现在前三个季度。当年支撑报纸印量增长的广告收入，在第四季度不但没有增长，反而下降了 5.3%，已为 2005 年报纸印量的下滑显示了预兆。2005 年报纸广告收入持续萎靡不振，接着是发行量不断减少，厚报变薄，新闻纸供大于求，纸价下跌。造成报纸发行量下降，广告减少的另一原因是网络和电视媒体对平面媒体的冲击日益凸显，今后还可能继续加大。”

早在 2005 年，报纸印刷总量下滑的态势已经形成。而 2012 年后，智能手机开始普及，移动媒体成功地取代了纸质媒体，公众获取新闻和生活资讯的主渠道，正式开始向手机转移，免费的地铁报从一抢而空到无人问津，标志着都市类、生活服务类报纸历史使命结束的开始。

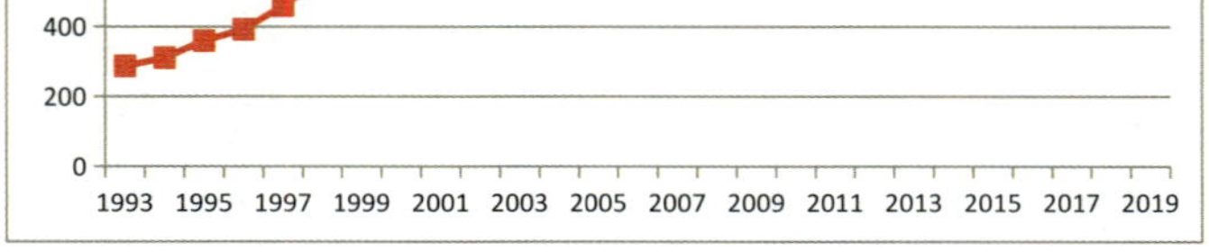

图 1　1993—2019 年全国报纸印刷总量

三、从下滑到回归

1993 年至 2000 年近 20 年间，中国报协印刷工作委员会连续的统计数据给我们很多启示，有助于我们认识数据背后的规律。近 20 年来报纸印刷总量的变化，不应仅仅看到近年来的明显下滑，而是更要看作是都市报繁荣和衰落周期性发展后的回归。

首先，全国印刷总量统计数据走出了一个山形曲线，而形成山峰的，正是都市报的繁荣，上山是都市报的发展，下山是都市报的式微。

都市报这个报纸品种有点特殊，广义的都市报也包括各主要城市的传统《晚报》，狭义的都市报只包括新型的市场化、综合性市民报纸。1995 年 1 月 1 日，《华西都市报》成为中国第一份都市报，随后中国各主要城市相继创办过几十家都市报，与党报、专业行业报并列成为中国三大类主要报纸。伴随着报纸多版化、彩色化印刷技术的成熟，都市报取得了迅速发展，版数少则 32 个，多的达 100 多个版面，多叠多版，市场化运作，厚报时代正式到来。都市报按照市场需求办报，依据读者需要采编稿件，信息量大，可读性强，全方位报道市民关心的政治、经济、社会、文化、体育、生活等多个领域的内容，很快成为各地深受读者欢迎的畅销报。新世纪后一个城市都有多份都市报同城竞争，更促进了都市报的迅速发展。由于版数多，发行量大，成为支撑各报社印刷厂印刷生产的主力，也成为支撑报纸印刷总量增长的主要动力。

报纸印刷业率先在现代电子信息技术的推动下实现了激光照排、电子分色、胶印印报，新的技术突破和迅速成熟，促成了都市报这一新型报纸的出现和繁荣，进而推动了报纸印刷总量的快速上升，那时报纸印刷厂愁的不是没报纸印，而是印刷机不够用；2005 年前后，都市报市场几近饱和，同时互联网发展走向成熟，大众获取信息的手段多样化了，都市报的发展告一段落。但那时互联网以 PC 机为主，使用便利性不足，报纸仍然是大众获取信息的主要媒介，互联网对报纸的冲击并不明显，报纸印刷总量持续一段峰顶阶段；从 2011 年开始，智能手机走向成熟，超大屏手机开始流行，划时代的 iphone4s、5.3 英寸的三星 Galaxy Note 发布都发生在这一年，2014 年初三大运营商相继向公众开通 4G 业务，软硬件和网络的成熟使手机阅读迅速普及，都市报在大众新闻传播中的作用被严重弱化，广告商也逐渐离去，进而使都市报出版版数持续下滑，发行量也随之出现萎缩。

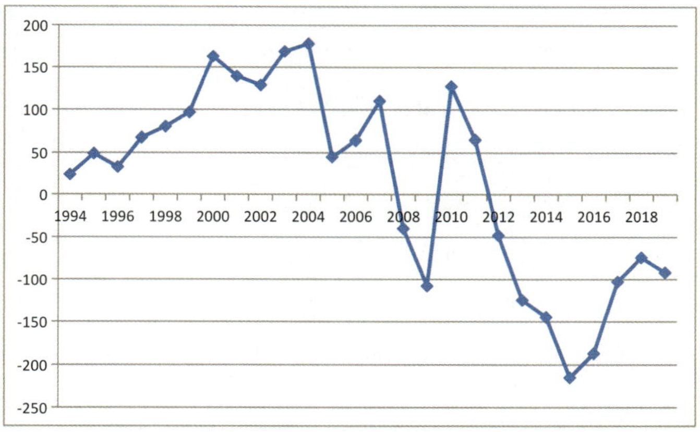

图 2　1994—2019 年印刷总量年增长值（亿对开张）

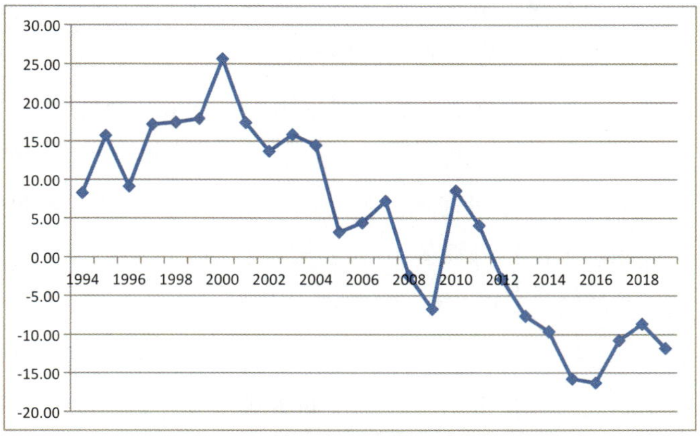

图 3　1994—2019 年印刷总量年增长比例（%）

从都市报的发展历程看，报纸印刷的繁荣，成也都市报、衰也都市报。都市报是特定时期一种特定现象，并不代表报纸的发展趋势，报纸印刷总量的下滑，是都市报时代落幕后的自然回归。

其次，从图 2、图 3 可以明显看出，2015 年创造了年下滑 215 亿对开张的最大值后，近年来的下滑量已明显减小，充分说明报纸印刷快速下滑的态势已得到明显遏制。这也同时说明，报纸印刷总量已回归到接近正常，2019 年报纸印刷总量为 689 亿对开张，与其最接近的年份是 1999 年的 637 亿对开张。

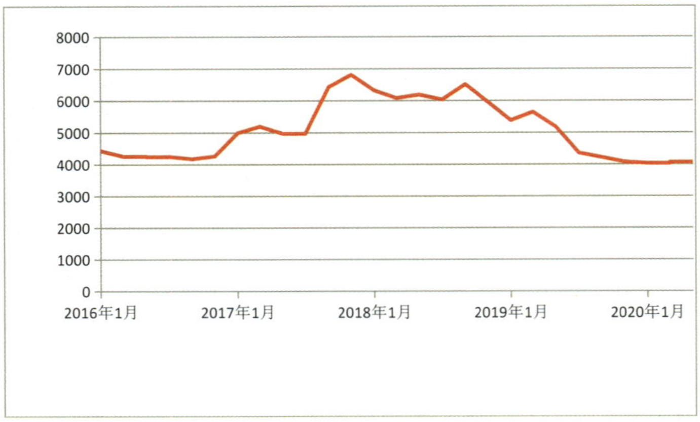

图 4　2016 年 1 月 –2020 年 5 月纸浆价格变化（元 / 吨）

2014 年初 4G 向公众开通后，2015 年是 4G 走向全面普及的一年，4G 的上网体验得到全面优化，速度得到根本性提升，4G 的应用使手机网上阅读障碍消失了，市民获取信息的渠道全面转移到手机上，2015 年 12 月底 4G 用户总数达 3.8 亿户，这是导致 2015 年和 2016 年报纸印刷总量快速下滑的主要原因。

对 2019 年的特殊走向，在此有必要适当分析一下。2019 年全国报纸印刷总量是时隔几年后再次出现加速下滑，不应认为是下滑减速后的再次简单加速。新闻纸价格高企，是导致 2019 年印刷总量下滑的主要推手。新闻纸价格自 2017 年中启动上涨，至 2018 年底达到峰值，同时 2018 年间还由于废纸进口受限且前景不明朗，出现了对今后纸价还将上涨的市场预期。这直接导致很多报社在 2018 年饱受纸价困扰后，下决心对 2019 年的报纸出版发行采取降低成本措施，从而使 2019 年的印刷量出现回速下滑。

图 4 为具有较高相关度且最为权威的国家统计局发布的主要生产资料价格变动情况，虽然新闻纸价格同时受废纸进口的影响，但纸浆价格的变动趋势与新闻纸价格变动趋势基本一致，可以大致看出近年来新闻纸价格的变动情况。

同样，受疫情影响，2020 年报纸印刷总量也将会再度加速下滑。因此，我们在分析报纸印刷总量变动趋势的时候，在看到数字变化趋势的同时，也应该看一下数字背后的原因。

四、五年来的思考

首先，2015–2020 年，对报业印刷业来讲是特殊的 5 年，每一个报纸印刷人都感受到了五味杂陈。

这 5 年间，我们看到了报纸印刷量的大幅下滑，也看到了下滑幅度的明显缓解；看到了新闻纸高价运行，也看到了突如其来的疫情对报纸发行的强烈冲击。同时，我们也感受到报纸广告的逐步减少，感受到读者的逐渐离去，感受到智能手机对报纸阅读的明显优势。这 5 年，报业印刷人也经历着在媒体融合中报纸印刷生产地位的不断下降，更明显感受到国家对党报出版发行的大力支持。

这 5 年，报纸印刷业的心情是复杂的，报纸印刷业至今已经历了近 10 年的连续下滑，对于每一个报业印刷人都是难熬的 10 年，特别是 2015、2016 年的大幅下滑，令每个报纸印刷人都不免感到迷茫，报纸真的已经被时代抛弃了吗？

好在 2017 年和 2018 年，手机阅读对传统媒体的冲击趋于平稳，同时党和国家对主流媒体支持力度不断加大，报纸印刷量下滑的态势明显好转。但自 2017 年年中开始，新闻纸价格开始上涨，2018 年全年间新闻纸价格持续高位运行，最高时超过 6000 元 / 吨，比 2017 年初每吨 4000 元左右的价格增长了

30% 多，对所有报社都造成极大的成本压力。

进入 2020 年以来，纸张价格逐步下降，但突如其来的疫情再次给报纸印刷业带来巨大冲击，2020 上半年的报纸印刷总量下滑明显，而下半年经济复苏需要时间，各行业经济压力的加大直接影响报纸的广告投放，2020 年再度大幅下滑已成定局。

其次，报纸印刷企业的经营困难正在不断加大，人员、设备、管理都面临不断加大的压力。

目前大多报纸印刷单位都已完成了转企改制，成为完全独立核算的独立市场主体。但现在的报纸印刷厂已经不似 10 多年前红火，市场不断萎缩，管理越来越难，此次疫情更加剧报纸印刷企业的经营压力，企业管理能力都将经受严峻考验。不断下降的印刷量使印刷企业的经营收入逐年下降，营业收入的下降都必须同时要减少各类经营性开支，但这对已转企的印刷厂来讲谈何容易，人员工资、设备折旧、维修、环保等投入都具有很大刚性，不是想减就能减的。

由于行业已持续多年生产量的快速下滑，报纸印刷单位几乎都存在着设备老化、维修投入不足问题，大量主力报纸印刷机都是本世纪初期报纸印刷发展高潮时引进，至今都已 10 年以上，产品寿命周期已近。而长期夜班、收入不高，改制后没有了报社编制的吸引力，印刷厂同时面临着人员老化、流失的困境。如今的疫情原因加速了报纸印刷量的下滑，会使印刷厂的经营管理面临更为严峻的形势。

再次，疫情加速印刷量下滑，打击业界发展信心。

疫情期间，传统纸质媒体完败电子媒介。多年来报社都在积极向融合媒体转型发展，对印刷厂的重视已极大降低，转企改制后报社更难对印刷厂直接投资。面对日益严峻的报纸印刷发展态势，以及不断下滑的印刷量，本就信心不足，突如其来的疫情，使按以往规律可能需要两到三年才消减的印量提前兑现，更加重了业界的担心，疫情的影响进一步打击了报纸印刷业的发展信心。

五、期待信心，期待明天

过去的 5 年，报纸印刷业在困难中坚持了下来，对未来的认识也在逐步清晰。报纸印刷市场的下滑是都市报落幕后的回归，而 2020 年疫情的出现使报纸印刷总量下滑得以提前兑现，对于报纸印刷业也是利空出尽的表现，后期的工作会变得顺利一些。近年来党和国家对党报发行给予了极大支持，稳住了党报这一报纸的基石，对报纸印刷业来说更是利好。

相信今后报纸印刷业的发展会进入一个正常发展阶段，回归到保证党报的出版发行的初心上来，这是报纸印刷业应承担的真正使命。■

2015–2019 年我国包装印刷业发展情况分析

中国印刷及设备器材工业协会包装印刷分会　任伊娜

作为印刷业占比最高的市场领域之一，包装印刷广泛服务于国民经济和社会民生。如食品、日化、电子、烟酒、医药等领域，其发展不仅与下游服务领域的发展息息相关，同样受到了造纸、机械制造等上游产业的压制。近几年，受经济形势影响，包装印刷虽风头正劲，却也承受着一定的压力，不仅要应对原材料成本疯狂上涨、用工荒等长期存在的矛盾，当前还要想办法应对防疫成本上涨、物流不畅、业务骤减、现金流压力等突发困难。

据国家统计局 3 月 27 日公布的数据显示，2020 年 1–2 月，印刷和记录媒介复制业规模以上企业（即年主营业务收入 2000 万元及以上的工业法人单位）实现营业收入 631.6 亿元，同比增长 –29.1%；营业成本 532.3 亿元，同比增长 –29.1%，利润总额 16.5 亿元；同比增长 –60.2%。可以看出，疫情对印刷企业的经营产生了重大的影响。但是疫情对某些产业领域的影响有限，从 1–2 月的数据来看，在 41 个工业大类行业中，4 个行业的利润总额同比增长，包括烟草制品、有色金属冶炼和压延加工业、石油天然气开采业、农副食品加工业，与这四个产业相关的下游包装印刷企业（如：烟草包装印刷企业）还是实现了同比增长，当然这种情况只存在某些特殊产业，可见疫情于任何产业都是危机与机遇同在。

回望过去 5 年包装印刷业的发展，比重上升、增速放缓、利润率锐减、产业集中度提升是主线条，绿色环保、智能制造等企业发展的关键性技术被行业重视。由于 2019 年数据尚未出炉，仅以 2015–2018 年全国新闻出版业基本情况来看，详见表 1，表 2。

表 1　2015—2018 年包装装潢印刷营业收入及占比情况

时间 类别	2015 年	2016 年	2017 年	2018 年
印刷复制营业收入（亿元）	12245.52	12711.59	13156.49	13727.56
包装装潢印刷营业收入(亿元)	9251.21	9712.74	10172.79	10686.45
占比	75.54%	76.40%	77.32%	77.85%

表 2　2015—2018 年包装装潢印刷利润总额及同比上涨情况

时间 类别	2015 年	2016 年	2017 年	2018 年
包装装潢印刷利润总额（亿元）	600.22	629.35	638.14	637.09
利润总额同比上涨	12.96%	4.85%	1.40%	–0.16%

从以上两个表格可以看出，包装装潢印刷占印刷业比重逐年递增，但利润增速却逐年下滑，这些都是受到原纸价格持续走高、企业环保成本增加、下游产业收紧等因素的影响造成的，预计今后的几年将持续这一趋势。

通过对2015–2019年包装印刷业的整体情况的梳理，特将行业情况总结为以下几点，同时未来行业的发展热点也将集中体现在这几个方面：

产业集中度在加剧，龙头企业开始向多元化发展

2016年在深交所上市的裕同科技，仅2018年一年就将武汉艾特纳入为控股子公司，并在宜宾投资以餐盒和纸托产品为主的环保纸塑项目，正式宣告了裕同将业务拓展至烟包及环保纸塑领域。而合兴包装也在2017年完成对合众创业（亚洲）100%股权收购之后成为包装行业的龙头。除此之外，笔者根据以下几家企业的年报数据列出表格，可以看出，自2015–2019年间，各家企业纷纷以并购（横向并购或产业链纵向并购）、合作的方式扩展除主营业务之外的领域，这也使得他们的销售收入在几年间呈倍数增长。

表3　部分企业5年间营业收入及变化情况

企业名称	2015年营业收入（万元）	2019年营业收入（万元）	增长率
合兴包装	285247	1109678	289.02%
裕同科技	428965	984500	129.50%
美盈森	201431	339213	68.40%
汕头东风	221944	317292	42.96%

注：数据来源于各家企业年报

中国印刷百强2015年总产值为953亿元，2018年为1304亿元，4年间百强企业在行业产值中的占比从8.4%上升至9.4%（数据来源于《印刷经理人》杂志）。仅广东省在印刷产值继续增长的同时，包装装潢企业数从2014年的13044家降至了2018年的11000多家。可以看出，虽然我国龙头企业的规模与国外企业还存在一定的差距，但整个包装印刷业近几年的整合度在不断上升，未来企业间的纵横联合会越来越频现。

践行“智能化”发展之路

随着“互联网+”概念的提出，智能化概念在各行各业被广泛应用，在印刷行业，雅图仕、龙利得、鲁信天一等企业都早已在生产的某一环节的智能化建设探索出了适合自身的模式，不过对比其他行业的智能化程度，印刷业还有一定的差距。

就目前印刷业而言，由于各企业所服务的下游产业不同，导致了市场需求模式不同，产品工艺不同，并且各企业的管理基础不同，他们的侧重点也有所不同，“智能化”程度自然也不同。企业如何从标准化、模块化、自动化、精益化这几个层面上推进“智能化”平台搭建，目前整个行业还处于摸索阶段，还没有全流程的成功案例可以借鉴和推广。从不同的细分领域来看，主营业务为瓦楞纸箱的企业重视印刷、印后、物流三个环节的智能化建设，而主营业务为纸盒、礼品盒等领域的企业则更重视印前排产、质量管控、生产监控、物流跟踪等环节，这都是由各企业的业务区别所导致的。

新冠疫情爆发后，智能化显得更加紧迫，印刷业未来的智能化升级之路将主要集中在以下几个环节：（1）基于 VR/AR 等可视化技术的印前设计打样等方面工业软件的开发及应用；（2）印前排产软件与印刷生产平台的联动；（3）印刷活件的数据收集及分析；（4）印后各个工艺之间的模块化柔性配置及灵活衔接；（5）印刷企业与设备制造企业联合提升手工活件的自动化程度等。企业应该分析自身的产品类型、生产环节、管理运营方式、客户服务等各个环节，结合人工智能及大数据等新兴技术，找到合适的解决方案，加大研发力度，降低企业运营成本，争取政府资金扶持。

大力推行绿色环保包装材料

绿色环保一直是行业热点，也是未来包装行业发展方向。吉宏、裕同、界龙等行业龙头企业早早就布局环保包装产品，抢占市场先机。2020 年 5 月 1 日，新版《北京市生活垃圾管理条例》实施，也被称为新版“限塑令”，越来越规范的政策法规将给纸包装印刷企业带来新的机遇。

未来，包装材料的研发创新主要体现在功能性、环保型、防伪性、RFID 嵌入这几个方面，如山东信川的全资子公司安丘天利源新型材料有限公司近年研发制造了多款可循环使用的绿色环保高分子材料梭流箱；IFCO SYSTEMS 于近期也宣布其与中国保利泰科集团合作的工厂将主要服务于中国市场可循环塑料周转筐的生产；另外，国内市面上还陆续出现了一批以稻壳或者甘蔗浆等食品为原材料制成的纸浆模塑产品，这类产品不但环保可回收，还可自然降解，国际上也出现了聚乳酸薄膜、可食性薄膜等功能性材料。除此之外，行业内的设备制造、油墨、胶粘剂等供应商参与联合开发的水性油墨、无溶剂复合等源头控制治理技术也越来越被广泛应用于实际生产中。

跨界之旅

介于第二和第三产业之间的印刷业，既要服务下游产业，又受制于上游产业，其实非常被动，除了加快关键产品研发，打造核心竞争力之外，有能力的企业还应该考虑如何从产业链附加值底端向上下游延伸，提升产品设计与生产制作之间的无缝衔接、密切关注智能联动、大数据融合应用平台的搭建等方面的创新技术和应用。跨界经营对于印刷业来说已经不是新鲜事物，近年来国内企业的跨界主要集中在以下领域：裕同、劲嘉等包装印刷企业纷纷开辟了基于 AR 技术的平台搭建，大步迈进智能包装领域，这一举措无疑对增加客户黏度、增加盈利点都有着重要作用；永发、界龙、美盈森等企业则看好纸浆模塑领域，并展开投资；国内的包装设备制造龙头企业长荣更是在机床加工、产业园投资、融资租赁等多领域发力；上海翔港的控股子公司上海瑾亭化妆品有限公司主营业务则是热门的化妆品代工业。这一部分主要还是以客户为中心开展的关联业务，而今年新冠疫情下的众多转产防疫物资的企业则是希望在危机中寻找机遇，避免突如其来的短期损失。

数字印刷将为包装印刷企业带来新机遇

近年来，网络技术持续得到发展，特别是 5G 技术的应用，数字化在各行各业中的运用越来越频繁。数字印刷技术因其流程简单、适时可调，适用于个性化服务及短版订单的特点，在包装印刷业内引起了一定的关注度，但也因为其成本高、色准、幅面等方面的问题，长期以来，数字印刷技术在包装印刷领域的应用占比相对较低。近些年，惠普、柯尼卡美能达、柯达等公司的数字印刷设备在承印物、幅宽、速度等方面都有提升，而视高迪公司的数字印后设备在国内市场的销量也相当乐观，天岑、科思等国内印后设备制造企业也开始重视这一领域，研发数字印后增效设备。值得一提的是，个性化定制在商业印刷领域的模式基本成熟，也出现了如世纪开元、虎彩等一批具有代表性的企业，但对于包装印刷而言，还没有哪家企业在个性化定制这条路上探索出成功模式。山东绿爱糖果股份有限公司的定制糖果在业内众所周知，无须多言。另据了解，南京苏布通过引进视高迪印后增效设备，突出礼盒的烫印功能，近年来在节气产品上可以说是“杀”出了一条血路。而近期，上海瑞时也将瓦楞玩出了新花样，其将瓦楞制品与展览相结合，为商业陈列及企业展台搭建提供一站式服务，既能减少排放，又降低了成本，将瓦楞的优点充分释放。

随着国内消费升级，“90后”“00后”已成为消费主体，他们的消费观念以“突出个性”“重视差异化”“高度依赖社交工具”“兴趣为王”等为主。可以预见，未来与这些消费习惯相关的产品也会越来越多，基于新零售背景下的巨大的个性化、定制化的市场需求将给包装印刷数字化提供上升空间。

疫情防控常态化既是机遇也可能成为风口

今年受疫情影响，在印刷领域的一片唱衰声中也有一些企业找准时机，迅速出击，不仅保证了原有的生产秩序，还为抗击疫情出资出力，这一方面得益于企业完善的资产配置，另一方面也得益于在企业积极应对的一系列转型升级措施。比如：众多企业纷纷开辟防疫产品生产线，其中，不仅有像长荣这样的上市龙头企业，也有像力嘉、山东碧海、力顺源、文洪这样的各领域中坚分子。据了解，仅东莞一地，医用口罩和非医用口罩生产企业就达到了299家，口罩机生产企业150家，东莞口罩机产能占全国的六成，并于近日成立了全国首个口罩产业行业协会东莞市口罩及装备行业协会。

这些举措一方面为防疫出力，缓解企业生存困难，另一方面也为企业开拓新的盈利渠道。但针对疫情期间采取的应对措施，并不应该简单地成为企业的长期规划。几年间，因为错误的判断导致退出历史舞台的企业不在少数，仅广东一地，印刷企业就从2015年的2万多家减少到2018年的16030家，减少约20%。企业如何权衡转型前后各经济体之间的关系，每一次转型，都是企业面对行业变革的主动或被动选择，企业只有立足自身主营业务的核心优势，符合行业运行逻辑和未来发展趋势的转型才能为企业赢得华丽转身，切忌一时投机，无法平衡各业务领域的关系，最终导致失败。

后记

2020年是全面建成小康社会和“十三五”规划的收官之年，也是全国上下万众一心抗击新冠疫情的一年。面对突如其来的疫情影响，中国经济受到了前所未有的巨大影响，包装印刷业也面临着全新的困难和挑战。自新冠肺炎疫情发生以来，在党中央的坚强领导下，全国各族人民携手共克时艰，印刷业全面开展深入学习贯彻习近平总书记关于疫情防控的重要讲话和一系列重要指示精神，一边认真落实疫情防控各项决策部署，一边积极推进行业企业复工复产。当前，国内疫情已经基本得到控制。据工信部4月15日发布的消息显示：中小企业的复工率已达到84%，但全球疫情和经贸形势的不明朗仍给中国经济带来很多不确定因素。

针对此次疫情，中央及各地政府陆续出台了一系列相关扶持政策，为疫情防控和企业复工复产提供便利，希望将疫情的影响最大程度地降低。国外疫情蔓延之后，又出台了一系列的稳外贸政策措施，帮助企业排忧解难。尽管一季度我国GDP同比下降6.8%，但从3月份开始主要经济指标已呈回升势头，二季度也保持了继续上涨的趋势；也是受疫情影响，今年两会《政府工作报告》并未提出全年经济增长目标，但我国经济长期向好的发展趋势不会改变。未来一段时间，稳中求进将是印刷企业的主旋律，希望印刷企业能够苦练内功，坚守阵地，争取做大做强。■

2015-2019年我国票据印刷业分析

中国印刷技术协会商业票据印刷分会　管政明

商业票据印刷是一个与经济发展、社会民生发展息息相关的印刷子行业，服务于税务、财政、金融、交通运输、电信、商业等重要部门。改革开放之初，国内票据印刷业整体发展层次比较低，票据种类比较少，印刷装备、印刷技术落后，产品质量也不高。随着改革开放带来的需求红利释放，国内票据印刷业进入发展黄金期，生产装备和工艺技术水平现如今已达到国际上的先进水平，防伪技术手段丰富多样，全产业链基本上实现了自给自足，行业产值据估计达到了200亿元左右，为保障国民经济稳定发展、保障民生发挥了重要作用。

信息化技术深度应用带来的无纸化渗入打破了原有的票据印刷业与国民经济发展的高度正相关性。自2015年以来，国内票据印刷业出现了持续性的萎缩，进入行业转型发展的阵痛期，给票据印刷企业带来较大的冲击。在这期间，行业发展呈现如下几个重要特征。

一是，随无纸化而来的需求替代给行业发展带来持续冲击。票据行业发展的一个重要使命就是为经济社会活动提供凭证凭据，这种需求注定了商业票据印刷对防伪工艺技术要求比较高，具有一定的行业壁垒。信息化所具有的与生俱来的在线对比唯一性的优越性，决定了纸质票据被取代将是大势所趋。自2015年以来，智能化手机功能愈发强大，普及率更加广泛，各类信息化的场景应用越来越广泛，使得电子政务深度应用、金融业务离柜业务率得到很大提升，一些重要的票据用量减少甚至消失，比如，ETC的推广造成公路收费发票几乎在一夜之间消失。近几年电子发票的普及推广，使得税务发票的印制量随之下降。电子政务化也使得政府部门的采购需求下降很快，今年新冠疫情以来，行政事项的全程无纸化和半无纸化推广，使得来自政府部门的票据需求大大减少。与国外相比，国内的信息化替代步伐更快，替代程度更深，票据需求的持续减少造成行业较为严重的供需失衡。

二是，严重的供大于求使得行业竞争激烈，行业整体的盈利水平偏低。传统上，由于票据行业需求种类繁多，具有较强的防伪特征，行业进入有一定的门槛，这种相对“孤立性”使得行业能长期维持较高的毛利率和多样化。所以，票据印刷行业传统上被称为躺着挣钱的行业。随着需求的持续减少，政府、金融企业开始采用公开采购招标，以取代传统的定点资质印刷采购方式。壁垒的消除给行业带来巨大而深远的影响，在供需失衡的背景之下，供需矛盾的负面影响被放大，激烈的价格战直接侵蚀了行业整体利润，叠加行业开工率下降，近几年票据印刷行业整体上亏损面不断扩大，不断有企业退出这个行业，还有更多的企业在维持中观望。未来行业的出清步伐可能会加快。

三是，绿色印刷在政府的大力推动下，成为行业发展的使命担当。随着国内经济向更高层级发展，绿水青山是印刷人承担社会责任的重要体现。《环境标志产品技术要求 印刷 第二部分：商业票据印刷》（HJ2530-2012）的实施为票据行业绿色印刷提供了依据。目前，越来越多的票据印刷企业已经取得了环境标志产品认证，为环保型油墨、水性胶黏剂、环保型洗车水等原辅材料的推广应用提供了强有力的支撑。

自 2016 年以来，政府开始通过行政强制性手段，强化了对印刷 VOCs 的整治力度，各地政府也相继出台并逐步完善了强制性的技术治理规范，目前来看，很多印刷企业逐步安装了 VOCs 治理设施，建立了从废气收集到治理后达标排放的全环节管理。

经过各方面的不断努力，目前票据行业绿色印刷体系初步建立，绿色印刷意识深入人心，市场倒逼机制初步形成。但目前绿色印刷实施的覆盖面和深度还有待提高，环境标志认证企业数量偏少，VOCs 治理设施的使用还主要局限在规模性印刷企业，小规模企业难以负担动辄几十万的 VOCs 治理设备，以及昂贵的后期运维成本。因此要推进票据全行业齐头并进实现绿色印刷，促进环境改善，仍有许多工作要做。

四是，行业的横向集约化程度仍比较低，转型发展是近几年发展的重要课题。与国内包装装潢、书刊出版印刷等细分行业相比，国内的票据印刷行业一直处于较为分散的状态，集约化程度不高。主要是因为票据行业客户比较分散，需求多样化，产品工艺流程比较灵活多变，规模化扩张的协同难度较大，对企业的管理要求很高。由于行业总体规模有限，且呈现萎缩态势，近几年优势企业横向扩张速度很是缓慢，可以看到的一个现象是，近些年纯粹的票据印刷越来越少，更多是跨界融合发展，扩张多是沿着产业关联的混合业态发展。为走出行业发展的困境，有些企业甚至将票据业务降到车间层面，大力发展包装印刷或其他纸制品生产。有些企业开始发展线上业务，比如，利用综合性的信息平台承揽业务或展示商品，有的甚至建立了自有信息化交易平台。

五是，国内票据印刷行业在技术开发和人才培养利用方面相对落后，阻碍了行业的转型升级。国内票据印刷产业过去依靠经济增长红利，取得了很大的发展，但没有充分重视人才培养和自主技术创新，主要依赖拿来主义和经验主义，追求短、平、快效果。这一方面是由于印刷行业被认为是传统加工制造产业，是产业链的低端部分，而且票据印刷企业规模大多比较小，对高等教育人才和高技能人才的吸引力不够；另一方面是由于票据企业普遍缺乏长期的创新策略和人才规划，企业的知识传承更多地依靠师傅带徒弟，创新也主要依靠供应商的知识技能导入。这种背景下，通过创新引领企业跨越式、多元化发展，提升企业管理能效的难度就比较大了。分析世界上最大的票据印刷企业日本凸版印刷的发展历程，可以看到自主创新才是推动企业发展壮大的不竭动力，凸版印刷利用其在印刷中获得的核心技术，将业务拓展到数字成像、光学薄膜、信息安全等领域。比如，它和大日本印刷几乎垄断了全球半导体制造的重要材料——光掩膜。因此，未来中国票据印刷企业的转型发展，需要跳出传统的束缚，将创新力的培养作为转型发展的核心工作加以推进。

国内票据印刷行业在改革开放的浪潮下，经历了快速发展阶段，而如今又在经济红利下降以及技术替代的冲击下步履维艰。从国外市场经验来看，票据行业的需求萎缩或将是一个长期的过程，是一个破旧立新、吹尽黄沙始到金的过程。票据印刷企业需要有破釜沉舟的前进勇气，积极创新转型，重视企业长期发展战略的制定和落实，将人才培养、创新活力的激发切实提高到战略层面，一步一个脚印地前行，努力提升在产业链中的站位，只有这样才能破除行业的发展困局，实现印刷强国梦。■

2015–2019 年我国柔印行业发展情况

中国印刷技术协会柔性版印刷分会　周建宝

实施绿色印刷是我国印刷业贯彻“节约资源和保护环境”基本国策，加快推进全行业生态文明建设的重要举措。柔性版印刷是以树脂版、橡皮版为基材，采用网纹辊传墨、液体油墨印刷的一种印刷工艺。使用水性油墨、UV 油墨的柔性版印刷已被公认是低（无）VOCs 排放的印刷工艺，是目前最环保的印刷技术之一。2016 年 7 月工业和信息化部与财政部联合发布的《重点行业挥发性有机物削减行动计划（2016–2018）》中明确指出“鼓励采用柔性版印刷工艺和无溶剂复合工艺，逐步减少凹版印刷工艺、干式复合工艺”。柔性版印刷因其绿色环保、承印材料多种多样、高速大批量生产、灵活组合多种印刷生产方式等突出特点，符合政府倡导的环保要求，是目前增长速度最快的印刷方式。

2015–2019 年我国在包装印刷等领域广泛应用柔性版印刷技术的比例有了很大提高，所涉足的印刷包装领域进一步扩大，印刷质量逐步提高，新工艺新产品开发应用越来越多，产业创新动能愈加强大，国产高精度柔印机、制版机、网纹辊、油墨、版材等产业重要配套设备器材逐步国产化并在市场中占据主导地位，产业链上下游在技术、工艺、材料、设备上的协作更加通畅，在印刷业“十三五”时期发展规划“绿色化、数字化、智能化、融合化”目标引领下，柔印产业迎来了快速发展的春天。

一、绿色环保国策推动我国柔印行业发展

2015–2019 年的 5 年间，国家密集颁布了一系列绿色印刷相关政策。2015 年，工信部和财政部联合发布《重点行业挥发性有机物削减行动计划（2016–2018）》，国务院印发《关于印发控制污染物排放许可制实施方案的通知》，工信部和商务部联合发布《关于加快我国包装产业转型发展的指导意见》；2017 年，国家新闻出版广电总局发布《印刷业“十三五”时期发展规划》，指出绿色印刷是行业重点发展方向之一，环保部等部委联合印发《关于“十三五”挥发性有机物污染防治工作方案的通知》；2018 年，国务院发布《关于印发打赢蓝天保卫战三年行动计划的通知》，发改委、生态环境部、工信部联合发布《关于发布钢铁行业等 14 个行业清洁生产评价指标体系的公告》；2019 年，生态环境部发布了国家环境保护标准《排污许可证申请与核发技术规范 印刷工业》（HJ 1066–2019）；2020 年，生态环境部发布国家环境保护标准《排污单位自行监测技术指南 涂料油墨制造》（HJ 1087–2020）等。

特别是 2018 年国家环境保护标准《环境标志产品技术要求 凹印油墨和柔印油墨》（HJ 371–2018）的发布，体现了国家 VOCs 减排工作的新思路，即从过去的抓“末端治理”为重点，转变为“源头削减、过程控制、末端治理”并举，并以“源头削减”为抓手，以国家环保标准为准绳开展 VOCs 减排工作。

2019 年生态环境部【2019】53 号文件《重点行业挥发性有机物综合治理方案》指出，“通过使用……水性、辐射固化、植物基等低 VOCs 含量的油墨，……以及低 VOCs 含量、低反应活性的清洗剂等，替代溶剂型涂料、油墨、胶粘剂、清洗剂等，从源头减少 VOCs 产生。工业涂装、包装印刷等行业要加大源头替代力度。”“企业采用符合国家有关低 VOCs 含量产品规定的涂料、油墨、胶粘剂等，排放浓度稳定达标且排放速率、排放绩效等满足相关规定的，相应生产工序可不要求建设末端治理设施。使用的原辅材料 VOCs 含量（质量比）低于 10% 的工序，可不要求采取无组织排放收集措施。”这些法规为绿色柔印发展起到了指导和推动作用。

二、国产设备器材的技术进步加快我国柔印行业崛起步伐

在 2015–2019 年间，我国内地柔印机装机量连年增长（见图 1）。据《印刷技术》杂志的《“柔性版印刷在中国”装机量调查报告》，截止 2015 年 6 月 30 日我国内地共有 1837 台机组式柔性版印刷机投入使用，到 2019 年 6 月 30 日这一数字达 2766 台，年均增长率为 10.1%。据《印刷杂志》柔印增刊和专刊发布的中国印协柔印分会《中国卫星式柔性版印刷机销售情况调查》，2015 年我国内地卫星式柔印机销售量为 64 台，2019 年该数字达 259 台，年均增长率为 60.9%。从柔印机国内市场情况可以看出，我国柔印产业的发展势头继续保持稳步增长。

图 1　2015–2019 年我国内地柔印机装机量情况

根据中国印刷及设备器材工业协会关于海关总署数据的统计（见图 2），2015 年柔性印刷版材的进口金额为 4144 万美元，出口创汇 721 万美元；2016 年柔性印刷版材的进口金额为 4892 万美元，同比增长 18.05%；出口创汇 1198 万美元，同比增长 66.16%；2017 年柔性印刷版材的进口金额为 2904 万美元，同比下降 40.64%；出口创汇 2097 万美元，同比增长 75.04%；2018 年柔性印刷版材进口 3300 万美元，同比增长 12.5%，柔性印刷版材出口 1600 万美元，同比下降 26.0%；2019 年柔性印刷版材进口金额为 3193 万美元，同比减少 0.02 %，出口创汇 2096 万美元，同比增长 50%。2019 年柔性印刷版材进口数量基本持平，出口数量大增，主要原因除了生态环境部的【2019】53 号文件带动了中国柔印业务的迅速发展外，国产柔性印刷版材质量得到市场认可，产能得到快

图 2　2015–2019 年我柔性印刷版材进出口情况

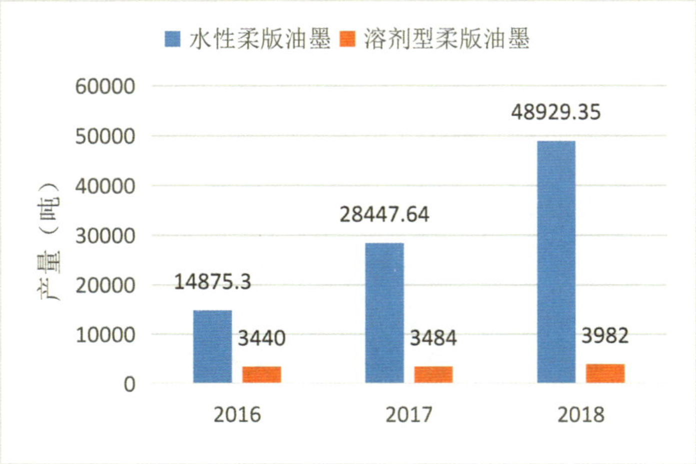

图 3 2016—2018 年水性和溶剂型柔版油墨产量情况

速发展，加快了柔印制版成本整体下降。

柔性版印刷油墨主要是水性油墨、溶剂型油墨及 UV 油墨。根据中国日用化工协会油墨分会发布的全国油墨行业重点企业主要经济指标统计表数据显示（见图 3），2016 年我国油墨行业重点企业的总产量为 40.6 万吨，其中柔版油墨 4.95 万吨，占比 12.2%，水性柔版油墨产量 14875.30 吨，溶剂型柔版油墨产量 3440 吨；2017 年总产量约为 74.2 万吨，其中柔版油墨占 7.4 万吨，占比 10%，水性柔版油墨产量 28447.64 吨，溶剂型柔版油墨产量 3484 吨；2018 年总产量为 75.50 万吨，其中柔版油墨 7.6 万吨，占比 10.06%，水性柔版油墨产量 48929.35 吨，溶剂型柔版油墨产量 3982 吨。尽管数据没有把众多的中小油墨生产企业产量涵盖其中，但基本可以反映出水性柔版油墨与溶剂型柔版油墨随着柔印产业在国内的不断发展，销量正在加快增长。特别是 2018 年统计数据显示，柔版油墨生产企业中 80% 的企业均生产水性柔版油墨，27% 的企业生产 UV 油墨与水性光油，相对较少，可见少（无）VOCs 排放的水性柔版油墨增长势头明显，显示出绿色柔印工艺在我国印刷行业的应用呈增长的态势。

三、柔印相关国家及行业标准的颁布促进我国柔印行业发展

近 5 年来，全国印刷标准化技术委员会、全国印刷机械标准化技术委员会、全国油墨标准化技术委员会以及中国印刷技术协会柔印分会等组织，联合相关单位和各方专家、人才，充分发挥技术优势，编制了一系列柔印专用标准。柔印标准是规范我国柔印企业工艺技术的基础保证，为促进我国柔印行业发展起到关键的作用。

这些标准包括《印刷技术 网目调分色片、样张和印刷成品的加工过程控制 第 6 部分：柔性版印刷》（GB/T 17934.6-2014）、《层叠式柔性版印刷机》（JB/T 12374-2015）、《柔性版水性油墨》（QB/T 2825-2017）、《环境标志产品技术要求 凹印油墨和柔印油墨》（HJ 371-2018）、《印刷用柔性树脂版》（HG/T 5311-2018）、《印刷机械 柔性版数字直接制版机》（GB/T 36487-2018）、《绿色印刷 书刊柔性版印刷过程控制要求及检验方法》（CY/T 195-2019）、《印刷技术 四色印刷油墨的颜色和透明度 第 5 部分：柔性版印刷》（GB/T 30329.5-2019）等。

2019 年，人力资源和社会保障部颁布了工业固体废物处理处置工等 24 个国家职业技能标准，涵盖《中华人民共和国职业分类大典（2015 年版）》中第四大类“社会生产服务和生活服务人员”的环保、居民服务领域，以及第六大类“生产制造及有关人员”的化工、工美、轻工、印刷、建筑等领域。在 24 个国家职业技能标准中，涉及印刷业的有印前处理和制作员、印刷操作员、印后制作员 3 个国家职业技能标准，“新标”涉及印刷行业的 3 类职业 14 个主要工种，基本覆盖了实现工业化生产的印刷类主要工种。柔印分会参加了关于柔性版印刷的印前处理和制作员、印刷操作员、印后制作员三项职业技能标准的审定工作。

四、柔印培训、技术交流和质量展评等活动助推我国柔印行业发展

2015年以来，中国印刷技术协会柔印分会在中国印刷技术协会的领导和指导下，在会员单位的支持下，积极开展行业活动，为企业做好服务，引导企业绿色转型升级，开展了大量卓有成效的工作。除了每年发布《中国卫星式柔性版印刷机销售情况调查》和组织起草制定柔印相关国家及行业标准，还开展每两年一届的全国柔印质量展评活动，以及相关培训和技术交流活动等，受到行业的欢迎和好评。

2015年，柔印分会组织和参与“2015柔印发展高峰论坛”“技术创新 绿色环保——2015柔性版包装印刷高峰论坛”“2015中国标签柔印峰会——绿色柔印 创意标签”“2015中国柔印技术与发展论坛”，第九届中国柔印年会同期举办了“锲而不舍 共筑柔印绿色之梦”的主题研讨会；2016年，组织“2016柔印技术高峰论坛”，第十届中国柔印年会同期举办“携手科技创新 同创柔印未来”为主题的柔印技术论坛；2017年，组织“纸箱包装 转型发展——2017柔印高峰论坛”，第十一届年会同期举办“践行绿色印刷 推进柔印发展”为主题的柔印技术论坛；2018年，组织“绿色印刷再出发——2018国际柔印高峰论坛”“成本 效率 环保——2018柔印发展论坛”“绿色印刷新突破——柔印水墨软包装实证工艺解读”“绿色印刷环保标准解读及水墨废渣处理方案”项目研讨会，第十二届中国柔印年会同期举办“提升中国柔印 推进绿色印刷”为主题的柔印技术论坛；2019年，组织“降本提质 促进发展——2019柔印发展论坛”“柔印标签 精益求精——2019柔印技术论坛”，第十三届中国柔印年会同期举办了“聚焦绿色印刷 推进柔印发展”为主题的柔印高峰论坛。

2015年暑期，柔印分会会同上海出版印刷高等专科学校、乐凯华光印刷科技有限公司组织了“2015柔版印前技术（上海）培训班”，参加培训的人员达60多人，产生了很好效果。2019年暑期，全国高校高职柔印师资培训班由柔印分会联合上海出版印刷高等专科学校共同主办，邀请了12位行业专家为40余名院校教师进行技术培训和实践活动。

2017年，柔印分会与上海数字印刷行业协会合作承接上海市浦东新区环保局“凸版（柔版）印刷生产VOCs排放状况及推广水墨柔印技术”的研究课题；参与2017年“上海印刷业VOCs控制与治理专项培训”活动。2018年，柔印分会接受原环保部科技标准司标准处委托开展的“柔印水墨薄膜里印剥离强度”试验项目在上海紫泉标签有限公司顺利完成实证，直接促进了《环境标志产品技术要求 凹印油墨与柔印油墨》（HJ371-2018）的颁布实施。

2016年，第十届“华光杯”全国柔印产品质量展评活动收到全国18个省市34家单位的124件产品，评出精品奖17件，优秀奖19件，佳作奖26件；2018年，第十一届“华光杯”全国柔印产品质量展评活动收到全国15个省市63家单位的108件产品，专家评审会最后评出精品奖11件，优秀奖16件，佳作奖27件。全国柔印产品质量展评活动充分反映了当前我国柔印产品质量在不断提升，应用范围在不断扩大，特别是柔性版印刷使用的水性油墨、UV油墨的环保优越性能更为突出。这一平台促进了柔印技术的交流，提升了柔性版印刷品的质量。

在2015年第十三届毕昇印刷技术奖评选中，柔印分会副理事长、上海出版印刷高等专科学校常务副校长滕跃民获“毕昇印刷杰出成就奖”，柔印分会成员单位乐凯华光印刷科技有限公司总经理兼党委副书记张涛、西安华阳印刷包装设备有限公司总经理苏翔宇获“毕昇印刷新人奖”。在2019年第十五届

毕昇印刷技术奖评选中，柔印分会成员单位上海出版印刷高等专科学校陈斌校长、山西运城制版集团股份有限公司刘克礼董事长获得“毕昇印刷杰出成就奖”；乐凯华光印刷科技有限公司研究所高英新所长获得“毕昇印刷优秀新人奖”。在2019年中国印协《奋进新时代——致敬新中国70周年印刷业时代先锋》大型画册入编名单中，柔印分会成员单位上海出版印刷高等专科学校陈斌校长等14人入选“人物篇”、厦门合兴包装印刷股份有限公司等12家企业入选“企业篇”、北京印刷学院等3所院校入选“院校篇”、中国印刷技术协会柔印分会入选“协会篇”。

此外，柔印分会每年走访调研大量行业企业，设立专家库为企业提供技术咨询，排忧解难；办好《印刷杂志》中国柔印专刊和增刊，作为柔印业界交流行业新技术和市场动态的载体；建立了“柔印视界”等三个微信群为会员交流和行业发展讨论提供平台；组织编制《国家职业资格标准 柔性版制版工》培训教材和题库，协助技术人员职称评审工作；与上海德禾翰通律师事务所合作建立“法律工作室”，开展普法宣传活动；指导“新新绿色印刷新材料实验室”和“柔性版印刷绿色制版与标准化实验室”的细化立项和启动工作；参与2019年中国印刷业创新大上发布的国家新闻出版署“柔版印刷绿色制版与标准化”重点实验室《中国柔性版印刷发展报告》蓝皮书编撰工作；近年来，柔印分会加强了与美国柔印协会、欧洲柔印协会、波兰柔印协会和日本柔印协会等国外专业协会的沟通联系，通过借鉴国外经验，推动国内柔印发展。■

2015–2019 年数字印刷市场分析

中国印刷技术协会数字印刷分会　郭春涛

近年来，数字印刷在很多垂直领域不断深化融合，并向更多领域延伸。数字印刷技术与其他行业在深度和广度的融合中带动了创新，这种创新推动了印刷业的转型升级，也孕育了很多新的市场机会点。

一、数字印刷产业发展概况

（一）全球数字印刷市场现状

印刷业作为服务性行业，已在全球渗透到各个领域，出版物印刷、包装印刷、标签印刷、广告印刷以及票据印刷等领域的印量虽有下降，但总额正在提升，因此全球印刷总额基本保持稳定。国际市场调查研究所史密瑟斯·皮尔研究所的数据显示，2019 年全球印刷市场总值为 7200 亿美元，其中数字印刷在整个印刷市场上的份额占比为 17.4%。

在对 2019 年全球印刷业的展望中，喷墨印刷技术的发展格外引人注目。史密瑟斯·皮尔的最新数据显示，全球喷墨印刷市场当前的复合年增长率为 9.4%，到 2023 年，该领域的市场价值将达到近 1100 亿美元。这与全球印刷业的总体前景形成鲜明对比，数据显示，全球印刷业的年增长率仅为 0.8%。

数字印刷作为传统印刷的完善和补充，其在可变数据、环保等方面的优势，将进一步促进二者的深度融合，共同服务印刷市场。由于所采用的产品组合和印刷工艺的变化，印刷的平均价值在未来 10 年间将略有增加。数字印刷，尤其是喷墨印刷，将是整个印刷市场中越来越重要和有价值的部分。

（二）我国数字印刷市场现状

图 1 和图 2 是原国家新闻出版广电总局公布的数据。可以看出，2015–2018 年，我国印刷总产值从 1.12 万亿元增长到 1.27 万亿元，2019 年还在持续增长，即便是在近几年经济形势不太好的情况下，我国印刷总产值依然维持在 3%~5% 左右的增幅，但整体增速有所放缓。反观数字印刷市场，一直保持持续增长态势，其在印刷产值中占比逐年增多。可以注意到 2018 年，数字印刷市场占比首次突破 5%，与 2015 年相比，4 年翻了近 5 倍。从数据来看，中国数字印刷市场整体增速较高，且发展空间仍然十分广阔。

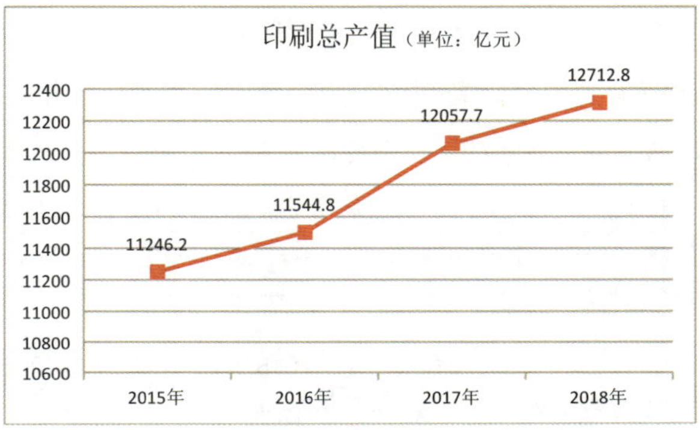

图 1　2015—2018 年我国印刷总产值

抛开数据，我们从数字印刷的广度、深度和精度三个方面来诠释数字印刷市场的发展现状。

1. 数字印刷的广度

随着数字印刷技术及设备的快速迭代更新，数字印刷在国内的应用领域已经从大家熟知的商业印刷、按需出版、影像领域迅速扩展到工业应用、生活消费、艺术品复制等领域，并逐渐深入越来越多的应用场景。目前，我们已经在许多领域看见数字印刷技术的成熟应用，还有很多领域正在尝试与数字印刷技术相结合。未来，我们将在更多的领域看见数字印刷技术的落地生根。

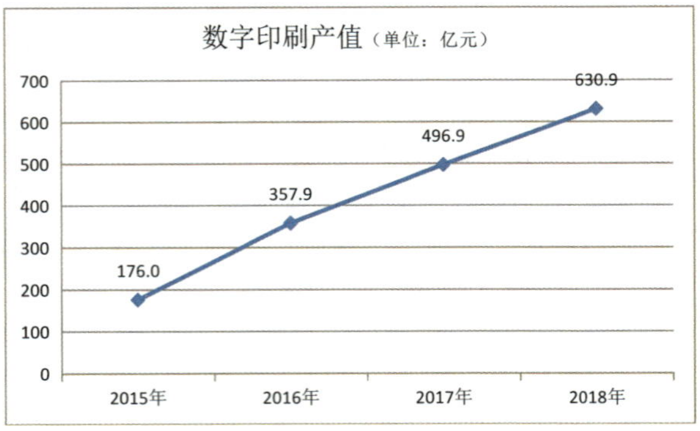

图 2　2015—2018 年我国数字印刷发展情况

2. 数字印刷的深度

从应用的深度来看，数字印刷企业已经开始向各个垂直领域更深入、更专业的方向发展。数字印刷的深度转型需要数字技术与行业经验的深度融合。数字印刷的创新需要下沉、渗透到各行各业，开创出更加丰富的产品。例如卡片，以往主要是由快印店来生产此类产品，如今卡片产品已实现专业化，有专门的数字印刷企业完成名片、贺卡和邀请函等产品的研发和生产。这意味着数字印刷产品在中国正在向专业化、细分化深入发展。

3. 数字印刷的精度

今天的数字印刷精度越来越高，很多数字印刷和传统印刷效果难分伯仲。如静电数字印刷设备在100 张（A4）/ 分的速度时，精度能达到 2400dpi；喷墨设备速度能达到 250 张 (A4)/ 分，精度 1200dpi 左右。另一方面，善用设备也是数字印刷行业成熟的一个标志，越来越多的数字印刷企业在使用设备时，注入了精细化意识。设备精度的提高和设备使用精细化意识的不断加强，使得整个消费市场精致化的个性需求得到更快速的输出，中国数字印刷市场正在逐渐走向良性循环之路。

二、中国数字印刷数据分析

数字印刷仍处于不断创新、不断突破的高速发展阶段。而数字印刷市场的飞速增长，也不断促使企业对新设备的引进。下面我们从设备装机量和设备应用领域两方面，对国内数字印刷领域的发展情况进行分析。

（一）数字印刷设备装机量

1. 单张纸高端彩色数字印刷机

“数字印刷在中国”系列调查报告显示，2015–2019 年，国内数字印刷装机总体增量保持稳定，截至 2019 年 7 月，单张纸高端彩色数字印刷设备装机总量达到 2576 台，在 2015 年的基础上增加了 944 台，增长率约 58%。而近 3 年的增长率分别为 15%、12%、10%，从总体来看增长率略有降低，但基本趋于平稳，如表 1 所示。

表 1　2015—2019 年单张纸高端彩色数字印刷机装机量统计表

总装机量（套）	截至 2015 年 7 月	截至 2016 年 7 月	截至 2017 年 7 月	截至 2018 年 7 月	截至 2019 年 7 月
	1632	1825	2096	2351	2576
年度增量（套）	2014 年 8 月 -2015 年 7 月	2015 年 8 月 -2016 年 7 月	2016 年 8 月 -2017 年 7 月	2017 年 8 月 -2018 年 7 月	2018 年 8 月 -2019 年 7 月
	199	193	271	255	225

2. 连续纸高端彩色数字印刷机

截至2019年7月，连续纸高端彩色数字印刷机总装机量达到290台，在2015年的基础上增加了162台，增长率约126%，已实现翻倍。而近3年的增长率分别为23%、22%、21%，增长率基本保持在较高水平，如表2所示。

表2 2015—2019年连续纸高端彩色数字印刷机装机量统计表

总装机量（套）	截至2015年7月	截至2016年7月	截至2017年7月	截至2018年7月	截至2019年7月
	128	160	197	240	290
年度增量（套）	2014年8月-2015年7月	2015年8月-2016年7月	2016年8月-2017年7月	2017年8月-2018年7月	2018年8月-2019年7月
	33	32	37	43	50

3. 单张纸生产型彩色数字印刷机

截至2019年，单张纸生产型彩色数字印刷机的装机总量为9452台，在2015年的基础上增加了4075台，增长率约76%。而近3年的增长率分别为14%、14%、12%，从近3年的数据可以看出，生产型彩色数字印刷机年装机量已进入平稳增长阶段，如表3所示。

表3 2015—2019年单张纸生产型彩色数字印刷机装机量统计表

总装机量（套）	截至2015年7月	截至2016年7月	截至2017年7月	截至2018年7月	截至2019年7月
	5377	6546	7432	6438	9452
年度增量（套）	2014年8月-2015年7月	2015年8月-2016年7月	2016年8月-2017年7月	2017年8月-2018年7月	2018年8月-2019年7月
	1341	1169	886	1006	1014

4. 高速喷墨数字印刷机

从2019年的统计数据来看（表4、表5），在出版领域，截至2019年7月，高速喷墨数字印刷机在市场上的装机总量为81台，在2015年的基础上增加了48台，增长率约145%。而近3年的增长率分别为30%、28%、47%，从近3年的数据可以看出，最近一年，全国出版领域高速喷墨数字印刷机装机量增长迅猛，共增加了26条生产线，创下了历史新高。

表4 2015—2019年出版领域高速喷墨数字印刷机装机量统计表

总装机量（套）	截至2015年12月	截至2016年12月	截至2017年12月	截至2019年12月
	33	43	55	81
年度增量（套）	2015年1月-12月	2016年1月-12月	2017年1月-12月	2018年1月-12月
	6	10	12	26

表5 2015—2019年商业领域高速喷墨数字印刷机装机量统计表

总装机量（套）	截至2016年12月	截至2017年12月	截至2019年12月
	5	9	23
年度增量（套）	2016年1月-12月	2017年1月-12月	2018年1月-2019年12月
	2	4	14

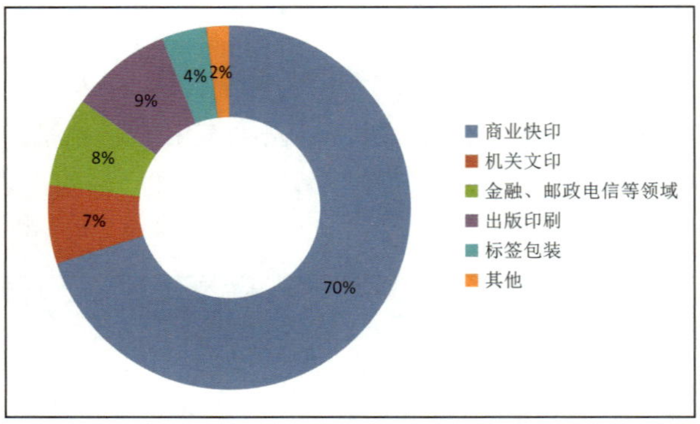

图 3　2015 年单张纸高端彩色数字印刷机应用领域分布图

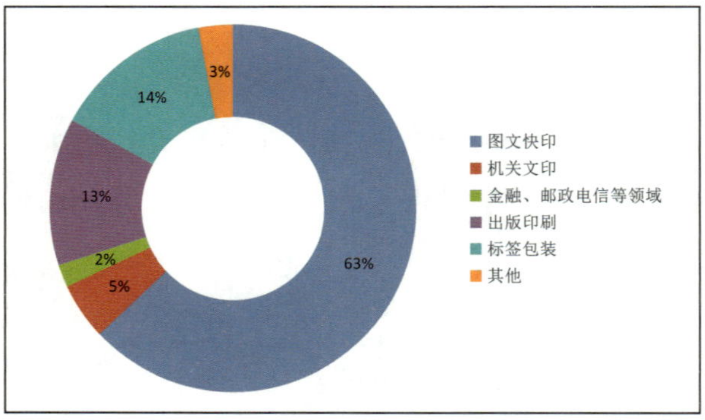

图 4　2019 年单张纸高端彩色数字印刷机应用领域分布图

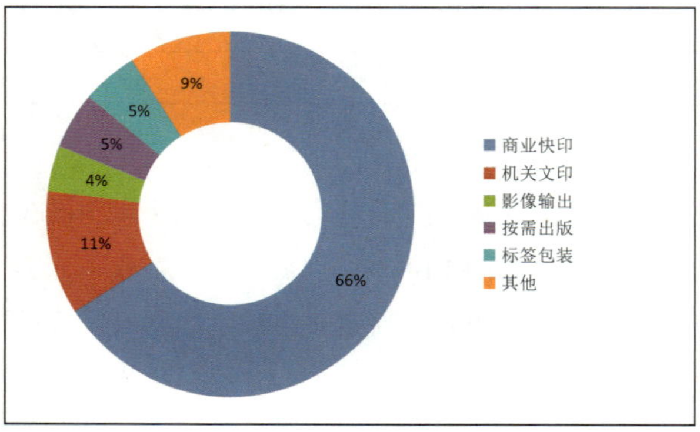

图 5　2015 年单张纸生产型彩色数字印刷机应用领域分布图

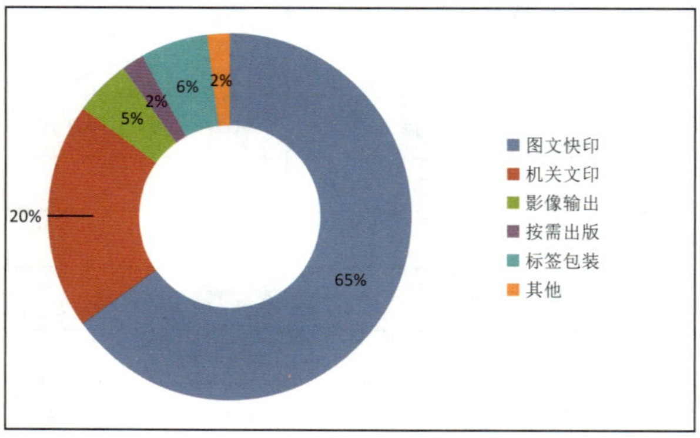

图 6　2019 年单张纸生产型彩色数字印刷机应用领域分布对比图

在商业领域，截至 2019 年 7 月，高速喷墨数字印刷机的市场装机总量为 23 台，在 2016 年的基础上增加了 18 台，增长率约 360%。而近 2 年的增长率分别为 80% 和 156%。

（二）设备应用领域分析

由 2015 年、2019 年单张纸高端彩色数字印刷机应用领域分布图（图 3、图 4）可以看出，2019 年图文快印领域的占比最大，为 63%，虽然较 2015 年占比下降了 7 个百分点，但图文快印类业务依旧是高端彩色数字印刷市场的绝对主力。

在其他应用领域，占比增加的有出版印刷和标签包装，其中出版印刷占比 13%，相比 2015 年增加 4 个百分点，标签包装占比 14%，相比 2015 增加了 10 个百分点，这也是增长最多的业务板块。而机关文印和金融、邮政电信等领域的占比均有所下降。

由 2015 年、2019 年单张纸生产型彩色数字印刷机应用领域分布图（图 5、图 6），可以看出，单张纸生产型彩色数字印刷机主要应用在图文快印领域，占比为 65%，相比 2015 年仅下降了 1 个百分点，基本持平。

在其他应用领域，占比增加的有标签包装、影像输出和机关文印，其中标签包装占比 6%，影像输出占比 5%，两个领域相比 2015 年均增加了 1 个百分点，略有增长；机关文印占比 20%，相比 2015 增加了 9 个百分点，是增长最多的业务板块。

从这 5 年设备应用领域占比的变化来看，单张纸数字印刷设备应用占比较大的仍是在数字印刷行业最早发展的商业图文快印领域。随着商业图文快印领域的不断探索和创新，业内对于单张纸数字印刷设备的要求也随之升高，以便满足客户的多样性需求。在未来，伴随数字印刷技术和市场发展不断研发和深入，单张纸数字印刷设备在按需出版、影像输出和标签包装领域将会更被市场认可及重视，占有率会持续提高。

最后，高速喷墨印刷设备的应用情况。如图 7 所示，2016 年，高速喷墨印刷设备在按需出版领域的装机量最多，从 2017 年开始，在标签印刷和商业印刷领域的当年装机量大幅提升，甚至 2018 年在按需出版领域的当年装机量小于在商业印刷和标签印刷领域的当年装机量。近两年，在所有应用领域中，高速喷墨印刷设备在商业印刷领域的表现最为突出，2019 年在该领域的装机量已经远远超过其他领域，市场爆发潜力可见一斑。

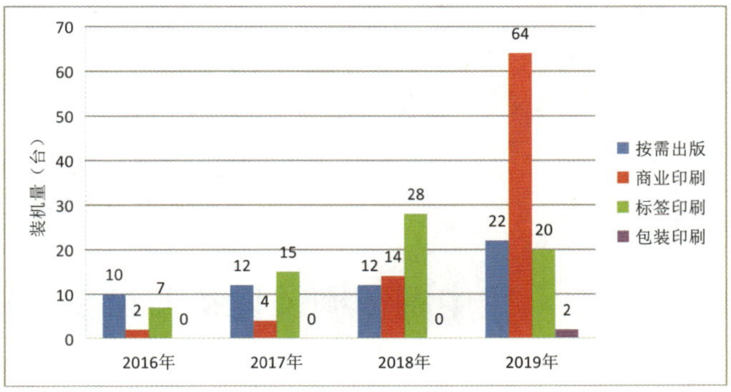

图 7　2016—2019 年高速喷墨印刷设备在各领域年装机量

三、中国数字印刷发展趋势

今天的数字印刷已得到了全印刷行业的关注和参与。在激烈的市场竞争中，越来越多的传统印刷企业走上了混合印刷的道路，突破“禁锢”，用创新思维来经营和发展自己的企业，在不断摸索中形成了新的商业模式，以满足应用市场不断涌现的新需求。展望中国数字印刷的发展趋势，高速喷墨技术和产业互联网必是未来的关键词。

（一）高速喷墨印刷技术深入应用

“印刷业的未来是数字印刷，数字印刷的未来是喷墨印刷”。在数字印刷技术中，高速喷墨印刷具有速度快、成本低、绿色环保、适合工业化生产等特点，被印刷界认为是改变当下印刷市场格局的新技术。喷墨技术的最大优势就是能进行非接触式成像，这让人们在油墨、承印物和印刷系统的选择上具有更大的灵活性。

近两年，国内越来越多在原有领域多年深耕的行业佼佼者，尝试利用大幅面、高产能的喷墨印刷设备，在各自的细分领域落地投产，摸索高速喷墨技术的深入应用。

高速喷墨印刷设备的频频落地，带领中国数字印刷从原有的快印、个性化印品向工业化应用进阶，中国数字印刷市场的前行之路也越来越清晰可见。谁能够把握住这些新的技术和应用市场，谁就将会成为数字印刷乃至整个印刷市场的巨人。

（二）数字印刷与产业互联网

自 2015 年后，产业互联网越来越热。产业互联网的提法，很大程度上对应消费互联网的提法，然而两者差异巨大。消费互联网的核心功能是连接，连接的对象是人，连接的难度相对较低，而产业或者说企业的维度多而复杂，因此产业互联网不是简单的“连接”问题。

产业互联网的本质是生产要素的数字化。企业的生产要素广义上有很多，从有形的生产材料、设备、工作环境，到无形的人员、资金、流程，到跟企业相关的信用、获客、营销等。这么多的生产要素，以前基本上都是分散的、凌乱的，而当这些要素能够逐渐被数字化以后，企业就具备了提升效率的可能性。这是产业互联网的前提，也是其本质。

目前，产业互联网发展已经成为一种趋势，通过数字技术为产业升级，将创造巨大的社会和产业价值，积极进行产业互联网尝试的企业，已经成功了一半。数字化浪潮的持续推进正在非常明确地展示着产业互联网的瑰丽画面，这是新技术对传统产业开始深度影响的重要标志。

市场不确定因素很多，但最确定的因素是消费需求升级，消费升级推动着中国经济接下来的转型与发展，推动着我国经济从“工业经济”向“数字经济”转型。伴随数字经济的发展，数字印刷市场也将实现新旧动能转换，创造中国数字印刷的新“红利”。数字印刷在中国的发展，依然任重道远，但未来可期。■

2015–2019 年印刷机械行业发展情况综述

中国印刷及设备器材工业协会印刷机械分会　齐元胜　陈邦设

"十三五"时期，我国坚持创新、协调、绿色、开放、共享发展理念，处于可以大有作为的重要战略机遇期，也面临严峻挑战。世界经济在深度调整中曲折复苏，新一轮科技革命和产业变革蓄势待发，工业化和信息化融合发展水平进一步提高，产业迈向中高端水平，先进制造业加快发展，新产业新业态不断成长。原国家新闻出版广电总局发布的《印刷业"十三五"时期发展规划》明确提出，"十三五"期间，国家印刷示范企业、中小特色印刷企业辐射引领能力进一步增强，产业集中度继续提高。到"十三五"期末，规模以上重点印刷企业的产值占印刷总产值的 60% 以上，培育若干家具有国际竞争力的大型印刷企业集团。机械工业"十三五"规划目标：在新常态下保持运行平稳，实现质量的中高速增长；创新驱动初见成效，自主创新能力提升；高端装备竞争力增强，行业基础有所改善；两化融合逐渐深入，智能制造开始示范；绿色发展理念确立，节能减排成效领先于工业平均水平。

印刷设备制造业是整个制造业的重要组成部分，关系到整个印刷产业的长远发展，其发展水平是实现印刷强国的重要标志之一。

一、印机行业总体情况

印刷业具有制造、意识形态和文化服务等多重属性，肩负着传承中华文明、传播美丽的使命，承担着服务党和国家重要文件文献、重大政治主题出版物、中小学教科书等各类重点出版物和文化产品的印制工作。在满足人民不断增长的精神文化需求、有效服务意识形态工作和国家文化建设方面的功能和作用越来越彰显。国内印刷业明显呈现块状区域化发展趋势。以上海、深圳、北京为中心，国内形成了长三角（上海、浙江、江苏）、珠三角（广东省）、环渤海（北京、天津、河北、山东、辽宁）3 个印刷集中发展区域。

印刷行业工艺和产品质量、效益等很大程度上取决于印刷装备。近几年，在经济发展形势严峻、结构调整任务迫切的大环境下，印机行业仍呈现出较好发展态势，自 2015 年以来，印刷设备市场行情逐渐复苏。2018 年达到一个小高峰，2019 年增幅小于 2018 年，总体上印机行业保持了持续的复苏，见下表 1 和表 2。

表1 2016年1–4季度印机行业50家经济指标完成情况分析

年度 指标名称	2016年1–4季度（万元）	2015年1–4季度（万元）	同比±%	2016年第4季度（万元）	2016年第3季度（万元）	环比±%
工业总产值	429820	468136	–8.18	129698	100992	28.42
工业销售产值	434679	449278	–3.24	128443	102611	25.17
工业增加值	126003	140217	–10.13	35189	25946	35.62
产品销售收入	425571	431642	–1.41	131386	98356	33.58
利润总额	35637	30689	16.12	13780	7156	92.56
成本费用总额	413123	424568	–2.69	119004	99796	19.24
出口交货值	61820	64072	–3.51	24151	13021	85.47
新产品产值	235708	267973	–12.04	61739	64480	–4.25

表2 2019年1–4季度印机行业61家经济指标完成情况分析

年度 指标名称	2019年1–4季度（万元）	2018年1–4季度（万元）	同比（%）	2019年第4季度（万元）	2019年第3季度（万元）	环比（%）
工业总产值	736932	734614	0.31	233133	189489	23.02
工业销售产值	732597	718485	1.96	237501	187361	26.76
工业增加值	222214	242354	–8.31	52979	68671	–22.85
产品销售收入	717099	698396	2.67	234565	180546	29.91
利润总额	41117	51716	–20.49	–1640	23981	–106.83
成本费用总额	650778	626302	3.90	207856	167334	24.21
出口交货值	108662	96264	12.87	38456	30510	26.04
新产品产值	377892	375060	0.75	109893	98295	11.79

而进出口额则显示出近几年行业对高端印刷装备保持了旺盛的购买力。见表3，2015–2019年印刷装备进口五年合计92.11亿美元，进口平均增长率2.3%；而出口合计100.94亿美元，出口平均增长率8.8%。一方面说明进出口强劲，市场需求旺盛，另一方面可以看出国产设备具备大量出口的实力，当然出口份额中印后设备比例较进口印后设备多近20亿美元，说明印后设备方面国产设备竞争力较强，印刷设备进口较出口多16亿美元，进口的印刷设备多为高端印刷机。

表3 2015–2019年印刷装备进出口对比汇总 （单位：亿美元）

印刷装备	进口五年合计	进口平均	进口平均增长率	出口合计	出口平均	出口平均增长率
印前设备	3.05	0.61	0.6%	8.09	1.62	0.9%
印刷设备	79.72	15.94	2.8%	63.42	12.68	5.5%
印后设备	9.33	1.87	–0.9%	29.43	5.89	18.8
合计	92.11	18.42	2.3%	100.94	20.19	8.8%

二、行业发展优势和亮点

近5年印机企业总体技术实力比“十二五”期间大幅上升，据2019年统计的137家印机企业显示，高新技术企业占67.15%，90.51%的企业拥有国内专利技术，13.14%的企业拥有国际专利。

1. 产品种类齐全

国内印刷装备企业产品种类涵盖了印刷产业的全链条，种类齐全，不仅包括印前、印刷、印后设备，还产生了相关的检测、环保节能等相关产品。每个种类都有代表性企业。

国产印机设备的信赖度在不断提升，龙头企业进一步彰显实力。陕西北人获得国家工信部“制造业单项培育企业”称号，成为凹版印刷制造行业龙头。2017 年，陕西北人与意大利赛鲁迪合作，提升凹版印刷机制造技术水平，进一步增强竞争力。原先的地域性企业异军突起。近年来，以浙江温州、河北玉田、广东东莞为主的印机制造基地发展迅速，早已从简单制造模式华丽转身，在产品品质、设计、功能等方面不断转型升级，逐渐出现了一批优秀的制造品牌，有些甚至已经赶上了国外的竞争对手。如国望机械集团有限公司从一家名不见经传的乡镇企业嬗变成初具规模的现代印刷机械制造公司，并通过了 ISO9000 体系认证、CE 认证 (德国 TUV 认证) 等。

生产平版胶印制版设备的主要代表企业有广州市爱司凯科技股份有限公司和杭州科雷机电工业有限公司。杭州科雷机电工业有限公司是目前国内唯一拥有热敏 CTP、UV-CTP、紫激光 CTP 和超大幅面 CTP 生产技术能力的企业。科雷在 CTP 设计与制造领域形成了自己独特的设计思路，取得了 17 项专利技术和多项国家级、省级奖励，通过了 ISO9001 质量管理体系、ISO14001 环境管理体系认证和 RoHS 与 CE 的国际标准认证。科雷 CTP 国内销量领先，且大量出口亚洲、南美、欧洲等地区。

在平版胶印机及设备制造领域，宽幅高精度单张纸胶印机国产设备基本阵地丢失，几个国有企业纷纷退出市场。在书刊及报纸卷筒纸胶印机、标签印刷、瓦楞纸印刷、小胶印方面，国产设备占据优势地位。如北人智能和高斯图文的卷筒纸印刷机占据了国内主要市场，而商标印刷机则是不断推陈出新，如中景印机的创新型产品 JD-XL330 系列组合式商标印刷机等。

凹版印刷在我国印刷行业中是除胶印以外所占市场份额最大的印刷方式，广泛应用于纸包装、软包装及装饰装潢印刷，因其印品质感好、色彩鲜艳，且适合大规模印刷等优势，一直作为无菌包装盒、液态牛奶盒、烟盒，食品包装等高端印刷市场的首选。 凹印机主要代表设备为陕西北人的 FR300ELS 无轴传动塑料凹印机。

目前，国内已经完全掌握柔性版印刷的相关技术，如网纹辊激光雕刻技术、CTP 直接制版技术、套筒技术、大型压印滚筒制造技术、水性油墨技术，从而推动了多种类型的印刷设备得到广泛应用。主要代表性设备有：陕西北人 FCI 250 高速卫星式柔性版印刷机，太阳机械 STF-340/460 柔版印刷机、STF-460C 柔版印刷机等创新设备，浙江炜冈的 ZJR-330 机组式柔性版印刷机等。

数字印刷具有数字化、高效可变、节能环保、异地印刷等特点。目前处于技术发展水平前列的为惠普公司生产的全新 HP Indigo 20000 商业数码标签印刷机。国内北大方正电子、乐凯华光、德拉根、信德诚、上海天岑、泰克正通、悠印数码等推出了数字印刷设备，但是由于喷墨打印机的核心零件喷墨打印头和墨水属于关键技术，基本以进口为主，因此高端数字印刷机基本被国外垄断 。

2. 设计开发手段数字化，产品开发能力增强，制造基础能力显著增强，数字化基础日趋完善

（1）多数企业在设计方面采用数字化软件，如 CAD 二维软件、SOLIDWORKS、CAXA 等 3D 设计软件、Photoshop、Coreldraw 图形软件、Altium Designer Winter 电路设计软件、Keil uVsion 程序设计软件等。

（2）多数企业建有企业技术中心、工程研究中心，个别企业如陕西北人技术中心被批准为国家级企业技术中心，建有院士工作站和博士后工作站，设计开发实力雄厚。

（3）制造方面基础能力提升：多采用车铣复合中心，数控车床加工中心，特别是关键零件，如墙板、支撑零件等，因此设备制造精度得到显著提升。

（4）传动多用伺服电机和运动控制系统，形成无轴传动，缩短传动链，减少误差；广泛采用各种传感器，形成闭环控制系统，装备精度得到提高。

（5）根据137家问卷调查企业统计分析，有92家企业是国家高新技术企业，占比高达67.15%；还有13家企业具有其他管理资质，占整体的9.49%；不属于国家高新技术企业的公司占据23.36%。国家高新技术企业数量庞多，占比极大。除此以外，还有13家企业拥有省级或其他各级别的企业管理资质。以上数据充分说明企业对于实现高新技术发展的重视。

受调查的137家企业中，拥有自己的企业技术中心、工程研究中心或是重点实验室的企业有102家，占比74.45%，说明企业对于技术更新的重视程度以及对于新技术的需求。就专利而言，九成企业拥有国内专利，说明印刷行业对于知识产权具有充分的重视，十分注重对于知识产权的保护。在一定程度上可以避免与国内竞争对手的不良竞争，接近一成的企业拥有国际专利。与之对比，可说明大部分印刷装备制造企业大多关注国内知识产权的保护。不论是因为申请困难，还是因为竞争关系，对于国际知识产权的保护意识相对缺乏。这有可能是与市场主要集中于国内有关，由此分析，印刷装备制造企业日后的发展是向国外开拓市场。

3. 企业积极参加标准化工作，产品成熟度高

标准化是推动企业规模化数字化的基础工作，据不完全统计，规模以上企业多数参加过相关标准制定。对于产品成熟度，在137家企业自评中，有96.35%的企业生产的产品达到高度成熟，仅有3.65%的企业产品不成熟。在这些企业中，部分企业是近几年成立的，还需要完善产品，其余企业的产品成熟度也在九成左右。此外有89.05%的企业拥有自主知识产权，并拥有自己的特色技术及发展优势。我国印刷装备技术发展相对平稳。

4. 绿色化进入深化阶段

2018年国务院发布《打赢蓝天保卫战三年行动计划》，国家和地方政府部门对包装印刷行业VOCs治理提出了新的更高更严更细的要求，行业环保压力持续加大，行业绿色环保理念进一步提升强化，行业VOCs减排治理工作全面深入展开，各类治理技术得以实质性推广应用，新技术、新材料、新工艺研发蓬勃开展。

绿色环保理念逐渐深化。环保型设备如无溶剂复合机等越来越得到用户认可，典型企业如广州通泽机械有限公司“包装印刷无溶剂复合技术”被国家环保部收录进入《2016年国家先进污染防治技术目录（VOCs防治领域）》，列入推广类技术首位。2019年广州通泽正式被认定为“工业产品绿色设计示范企业”，公司作为第一起草单位主导制定了全部无溶剂复合相关的三项国家和行业标准，并从2016年起承担了国家科技部国家重大专项“包装印刷行业全过程VOCs治理控制技术研究及应用示范工程”中无溶剂复合设备与工艺专项子课题的研究工作。

UV-LED干燥系统得到广泛应用，如广州巍泰机电有限公司、山东青岛莱伊迪的代表产品。VOCs治理技术及装备得到了长足发展和应用，如无锡爱德旺斯、西安昱昌、广州环保嘉等企业的产品。但是目前行业内没有环保系统设计和规划院所，企业存在盲目上环保治理设备的问题，环保治理水平参差不齐。

5. 跨界、融合化逐渐显现

产品打破产业边界，向 3D 打印、AR/VR 延伸，不断运用新技术、新材料、新工艺等为产品增值赋能。如数字印刷与服装、印染、建筑装饰、柔印电子等开展文化、艺术、制造融合。

典型企业如西安航天华阳机电装备有限公司从航天领域进入印刷设备领域，发展了柔版印刷装备、精密涂布装备、凹版印刷装备、新材料新能源装备、智能化装备制造等五大系列高端装备，成功研制最新一代“CINOVA”卫星式柔版印刷机，华阳公司连续八次获得“中国家具行业十佳供应商”。卫星式柔版印刷机荣获“改革开放 40 周年机械工业杰出产品”。“赛默森圆凹一体壁纸生产线成套设备”被评为西安市名牌产品。印刷速度每分钟 400 米的“E 飞”卫星式柔版印刷机技术领先。用于纸质品个性打印和喷码的数字印刷机已经部分取代进口。

6. 数字车间初现端倪，智能化进程逐渐展开

2017 年中印工协在北京印刷学院召开智能装备创新联盟产需对接会，邀请了工信部专家对智能制造做了讲解，随后北京印刷学院机电学院开展了智能制造系列培训班和高级研修班，建立了智能制造实验室；北人智能、天津长荣、陕西北人、航天华阳、上海高斯等纷纷开始在企业内打造数字化智能化车间或物流系统。北人智能率先建立了胶印生产数字车间，陕西北人建立了柔性版印刷数字化车间、印刷机主要零部件生产的数字车间，长荣集团建立了印刷机械数字化生产车间和钣金件加工智能化车间。

在 2018 年上海全印展上，科雷机电联合大族冠华、光明机械、玉田中博、易印、万邦科技、精密达、华岳、奥托机械共计 9 家企业，将一条完整的印刷智能制造生产线搬到了展会现场，形象展示了智能工厂的雏形。2019 年一本书智能测试线在北京盛通印刷股份有限公司测试通过。荣联汇智、悟略科技等开展印刷行业智能化工作。目前行业智能化仅仅是处于起步阶段，还需要进一步探讨智能化的模式和方案。

7. 连线和多功能集成方面进一步增强

由长荣股份与海德堡共同研发生产推出的有梦・K1060CSB 全清废模切机，凸显出数字化、智能化的趋势。上海耀科的 YOCOi60c 冷烫印刷机，可实现承印物后道表面整饰工艺多样化。

精密达的 Superbinder（超级）-8000Plus 胶装联动线在原 8000 机型基础上，进行了大量的创新和升级。平湖英厚推出的 Galaxy（银河）3000e 全伺服胶装机所有调节都已实现全伺服。

在印前、印中环节，通过智能检测技术从源头贯穿生产过程来提升印刷企业的质量过程控制、降低印刷成本、推动行业的智能制造发展，显得尤为重要。凌云、华夏视科、大恒图像等公司的产品被广泛应用。

8. 企业运营模式多样化

印机企业根据各自特点纷纷探索新型发展模式，如精密达和多省新华印刷厂签订协议，进行智能化胶装生产线建设和升级；北人智能装备科技有限公司，做印刷机行业的系统供应商，从制造为主转向服务制造；科雷机电联合上下游组建色彩控制的印刷智能车间；中德集团由天岑华威、华岳、劲豹机械联合组织，形成较强的生产协同模式；德阳利通通过技术专利合作等形成许可证式生产合作模式。玉田印机协会、东光纸箱机械联合会等也通过协会或联合会的形式，形成企业抱团发展的模式。

2015 年，长荣股份与意大利赛鲁迪公司签署合作协议，获得了赛鲁迪最新型的凹印机的永久技术使用许可，并负责中国纸包装市场的生产、销售和售后服务。2016 年 4 月 19 日，长荣与赛鲁迪合作的 MKCerutteR983 十色卷对卷凹印机试制成功并实现销售。2019 年长荣成为全球唯一能够提供行业整体解决方案的综合服务商——德国海德堡单一最大股东。除股权合作外，双方将在全球范围内，进一步深化既

有合作模式，就双向分销、双向供应、技术和产品合作、提升智能制造水平、技术人才培育、工业信息化数据共享及融资租赁等方面，展开全面战略合作，共同推动双方的数字化、智能化转型，共同为印刷包装行业提供全面解决方案，共同搭建面向未来的印刷包装产业生态圈，继续引领行业发展。

9. 积极参加展会，一带一路合作不断探索

国内印机企业组团走出国门，参加非洲、欧洲、亚洲、美洲等相关印刷展会，不断扩大影响和合作。截至2019年展会已成为行业发展的风向标。受调查的印刷装备制造企业，81.02% 面向国外市场开展业务。

在一带一路合作方面，需要培育市场，不断探索合作模式，从人才培养、产业对接等各方面开展合作。

三、印机行业存在的问题

当前，我国印刷装备难以满足印刷业高质量发展的需求，高端印刷装备仍然高度依赖进口，进口设备在我国规模以上印刷企业占比高达 80% 以上。2016–2018 年高端印刷装备进口额分别为 20.33、23.69、25.89 亿美元。行业发展存在基础研究薄弱，核心技术缺乏，技术创新不足的瓶颈，难以形成创新驱动新局面，亟待解决印刷行业转型升级、新技术装备研发及产业化、供给侧结构性改革的突出问题。

自主创新能力不足：多数设计还是以传统设计为主，尽管采用了数字化设计手段，但是在动态仿真、模态分析等方面还很少采用，实验方面，多数没有实验台，多数是边生产边实验，实验数据反馈环节缺失。导致国内产品以中低端为主，特别是在部分区域，产品同质化竞争，主要以拼价格为主。

公共服务体系不健全，目前行业内基本没有公共服务体系，企业服务体系缺乏协同，精益管理还需要进一步深化。

转型升级路线不明确，对印刷机械企业而言，升级是主要方向。高端印刷装备是印刷产业高质量发展的重要支撑，“中国制造 2025”国家战略为装备制造业高质量发展指明了方向，为印刷装备制造业提供了新的发展机遇，有利于行业向数字化、智能化、绿色化、融合化方向转型升级。

高端印刷装备的关键技术攻关涉及面广、时间周期长、资金投入风险大，单靠企业自身的研发投入难以攻克技术瓶颈，迫切需要政府的高度重视和政策支持，企业由生产型向服务型发展的意识不强。产学研用相结合的跨行业跨领域的技术集成、协同创新机制不够。发展模式仍需要不断探索。

四、未来发展趋势

随着我国进入高质量发展阶段，行业正在向数字化、绿色化、智能化、融合化方向发展，世界印刷产业中心转移到中国的趋势日渐明朗，印刷装备需求持续增长。预计未来 5 年，产业生态体系将面临重构，个性化印刷包装、防伪安全印刷、数字印刷、特种特色功能印刷、印刷智能化、食品药品等领域需求迅猛增长，高端印刷装备的需求更加旺盛，我国的印刷装备制造行业将迎来新一轮发展机遇。

未来的发展趋势是基于精益管理和生产管理，个性化、数字化、绿色化、柔性化和智能化，全产业链，跨界融合，多模式发展。

建立印刷机械技术创新体系、攻克制约我国行业发展的高端印刷装备关键技术，重点聚焦智能多色高速高精度印刷机设计与制造技术、多学科集成的绿色印刷工艺技术、数字喷墨打印头技术、高精密光学膜涂布等关键技术、探索智能制造关键技术及发展模式，改变高端装备受制于人的局面，建立以企业为主体、市场需求为导向、产学研用相结合的自主创新协同体系。提高集约化、规模化发展水平，建设发展新高地，充分发挥龙头带动作用，为印刷装备制造业新旧动能转换提供可复制、可推广的经验。■

我国印刷器材行业发展现状

中国印刷技术协会副理事长　张涛

2020 年是全面建成小康社会和“十三五”规划的收官之年，在我国经济实现跨越式发展的背景下，我国印刷器材行业也同样实现了科技创新的重大突破，实现了服务保障的全面覆盖，实现了产业集群的协同发展，实现了技术发展的后发赶超。

现如今，我国印刷器材制造业无论是规模水平，还是技术水平，都取得了丰硕成果，一个有韧性、有潜力、有活力的印刷器材业现代化经济体系正在形成。

一、印刷器材行业现状

1. 胶印版材市场

纵观中国印刷及设备器材工业协会印刷器材分会历年行业企业年度经营统计数据，近几年全球胶印版材市场（含 CTP 版和 PS 版）整体呈稳中下降趋势，每年消耗量在 6.5 亿平方米左右，其中 CTP 版用量占胶印版材市场总量的 85%。南美、南亚和东欧等地区仍对 PS 版有小量需求，预计未来 3 ~ 5 年内，全球 PS 版消耗量将继续下降，最终保持相对稳定的趋势，而 CTP 版会保持小幅增长。

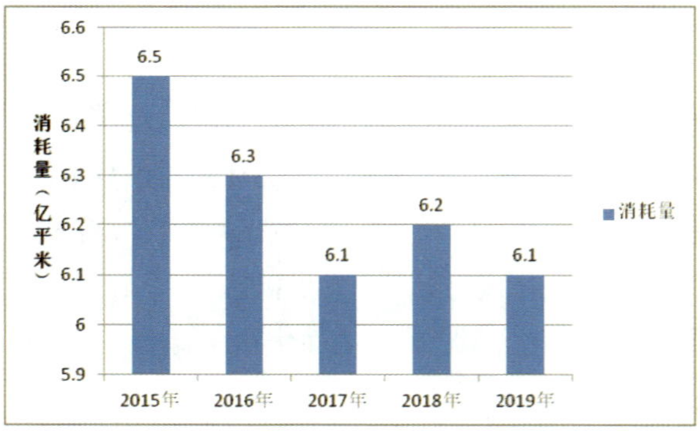

图 1　近五年全球胶印版材消耗量变化

协会数据分析，“十四五”期间，全球胶印版材市场总量将会在徘徊中下调，将由 6.5 亿平方米 / 年下降至 6 亿平方米 / 年；同时随着“绿色、环保、节能”的绿色印刷技术的发展趋势和政策要求，免冲洗版、免处理 CTP 版将成为全球胶印版材的主流。

随着全球胶印版材制造业向中国市场的转移，我国胶印版材制造业呈现逆势增长。中国印工协印刷器材分会的行业企业年度经营数据统计汇总显示，2019 年，国内胶印版材总产量为 4.77 亿平方米，同比增长 1.14%；总销量为 4.99 亿平方米，同比增长 4.04%。其中，热敏 CTP 版销量为 34167 万平方米，同比增长 9.17%，占据市场约 70% 的份额；UV-CTP 版销量为 10755 万平方米，同比下降 2.17%；PS 版销量为 2518 万平方米，同比下降 38%；光敏 CTP 版销量为 2516 万平方米，同比增长 66.19%。

我国胶印版材制造业产销量连续多年位居世界第一，2019年更是创下历年新高。产品品种涵盖目前市场所需的热敏/紫激光CTP版、CTcP版、PS版，企业生产装备技术水平可满足当前印刷技术绿色发展对免处理、免冲洗、双涂层环保友好型版材的需求。统计数据显示，年产量超过1000万平方米或接近1000万平方米的胶印版材生产企业有16家，其年产量占全国胶印版材年总产量80%以上的份额；行业生产规模更为集中，行业集中度进一步提高。

据海关统计数据显示，2019年，中国胶印版材出口量为20050万平方米，同比增长11.67%。其中PS版出口量为5392万平方米，同比增长4.78%；CTP版出口量为14652万平方米，同比增长14.44%。

2019年，中国胶印版材出口额为52553.64万美元，同比增长1.95%。其中PS版出口额为11919.27万美元，同比下降5.86%；CTP版出口额为40634.36万美元，同比增长4.49%。

目前我国已经结束了胶印版材依赖进口的局面，同时国产CTP版跃升为主流出口版型。

2. 胶印版材铝板基市场

汇总中国印工协印刷器材分会行业年度经营统计数据，我国胶印版材铝板基2019年度总产量为49.4万吨，总销量达49.3万吨。2017-2019年，铝板基出口量逐年增长，2019年达到5.78万吨，同比增长69.54%。

3. 印刷橡皮布市场

近几年由于绿色环保的管理与规范要求，几乎所有的橡皮布制造企业都受到一定冲击，70%的企业都有停产整顿的经历，因此销量呈逐年下降的态势。同时，因行业企业依环保政策要求进行搬迁，比较分散，这些年的行业数据统计亦受到制约。

汇总中国印工协印刷器材分会橡皮布专业委员会的统计信息，2019年，规模以上（年产10万平

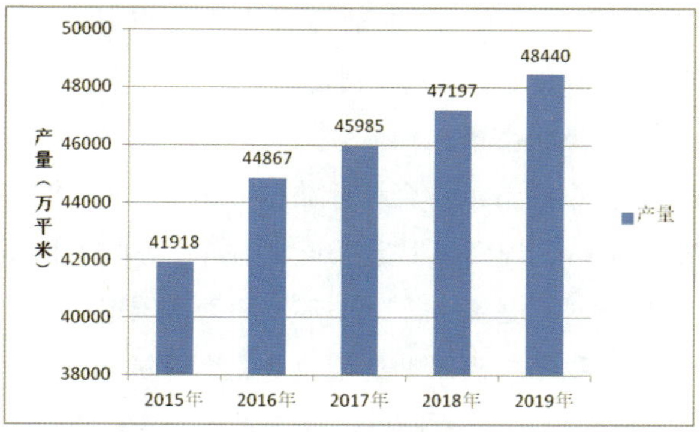

图2　近五年国内胶印版材生产量变化

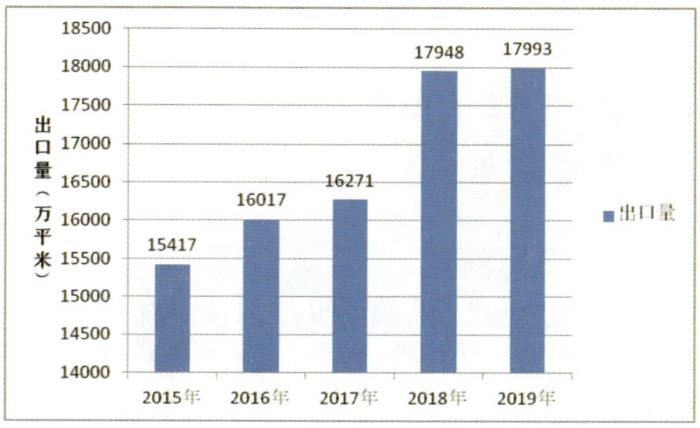

图3　近五年国内胶印版材出口量变化

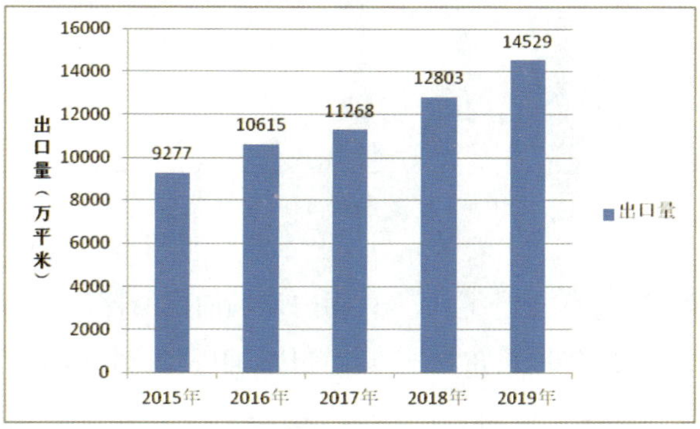

图4　近五年国内CTP版出口量变化

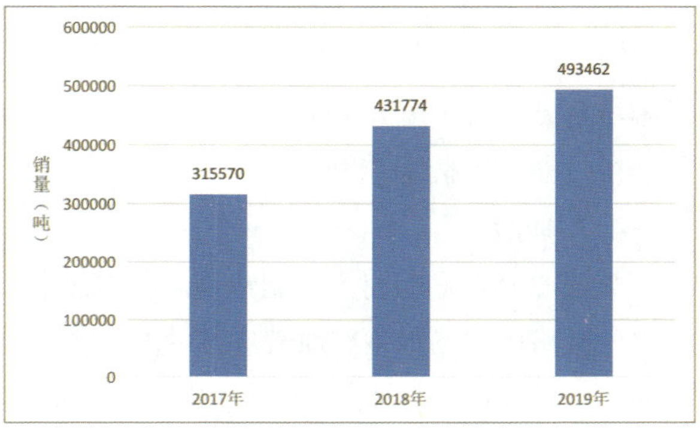

图5　近三年国内铝板基销量变化

方米以上）橡皮布制造企业有 5 家，规模以下（年产 10 万平方米以下）橡皮布制造企业有 8 家；总销量约为 140 万平方米；销售总额约为 4.75 亿元。

4. 纸张市场

据中国造纸协会统计数据，2014–2017 年，我国纸及纸板产量整体呈震荡上行趋势，增速保持在低位运行，规模以上造纸企业主营业务收入稳步提升。2017 年，我国纸及纸板生产量首次突破 11000 万吨，创历史新高。2018 年，随着我国造纸行业落后产能淘汰工作的持续深入以及受原材料价格波动影响，我国规模以上造纸企业主营业务收入有所下滑；2019 年，我国纸及纸板生产量有所回升，累计产量为 10765 万吨，同比增长 3.16%；消费量为 10704 万吨，较上年增长 2.54%；人均年消费量为 75 千克；全国规模以上造纸企业主营业务收入为 7650 亿元。

我国纸及纸板生产主要集中在广东、山东、浙江以及江苏等沿海省份。据中国造纸协会统计数据，2019 年，广东省纸及纸板生产量为 1864 万吨，占全国总产量的 17.31%，排名第一；山东和浙江紧随其后，纸及纸板生产量分别为 1830 万吨和 1429 万吨，占全国总产量的比重分别为 16.99% 和 13.27%。

5. 印刷油墨市场

近几年，在国家经济稳步发展的背景下，中国油墨工业生产经营情况总体平稳，在环保投入增加，原材料价格普遍上涨，下游需求乏力等情况下，油墨工业始终以满足下游市场的需求为宗旨稳步发展。

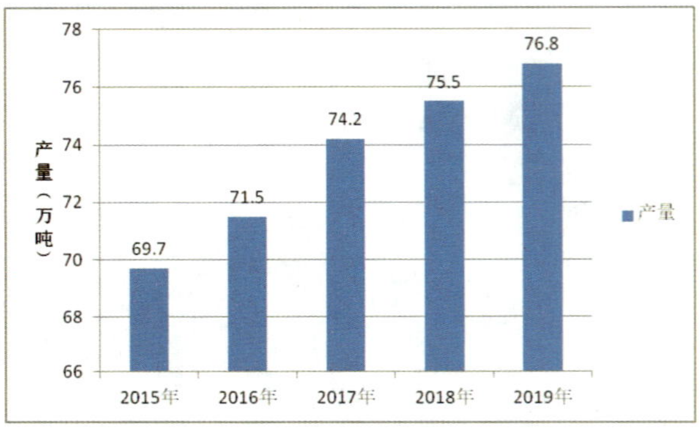

图 6　近五年油墨产量变化

汇总中国日化协会油墨分会提供信息，2019 年，全国油墨大类产品产量约为 76.8 万吨，较 2018 年上升了 1.72%；工业总产值（现价）约为 176 亿元，较 2018 年上升了 1.73%；产品销售收入约为 183 亿元，较 2018 年上升了 0.7%；国内市场油墨消耗量约为 74 万吨，与 2018 年基本持平；利润总额约为 9.1 亿元，较 2018 年增长 8.33%。其中，UV 油墨、柔性版印刷油墨增幅较高，这也代表了我国印刷业绿色发展的趋势。

二、正视问题，寻找解决方案

经多年发展，我国印刷器材行业已取得了前所未有的成绩，但是我们也要清醒地看到，未来发展的道路依然会曲折艰辛，特别是经历了黄金发展期后，行业已进入产能相对过剩，产业转型、技术升级、经济增长方式发生重大变化，增速放缓等多重因素影响的关键时期。为此，要正视行业现状，勇于创新开拓，推动行业继续发展壮大。

1. 胶印版材

随着全球胶印版材生产制造格局向中国本土倾斜的调整，我国胶印版材生产能力将会继续增加，这将导致国内市场竞争更加激烈，主流品牌性能差异化不再明显，行业链条利润空间缩小。同时受数字网络化和环保需求的影响，胶印版材未来发展方向是数字化和绿色环保；产品技术则向高精度、免处理、耐 UV 油墨、个性化需求发展。

就目前发展态势来看，我国胶印版材制造业主要存在两个主要问题：①行业竞争激烈、无序，低端版材不注重品质，污染严重，低价竞争，损害中国品牌形象，减缓了产能转移进程；②技术壁垒严重，多数先进工艺技术掌握在欧美日等国际大公司手中，对国产品牌的发展不利。

针对行业发展趋势及上述问题，笔者有以下建议。①行业协会及龙头企业应做好引导、引领，甚至规范作用，同时进行行业整合，尽可能淘汰低端低价产能；②行业企业应向大中型化、品牌化聚焦发展；③产品方面，要顺应全球绿色印刷发展大趋势，加大研发投入力度，加快技术进步、设备装备更新，重点研发环保印版产品。生产方面，优化全球印版生产供应链，中国生产基地要承担更多生产任务。市场方面，倡导价值销售理念，以产品和服务为重点，关注于产品为客户带来价值。资源方面，加强人才培养与引进，加强企业与企业间的技术合作、交流，缩短国内企业与欧美同行间的技术与装备差距。关注全方位产品概念，促进企业全面发展；④积极开拓海外市场，加快抢占国际市场的速度，让更多的中国制造、中国品牌走向世界。

2. 印刷橡皮布

国内印刷橡皮布经过了盲目放量及为了消化产能而进行恶意价格竞争的时代，在目前环保政策的引导下，已经逐步实施绿色化生产管控。就相关生产企业而言，应着重考虑以下两点。①如何降低废气（VOCs）的排放量、提高材料的利用率，以提升生产环境的绿色化，有效降低生产成本，提高产品的竞争力；②配合国家“绿色印刷”要求，积极改进和开发不同性能、满足不同要求的 UV 橡皮布，以满足市场对环保 UV 油墨印刷的使用要求。

江苏康普印刷科技有限公司经多年技术攻关，实现了压延生产工艺在高档印刷橡皮布生产应用中的突破，彻底颠覆了印刷橡皮布诞生 100 多年来一直沿用的制浆涂布工艺，摆脱了安全、环保问题带给印刷橡皮布制造行业的困扰。

3. 印刷油墨

受环保因素影响，印刷市场减产或选择性生产及关停现象屡见不鲜，导致印刷市场整体需求不旺。油墨行业受产能过剩，行业竞争等多方面影响，油墨成品的价格很难上调，以及环保成本大幅增加等因素，进一步压缩了油墨企业的利润空间。很多油墨企业开始从内部找原因，以达到降本增效的目的，在外部最大化地采用向客户提供定制服务优质服务和增值服务等策略，以维系原有的利润空间，可以说，油墨行业进入了深度调整期，从粗放的劳动密集型产业向精细化自动化技术含量高优质服务的产业方向转型发展。

三、印刷器材未来发展趋势

1. 胶印版材

统计数据显示，胶印版材已经从最初的成长期发展到了成熟期，预计此状态再维持 5-8 年时间，将会逐渐走向衰退期；PS 版材目前已经处于衰退期，市场占有量将会进一步下降，预计再过 5-10 年时间，将会基本消亡；CTP 版材中，热敏 CTP 版材在相当长一段时间内将依然是胶印版材的主流，但随着免处理 CTP 版材技术的不断发展完善，预计未来 3-5 年其市场占有量将会下滑，8-10 年内有可能被免处理 CTP 版材完全取代。CTcP 版材在未来一段时间内销量仍会居高不下，但随着环保要求的日益严格，其上游产品供应受限，销量会陡然下滑。紫激光 CTP 版材市场占有量本身不大，而且目前已处于下降趋势，并且有被热敏 CTP 版材取代其报业印刷地位的苗头，未来将会继续呈下滑趋势。拉大与行业产品的品质差距，向聚焦物耗、能效、人均产值、成品率为指标的精益化生产提升，是胶印版材制造企业应对行业挑战、实现长远发展的基本对策和手段。

预计未来 5 年，随着印刷品业务载体和订单的变革，我国“印刷和记录媒介复制业”发展的基本趋势是稳中有降；基于胶版印刷的特点特性，特别是胶印危废排放已经被分类区别，环保形势下未来占比发展前景趋好，胶印在国内印刷技术所占份额将会稳中有小幅微升；新型数字印刷技术将迎来发展的最好机遇；柔印技术的发展速度将趋缓。一些不确定因素对社会经济运行的改变，也会带来不可预估的变化，比如，庚子春节伊始蔓延的疫情，已经开始改变我们的物流与购买方式，未来如何变革，仍然不能判断。

汇总相关信息分析，“十四五”期间，以“绿色节能、高速高效、双涂功能”为发展标志的我国胶印版材制造业生产能力将达到 5.5 亿 ~6 亿平方米 / 年，产量将达到 5 亿 ~5.5 亿平方米 / 年，国内市场量将达到 2.0 亿 ~2.5 亿平方米 / 年；出口量将达到 2.5 亿 ~3 亿平方米 / 年。

2. 印刷橡皮布

随着印刷技术的发展与变化，“绿色、创新”是印刷橡皮布未来的发展方向，绿色是主题，创新是推力。绿色，指实现“0+0”无溶剂绿色印刷橡皮布制造，第一个“0”指橡皮布生产过程中甲苯溶剂废气“0”排放；第二个“0”指橡皮布内甲苯溶剂残余“0”含量和“邻苯六项”增塑剂“0”含量。创新，指高精度和实用性，高精度表现在满足 1.5 万印 / 小时要求，实用性表现在易清洗，满足多批量、少印量的印刷生产特点，减薄量小，耐用性好，赶超国际品牌质量。

3. 造纸业

国内造纸行业在成本端价格压力下、淘汰落后产能的政策下，行业集中度进一步提高，会进一步优化行业盈利空间。且随着商品的日益丰富，电商的高速发展，进口外废的取消及行业继续洗牌，出口形势的复苏转好，造纸行业会逐步形成与国外造纸行业供需平衡状态一致的稳定发展态势。

4. 印刷油墨

全国油墨行业未来仍将继续满足印刷业的需求，保持稳步的发展态势。由于整体经济仍面临诸多不确定因素，比较艰难的环境仍将继续。油墨行业产品结构进入深度调整期，随着人们环保意识的提升，以及国家环保政策的相继出台，水性油墨、UV 油墨等环保程度高的油墨将成为油墨行业的主要增长点。并且随着数字印刷能够快捷、个性化服务等优点逐步显现，以及喷印设备的快速增长，数字印刷在未来五年将成为油墨市场份额增长最快的部分。同时，包装印刷行业也将继续推进油墨行业发展。

四、疫情当下的中国印刷器材行业

今年是“十三五”收官之年和“十四五”规划之始，面对未来发展，行业企业踌躇满志。新年之际新冠疫情全球性的突发和肆虐，防疫防控的封国封城，全社会全行业都不可避免地受到冲击和影响，上述影响主要体现在以下几个方面：国内外订单锐减、市场整体需求下降、原材料运输受阻、供应链受到冲击、用工紧张、安全生产受制、传统营销模式遭遇挑战、现金流的巨大压力等等。

受疫情影响，德鲁巴印刷展已宣布延期近一年，且海德堡、曼罗兰平张、小森等全球领先印刷设备制造商均已宣布退出延期后的2021德鲁巴展会，这意味着行业面临严峻形势的长期性。

疫情当下，我国印刷器材行业企业几乎40%的业务受到冲击影响，企业面临生存大考。为此行业积极响应政府抗击疫情、复工复产的号召，积极筹划应对举措，挖掘企业内部潜力，调整管理架构，优化资源配置，保守在成本，激进在创新，以精益化生产做好企业经营工作，全力投入生存与发展的工作中。

不少企业在统筹全局规划，落实具体措施中，一是做好防疫工作，在保证员工身心健康的前提下，有效复工复产；二是关注市场变化，适时调整产品策略，发挥技术引领的优势，扩大引领性产品的市场份额，主动促进行业的高质量发展和健康良性发展；三是区分轻重缓急，保证优质资产发挥效益，努力练好内功，提升服务印刷行业的水平，拓展系统服务的内涵，确保企业的经营不断向好。

一往无前虎山行，拨开云雾见光明。我们相信，在以习近平同志为核心的党中央坚强领导下，在行业所有同仁的共同奋斗下，一定会形成应对困难、推动行业发展的巨大合力，凝聚起战胜疫情、促进企业开拓创新的强大力量，推动我国印刷器材行业继续前行，最终赢得破局发展的新胜利！■

2015–2019 年国内印刷装备器材进出口统计数据分析报告

中国印刷及设备器材工业协会　张建民

从2011年开始，国内印刷装备器材进出口曾经历了5年的连续下降，从55亿美元跌至44亿美元（2016年）的低谷。从2017年开始恢复性增长，至2019年已达到56亿美元。而这种增长态势仅维持了3年，就因新冠肺炎疫情的全球扩散而终止。2015–2019年处于国内印刷装备器材进出口上轮变化周期的后半期。这期间，国内印刷装备器材出口开始超过进口，且两者之间的差距幅度随着时间的推移在不断扩大；同时，国内印刷装备器材进出口的规模和结构也在悄然发生改变。

需要提前说明的是，本文对印刷装备器材进出口商品的分类涉及的相关税号是基于2018年底的调整方案。其中，数字印刷设备、印后设备及辅机零件商品类进出口数据与方案调整之前的数据口径有异。

一、2015–2019 年国内印刷装备器材进出口概述

表1　国内印刷装备器材进出口统计汇总表　（单位：亿美元）

商品分类	2015 年	2016 年	2017 年	2018 年	2019 年	5 年合计值	年平均值	年平均增长率
印刷装备器材进出口总值	46.51	44.13	49.41	54.44	56.59	251.09	50.22	5.0%
印刷装备器材进口值	21.87	19.73	22.93	25.27	24.18	113.98	22.80	2.5%
印刷装备	17.97	15.53	18.44	20.47	19.71	92.11	18.42	2.3%
印刷器材	3.90	4.21	4.49	4.80	4.47	21.87	4.37	3.5%
印刷装备器材出口值	24.65	24.40	26.49	29.17	32.41	137.11	27.42	7.1%
印刷装备	17.53	17.75	19.23	21.83	24.59	100.94	20.19	8.8%
印刷器材	7.12	6.65	7.25	7.33	7.82	36.17	7.23	2.4%
进出口差额	2.78	4.67	3.56	3.90	8.23	23.13	4.63	31.2%

2015–2019年国内印刷装备器材进出口在短暂下降（2016年）后，开始连续3年的恢复性增长。其间，国内印刷装备器材进出口总值由46.51亿美元提升到56.59亿美元，增长幅度达21.7%，年平均增长率5.0%。5年进出口合计251.09亿美元，年平均进出口50.22亿美元（见表1）。由于国内印刷装备器材出口增长强劲，国内出口与进口的差额幅度由期初的2.78亿美元扩大到期末的8.23亿美元（5年增长

近 2 倍）。其不仅弥补了 2019 年进口下降对各年进出口总值的影响，保证了进出口总值的平稳增长，也增强了出口对国内印刷装备器材进出口的拉动作用。2015 年进口和出口在国内印刷装备器材进出口总值的比重为 47% 对 53%，而 2019 年这一比例对比改变为进口 43% 对出口 57%。5 年间，出口在国内印刷装备器材进出口总值的比重提高了 4 个百分点。

二、国内印刷装备器材进口商品的规模与结构

2015–2019 年国内印刷装备器材进口总值由 21.87 亿美元提高到 24.18 亿美元，年平均增长率 2.5%。5 年进口合计达 113.98 亿美元，年进口平均总值为 22.80 亿美元（见表 2）。同期，印刷装备和印刷器材进口占国内印刷装备器材进口总值的百分比（82% 对 18%）保持稳定。

2015–2019 年国内印刷装备进口由 17.97 亿美元提高到 19.71 亿美元，年平均增长率 2.3%。其间，尽管印前设备、印刷设备和印后设备进口有涨有跌，三者占印刷装备进口值的百分比基本维持稳定。2019 年印刷装备进口 19.71 亿美元。其中，印前设备 0.61 亿美元、印刷设备 17.41 亿美元、印后设备 1.69 亿美元。三者占印刷装备进口值的百分比，分别为 3%、88% 和 9%。印刷设备是国内印刷装备进口贸易的主要组成部分。

表 2　国内印刷装备器材进口统计汇总表　（单位：亿美元）

商品分类	2015 年	2016 年	2017 年	2018 年	2019 年	5 年合计值	年平均值	年平均增长率
1. 印刷装备进口	17.97	15.53	18.44	20.47	19.71	92.11	18.42	2.3%
1.1 印前设备	0.60	0.48	0.77	0.59	0.61	3.05	0.61	0.6%
1.2 印刷设备	15.62	13.31	15.79	17.60	17.41	79.72	15.94	2.8%
1.3 印后设备	1.75	1.73	1.88	2.28	1.69	9.33	1.87	–0.9%
2. 印刷器材进口	3.90	4.21	4.49	4.80	4.47	21.87	4.37	3.5%
2.1 印刷油墨	2.84	2.81	3.14	3.16	2.88	14.83	2.97	0.4%
2.2 喷墨墨水	0.57	0.86	1.02	1.27	1.21	4.92	0.98	20.7%
2.3 胶印版材	0.08	0.04	0.04	0.05	0.06	0.27	0.05	–4.4%
2.4 柔印版材	0.41	0.49	0.29	0.33	0.32	1.84	0.37	–6.3%
进口总值	21.87	19.73	22.93	25.27	24.18	113.98	22.80	2.5%

2015–2019 年印刷器材进口值由 3.90 亿美元提高到 4.47 亿美元，年平均增长率 3.5%。由于水性喷墨墨水的快速增长和胶印版材、柔印版材的相对萎缩，其结构变化很大。2019 年国内印刷器材进口值包括印刷油墨进口 2.88 亿美元、水性喷墨墨水进口 1.21 亿美元、胶印版材进口 0.06 亿美元、柔印版材进口 0.32 亿美元，四类商品占同期印刷器材进口值的比重分别为 65%、27%、1% 和 7%。作为对比，2015 年四类商品对应的百分比为，73%、15%、2%、11%。印刷油墨在国内印刷器材进口中的比重有所下降，水性喷墨墨水的比重在大幅提升。

（一）印前设备进口

2015–2019 年国内印前设备进口基本保持稳定，其进口值由 5976 万美元略微增加到 6125 万美元，年平均增长率 0.6%。5 年共进口 3.05 亿美元，年进口平均值 6046 万美元。其间，计算机直接制版机进

口合计 1.16 亿美元、制成印版 / 滚筒进口合计 1.18 亿美元，两者占印前设备进口合计总额的 77%。

2015–2019 年国内共进口计算机直接制版机 1517 台，但年进口数量不断下降。与 2015 年相比，2019 年计算机直接制版机进口数量下降了 25%（由 374 台下降到 279 台）。计算机直接制版机的主要进口来源国是德国、日本、加拿大、比利时。

表 3　国内印前设备主要商品进口统计汇总表　（单位：万美元）

税号	商品名称	2015 年	2016 年	2017 年	2018 年	2019 年	五年合计值	年平均值
84423010	铸字机	2581	1781	3193	2109	1919	11582	2316
84423021	计算机直接制版机	626	178	1,537	643	390	3,374	675
84423029	其他制版设备及器具	77	19	63	53	373	585	117
84423090	税号 8442 使用的辅助设备及器具	728	649	627	496	393	2,894	579
84424000	制版设备、辅助设备及器具的零件	1957	2203	2129	2587	2921	11797	2359
84425000	制成的印版、印刷滚筒等	5976	4831	7682	5887	6125	30502	6046
印前设备进口值		11946	9662	15231	11774	12121	60734	12093

（二）印刷设备进口

2015–2019 年国内印刷装备进口值由 15.62 亿美元提高到 17.41 亿美元，年平均增长率为 2.8%。相关 8 个细分子项，进口值增长和下降的各占一半。胶印机 4.0%、丝印机 5.3%、未列名印刷机 8.0%、辅机和零件 9.8%，凸印机为 –27.2%、凹印机为 –17.1%、柔印机为 –6.8%、数字印刷机为 –6.6%。

表 4　国内印刷装备进口统计汇总表　（单位：万美元）

商品名称	2015 年	2016 年	2017 年	2018 年	2019 年	五年合计值	年平均值	年平均增长率
胶印机	63428	41405	54159	73202	74264	306457	61291	4.0%
凸印机	716	594	1325	596	201	3433	687	–27.2%
凹印机	2672	1649	1732	1895	1259	9207	1841	–17.1%
柔印机	3648	4688	4168	3592	2752	18848	3770	–6.8%
丝印机	7048	5395	7243	6089	8671	34447	6889	5.3%
未列名印刷机	2162	1838	1906	1586	2944	10435	2087	8.0%
数字印刷机	39310	35498	35145	34310	29954	174217	34843	–6.6%
辅机和零件	37216	42007	52174	54717	54083	240197	48039	9.8%
印刷装备进口值	156199	133073	157852	175988	174127	797240	159448	2.8%

同期，国内印刷设备进口合计达 79.72 亿美元。其中，胶印机进口合计 30.65 亿美元（5554 台）、凸印机进口合计 3433 万美元（355 台）、凹印机进口合计 9207 万美元（278 台）、柔印机进口合计 1.88 亿美元（305 台）、丝印机进口合计 3.44 亿美元（3306 台）、未列名印刷机进口合计 1.04 亿美元（2912 台）、数字印刷机进口合计 17.42 亿美元（156 万台）、辅机和零件进口合计 24.02 亿美元。胶印机、凹印机、柔印机、丝印机、数字印刷机、辅机和零件占印刷设备进口合计的百分比分别为 38%、1%、2%、4%、22%、30%（见表 4）。

1. 胶印机进口

2015–2019 年国内胶印机年进口值由 6.34 亿美元增长到 7.43 亿美元，年平均增长率 4.0%。除未列名胶印机外，其涉及的 6 种胶印机的进口值均有不同幅度的增长。主要类型胶印机进口值年平均增长率为：卷筒胶印机 2.1%，平张四色胶印机 4.5%，其他平张（四色以上）胶印机 5.9%。

同期，国内进口各类胶印机达 30.65 亿美元（5554 台）。其中，卷筒胶印机进口合计 8699 万美元（302 台）、平张单色胶印机进口合计 307 万美元（396 台）、平张双色胶印机进口合计 2787 万美元（270 台）、平张四色胶印机进口合计 7.21 亿美元（1546 台）、其他平张（四色以上）胶印机进口合计 20.59 亿美元（2577 台）、未列名胶印机进口合计 1.67 亿美元（431 台）。

表 5　国内胶印机进口统计汇总表　（单位：万美元）

税号	商品名称	2015 年	2016 年	2017 年	2018 年	2019 年	5 年合计值	年平均值
84431100	卷筒进料式胶印机	2480	1642	1125	758	2695	8699	1740
84431200	办公用片取进料式胶印机	0	1	0	3	2	7	1
84431311	平张纸进料式单色胶印机	20	71	28	79	109	307	61
84431312	平张纸进料式双色胶印机	379	486	493	772	657	2,787	557
84431313	平张纸进料式四色胶印机	15474	8600	11923	17676	18462	72135	14427
84431319	其他平张纸进料式胶印机	40103	26809	37148	51282	50513	205856	41171
84431390	未列名胶印机	4970	3796	3441	2633	1826	16666	3333
胶印机进口值		63428	41405	54159	73202	74264	306457	61291

2. 数字印刷机进口

2015–2019 年国内各类数字印刷设备年进口值呈下降态势，年进口值由 3.93 亿美元下降到 3.00 亿美元，年平均增长率 –6.6%。涉及的 6 类型数字印刷机的进口值年平均增长率分别为，喷墨印刷机（可连接）–10.3%，静电照相印刷机（可连接）5.1%、其他数字印刷设备（可连接）–12.3%、喷墨印刷机 –6.2%，静电照相印刷机 –33.5%、其他数字印刷设备 3.1%。

其间，国内共进口各类数字印刷设备 17.42 亿美元（156 万台）。其中，各类喷墨印刷机进口合计 11.88 亿美元（79.4 万台）、各类静电照相印刷机年进口合计 4.22 亿美元（24.1 万台）、各类其他数字印刷设备年进口合计 1.32 亿美元（52.3 万台）。

表 6　国内数字印刷设备进口统计汇总表　（单位：万美元）

税号	商品名称	2015 年	2016 年	2017 年	2018 年	2019 年	5 年合计值	年平均值
84433221	数字喷墨印刷机，可连接	28000	22861	23508	23631	18151	116150	23230
84433222	数字静电照相印刷机，可连接	7922	8016	8504	7797	9657	41896	8379
84433229	其他数字印刷设备，可连接	2639	3706	2377	1535	1562	11818	2364
84433931	数字喷墨印刷机	430	588	417	906	333	2,674	535
84433932	数字静电照相印刷机	117	55	28	83	23	306	61
84433939	其他数字印刷设备	202	272	310	359	228	1,372	274
数字印刷设备进口值		39310	35498	35145	34310	29954	174217	34843

由于数字印刷设备类型繁多、用途广泛，依靠海关目前的6个相关税目很难将用于印刷行业的数字印刷设备区别开来。进口数据表明，目前国内数字印刷机的主要应用领域已经远远超出了我们所熟悉的“印刷行业”。数字印刷技术、特别是喷墨印刷技术的发展远远突破了传统意义上的“印刷机”的概念。

3. 其他印刷机进口

2015–2019年国内其他印刷机的进口值呈缓慢下降态势，其进口值由1.62亿美元下降到1.58亿美元，年平均增长率为 –0.7%（见表7）。其间，其涵盖的8个类型的印刷机中，进口值下降的有5种（卷筒凸版印刷机 –11.9%、非卷筒凸版印刷机 –56.3%、柔版印刷机 –6.8%、凹版印刷机 –17.1%、平网印刷机 –8.7%）；而进口值增长的印刷机有圆网印刷机9.7%、其他网式印刷机43.2%、未列明印刷机8.0%。

表7　国内其他印刷机进口统计汇总表　（单位：万美元）

税号	商品名称	2015年	2016年	2017年	2018年	2019年	5年合计值	年平均值
84431400	卷筒进料凸版印刷机	309	270	689	324	186	1,779	356
84431500	非卷筒进料的凸版印刷机	407	324	636	272	15	1,654	331
84431600	柔版印刷机	3648	4688	4168	3592	2752	18848	3770
84431700	凹版印刷机	2672	1649	1732	1895	1259	9207	1841
84431921	圆网印刷机	821	742	1249	406	1189	4407	881
84431922	平网印刷机	5330	3502	4977	5232	3709	22750	4550
84431929	其他网式印刷机	897	1151	1018	451	3773	7290	1458
84431980	未列名印刷机	2162	1838	1906	1586	2944	10435	2087
其他印刷机进口值		16246	14164	16375	13758	15826	76369	15274

同期，国内共进口其他印刷机达7.64亿美元。其中，柔印机进口1.88亿美元、凹印机进口0.92亿美元、平网印刷机进口2.28亿美元、其他网式印刷机进口0.73亿美元、未列名印刷机进口1.04亿美元。从进口数量看，五年国内进口其他印刷机总量为7156台。其中，柔版印刷机305台、凹版印刷机278台、平网印刷机2482台、其他网式印刷机710台、未列名印刷机2912台。

4. 印刷辅机和零件进口

2015–2019年国内印刷及印刷辅机零件进口合计由3.72亿美元增长到5.41亿美元，年平均增长率9.8%。5年进口总值达24.02亿美元，年平均进口值4.80亿美元（见表8）。

按印刷方式划分，辅机和零件可细分为传统印刷使用的辅机和零件（卷筒料给料机、印刷辅助设备、印刷及印刷辅助设备零件）和数字印刷使用的辅机和零件（数字印刷辅助设备、数字印刷设备及辅助设备零件）两类。

2015–2019年国内传统印刷使用的印刷辅机和零件进口由6749万美元提升到9180万美元，年平均增长率8.0%。其进口主要来源国是德国、日本、意大利、瑞士和荷兰；同期，数字印刷使用的辅机和零件进口由3.05亿美元增长到4.49亿美元，年平均增长率10.2%。其进口主要来源国是日本、美国、新加坡、马来西亚。

2015-2019 年国内共进口传统印刷使用的辅机和零件 3.79 亿美元、进口数字印刷使用的辅机和零件 20.23 亿美元，两者占全部印刷辅机和零件进口值合计的百分比分别为 16% 和 84%。

表 8　国内印刷辅机和零件进口统计汇总表　（单位：万美元）

税号	商品名称	2015 年	2016 年	2017 年	2018 年	2019 年	5 年合计值	年平均值
84439111	卷筒料给料机	89	275	45	57	117	582	116
84439119	印刷辅助设备	1002	622	1031	868	802	4326	865
84439190	印刷及印刷辅助设备零件	5657	5440	6326	7304	8261	32989	6598
84439910	数字印刷辅助设备	446	1013	994	786	755	3994	799
84439929	数字印刷设备及辅助设备零件	30022	34657	43778	45702	44148	198306	39661
辅机和零件进口值		37216	42007	52174	54717	54083	240197	48039

（三）印后设备进口

印后设备(按照生产用途)可以划分为三类，书刊印后设备(锁线装订机、胶订机、其他书本装订设备)、包装印后设备（制包、制袋或信封设备，其他制造箱、盒、管、桶或类似容器的机器）和通用印后设备（切纸机）。

2015-2019 年国内印后设备年进口值由 1.75 亿美元下降到 1.69 亿美元，年平均下降速度为 0.9%（参见表 9）。其中，书刊印后设备进口由 4669 万美元增长到 7022 万美元，年平均增长率为 10.7%；包装印后设备进口由 3754 万美元提升到 4418 万美元，年平均增长率为 4.2%；通用印后设备进口由 6637 万美元下降到 3498 万美元，年平均下降速度为 14.8%。5 年间国内进口印后设备合计 9.33 亿美元，书刊、包装、通用三类印后设备占印后设备进口合计值的比重分别为 33%、24%、31%。

2015-2019 年国内进口锁线装订机 3833 万美元（726 台），胶订机 9401 万美元（1133 台），其他书本装订设备 1.75 亿美元（17232 台），制袋类设备 8631 万美元（227 台），制盒类设备 1.42 亿美元（540 台），切纸机 2.86 亿美元（45582 台）。

表 9　国内印后设备主要商品进口统计汇总表　（单位：万美元）

税号	商品名称	2015 年	2016 年	2017 年	2018 年	2019 年	5 年合计值	年平均值
84401010	锁线装订机	666	564	908	819	875	3,833	767
84401020	胶订机	1596	1558	1905	2607	1734	9401	1880
84401090	其他书本装订设备	2407	2530	3586	4590	4413	17526	3505
84409000	书本装订设备零件	341	292	392	456	384	1866	373
84411000	切纸机	6637	5530	5494	7458	3498	28617	5723
84412000	制包、制袋或信封设备	1500	2781	2261	500	1589	8631	1726
84413090	其他制造箱、盒、管、桶或类似容器的机器	2254	2547	2600	3949	2829	14180	2836
84419010	切纸机零件	2120	1543	1676	2402	1554	9295	1859
印后设备进口值		17521	17346	18823	22783	16876	93349	18670

（四）印刷器材进口

2015–2019 年国内印刷器材进口由 3.90 亿美元提升到 4.47 亿美元，年平均增长率 3.5%。其间，印刷器材各商品类的进口年平均增长率有升有降。黑色印刷油墨年平均增长率 7.4%；其他印刷油墨年平均增长率 –1.0%，水性喷墨墨水年平均增长率 20.7%，PS 版年平均增长率 –14.6%；CTP 版年平均增长率 –2.7%，柔性印刷版年平均增长率 –6.3%。

表 10　国内印刷器材主要商品进口统计汇总表　（单位：万美元）

税号	商品名称	2015 年	2016 年	2017 年	2018 年	2019 年	五年合计值	年平均值
32151100	黑色印刷油墨	4286	4611	5509	6571	5693	26671	5334
32151900	其他印刷油墨	24094	23506	25910	25037	23100	121647	24329
32159020	水性喷墨墨水	5691	8602	10201	12651	12089	49234	9847
37013022	PS 版，任一边 > 276 毫米	126	93	41	54	67	380	76
37013024	未曝光 CTP 版，任一边 > 255 毫米	633	350	342	454	567	2,346	469
37013025	柔性印刷版，任何一边超过 255 毫米	4144	4892	2904	3267	3193	18400	3680
印刷器材进口值		38974	42055	44907	48035	44709	218679	43736

5 年间，国内共进口印刷器材 21.87 亿美元，年平均进口值 4.37 亿美元。其中，黑色印刷油墨进口 2.67 亿美元（1.15 万吨），其他印刷油墨进口 12.16 亿美元（7.26 万吨），水性喷墨墨水进口 4.92 亿美元（2.40 万吨），PS 版进口 380 万美元（3.72 万平方米），CTP 版进口 2346 万美元（161.61 万平方米），柔性印刷版进口 1.84 亿美元（465.91 万平方米）。按进口金额排序，其他印刷油墨主要进口原产地是日本；水性喷墨墨水主要进口原产地是日本、美国、印度尼西亚和马来西亚；柔性印刷版的主要进口原产地是美国、德国、日本。

三、国内印刷装备器材出口商品的规模与结构

2015–2019 年国内印刷装备器材出口由 24.65 亿美元提高到 32.41 亿美元，年平均增长率 7.1%（见表 11）。5 年间，国内共出口印刷装备器材 137.11 亿美元。其中，印刷装备出口合计 100.94 亿美元、印刷器材出口 36.17 亿美元。印刷装备、印刷器材占国内印刷装备器材出口合计的百分比分别为 74% 和 26%。

表 11　国内印刷装备器材出口统计汇总表（亿美元）　（单位：亿美元）

商品分类	2015 年	2016 年	2017 年	2018 年	2019 年	5 年合计值	年平均值	年平均增长率
1. 印刷装备出口	17.53	17.75	19.23	21.83	24.59	100.94	20.19	8.8%
1.1 印前设备	1.48	1.58	1.78	1.72	1.53	8.09	1.62	0.9%
1.2 印刷设备	11.80	11.51	12.07	13.44	14.60	63.42	12.68	5.5%
1.3 印后设备	4.25	4.66	5.37	6.68	8.46	29.43	5.89	18.8%
2. 印刷器材出口	7.12	6.65	7.25	7.33	7.82	36.17	7.23	2.4%
2.1 印刷油墨	1.48	1.15	1.17	1.11	1.06	5.98	1.20	–8.0%
2.2 喷墨墨水	0.46	0.70	1.30	0.91	1.16	4.53	0.91	26.0%
2.3 胶印版材	5.10	4.67	4.58	5.16	5.38	24.89	4.98	1.4%
2.4 柔印版材	0.07	0.12	0.21	0.16	0.21	0.77	0.15	30.6%
出口总值	24.65	24.40	26.49	29.17	32.41	137.11	27.42	7.1%

2015–2019 年国内印刷装备出口的年平均增长率为 8.8%。其中，印后设备出口快速增长（年平均增长率 18.8%）是该时期国内印刷装备出口的一个亮点。同期，印前设备出口合计 8.09 亿美元、印刷设备出口合计 63.42 亿美元、印后设备出口合计 29.43 亿美元。三者占国内印刷装备出口合计的百分比分别为 8%、63% 和 29%。印刷设备和印后设备是国内印刷装备出口的双引擎。

2015–2019 年国内印刷器材出口的年平均增长率为 2.4%。其中，水性喷墨墨水、柔印版材出口快速增长；胶印版材出口保持稳定；印刷油墨出口相对萎缩。同期出口合计，印刷油墨 5.98 亿美元，水性喷墨墨水 4.53 亿美元，胶印版材 24.89 亿美元，柔印版材 0.77 亿美元。四者占国内印刷器材出口合计的百分比分别为 17%、13%、68%、2%。胶印版材是国内印刷器材出口的主力。

（一）印前设备出口

2015–2019 年国内印前设备年出口由 1.48 亿美元增长到 1.53 亿美元，年平均增长率 0.9%。其间，国内计算机直接制版机出口下降了 28.0%，年平均下降速度达 7.9%；制成印版 / 滚筒及其他印刷部件出口增长 45.8%，年平均增长率 9.9%。

表 12　国内印前设备主要商品出口统计汇总表　（单位：万美元）

税号	商品名称	2015 年	2016 年	2017 年	2018 年	2019 年	五年合计值	年平均值
84423010	铸字机	7780	7892	7289	7086	5599	35646	7,129
84423021	计算机直接制版机	779	738	876	1148	1038	4579	916
84423029	其他制版设备及器具	132	158	164	149	195	798	160
84423090	税号 8442 使用的辅助设备及器具	622	1,480	1,118	633	535	4,387	877
84424000	制版设备、辅助设备及器具的零件	5397	5546	8319	8091	7869	35221	7044
84425000	制成的印版、印刷滚筒等	14752	15837	17827	17151	15319	80886	16126
印前设备出口值		29461	31650	35594	34258	30554	161518	32253

同期，国内共出口印前设备 8.09 亿美元。其中，计算机直接制版机出口合计 3.56 亿美元，制成印版 / 滚筒等出口合计 3.52 亿美元。两者是印前设备中出口最多的商品，占国内印前设备出口总额的 88%。5 年国内共出口计算机直接制版机总数达 1517 台，覆盖近 80 个国家 / 地区。按照出口数量排序，计算机直接制版机出口目的地前 5 个国家为日本、比利时、印度、美国、韩国。

（二）印刷设备出口

2015–2019 年国内印刷设备出口由 11.80 亿美元增长到 14.60 亿美元，年平均增长率 5.5%。5 年间国内共出口印刷设备 12.68 亿美元（见表 13）。其中，胶印机出口合计 8644 万美元（2.62 万台），凸印机出口合计 4614 万美元（1.08 万台），凹印机出口合计 5472 万美元（1.14 万台），柔印机出口合计 5230 万美元（7732 台），丝印机出口合计 7026 万美元（12.55 万台），未列名印刷机出口合计 7833 万美元（51 万台），数字印刷机出口合计 7.06 亿美元（274 万台），辅机和零件出口合计 1.74 亿美元。胶印机、凸印机、凹印机、柔印机、丝印机、未列名印刷机、数字印刷机、辅机和零件占印刷设备出口合计值的百分比分别为 7%、4%、4%、4%、6%、6%、56%、14%。

表 13　国内印刷装备出口统计汇总表　　（单位：万美元）

商品名称	2015 年	2016 年	2017 年	2018 年	2019 年	5 年合计值	年平均值	年平均增长率
胶印机	7117	6174	8250	10769	10910	8644	1729	11.3%
凸印机	4603	5076	4122	4590	4681	4614	923	0.4%
凹印机	5128	4734	6172	5882	5442	5472	1094	1.5%
柔印机	3020	4106	5568	6329	7128	5230	1046	23.9%
丝印机	6380	5425	6262	7993	9071	7026	1405	9.2%
未列名印刷机	9386	8105	5624	7532	8520	7833	1567	–2.4%
数字印刷机	66442	67054	67288	72099	80199	70616	14123	4.8%
辅机和零件	15952	14388	17460	19160	20032	17398	3480	5.9%
印刷装备出口值	118028	115061	120747	134356	145983	126835	25367	5.5%

同期，国内印刷装备涉及的相关 8 类印刷机的出口变动情况如下：增长率最高的是柔印机（23.9%），其次是胶印机（11.3%）、丝印机（9.2%）；下降的是未列名印刷机（–2.4%）。其他印刷机的出口年平均增长率参见表 13。

1. 胶印机出口

2015–2019 年国内胶印机年出口由 0.71 亿美元提高到 1.09 亿美元，年平均增长率 11.3%。其间，国内共出口各类胶印机达 4.32 亿美元（2.62 万台）。其中，卷筒胶印机出口合计 1.07 亿美元（1166 台），平张单色胶印机出口合计 844 万美元（2442 台），平张双色胶印机出口合计 1979 万美元（1558 台），平张四色胶印机出口合计 7817 万美元（2494 台），其他平张（四色以上）胶印机出口合计 1.76 亿美元（1214 台），未列名胶印机出口合计 4250 万美元（1.68 万台）。卷筒胶印机、平张四色胶印机、其他平张胶印机是胶印机出口值名列前茅的三项，其出口分别占胶印机出口合计的百分比为 25%、18%、41%。

表 14　国内胶印机出口统计汇总表　　（单位：万美元）

税号	商品名称	2015 年	2016 年	2017 年	2018 年	2019 年	5 年合计值	年平均值
84431100	卷筒进料式胶印机	2040	1434	2333	2744	2164	10715	2143
84431200	办公用片取进料式胶印机	3	1	0	4	2	11	2
84431311	平张纸进料式单色胶印机	283	122	154	155	130	844	169
84431312	平张纸进料式双色胶印机	260	240	217	579	683	1979	396
84431313	平张纸进料式四色胶印机	1255	1164	1528	2138	1732	7817	1563
84431319	其他平张纸进料式胶印机	2181	2587	3104	4390	5341	17604	3521
84431390	未列名胶印机	1096	625	914	758	858	4250	850
胶印机出口值		7117	6174	8250	10769	10910	43220	8644

同期，除办公小胶印机、平张单色胶印机、未列名胶印机外，其他种类的胶印机的出口值均有不同幅度的增长。出口值年平均增长率最高的是平张双色胶印机 27.4%，其次是其他平张（四色以上）胶印机 25.1%、平张四色胶印机 8.4%、卷筒胶印机 1.5%。

2. 数字印刷机出口

表 15　国内数字印刷设备出口统计汇总表　（单位：万美元）

税号	商品名称	2015 年	2016 年	2017 年	2018 年	2019 年	五年合计值	年平均值
84433221	数字喷墨印刷机，可连接	63245	64218	63377	66827	70565	328232	65646
84433222	数字静电照相印刷机，可连接	1032	539	753	2,203	6106	10633	2127
84433229	其他数字印刷设备，可连接	569	1135	1538	1547	2039	6828	1366
84433931	数字喷墨印刷机	1200	874	1192	1238	1151	5655	1131
84433932	数字静电照相印刷机	15	14	96	38	19	182	36
84433939	其他数字印刷设备	381	273	331	246	319	1,551	310
数字印刷设备出口值		66442	67054	67288	72099	80199	353082	70616

2015–2019 年国内年出口各类数字印刷设备由 6.64 亿美元增长到 8.02 亿美元，年平均增长率 4.8%。5 年里国内共出口各类数字印刷设备 35.31 亿美元（274 万台）。其中，各类喷墨印刷机出口合计 33.39 亿美元（206.7 万台），各类静电照相印刷机年出口合计 1.08 亿美元（23.1 万台），各类其他数字印刷设备年出口合计 0.84 亿美元（44.2 万台）。喷墨印刷机占数字印刷设备出口合计的比重达 95%。

同期，数字印刷设备涉及的 6 种数字印刷机的出口值年平均增长率为，喷墨印刷机（可连接）2.8%，静电照相印刷机（可连接）56.0%，其他数字印刷设备（可连接）37.6%，喷墨印刷机 –1.0%，静电照相印刷机 6.1%，其他数字印刷设备 –4.3%。

3. 其他印刷机出口

2015–2019 年国内其他印刷机年出口值由 2.85 亿美元增长到 3.48 亿美元，年平均增长率 5.1%。其间，国内共出口其他印刷机 15.09 亿美元（见表 16）。其中，卷筒凸印机出口 1.35 亿美元、柔版印刷机出口 2.62 亿美元，凹版印刷机出口 2.74 亿美元，平网印刷机出口 2.28 亿美元，未列名印刷机出口 3.92 亿美元。从出口数量看，同期国内其他印刷机出口总数量为 66.63 万台。其中，卷筒凸印机 8187 台，柔版印刷机 7732 台，凹版印刷机 1.14 万台，平网印刷机 8.42 万台，未列名印刷机 51.08 台。

表 16　国内其他印刷设备出口统计汇总表　（单位：万美元）

税号	商品名称	2015 年	2016 年	2017 年	2018 年	2019 年	五年合计值	年平均值
84431400	卷筒进料凸版印刷机	2805	2828	2146	2698	2988	13465	2693
84431500	非卷筒进料的凸版印刷机	1798	2248	1976	1892	1694	9607	1921
84431600	柔版印刷机	3020	4106	5568	6329	7128	26152	5230
84431700	凹版印刷机	5128	4734	6172	5882	5442	27358	5472
84431921	圆网印刷机	677	504	1001	1413	1159	4754	951
84431922	平网印刷机	4072	3870	4053	5093	5731	22819	4564
84431929	其他网式印刷机	1630	1051	1209	1488	2181	7559	1512
84431980	未列名印刷机	9386	8105	5624	7532	8520	39167	7833
其他印刷机出口值		28517	27446	27749	32327	34842	150881	30176

同期，8 种印刷机中，除非卷筒凸印机（–1.5%）及未列名印刷机（–2.4%）之外，其他类印刷机出口年平均增长率均处于不同程度的上升态势：卷筒凸印机 1.6%、柔印机 23.9%、凹版印刷机 1.5%、圆网印刷机 14.4%、平网印刷机 8.9%、其他网式印刷机 7.6%。

4. 印刷辅机和零件出口

2015–2019 年国内印刷辅机和零件年出口值由 1.60 亿美元提高到 2.00 亿美元，年平均增长率 5.9%。5 年里，国内出口印刷辅机和零件达 8.70 亿美元。传统印刷使用的辅机和零件、数字印刷使用的辅机和零件占印刷辅机和零件出口值合计的百分比分别为 34% 和 66%。

表 17　国内印刷辅机和零件出口统计汇总表　（单位：万美元）

税号	商品名称	2015 年	2016 年	2017 年	2018 年	2019 年	五年合计值	年平均值
84439111	卷筒料给料机	18	38	61	100	238	455	91
84439119	印刷辅助设备	2609	2534	2999	3492	3581	15217	3043
84439190	印刷及印刷辅助设备零件	2616	2149	2572	3078	3519	13934	2787
84439910	数字印刷辅助设备	198	293	895	712	733	2830	566
84439929	数字印刷设备及辅助设备零件	10511	9374	10933	11778	11961	54557	10911
辅机和零件出口值		15952	14388	17460	19160	20032	86992	17398

其间，印刷辅机和零件包括的 5 类商品均处于增长状态。年平均出口增长率最高的是卷筒料给料机（91.6%），其次是数字印刷辅助设备（38.7%），再次是印刷辅助设备（8.2%）、印刷及印刷辅助设备零件（7.7%）、数字印刷及印刷辅助设备零件（3.3%）。

按出口值计，国内传统印刷使用的辅机和零件出口目的地前 5 位的国家有日本、马来西亚、越南、印度、泰国；数字印刷设备及辅机用零件出口目的地前五位的国家有日本、以色列、韩国、新加坡、泰国。

（三）印后设备出口

2015–2019 年国内印后设备年出口值从 4.25 亿美元增长到 8.46 亿美元，年平均增长率为 18.8%。其间，国内共出口印后设备 29.43 亿美元。其中，书刊印后设备出口合计 1.56 亿美元，年平均增长率为 1.5%；包装印后设备出口合计 11.66 亿美元，年平均增长率为 22.6%；通用印后设备出口合计 14.21 亿美元，年平均增长率为 18.1%。书刊、包装、通用三种印后设备占印后设备出口总额的比重分别为 5%、40%、48%。

表 18　国内印后设备出口统计汇总表　（单位：万美元）

税号	商品名称	2015 年	2016 年	2017 年	2018 年	2019 年	五年合计值	年平均值
84401010	锁线装订机	162	102	127	88	175	653	131
84401020	胶订机	566	578	884	732	743	3,503	701
84401090	其他书本装订设备	2467	2353	2049	2089	2468	11425	2285
84409000	书本装订设备零件	98	201	736	199	394	1,627	325
84411000	切纸机	21085	21834	25957	32150	41070	142095	28419
84412000	制包、制袋或信封设备	3313	3592	3897	5960	9877	26638	5328
84413090	其他制造箱、盒、管、桶或类似容器的机器	12500	13500	15871	22213	25902	89986	17997
84419010	切纸机零件	2314	4472	4224	3407	4002	18421	3684
印后设备出口值		42505	46631	53744	66837	84631	294348	58870

同期，国内累计出口锁线装订机 653 万美元（18.59 万台），胶订机 3503 万美元（4.61 万台）、其他书本装订设备 1.14 亿美元（386.26 万台）、制袋类设备 2.66 亿美元（1.83 万台）、制盒类设备 9.00 亿美元（54.93 万台）、切纸机 14.21 亿美元（2055.43 万台）。

2015-2019 年国内印后设备 8 类商品出口值中有 7 类商品呈增长状态。锁线装订机年平均增长率 1.9%，胶订机年平均增长率 7.0%，其他书本装订设备年平均增长率 0%，书本装订设备零件年平均增长率 41.5%，切纸机年平均增长率 18.1%，制袋类设备年平均增长率 31.4%，制盒类设备年平均增长率 20.0%，切纸机零件年平均增长率 14.7%。

（四）印刷器材出口

2015-2019 年国内印刷器材年出口值由 7.12 亿美元上升到 7.82 亿美元，年平均增长率为 2.4%。5 年累计出口印刷器材 36.17 亿美元。其中，黑色印刷油墨出口 0.60 亿美元（1.51 万吨），其他印刷油墨出口 5.38 亿美元（12.00 万吨），水性喷墨墨水出口 4.53 亿美元（5.04 万吨），PS 版出口 6.64 亿美元（25116 万平方米），CTP 版出口 18.25 亿美元（55861 万平方米），柔性印刷版出口 0.77 亿美元（385 万平方米）。

2015-2019 年国内印刷器材涵盖的 6 类商品的出口增长状况如下：黑色印刷油墨出口增长 32.8%，年平均增长率 7.4%；其他印刷油墨出口下降 4.1%，年平均增长率 -1.0%；水性喷墨墨水出口 112.4%，年平均增长率 20.7%；PS 版出口下降 46.9%，年平均增长率 -14.6%；CTP 版出口下降 10.3%，年平均增长率 -2.7%；柔性印刷版出口下降 22.9%，年平均增长率 -6.3%。

2015-2019 年国内共向 155 个国家 / 地区出口其他印刷油墨，越南、印度、巴基斯坦、中国台湾、印度尼西亚是其他印刷油墨出口值名列前 5 位的国家 / 地区。同期，国内出口水性喷墨墨水的国家 / 地区达 149 个，美国、荷兰、新加坡、巴西、印度是出口值前五位的国家；国内出口 CTP 版的国家 / 地区达 124 个。居出口值前 5 位的国家 / 地区是韩国、印度、中国台湾、土耳其、俄罗斯。

表 19　国内印刷器材出口统计汇总表　（单位：万美元）

税号	商品名称	2015 年	2016 年	2017 年	2018 年	2019 年	五年合计值	年平均值
32151100	黑色印刷油墨	1442	1232	1187	1047	1064	5972	1194
32151900	其他印刷油墨	13405	10269	10502	10084	9584	53843	10769
32159020	水性喷墨墨水	4582	7044	12982	9115	11565	45288	9058
37013022	PS 版，任一边 > 276 毫米	17317	12911	11583	12662	11919	66393	13279
37013024	未曝光 CTP 版，任一边 > 255 毫米	33715	33818	34187	38888	41928	182536	36507
37013025	柔性印刷版，任何一边超过 255 毫米	721	1198	2097	1552	2097	7665	1533
印刷器材出口值		71182	66472	72538	73348	78157	361697	72339

四、2015-2019 年国内印刷装备器材进出口规模和结构的特点

（一）国内印刷装备器材进出口总量中，出口大于进口的格局已经形成。出口的稳定增长是推动国内印刷装备器材进出口贸易规模不断扩大的主要动力

2015-2019 年国内印刷装备器材进出口总值达 251.09 亿美元（见表 1）。其中，进口值合计 113.98

亿美元（占同期进出口总值的 45%），出口值合计 137.11 亿美元（占同期进出口总值的 55%）。同期，国内印刷装备器材进口值和出口值的年平均增长率分别为 2.5%、7.1%。

（二）印刷设备是国内装备进出口的主要组成部分。胶印机是国内进口装备中的重中之重、印后设备是印刷装备出口增长的主要贡献者

2015–2019 年国内印刷装备进口值合计 92.11 亿美元（年平均增长率 2.3%），出口值合计 100.94 亿美元（8.8%），出口大于进口 8.83 亿美元。对比表明，印刷设备是印刷装备进口的主力商品（占印刷装备进口值合计的 87%），而胶印机是占印刷装备进口值合计最大商品类（38%）。印刷设备和印后设备是国内印刷装备出口的双主力（占印刷装备出口值合计的 92%）。而且印后设备是印刷装备出口增长的主要贡献者。

（三）印刷器材进口、出口商品结构差异大。国内进口以印刷油墨为主力、出口以胶印版材为主力。水性喷墨墨水是印刷器材进出口双增长的明星

2015–2019 年印刷器材进口值合计 21.87 亿美元（年平均增长率 3.5%），出口值合计 36.17 亿美元（年平均增长率 2.4%），出口大于进口 14.30 亿美元。对比可知，印刷油墨是印刷器材进口的主力商品（占印刷器材进口值合计的 68%），其进口值合计超过同类商品出口 8.85 亿美元；胶印版材是印刷器材出口的主力商品（占印刷器材出口值合计的 69%），也是印刷器材进出口顺差的主要贡献者，其出口值合计超过同类商品进口值 24.62 亿美元。同期，水性喷墨墨水进口值和出口值的年平均增长率分别达到 20.7% 和 26.0%，且进出口值基本相当。

（四）国内印刷设备器材同类进出口商品单价比悬殊，国内印刷设备器材出口，中低端商品的比重占据 76%

以国内印刷装备、印刷器材同类进出口商品的单价比（出口商品平均单价 / 进口商品平均单价 = 单价比）作参考，把单价比小于 30% 的商品定义为低端商品，单价比 31%~80% 的商品定义为中端商品，单价比超过 81% 的商品定义为高端商品。据此，2015–2019 年国内印刷装备器材出口涉及的 46 种商品分类如下：

低端商品：属于此类的商品有，锁线装订机、其他书本装订设备、切纸机、未列名印刷机等 31 种商品（占商品总数的 67%）。涉及出口值 84.23 亿美元（占国内印刷装备器材出口值合计的 61%）。

中端商品：卷筒进料式胶印机、计算机直接制版机、平张单色胶印机、卷筒料给料机等 13 种商品被归入此类（占商品总数的 28%）。其涉及的出口值 19.90 亿美元（占国内印刷装备器材出口值合计 15%）。

高端商品：数字喷墨印刷机（可连接）、其他数字印刷设备 2 种商品被归为此类（占商品总数的 5%）。其涉及的出口值 32.98 亿美元（占国内印刷装备器材出口总值合计 24%）。

（五）本土印刷装备器材制造业通过零配件全球采购，加快产品研发和品质提升。在满足国内市场需求的同时，也在逐渐拓展海外市场，成为全球印刷装备器材供应链的重要一环

2015–2019 年国内印刷装备器材进口中，辅机和零件的进口值合计 79.72 亿美元，占印刷设备进口值合计的 30%，仅次于胶印机在印刷设备进口值所占的比重（见表 4）。另外，辅机和零件进口值的年平均增长率居各类印刷设备之首（9.8%）。与此相对应，2015–2019 年国内出口的印刷设备中，胶印机、

凹印机、柔印机、丝印机和数字印刷机的年平均增长率多数都超过同类进口商品的年平均增长率。

辅机和零件进口的增长与相关印刷设备出口的增长是存在一定的因果关系的。本土印刷装备器材制造业通过全球采购，加快产品研发和品质提升，在满足国内市场需求的同时，也在逐渐拓展海外市场。

2019 年国内印刷装备器材的出口国家和地区超过 201 个 (截至 2019 年底，世界上共有 233 个国家和地区)，中国制造的印刷装备器材遍及世界绝大多数国家和地区，中国本土制造企业已经成为全球印刷装备器材供应链的重要一环。

2020 年国内新冠肺炎疫情对国内外经济的影响是巨大的。联合国日前发布报告预测，受新冠疫情影响，今年全球经济预计萎缩 3.2%。疫情将促使各国和企业反思布局策略。一些经济体将更加重视自身供应链的完整性和自主可控性，从而促使某些供应链区域化集聚。依托“世界工厂”“世界市场”，国内印刷装备器材进出口贸易取得了长足的进步。面对疫情的影响以及新的国内外营商环境，国内印刷装备器材进出口相关企业的生存与发展将承受更大的压力。■

中国造纸工业 2019 年度报告

中国造纸协会

一、纸及纸板生产和消费情况

（一）纸及纸板生产量和消费量

据中国造纸协会调查资料，2019 年全国纸及纸板生产企业约 2700 家，全国纸及纸板生产量 10765 万吨，较上年增长 3.16%。消费量 10704 万吨，较上年增长 2.54%，人均年消费量为 75 千克（14.00 亿人）。2010–2019 年，纸及纸板生产量年均增长率 1.68%，消费量年均增长率 1.73%（见表 1、图 1）。

表 1　2019 年纸及纸板生产和消费情况　（单位：万吨）

品 种	生产量			消费量		
	2018 年	2019 年	同比（%）	2018 年	2019 年	同比（%）
总量	10435	10765	3.16	10439	10704	2.54
1. 新闻纸	190	150	–21.05	237	195	–17.72
2. 未涂布印刷书写纸	1750	1780	1.71	1751	1749	–0.11
3. 涂布印刷纸	705	680	–3.55	604	542	–10.26
其中：铜版纸	655	630	–3.82	581	535	–7.92
4. 生活用纸	970	1005	3.61	901	930	3.22
5. 包装用纸	690	695	0.72	701	699	–0.29
6. 白纸板	1335	1410	5.62	1219	1277	4.76
其中：涂布白纸板	1275	1350	5.88	1158	1216	5.01
7. 箱纸板	2145	2190	2.10	2345	2403	2.47
8. 瓦楞原纸	2105	2220	5.46	2213	2374	7.28
9. 特种纸及纸板	320	380	18.75	261	309	18.39
10. 其他纸及纸板	225	255	13.33	207	226	9.18

（二）纸及纸板主要产品生产和消费情况

1. 新闻纸

2019 年新闻纸生产量 150 万吨，较上年增长 -21.05%；消费量 195 万吨，较上年增长 -17.72%。2010-2019 年生产量年均增长率 -11.04%，消费量年均增长率 -8.24%。

2. 未涂布印刷书写纸

2019 年未涂布印刷书写纸生产量 1780 万吨，较上年增长 1.71%；消费量 1749 万吨，较上年增长 -0.11%。2010-2019 年生产量年均增长率 1.05%，消费量年均增长率 1.06%。

3. 涂布印刷纸

2019 年涂布印刷纸生产量 680 万吨，较上年增长 -3.55%；消费量 542 万吨，较上年增长 -10.26%。2010-2019 年生产量年均增长率 0.68%，消费量年均增长率 -0.14%。

其中，2019 年铜版纸生产量 630 万吨，较上年增长 -3.82%；消费量 535 万吨，较上年增长 -7.92%。2010-2019 年生产量年均增长率 1.42%，消费量年均增长率 1.21%。

4. 生活用纸

2019 年生活用纸生产量 1005 万吨，较上年增长 3.61%；消费量 930 万吨，较上年增长 3.22%。2010-2019 年生产量年均增长率 5.51%，消费量年均增长率 5.65%。

5. 包装用纸

2019 年包装用纸生产量 695 万吨，较上年增长 0.72%；消费量 699 万吨，较上年增长 -0.29%。2010-2019 年生产量年均增长率 1.65%，消费量年均增长率 1.49%。

6. 白纸板

2019 年白纸板生产量 1410 万吨，较上年增长 5.62%；消费量 1277 万吨，较上年增长 4.76%。2010-2019 年生产量年均增长率 1.35%，消费量年均增长率 0.20%。

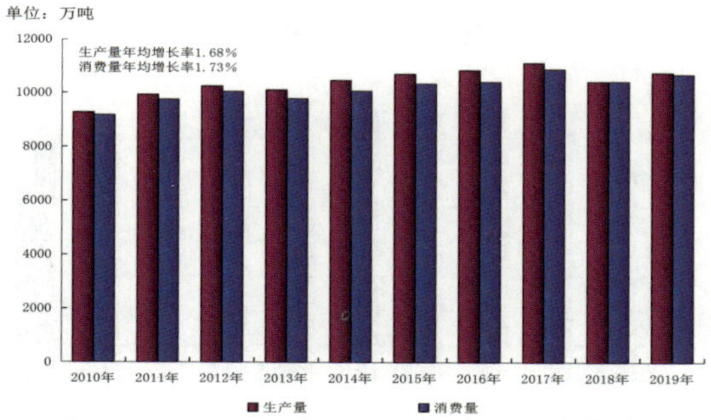

图 1　2010—2019 年纸及纸板生产和消费情况

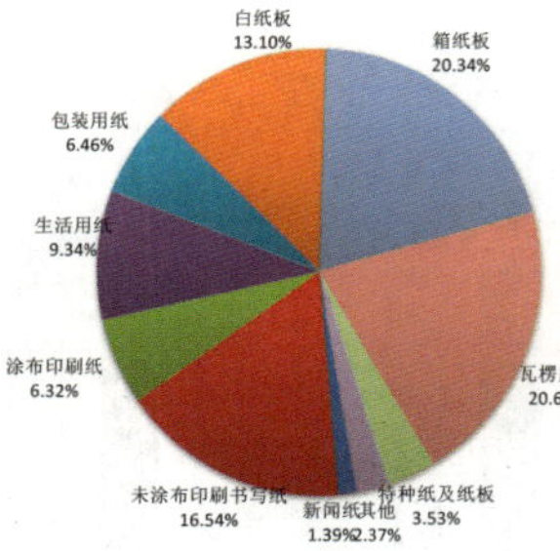

图 2—1　2019 年纸及纸板各品种生产量占总产量的比例

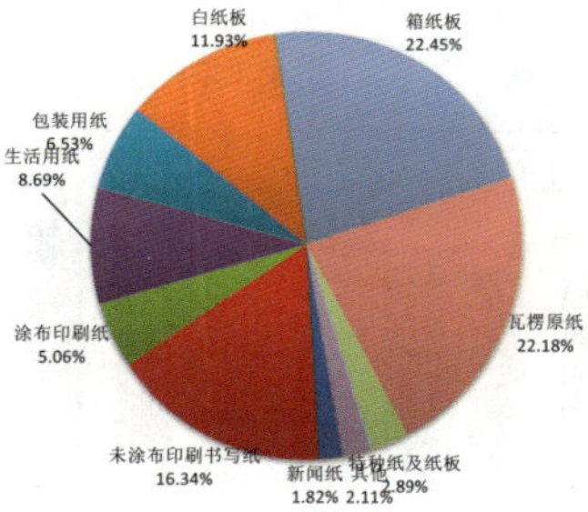

图 2—2　2019 年纸及纸板各品种消费量占总消费量比例

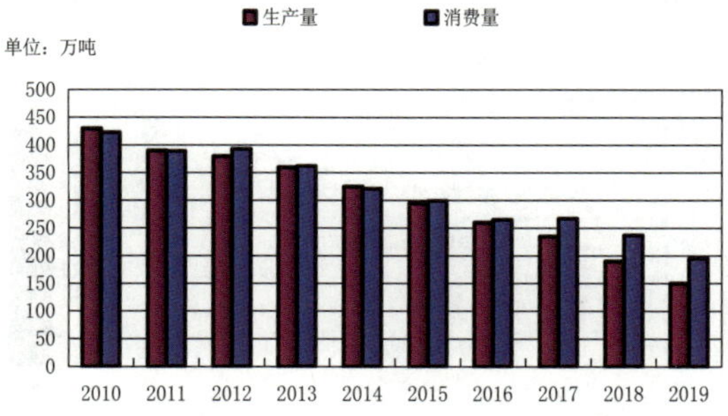

图 3　新闻纸 2010—2019 年生产量和消费量

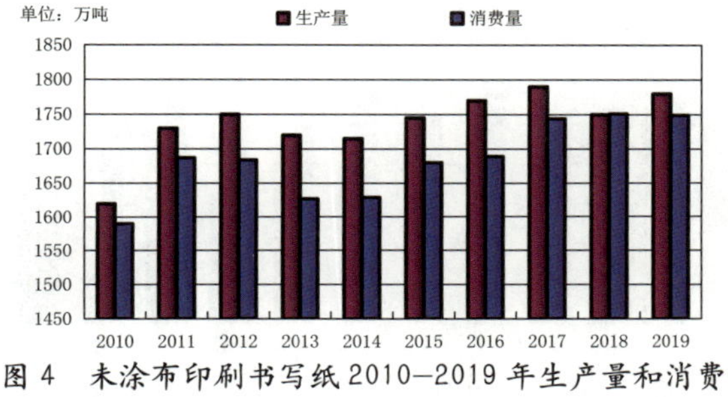

图 4　未涂布印刷书写纸 2010—2019 年生产量和消费量

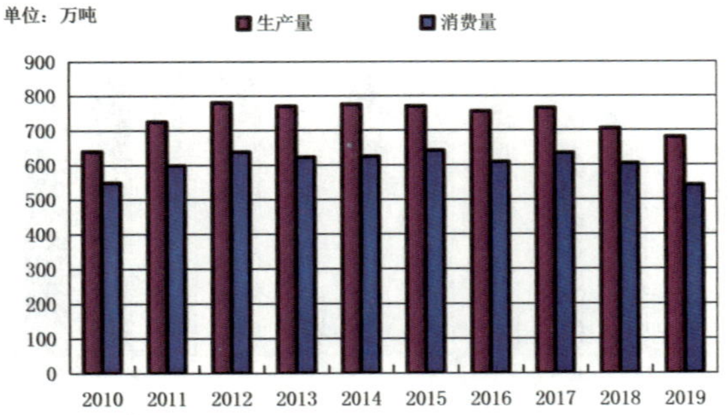

图 5 涂布印刷纸 2010—2019 年生产量和消费量

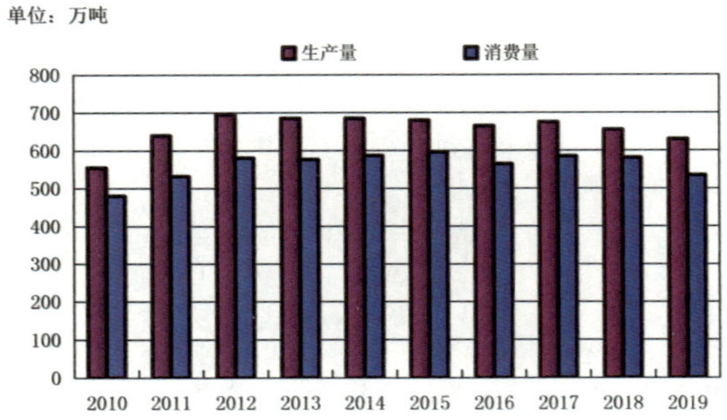

图 6 铜版纸 2010—2019 年生产量和消费量

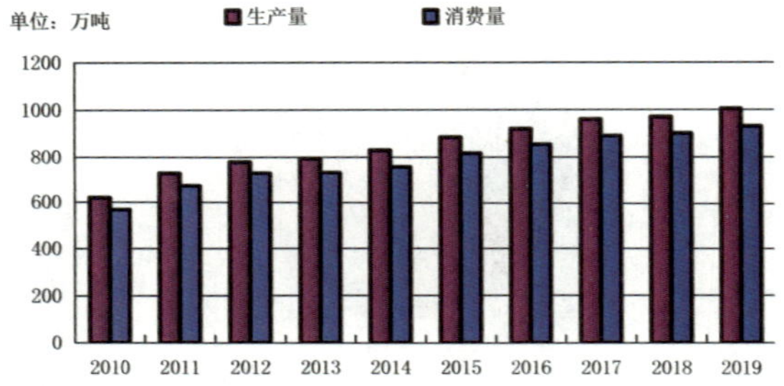

图 7 生活用纸 2010—2019 年生产量和消费量

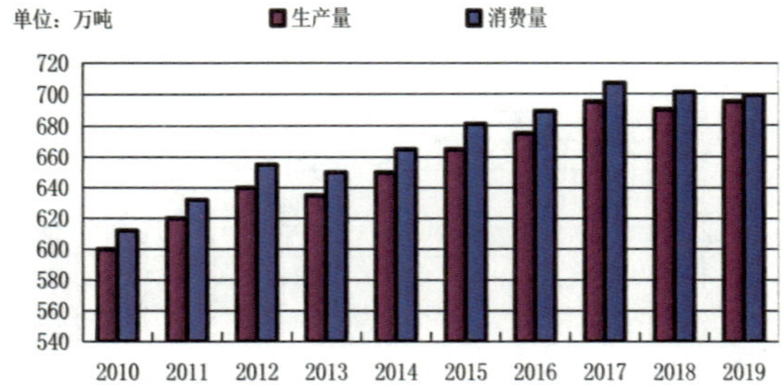

图 8 包装用纸 2010—2019 年生产量和消费量

图 9 白纸板 2010—2019 年生产量和消费量

其中，2019 年涂布白纸板生产量 1350 万吨，较上年增长 5.88%；消费量 1216 万吨，较上年增长 5.01%。2010–2019 年生产量年均增长率 1.32%，消费量年均增长率 0.11%。

7. 箱纸板

2019 年箱纸板生产量 2190 万吨，较上年增长 2.10%；消费量 2403 万吨，较上年增长 2.47%。2010–2019 年生产量年均增长率 1.71%，消费量年均增长率 2.37%。

8. 瓦楞原纸

2019 年瓦楞原纸生产量 2220 万吨，较上年增长 5.46%；消费量 2374 万吨，较上年增长 7.28%。2010–2019 年生产量年均增长率 1.92%，消费量年均增长率 2.57%。

9. 特种纸及纸板

2019 年特种纸及纸板生产量 380 万吨，较上年增长 18.75%；消费量 309 万吨，较上年增长 18.39%。2010–2019 年生产量年均增长率 8.66%，消费量年均增长率 7.29%。

二、纸及纸板生产企业经济指标完成情况

据国家统计局统计的 2524 家造纸生产企业，2019 年 1–12 月主营业务收入 7650 亿元；工业增加值增速 4.80%；产成品存货 303 亿元，同比增长 –18.88%；利润总额 359 亿元，同比增长 –21.06%；资产总计 10489 亿元，同比增长 1.78%；资产负债率 59.59%；负债总额 6250 亿元，同比增长 2.16%；在统计的 2524 家造纸生产企业中，亏损企业有 560 家，占 22.19%。

三、纸浆生产和消耗情况

（一）2019 年纸浆生产情况

据中国造纸协会调查资料，2019 年全国纸浆生产总量 7207 万吨，较上年增长 0.08%。其中：木浆 1268 万吨，较上年增长 10.55%；废纸浆 5351 万吨，较上年增长 –1.71%；非木浆 588 万吨，较上年增长 –3.61%（见表 2）。

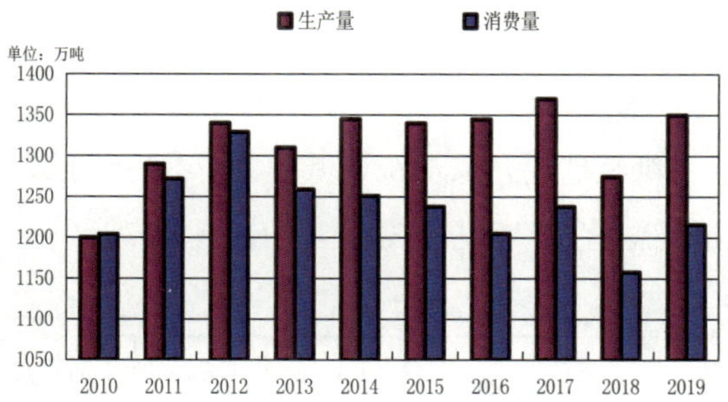

图 10　涂布白纸板 2010—2019 年生产量和消费量

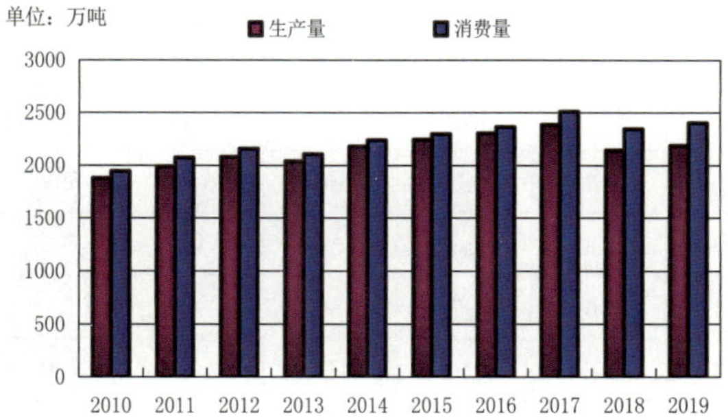

图 11　箱纸板 2010—2019 年生产量和消费量

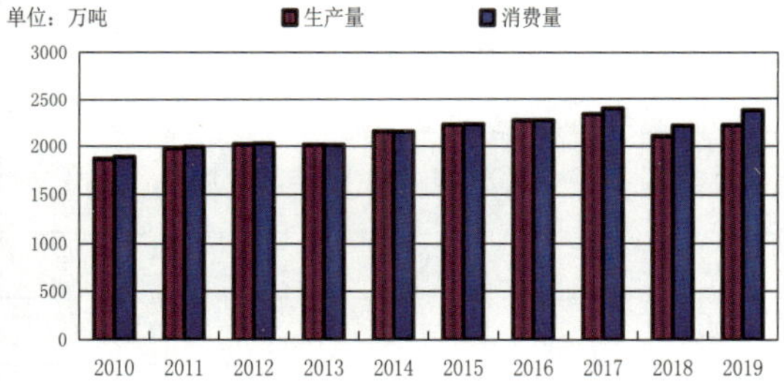

图 12　瓦楞原纸 2010—2019 年生产量和消费量

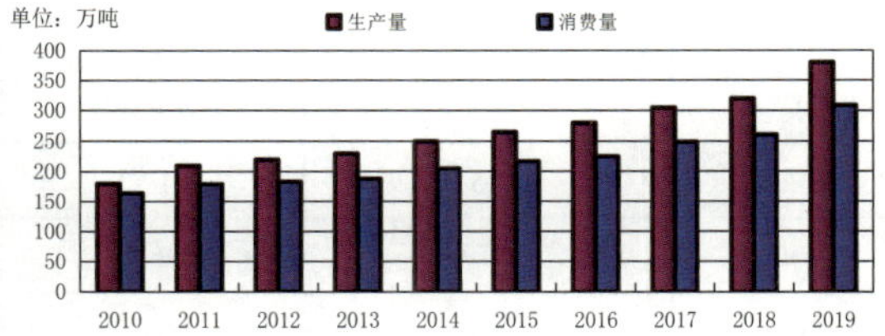

图 13　特种纸及纸板 2010—2019 年生产量和消费量

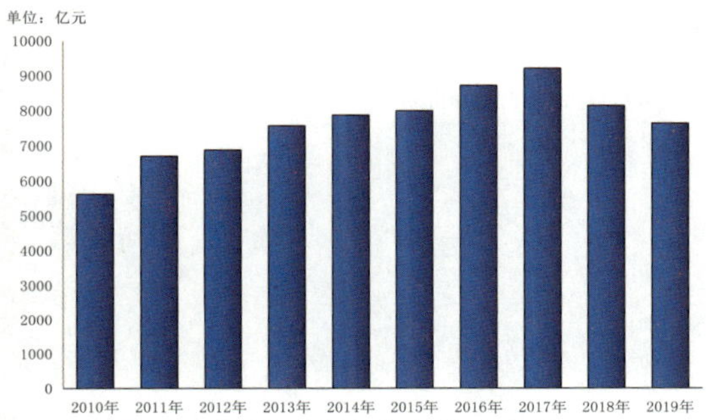

图 14　2010—2019 年主营业务收入

*2010 年主营业务收入数据为中国造纸协会数据

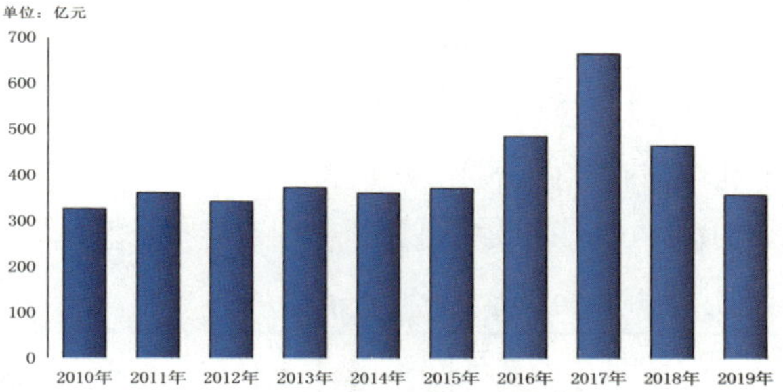

图 15　2010—2019 年利润总额

*2010 年利润总额数据为中国造纸协会数据

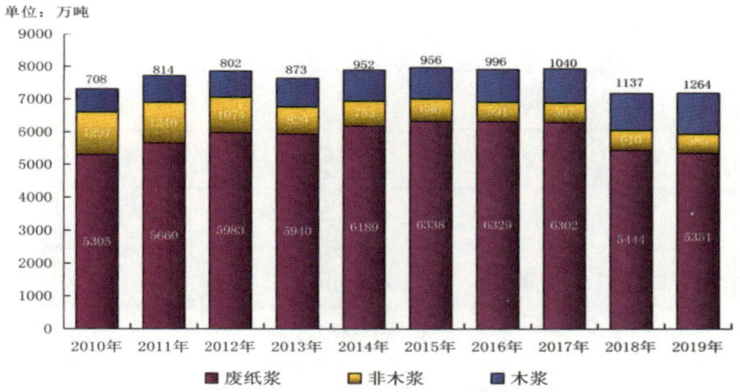

图 16　2010—2019 年国产纸浆消耗情况

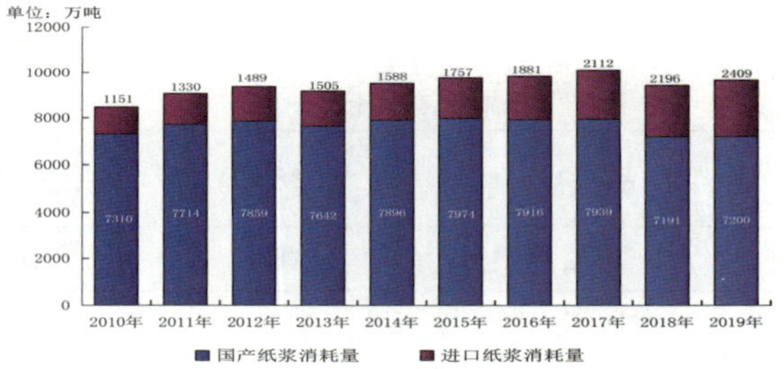

图 17　2010—2019 年纸浆总消耗情况

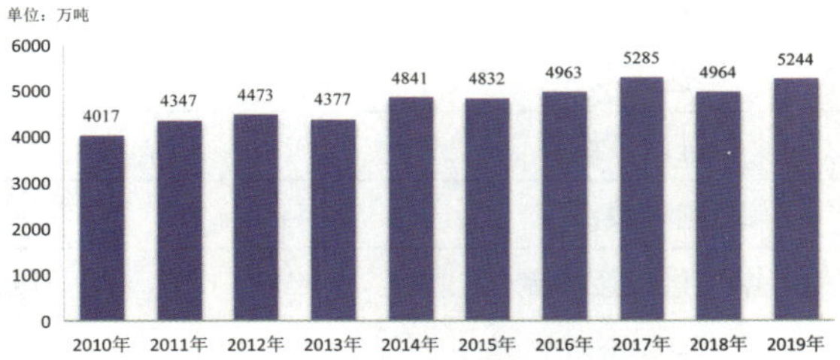

图 18　2010—2019 年全国废纸回收总量

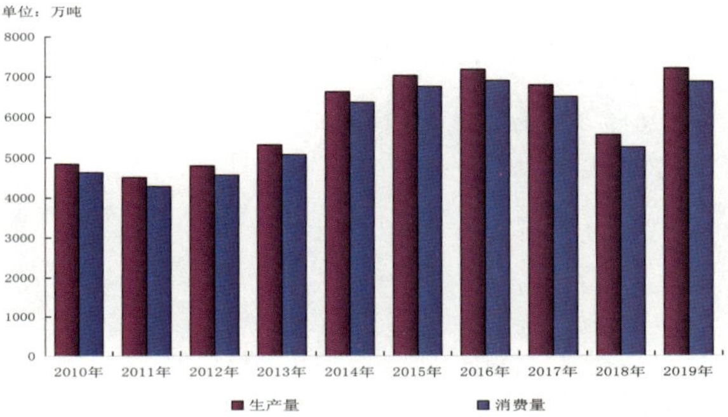

图 19　2010—2019 年纸制品生产和消费情况

注：数据来源于国家统计局（规模以上企业统计）

（二）2019 年纸浆消耗情况

2019 年全国纸浆消耗总量 9609 万吨，较上年增长 2.36%。木浆 3581 万吨，占纸浆消耗总量 37%，其中进口木浆占 24%、国产木浆占 13%；废纸浆 5443 万吨，占纸浆消耗总量 57%，其中用进口废纸制浆占 10%、用国内废纸制浆占 46%；非木浆 585 万吨，占纸浆消耗总量 6%（见表 3-1、图 16、图 17）。

表 2　2010—2019 年纸浆生产情况　（单位：万吨）

品种 \ 年度	2010	2011	2012	2013	2014	2015	2016	2017	2018	2019
纸浆合计	7318	7723	7867	7651	7906	7984	7925	7949	7201	7207
其中：1. 木 浆	716	823	810	882	962	966	1005	1050	1147	1268
2. 废纸浆	5305	5660	5983	5940	6189	6338	6329	6302	5444	5351
3. 非木浆	1297	1240	1074	829	755	680	591	597	610	588
苇 浆	156	158	143	126	113	100	68	69	49	51
蔗渣浆	117	121	90	97	111	96	90	86	90	70
竹 浆	194	192	175	137	154	143	157	165	191	209
稻麦草浆	719	660	592	401	336	303	244	246	250	222
其他浆	111	109	74	68	41	38	32	31	30	36

表 3-1　2019 年纸浆消耗情况　（单位：万吨）

品 种	2018 年	占比例（%）	2019 年	占比例（%）	同比（%）
总量	9387	100	9609	100	2.36
木 浆	3303	35	3581	37	8.42
1. 进口木浆	2166*1	23	2317*2	24	6.97
2. 国产木浆	1137	12	1264	13	11.17
废纸浆	5474	58	5443	57	−0.57
1. 进口废纸浆	30	–	92	1	206.67
2. 国产废纸浆	5444	58	5351	56	−1.71
其中：进口废纸制浆	1457	16	930	10	−36.17
国内废纸制浆	3987	42	4421	46	10.89
非木浆	610	7	585	6	−4.10

*1 2018 年进口纸浆 2479 万吨，扣除非造纸用浆和非木浆，实际木浆消耗量 2166 万吨。

*2 2019 年进口纸浆 2720 万吨，扣除非造纸用浆和非木浆，实际木浆消耗量 2317 万吨。

（三）2019 年废纸利用情况

2019 年全国废纸回收总量 5244 万吨，较上年增长 5.64%，废纸回收率 49.0%，废纸利用率 58.3%，2010–2019 年废纸回收总量年均增长率 3.01%（见表 3–2、图 18）。

表 3–2　2010–2019 年国内废纸利用情况

年份	国内废纸回收量（万吨）	废纸净进口量（万吨）	废纸浆消费量（万吨）	废纸回收率（%）	废纸利用率（%）
2010 年	4017	2435	5305	43.8	69.6
2011 年	4347	2728	5660	44.6	71.2
2012 年	4473	3007	5983	44.5	73.0
2013 年	4377	2924	5940	44.7	72.2
2014 年	4841	2752	6189	48.1	72.5
2015 年	4832	2928	6338	46.7	72.5
2016 年	4963	2850	6329	47.6	72.0
2017 年	5285	2572	6303	48.5	70.6
2018 年	4964	1703	5474	47.6	63.9
2019 年	5244	1036	5443	49.0	58.3

四、纸制品生产和消费情况

根据国家统计局数据，2019 年全国规模以上纸制品生产企业 4119 家，生产量 7219 万吨，较上年增长 29.42%；消费量 6886 万吨，较上年增长 30.59%；进口量 12 万吨，出口量 345 万吨。2010–2019 年，纸制品生产量年均增长率 4.53%，消费量年均增长率 4.49%（见图 19）。

五、纸及纸板、纸浆、废纸及纸制品进出口情况

（一）纸及纸板、纸浆、废纸及纸制品进口情况

2019 年纸及纸板进口 625 万吨，较上年增长 0.48%；纸浆进口 2720 万吨，较上年增长 9.72%；废纸进口 1036 万吨，较上年增长 –39.17%；纸制品进口 12 万吨，较上年增长 –33.33%。

2019 年进口纸及纸板、纸浆、废纸、纸制品合计 4393 万吨，较上年增长 –8.90%，用汇 243.28 亿美元，较上年增长 –19.48%。进口纸及纸板平均价格为 750.51 美元 / 吨，较上年平均价格增长 –15.58%；进口纸浆平均价格为 629.46 美元 / 吨，较上年平均价格增长 –20.85%；进口废纸平均价格为 187.51 美元 / 吨，较上年平均价格增长 –25.60%（见表 4）。

（二）纸及纸板、纸浆、废纸及纸制品出口情况

2019 年纸及纸板出口 686 万吨，较上年增长 11.00%；纸浆出口 11.60 万吨，较上年增长 16.12%；废纸出口 0.08 万吨，较上年增长 33.33%；纸制品出口 345 万吨，较上年增长 6.81%。

2019 年出口纸及纸板、纸浆、废纸、纸制品合计 1042.68 万吨，较上年增长 9.63%，创汇 220.03 亿美元，较上年增长 14.19%。出口纸及纸板平均价格为 1497.09 美元 / 吨，较上年平均价格增长 6.28%；出口纸浆平均价格为 1151.20 美元 / 吨，较上年平均价格增长 –12.21%（见表 5）。

（三）纸及纸板各品种进出口量比重

表 4　2019 年进口情况　（单位：万吨）

品　种	2018 年进口量	2019 年进口量	同比（%）
一、纸浆	2479	2720	9.72
二、废纸	1703	1036	-39.17
三、纸及纸板	622	625	0.48
1. 新闻纸	48	46	-4.17
2. 未涂布印刷书写纸	85	63	-25.88
3. 涂布印刷纸	49	32	-34.69
其中：铜版纸	32	22	-31.25
4. 包装用纸	21	20	-4.76
5. 箱纸板	207	220	6.28
6. 白纸板	54	52	-3.70
其中：涂布白纸板	53	51	-3.77
7. 生活用纸	5	3	-40.00
8. 瓦楞原纸	111	156	40.54
9. 特种纸及纸板	30	24	-20.00
10. 其他纸及纸板	12	9	-25.00
四、纸制品	18	12	-33.33
总　计	4822	4393	-8.90

注：数据来源于海关总署

表 5　2019 年出口情况　（单位：万吨）

品　种	2018 年出口量	2019 年出口量	同比（%）
一、纸浆	9.99	11.60	16.12
二、废纸	0.06	0.08	33.33
三、纸及纸板	618	686	11.00
1. 新闻纸	1	1	0.00
2. 未涂布印刷书写纸	84	94	11.90
3. 涂布印刷纸	150	170	13.33
其中：铜版纸	106	117	10.38
4. 包装用纸	10	16	60.00
5. 箱纸板	7	7	0.00
6. 白纸板	170	185	8.82
其中：涂布白纸板	170	185	8.82
7. 生活用纸	74	78	5.41
8. 瓦楞原纸	3	2	-33.33
9. 特种纸及纸板	89	95	6.74
10. 其他纸及纸板	30	38	26.67
四、纸制品	323	345	6.81
总　计	951.05	1042.68	9.63

注：数据来源于海关总署

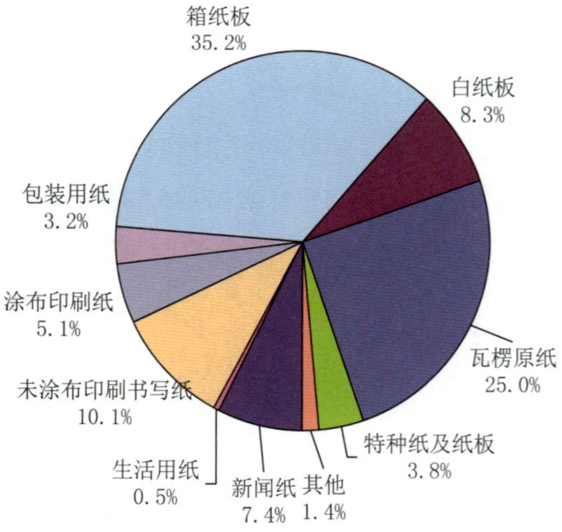

图 20　2019 年纸及纸板各品种进口量比重

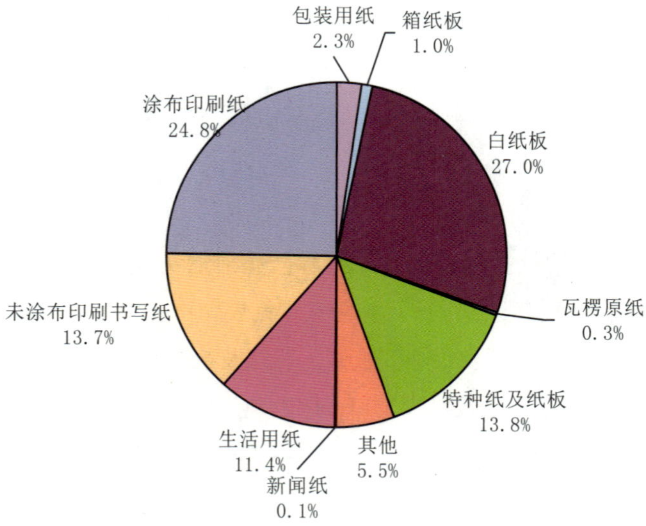

图 21　2019 年纸及纸板各品种出口量比重

（四）纸及纸板主要产品 2010–2019 年进出口情况

1. 新闻纸：2019 年进口量大于出口量，净进口量 45 万吨。

2. 未涂布印刷书写纸：2019 年进口量小于出口量，净出口量 31 万吨。

3. 涂布印刷纸：2019 年进口量小于出口量，净出口量 138 万吨。

其中，铜版纸 2019 年进口量小于出口量，净出口量 95 万吨。

4. 生活用纸：2019 年进口量小于出口量，净出口量 75 万吨。

5. 包装用纸：2019 年进口量大于出口量，净进口量 4 万吨。

6. 白纸板：2019 年进口量小于出口量，净出口量 133 万吨。

其中，涂布白纸板 2019 年进口量小于出口量，净出口量 134 万吨。

7. 箱纸板：2019 年进口量大于出口量，净进口量 213 万吨。

8. 瓦楞原纸：2019 年进口量大于出口量，净进口量 154 万吨。

9. 特种纸及纸板：2019 年进口量小于出口量，净出口量 71 万吨。

（五）纸制品进出口情况

1.2019 年纸制品进口量 12 万吨，较上年减少 6 万吨，同比增长 -33.33%（见图 33）。

2.2019 年纸制品出口量 345 万吨，较上年增加 22 万吨，同比增长 6.81%（见图 34）。

六、纸及纸板生产布局与集中度

根据中国造纸协会调查资料，2019 年我国东部地区 11 个省（区、市），纸及纸板产量占全国纸及纸板产量比例为 74.3%；中部地区 8 个省（区）比例占 16.3%；西部地区 12 个省（区、市）比例占 9.4%（见图 35、表 6）。

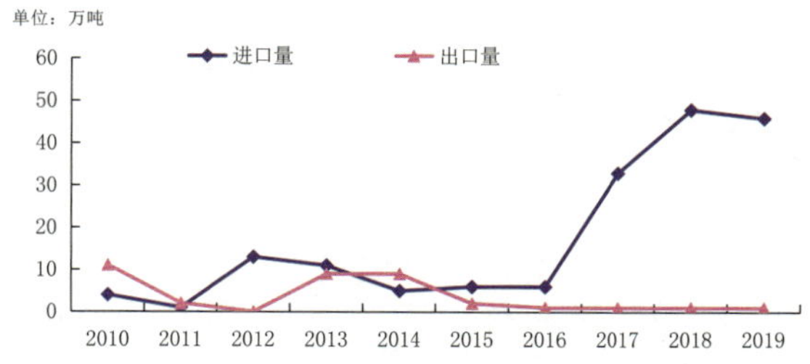

图 22　新闻纸 2010—2019 年进口量及出口量

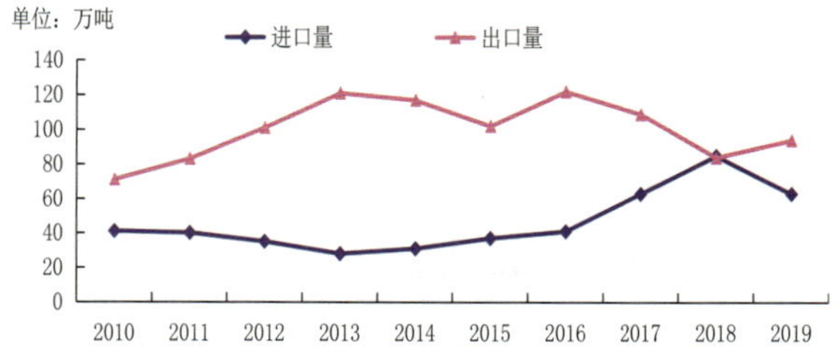

图 23　未涂布印刷书写纸 2010—2019 年进口量及出口量

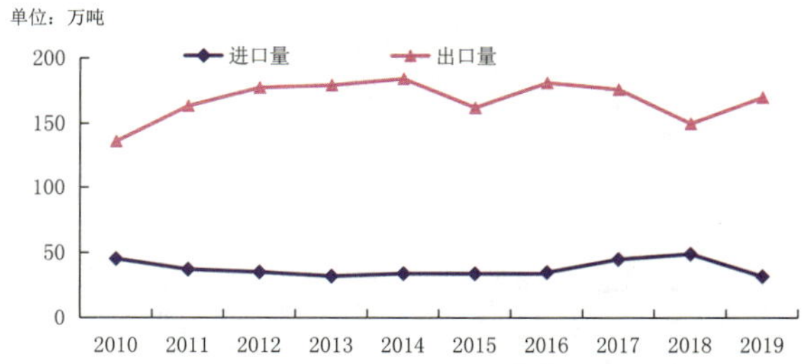

图 24　涂布印刷纸 2010—2019 年进口量及出口量

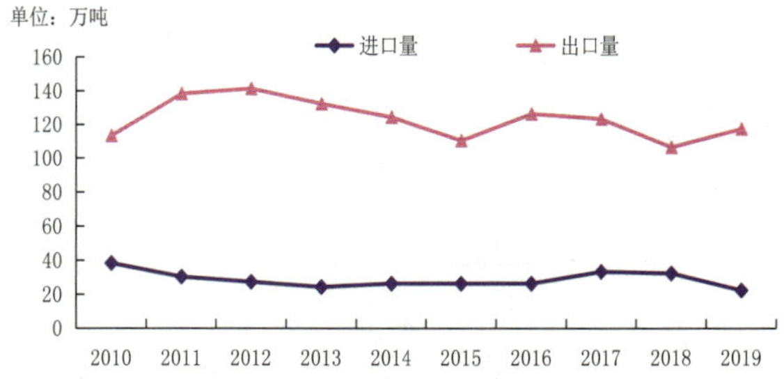

图 25　铜版纸 2010—2019 年进口量及出口量

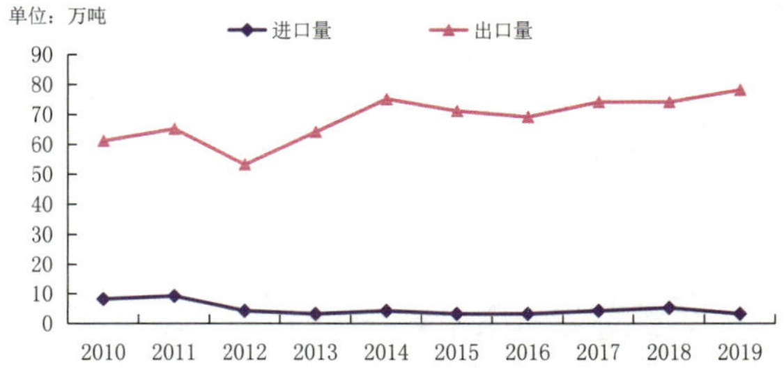

图 26　生活用纸 2010—2019 年进口量及出口量

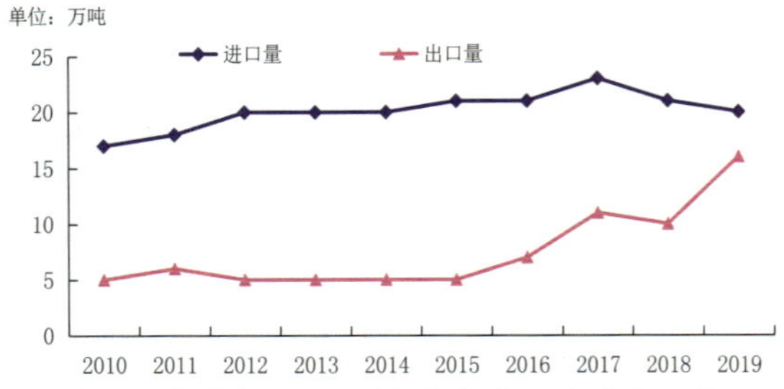

图 27　包装纸 2010—2019 年进口量及出口量

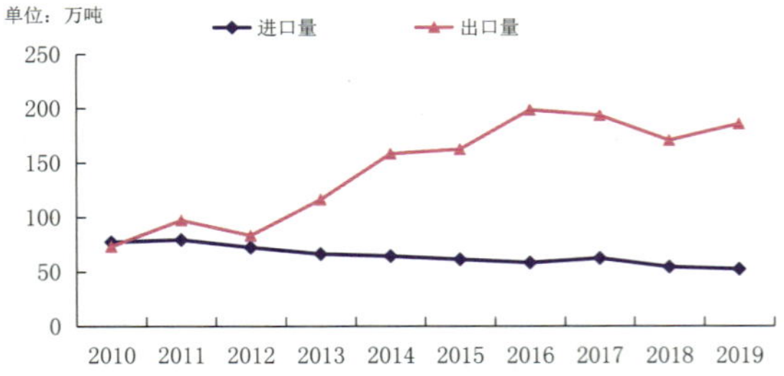

图 28　白纸板 2010—2019 年进口量及出口量

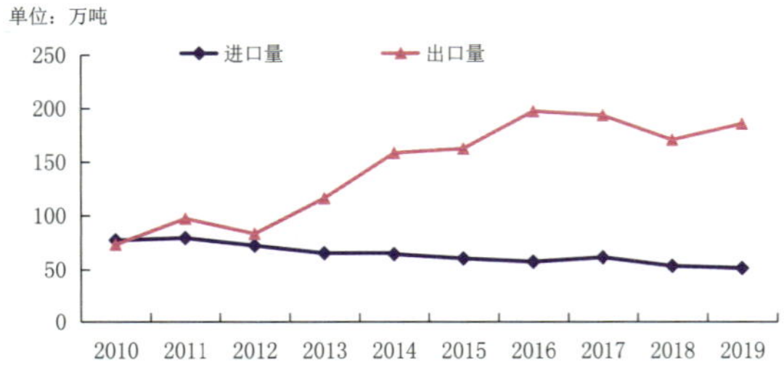

图 29　涂布白纸板 2010—2019 年进口量及出口量

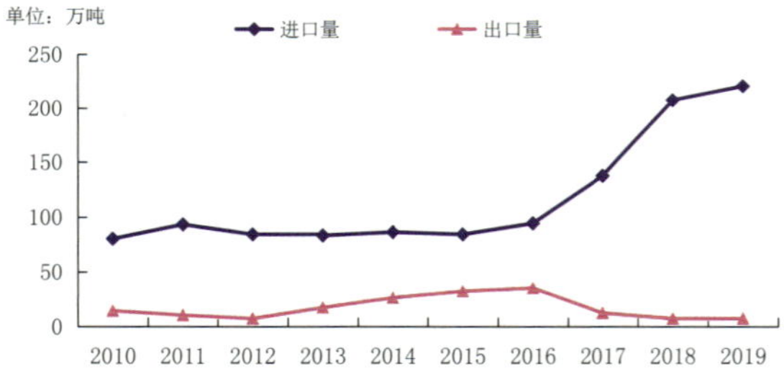

图 30　箱纸板 2010—2019 年进口量及出口量

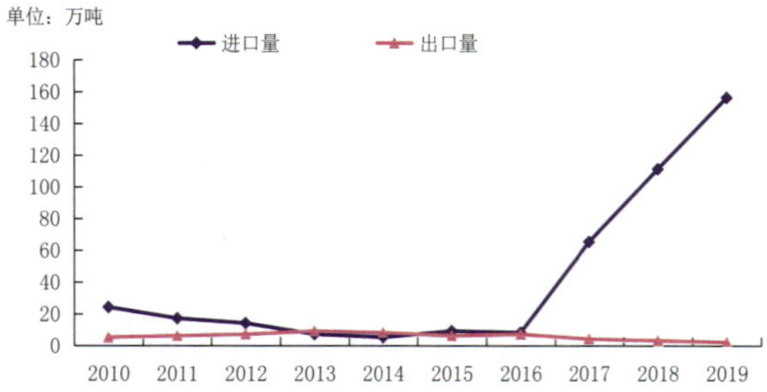

图 31　瓦楞原纸 2010—2019 年进口量及出口量

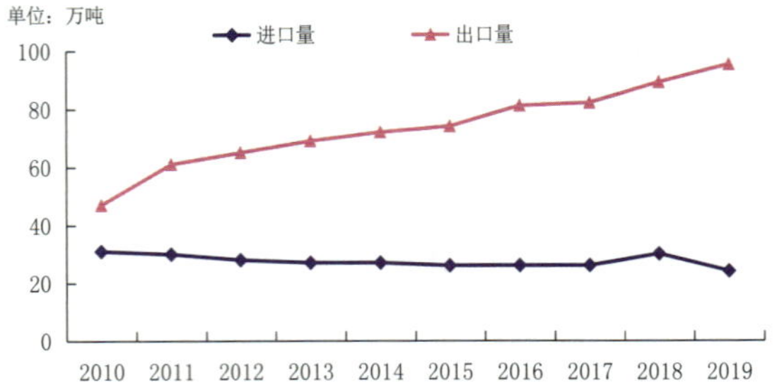

图 32　特种纸及纸板 2010—2019 年进口量及出口量

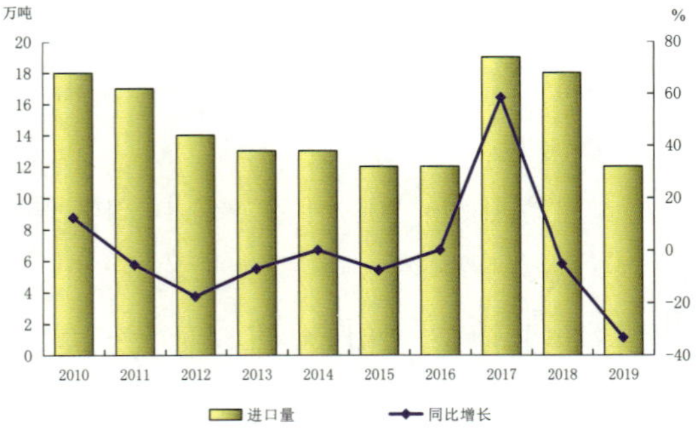

图 33　2010—2019 年纸制品进口情况

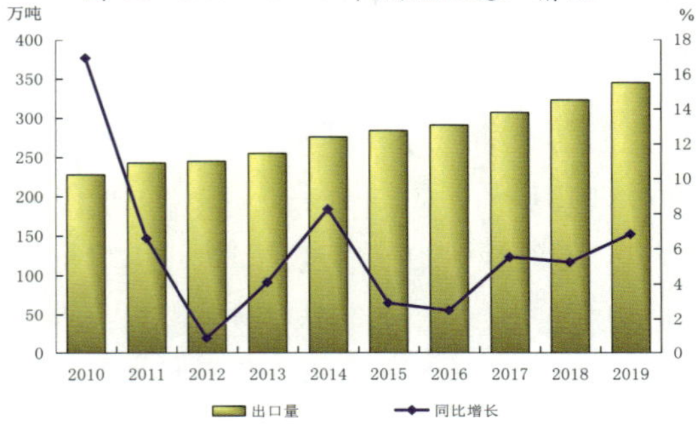

图 34　2010—2019 年纸制品出口情况

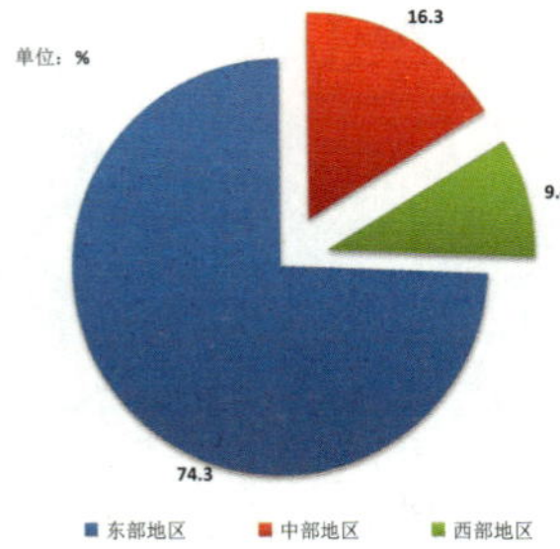

图 35　2019 年纸及纸板生产量区域布局图

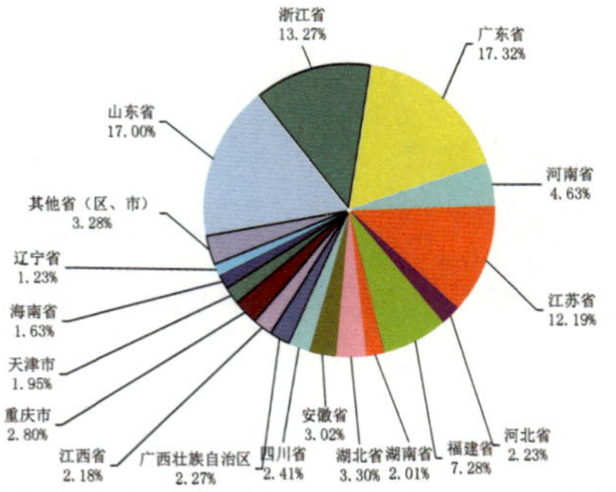

图 36　2019 年主要省（区、市）纸及纸板产量比例图

注：据中国造纸协会调查资料

2019 年广东、山东、浙江、江苏、福建、河南、湖北、安徽、重庆、四川、广西、河北、江西、湖南、天津、海南和辽宁 17 个省（区、市）纸及纸板产量超过 100 万吨，产量合计 10412 万吨，占全国纸及纸板总产量的 96.72%（见图 36、表 7）。

表 6　2019 年纸及纸板生产量区域布局变化

	2018 年		2019 年	
	产量（万吨）	比例（%）	产量（万吨）	比例（%）
纸及纸板产量	10435	100	10765	100
其中：东部地区	7742	74.2	7997	74.3
其中：中部地区	1697	16.3	1756	16.3
其中：西部地区	996	9.5	1012	9.4

注：据中国造纸协会调查资料

表 7　2019 年纸及纸板产量 100 万吨以上的省（区、市）　（单位：万吨）

产量 / 省（区、市）	2018 年	2019 年	较上年增长（%）
广东省	1815	1864	2.70
山东省	1810	1830	1.10
浙江省	1510	1429	–5.36
江苏省	1141	1312	14.99
福建省	750	784	4.53
河南省	490	498	1.63
湖北省	325	355	9.23
安徽省	305	325	6.56
重庆市	288	301	4.51
四川省	245	260	6.12
广西壮族自治区	240	245	2.08
河北省	205	240	17.07
江西省	200	235	17.50
湖南省	235	217	–7.66
天津市	220	210	–4.55
海南省	166	175	5.42
辽宁省	102	132	29.41
合 计	10047	10412	3.63

注：据中国造纸协会调查资料

结 语：

2019 年，面对复杂多变的国内外经济形势，造纸行业克服了风险和挑战明显上升、营业收入和利润下滑、生产运行困难增多、竞争加剧等不利因素。通过加大创新，拓宽纤维原料来源渠道，降低运营成本，顺应趋势，调整结构，保障了市场供给，使造纸行业的整体生产和运行保持了基本稳定。■

附表：2019 年重点造纸企业产量前 30 名企业

序号	单位名称	产量（万吨）		
		2018 年	2019 年	同比%
1	玖龙纸业（控股）有限公司	1394.00	1502.00	7.75
2	理文造纸有限公司	563.17	593.00	5.30
3	山东晨鸣纸业集团股份有限公司	456.72	515.00	12.76
4	山东太阳控股集团有限公司	459.73	499.40	8.63
5	山鹰国际控股股份公司	463.21	473.59	2.24
6	华泰集团有限公司	313.64	307.70	–1.89
7	中国纸业投资有限公司	290.00	277.50	–4.31
8	宁波中华纸业有限公司（含宁波亚洲浆纸业有限公司）	252.11	261.86	3.87
9	江苏荣成环保科技股份有限公司	220.97	252.00	14.04
10	山东博汇集团有限公司	175.22	235.26	34.27
11	福建联盛纸业	182.00	203.00	11.54
12	金东纸业（江苏）股份有限公司	191.00	199.07	4.23
13	亚太森博中国控股有限公司	152.90	156.40	2.29
14	东莞金洲纸业有限公司	85.21	154.09	80.84
15	东莞建晖纸业有限公司	150.71	147.22	–2.32
16	金红叶纸业集团有限公司	146.00	144.00	–1.37
17	浙江景兴纸业股份有限公司	138.72	143.71	3.60
18	武汉金凤凰纸业有限公司	104.19	136.39	30.91
19	广西金桂浆纸业有限公司	109.10	135.00	23.74
20	山东世纪阳光纸业集团有限公司	124.50	126.00	1.20
21	维达国际控股有限公司	122.00	125.00	2.46
22	恒安国际集团有限公司	102.83	121.00	17.67
23	海南金海浆纸业有限公司	103.78	114.00	9.85
24	芬欧汇川（中国）有限公司	87.00	89.50	2.87
25	新乡新亚纸业集团股份有限公司	82.35	82.86	0.62
26	河南省龙源纸业股份有限公司	58.39	78.97	35.25
27	永丰余造纸（扬州）有限公司	65.40	77.80	18.96
28	大河纸业有限公司	62.95	63.01	0.10
29	东莞金田纸业有限公司	54.50	61.67	13.16
30	金华盛纸业（苏州工业园区）有限公司	59.03	60.69	2.81

注：按已收集到的数据排列

2015-2019 年印刷标准化工作概述

全国印刷标准化技术委员会　胡桂绵

一、2015-2019 年印刷标准化外部环境的变化

2015-2019 年，国内印刷标准化工作经历了国家标准化改革、印刷行业标准化行政主管部门调整等方面的变化。

（一）有关法律、法规以及相关政策的变化对印刷标准化工作提出新要求，极大促进了印刷标准化工作快速发展。

2015-2019 年，在党中央、国务院的高度重视下，一系列深化标准化工作改革的政策措施相继出台。2015 年 3 月，国务院办公厅印发《国家标准化体系建设发展规划（2016-2020 年）》；同年 12 月，国务院印发《深化标准化工作改革方案》，部署改革标准体系和标准化管理体制，改进标准制定工作机制，强化标准的实施与监督，更好发挥标准化在推进国家治理体系和治理能力现代化中的基础性、战略性作用。

2017 年 12 月，《中华人民共和国标准化法》（2017 年修订）发布，于 2018 年 1 月 1 日生效。此次修订，紧紧把握党的十九大提出的“我国经济已由高速增长阶段转向高质量发展阶段”这一历史性判断，从立法宗旨上明确要通过加强标准化工作来提升产品和服务质量，提高经济社会发展水平。

2015 年和 2018 年，国家标准化管理委员会（以下简称“国家标准委”）先后分两批次开展团体标准试点工作，积极探索和总结可推广、可复制的工作经验。2019 年，国家标准委和民政部印发《团体标准管理规定》，就团体标准为什么要做、谁来做、做什么、怎么做以及实施、监督等问题作出了明确规定。全国团体标准信息平台显示，截至 2020 年 4 月 30 日，共计有 3320 家社会团体在全国团体标准信息平台进行注册，共计公布 14525 项团体标准。

2015 年和 2018 年，国家标准委等部门先后印发《标准联通“一带一路”行动计划（2015-2017）》《标准联通共建“一带一路”行动计划（2018-2020 年）》《国家智能制造标准体系建设指南》2015 年版和 2018 年版，为推进“一带一路”建设和智能制造发展提供坚实技术支撑和有力机制保障。

习近平总书记指出，中国将积极实施标准化战略，以标准助力创新发展、协调发展、绿色发展、开放发展、共享发展。这为标准化工作指明了目标和方向。

（二）印刷行业标准化管理职能的调整有利于印刷标准化工作更好地服务于产业发展。

2018 年，按照《深化党和国家机构改革方案》，包括印刷在内的新闻出版工作划归中宣部统一管理，

体现了党和政府对印刷工作的高度重视。2019 年初，中宣部明确了新闻出版标准化工作的管理职能分工，印刷领域的行业标准工作由印刷发行局管理。2019 年 11 月，中宣部印刷发行局组织召开《印刷复制发行标准工作座谈会》，在总结标准化工作经验的基础上进行形势分析和工作部署。刘晓凯局长作题为《以标准化工作引领产业高质量发展》的重要讲话，为下一步印刷标准化工作指明了方向。

2020 年，中宣部出版局下发《关于加强新闻出版标准化工作的通知》，《通知》提出要进一步提升标准化工作的科学水平，推动行业标准更多聚焦支撑主管部门履行行政管理、提供公共服务的公益属性。鼓励社会团体、企业聚焦新技术、新产业、新业态和新模式，制定高于推荐性标准相关技术要求的团体标准、企业标准。

二、印刷标准化主要工作成果

2015–2019 年，印刷标委会和相关企事业单位认真贯彻落实上级主管部门工作规划和要求，紧密围绕印刷产业高质量发展和印刷行业治理体系、能力现代化建设的核心开展工作，不断取得新的工作成果。

（一）标准供给能力进一步提高

2015–2019 年，完成制修订印刷技术领域国家标准 34 项、行业标准 36 项、团体标准 28 项。其中，数字化、绿色化、智能化相关标准 36 项。截至 2019 年底，印刷领域现行有效国家标准 80 项、行业标准 64 项、团体标准 30 项，初步形成了具有中国特色的印刷标准体系，有力支撑了印刷行业数字化、绿色化、智能化创新发展。

（二）企事业单位参与标准化的工作机制初步建立

近年来，印刷标准的立项、制定、意见征集等工作进一步公开、透明，任何单位都可以提出标准制定需求、主导制定标准、提出意见建议、申请成为印刷标委会观察成员。全国各级行业协会、大专院校、科研院所、质检机构、龙头骨干企业很好地发挥了在细分领域的技术优势，开展标准制定、实验验证、培训宣贯工作，使印刷标准化工作的广度和深度不断拓展。2015–2019 年，参与标准制定的企业达上千家、专业技术人员达数百人。

（三）团体标准化工作体系初步建立

作为国家首批团体标准化试点单位之一，中国印刷技术协会于 2015 年率先成立了团体标准工作委员会，建立、健全了相关工作程序和工作制度，制定发布了《印刷智能仓储系统设计指南》等 6 项团体标准。其他相关社会组织也根据自身特点积极开展团体标准化工作，如中国标准化创新战略联盟包装印刷工作委员会、广东省印刷复制业协会，深圳市印刷行业协会等。

（四）与国际接轨程度进一步加大

截至 2019 年底，有 26 项印刷国际标准已转化为国家标准，主要相关国际标准均已完成转化或列入工作计划，同时，企业采用国际先进标准和技术规范如 G7、PSO、C9 等的积极性大大提高，基本实现了与国际的同步和接轨。2015–2019 年，作为国际标准化组织印刷技术委员会（以下简称“ISO/TC 130”）的积极成员国，中国代表团参加了历次 ISO/TC 130 国际会议，参与了 30 余项国际标准制定，并主导制定两项印后国际标准 ISO 16762：2016 和 ISO 16763：2016。同时，还积极将主要标准翻译、推荐、分享给其他国家，积极寻求在标准领域的合作交流。

（五）履行好国际组织秘书处和主席职责

2013 年，中国印刷技术协会成为 ISO/TC 130 秘书处承担单位，2015 年我国专家开始担任该技术委员会主席职务。2015–2019 年，完成了 ISO/TC 130 会议工作范围修订、战略业务计划修订等重要项目，解决了与其他技术委员会项目交叉、矛盾等问题，积极推动 ISO/TC 130 工作专业化、精细化，为我国进一步开展国际交流与合作，在国际标准制定中掌握主动权、话语权奠定了基础。2015–2019 年，ISO/TC 130 完成制定并出版国际标准 39 项。

三、印刷标准化工作存在的主要问题

2015–2019 年，印刷标准化工作立足行业绿色化、数字化、智能化、融合化发展目标，瞄准前沿、凝聚共识，攻克难题、推动落实，在调动企事业单位和全社会参与标准制修订、标准宣贯培训，以及参与国际标准化活动等方面屡创佳绩，形成我国印刷标准化工作新局面。同时，印刷标准化工作还存在一些基础性、障碍性问题。

（一）印刷标准化建设的全局性方面还存在问题。主要包括：标准化工作的体制机制还不健全，机构改革后工作的运行管理有待进一步明确和强化；标准化工作的战略格局有待进一步确立，与新闻出版转型升级、融合发展大趋势还不太适应；产学研用结合的渠道还不畅通，大量科研力量难以整合利用，标准化建设的丰富资源有待深入挖掘；协同配合、信息共享不够，业内外、全领域技术推广对接还有差距，标准化研究的综合成果还不够彰显等等，以上问题严重地阻碍着标准化工作水平、工作质量的提升。

（二）印刷标准有效供给、标准化服务和监督方面存在不足。主要包括：标准老化、标准制定周期长、更新慢等标准有效供给不足的问题；标准实施主体意识淡薄问题；缺乏标准化服务机构和人才问题；标准实施和监督的科学有效方法欠缺等问题。

（三）印刷标准的实施和应用还存在较大改进空间。2019 年，印刷标委会联合上海出版印刷高等专科学校开展了调查，调查结果一定程度上反映了企业的标准实施现状和标准化需求情况。通过对调查数据分析得到以下结论：

1. 印刷民营企业和国有企业都较重视标准化相关工作；年度销售额超过 5000 万元的规模以上企业更重视标准化工作；上海和广东的印刷企业比较重视印刷标准化工作。

2. 大多数企业普遍认为使用相关印刷标准不仅能提高客户满意度，还对提高生产效率具有积极的影响，且能在节约资源的情况下，直接或间接创造经济效益。

3. 现有国家标准和行业标准仍在很大程度上满足不了企业的实际需求，38% 的企业认为应加强原有标准的更新修订，使标准更接地气；也有三分之一的企业认为应加快新标准制定。

4. 绝大多数企业认为应该加强标准的宣贯与培训，近半数企业认为应该通过专家帮助企业应用标准。需要加强开展印刷标准的培训与应用推广活动，让更多的企业学习和了解标准，并能使用相关标准，由此带来经济效益最大化。

5. 包括工艺和材料在内的各个领域都有必要制定国家标准或行业标准，其中在体现“绿色”、“数字”、“智能”的印刷领域尤其需要，产品质量检验方面的标准尤为突出。

6. 绝大多数企业认为有必要引进国际标准，同时三分之二的企业认为应在修改国际标准后再进行采用。

四、印刷标准化未来发展规划

当前，印刷行业正面临“十三五”收官、“十四五”开篇的重要历史时期，要结合印刷业“十四五”发展规划调研，以强化标准引领、推动经济高质量发展为目标，提出印刷标准化未来发展规划。初步规划包括以下两方面：

（一）坚持问题导向，强化机制创新，加强国际交流与合作，推动印刷标准化工作提档升级。

1. 坚持问题导向。对标国家发展战略，结合印刷产业发展实际，在涉及全行业的系统性关键性问题上下功夫，针对标准缺失、老化、交叉等突出问题，深化标准化工作供给侧结构性改革。加快老旧标准更新，逐步形成既符合行业实际和产业结构调整要求，又具有前瞻性、引领性、科学性，能够推动行业生态圈协同发展的高质量标准体系。要进一步开展多种形式的标准宣贯、推广、培训、示范活动，提高企业对标准化工作的重视程度。

2. 强化机制创新。建立健全各相关标委会之间的协同创新工作机制，调动专家、委员和产学研用各方积极性，在标准政策研究、规划分析、信息交流、人才培养等方面形成合力。推动印刷标准化工作改革，推动工作机制创新，推动标准工作机构抱团取暖、资源共享，解决基础建设、技术推进和对外联络中存在的问题。

3. 加强国际交流与合作。积极与相应的国际标准化活动和组织对接，参与国际标准制定和转化应用，培养国家标准化人才，以标准“走出去”带动项目“走出去”，推动印刷强国建设。

（二）开展标准化战略研究，瞄准高质量发展目标，强化组织机构建设，创新标准化工作举措。

1. 开展标准化战略研究。紧跟国家标准化发展战略，结合行业现状和未来趋势，认真做好“十四五”印刷标准化战略研究，使印刷标准化工作的目标、任务和规划与新闻出版事业产业大方向大目标大格局同频共振，确保印刷标准化工作的有序推进、稳步发展。

2. 瞄准高质量发展目标。贯彻落实党的十九大提出的关于高质量发展的战略部署，围绕国际标准转化、标准提档升级、加速融合创新、推动新兴业态发展等方向，根据绿色化、数字化、智能化、融合化发展需求，在更新完善现有标准体系基础上，重点开展绿色印刷、智能印刷、数字印刷等新技术新业态标准的研制工作，有效帮助破解当前行业落后产能过剩、高端供给不足的问题。

3. 强化组织机构建设。完善经费使用、绩效考核等管理办法。进一步规范标准制定工作流程，加强对标准计划制定、审批发布、复审修订等环节的工作监管，确保标准制修订过程科学、规范、合理。要营造良好的科研工作环境与氛围，推动专业培训、学术交流、国际合作等多种培训方式全面发展，提升科研人员整体素质，力争建设一支集标准化知识和出版印刷专业知识于一身的高质量标准化工作队伍。■

湖南天闻新华印务有限公司
HUNAN TIANWEN XINHUA PRINTING CO.,LTD

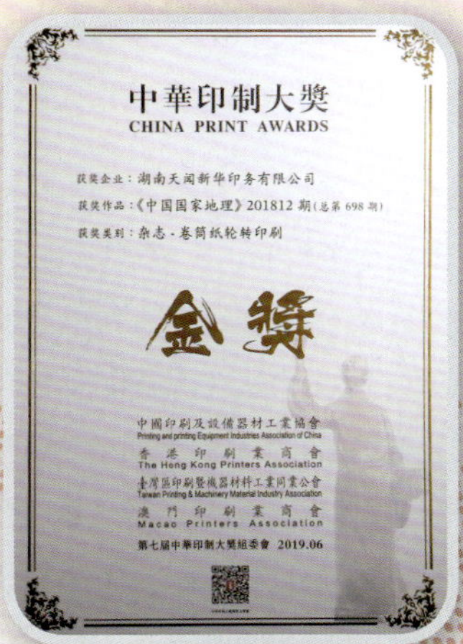

中華印制大獎
CHINA PRINT AWARDS
金獎

深圳劲嘉集团股份有限公司

深圳劲嘉集团股份有限公司成立于1996年10月，1997年正式投产。2007年A股中小企业板上市，股票代码002191。历经20余年稳健展，已成为生产规模、科研创新能力、核心竞争力等均居于行业前列的现代化大型综合包装产业集团。

集团总部位于深圳，投资兴建了25万平方米的智能生态产业园。下属公司30多家，分布在广东、安徽、贵州、重庆、江苏、云南、西、山东、吉林、香港等地，业务覆盖全国。集团主营业务为高端包装印刷品和包装材料的研发生产，主要产品是烟标、酒盒、高端电产品及生活用品的包装及相关配套材料。在行业率先推出创意设计和包装整体解决方案，成功研发了镭射全息转移防伪纸和转移膜等新材料，突破运用于包装印刷领域；与国内80%的省中烟公司长期保持战略合作关系，烟标销售量位居行业前列，其他社会型产品也占有大市场份额。

劲嘉集团具有广泛的知名度和较大的影响力，拥有自主知识产权的国际先进印刷设备机群，已获得专利600多项，参与45项国家/行业准制定，是全国诚信印刷企业（AAAA级），工商诚信企业（AAAA级）。劲嘉集团三度蝉联中国印刷百强榜首，荣膺“工信部第一批色工厂”、“工业产品生态设计示范企业”、“绿色包装印刷材料及制品精密印制技术国家地方联合工程研究中心”、“国家高新技术业”、“国家印刷示范企业”、“深圳市市长质量奖经济类铜奖”、“深圳市企业技术中心”、“博士后创新实践基地”、“中国环保装印刷材料与应用技术研发中心”、“广东省绿色包装印刷及制品精密印制技术工程技术研究中心”、“广东省工业设计中心”、“深市工业设计中心”、“循环经济领军企业”、“国家绿色包装上榜企业”、“深圳市工业设计中心”、“深圳经济特区 30年杰出贡献业”、“上市公司金牛百强”、“包装印刷标准研究基地”、“深圳市文化创意产业百强（2012-2013)”、“深圳市文化+科技型示范业”、“深圳市文化产业基地”、“深圳市民营领军骨干企业”等200多项资质与荣誉称号，并有多项设计创意作品问鼎国际金奖。

集团积极推进战略转型，引入复星集团下属子公司复星安泰作为战略投资者，并与茅台酒厂集团技术开发公司结成战略联盟，通过跨界合，持续创新发展模式，实现了从单一产业到全产业链升级的发展格局。大包装纵横并拓，全面实现智能化升级，业务扩展至食品、料、日化、高端电子及其它快消品领域。在现有新型包装产业基础上，探索技术多元化路径，综合运用云计算、物联网、大数据等技术段，成为领先的智能包装系统解决方案提供商。

展望未来，劲嘉将肩负“复兴民族工业，实现产业报国”的伟大使命，秉承“以人为本、创新为魂、诚信为基、市场为根”的核心价观，向具有国际竞争力的世界一流企业集团迈进。

公司地址：深圳市南山区高新技术产业园科技中二路
劲嘉科技大厦
公司官网：www.jinjia.co

砥砺奋进四十载
不忘初心再出发

——中国印刷技术协会成立40周年纪念专辑

▶特别同贺

▶友情同贺

岁月无痕，步履有声，历经40载时代激荡，中国印刷技术协会坚持以推动中国印刷技术进步、为印刷人谋福祉为时代责任，一路探索，一路创新，追光而往，致远未来，用思考求索和务实笃行沉淀协会初心，为建设中国印刷业的宏伟蓝图铿锵前行。

40年风雨路，协会始终以沟通、服务、创新、赋能为笔触，画出了中国印刷界的同心圆。这个蕴含着巨大能量的同心圆正吸引着更多志同道合之士加入其中，协会未来强壮可期，辉煌可期！

能与协会相伴成长数十载，共享、共道、共未来，何其有幸！适逢协会成立四十周年之际，我谨代表深圳劲嘉集团股份有限公司对协会表示最热烈的祝贺和诚挚的祝福！

深圳劲嘉集团股份有限公司董事长　乔鲁予

年华似水，岁月如歌，中国印刷技术协会已走过了40个年头。值此协会成立40周年之际，衷心祝福协会如月之恒、如日之升！

40载春秋，耕耘在心间。过去的40年，是中国印刷业亲历改革开放高速发展的40年；是告别铅与火进入光与电的40年；是中国印刷业在世界印刷史留下浓墨重彩的40年。40年来，协会始终发挥着促进行业和企业交流的重要作用，通过搭建平台、提供服务，为行业探索技术和进步，贡献了力量。

40载年华，收获亦满满。40年来，中国印刷业发生了翻天覆地的变化，协会见证了一个又一个行业高速成长的奇迹。通过持续的技术创新、管理升级、产品品质稳步提升，国际竞争力由弱变强，中国印刷已成为了世界瞩目的高品质代名词。今天的中国印刷业，已然告别了过去的孱弱，巍然屹立于世界印刷行业之林。在此，对协会历任领导所展现的工作作风和工作精神，表示诚挚的感谢。

2020年注定是不平凡的一年，身处人工智能、互联网技术不断快速迭代时代。让我们紧密团结在协会的领导下，怀揣一颗敬畏与热爱之心，继续传承工匠精神，共创中国印刷业的美好明天。

北京盛通印刷股份有限公司集团总裁　栗延秋

值此中国印刷技术协会成立40周年之际，我谨代表天津长荣科技集团股份有限公司，向中国印刷技术协会表示诚挚的祝贺和崇高的敬意。

40年来，中国印刷技术协会在对接国家政策，搭建行业交流平台，促进国际交流与合作，加快行业人才建设，建立完善职业技能培训体系；加速行业标准化建设，提升行业管理水平和科技进步等方面发挥了不可替代的作用。40年历程，协会和行业一同奋进，一路砥砺前行，转型升级，创新发展，取得了辉煌的成绩。

40年风雨坚守，40年硕果累累，40年岁月如歌。值中国印刷技术协会风华正茂之年，衷心祝愿中国印刷技术协会引领中国印刷行业再攀高峰，再铸辉煌！

天津长荣科技集团股份有限公司董事长　李莉

热烈祝贺中国印刷技术协会成立 40 周年；衷心祝愿协会能够建设成为助推印刷业高质量发展的高端智库、促进国际国内印刷领域专家、企业家合作交流的大平台。

北京印刷学院党委常委、副校长 王关义

日月轮回，斗转星移，今年是中国印刷技术协会成立 40 周年，在此，我谨代表山东世纪开元电子商务集团有限公司，向中国印刷技术协会表示最热烈的祝贺，也向中国印刷技术协会这 40 年来为推动行业发展所付出的努力，致以最崇高的敬意！

世纪开元作为一家“互联网＋印刷”企业，多年来，得到中国印刷技术协会及行业同仁的大力支持与帮助，并获得了行业内外的诸多肯定。我相信，中国印刷业一定会迎来一个更加灿烂的未来。我们共同期待下一个十年！

山东世纪开元电子商务集团有限公司创始人、董事长兼总裁
郭志强

值此中国印刷技术协会 40 周年华诞之际，我谨代表方正电子向协会表示热烈的祝贺，并对协会一直以来的指导与支持表示衷心的感谢。

40 年的风雨兼程，40 年的实践探索，中国印刷技术协会为印刷业各方同仁架起了一座互联互通的坚实桥梁，也在会员、行业、党和政府及社会服务之间构建了一条坚韧的纽带，带领着我们印刷业者共进步同发展。

乘风破浪四十载，直挂云帆再起航！祝福中国印刷技术协会站在新起点推动新变革，继续守正创新，笃实前行，引领中国印刷业高质量发展，带领广大印刷业者创造更美好的未来！

北京北大方正电子有限公司董事长、总裁 邵行

值此中国印刷技术协会成立 40 周年之际，我谨代表乐凯华光印刷科技有限公司向中国印刷技术协会表示热烈的祝贺！并对协会多年来给予乐凯华光及行业企业的大力支持表示崇高敬意和衷心感谢！

中国印刷技术协会成立 40 年来，发挥了凝聚行业发展合力的重要作用，促进了我国印刷行业快速健康发展！

乐凯华光成立近 50 年来，伴随着我国印刷业的发展壮大，始终立足行业发展需要和自身实力，砥砺奋进，努力实现打造“世界一流印刷系统服务商”的企业愿景目标。

展望未来，我们坚信，中国印刷业一定能够取得更加辉煌的成绩，中国印刷技术协会必将为推动行业发展做出更大的贡献！

乐凯华光印刷科技有限公司总经理 张涛

值此贵协会成立40周年之际，我校谨表示热烈的祝贺和衷心的感谢，感谢你们为中国印刷事业做出的巨大贡献。

协会通过组织印刷行业人员进行国内外印刷学术交流、技术研讨、技术培训等活动，努力实现印刷行业新技术的传播和新成果的推广，为提高我国印刷技术水平和企业管理水平，提升我国印刷业在国际印刷界的地位，做出了重要贡献。

我校作为新中国建立的第一所出版印刷类学校，始终致力于为我国培养具有国际视野、人文素养、艺术眼光、创新意识的印刷出版传媒类高端应用技术技能型人才。

学校作为中国印协副理事长单位，长期以来与协会保持着密切友好往来。我们希望，友谊之树长青、多方合作长久；我们祝愿，共同发展、开拓创新，为中国印刷行业发展贡献新的力量。

上海出版印刷高等专科学校党委书记 顾春华

校长 陈斌

在中国印刷技术协会成立40周年之际，我谨代表北京尚唐印刷包装有限公司全体同仁向中国印刷技术协会表示衷心的祝贺。

中国印刷技术协会是伴随着我国改革开放成长并发展壮大的重要行业组织，在历任协会领导的带领下，引领印刷业告别了“铅与火”的印刷工艺，并为实现从“激光照排”到“数字印刷”的历史性转变做出了重大贡献。中国印刷技术协会紧密联系会员单位，以产业发展为引导，组织、承办各类行业活动，对印刷产业趋势研究、新技术推广应用、专业人才培养发挥了重要作用。

40年风雨如歌，40年砥砺前行。我们坚信，在新的发展时期，中国印刷技术协会在新一届领导班子的带领下，一定能抓好机遇，践行行业的引路人职责，引领着我国印刷企业走向更辉煌的明天。

北京尚唐印刷包装有限公司总经理 廖振利

值此中国印刷技术协会成立40周年之际，谨代表北京利丰雅高长城印刷有限公司向中国印刷技术协会表示诚挚的祝贺！

中国印刷技术协会诞生于改革开放初期，在那个百业待兴，印刷行业赶超世界强国的年代，中国印刷技术协会推波助澜，构筑国际信息交流的平台，引入国外新思维，吸收先进印刷技术理念，培养精英印刷技术人才，发挥着巨大的桥梁纽带作用。

回首过去的40年，中国印刷业从改革开放初期年总产值不足50亿元，发展到如今万亿元级别，创造了国际印刷产业增长的奇迹！当今在迎接国家“十四五”规划的新形势下，面对“绿色发展，智能制造”印刷业全面升级的挑战，在由印刷大国向强国迈进的道路上，中国印刷技术协会砥砺发展，助力行业成功转型，为谱写产业发展新篇章做出卓越贡献！

最后，衷心期待中国印刷技术协会广开思路，锐意进取，引领中国印刷行业再次走向新的辉煌，共创美好的明天！

北京利丰雅高长城印刷有限公司董事总经理 郭健

欣闻贵会成立 40 周年，40 年非凡历程，40 年春华秋实。我们倍感荣幸与全国印刷业界同仁共同见证这一重要的历史时刻。贵会在发展和繁荣我国印刷事业的伟大历程中，锐意创新、积极进取，坚持不懈、砥砺前行。值此，我谨代表南京爱德印刷有限公司 500 多名员工对贵会致以最热烈的祝贺和最崇高的敬意。

40 年来，贵会一直不遗余力地推动中国印刷技术进步、发掘和培养印刷业优秀人才。贵会 40 年的发展历程，是解放思想、改革创新、推动行业转型的 40 年，是面对挑战和压力不断突破、精益求精的 40 年，为中国印刷业高质量稳定发展、勇攀高峰发挥了重大作用。

长风破浪会有时，直挂云帆济沧海。衷心祝愿贵会以 40 年华诞为新纪元，继往开来，为中国印刷事业再添新彩！

南京爱德印刷有限公司总经理 **刘磊**

值此中国印刷技术协会成立 40 周年之际，我谨代表辽宁新华印务有限公司向协会致以最热烈的祝贺和诚挚的敬意！

40 年来，中国印刷技术协会带领广大会员单位，积极贯彻党和国家建设印刷强国、推进文化产业不断发展的方针政策，紧密围绕印刷产业链的整体发展，各项工作卓有成效、扎实有力，取得的成果令人瞩目，协会的影响力、凝聚力和号召力不断增强，成为印刷业履行职责、贯通上下、推动发展、服务群众的重要力量，为我国印刷出版业的繁荣与发展做出了卓越贡献。

展望未来，随着经济全球化的推进，印刷行业也势必会进一步加快走向世界的步伐，我们坚信在中国印协的带领下，各会员单位定能继续携手并肩、共同努力、同心同德，为我国印刷行业健康、稳定和可持续发展做出新的更大的贡献。

辽宁新华印务有限公司党委书记、总经理 **侯维佳**

中国印刷技术协会伴随着我国改革开放应运而生，1980—2020 犹如白驹过隙，中国印刷技术协会始终牢记使命、砥砺奋进 40 载，伴随着印刷业从“铅与火”走向“光与电”，并在推动行业迈向“绿色化、数字化、智能化、融合化”的发展道路上发挥出了重要作用。

山西新华印业有限公司是山西省省属最大国有综合印刷企业、国家定点书刊印刷企业、保密印刷资质单位。企业多年的发展受益于中国经济社会的蓬勃发展，广大行业同仁的支持与信任。值此中国印刷技术协会成立 40 周年之际，我谨代表山西新华印业有限公司，向协会致以最诚挚、最热烈的祝贺！让我们全行业勠力同心，不忘初心再出发，让中国印刷业在世界舞台上散发出更大的魅力。

山西新华印业有限公司党委书记、总经理 **杨志刚**

喜迎中国印刷技术协会40华诞，山东临沂新华印刷物流集团有限责任公司向协会致以热烈祝贺和诚挚祝福！

在中国印刷技术协会和印刷界同仁们的关心、支持、指导下，临沂新华抢抓改革发展机遇，坚持科技创新、技术领先发展战略，不断提升巩固印刷产业链条，实现多元融合绿色创新发展，被授予“国家印刷示范企业”“推进绿色印刷标兵企业”的殊荣。我们将不忘初心、牢记使命，努力建设“实力新华、活力新华、文化新华、信仰新华”，打造“百年新华”企业品牌，为中国印刷行业的高质量发展做出应有贡献。

回望过去，中国印刷业历经风雨，取得了骄人的业绩；放眼未来，中国印刷业必将在行业同仁们的共同努力下，实现新的更大的辉煌！

山东临沂新华印刷物流集团有限责任公司

值此中国印刷技术协会成立40周年之际，我谨代表中山市中益油墨涂料有限公司，向中国印刷技术协会表示最热烈的祝贺！

中国印刷技术协会自成立以来，在各届领导班子的带领下，取得了傲人的成绩。伴随着中国印刷业的发展，励精图治，锐意进取，始终围绕大局、服务中心，砥砺奋进、开拓创新。我坚信，在未来的岁月，中国印刷技术协会在引领行业前行的道路上必将铸就新的里程碑，也期待协会在推动印刷行业发展的道路上取得更加辉煌的成绩。

中益油墨主要研发、生产、销售各类绿色环保油墨，企业将继续以“传播绿色印刷技术，推动行业快速发展”为使命，致力于生产中国最好的环保油墨为产品观，为中国印刷行业的发展做出应有的贡献。

中山市中益油墨涂料有限公司董事长 郑敬尉

缤纷四十载点墨成金，传印千年路初心如光。

祝贺中国印刷技术协会成立40周年！

APP大纸事业部CEO 王乐祥

首先，我谨代表芬欧汇川（中国）有限公司衷心祝贺中国印刷技术协会成立40周年。

这是一段辉煌的历程。中国印刷技术协会团结并引领印刷出版上下游企业，见证印刷行业告别“铅与火”，迎来“光与电”，并通过推动改革开放与开拓创新，实现了行业由大变强的跨越式发展。

芬欧汇川（中国）有限公司非常荣幸能够为中国印刷出版行业提供高品质、绿色环保的纸张，并在印刷标准制定，绿色原辅材料宣传等诸多领域，做出了应有的贡献。展望未来，我们衷心期待在中国印刷技术协会的带动引领下，为赋予印刷出版行业更加旺盛的生命力付出自己的绵薄之力！

芬欧汇川（中国）有限公司公共和政府事务高级经理 胡蓉晖

热烈祝贺中国印刷技术协会成立 40 周年。

亚太森博（广东）纸业有限公司总经理 洪庆隆

欣闻中国印刷技术协会成立 40 华诞。值此重要时刻，我谨代表曼罗兰大中华全体同仁向贵协会表示热烈的祝贺！

协会自成立以来始终秉承“服务行业”的理念，围绕行业整体发展布局和技术进步开展了大量卓有成效的工作，为我国印刷包装行业的蓬勃繁荣发展做出了巨大贡献。作为印刷设备供应商同时也是中国印刷行业的一分子，曼罗兰在大中华地区的发展同样得益于协会的优质服务，对此我们深表感谢。

砥砺奋进四十载，不忘初心再出发。曼罗兰愿与贵协会以及全体印刷业界同仁一道，为推动中国印刷包装行业发展和技术进步贡献自己的力量！

曼罗兰大中华董事长 陈芬妮

值此中国印刷技术协会成立 40 周年之际，我谨代表浙江劲豹机械有限公司向中国印刷技术协会表示最诚挚的祝贺！

中国印刷技术协会是紧跟我国改革开放的脚步成立、成长发展起来的，协会自成立以来，热情服务于印刷产业的发展，团结全国印刷工作者在开展学术技术交流和科技咨询服务、加强与国际的交流合作、发挥政府与企业之间的桥梁纽带作用等方面做了大量的卓有成效的工作，为中国印刷工业的发展做出了巨大贡献。

未来，中国印刷业在政府积极引领下，在协会和企业的共同努力下，行业将会迎来高质量发展的崭新局面。浙江劲豹机械有限公司作为国内丝网印机制造龙头企业也将站在新起点、肩负新使命为行业发展砥砺奋进！

浙江劲豹机械有限公司董事长 方新通

春华秋实四十载，风劲扬帆正当时。值此中国印刷技术协会成立 40 周年之际，我谨代表泰山新闻出版小镇向中国印刷技术协会表示诚挚的祝贺。

40 年来，中国印刷技术协会与时俱进、以变促改，充分发挥协会优势，多措并举推动产业转型升级，推动行业高质量发展等方面做了大量卓有成效的工作。

泰山新闻出版小镇以打造新闻出版全产业链的聚集平台为目标，致力于建设成为全国范围内具有相对独立的、经济和社会功能齐全的“产业＋文化＋生活”区域中心。未来，我们将在中国印刷技术协会的带领下，继续充分发挥自身集群优势，为推动全国印刷产业发展再立新功。

泰山新闻出版小镇总经理 曹步云

中科印刷
ZHONGKE PRINTING

欣悉中国印刷技术协会成立40周年，特向协会致以最热烈的祝贺。

40年砥砺前行，40年春华秋实。中国印刷产业一直在变革中求发展，中国印协便是这滚滚洪流的亲历者、见证人。协会一直围绕印刷领域的重大理论现实问题和重要成果应用不懈奋斗，是实至名归的殿堂和智库，更是印刷行业的标杆和领头雁。

回望40年沧桑巨变，印刷人趋行在发展道路上，在奔跑，在涅槃。协会所思所想、所盼所为，都是在为中国印刷事业铺就一条通向发展与未来的路。我们愿与协会相伴成长，愿为印刷事业拼搏奋斗，高扬前行之帆，书写印刷人的豪情壮志！

衷心祝愿协会借40周年之东风，在时间的浪潮中一路前行，铸造崭新高远的成绩！我谨代表北京中科印刷有限公司祝福协会各项事业蒸蒸日上，蓬勃发展，明天更辉煌！

北京中科印刷有限公司董事长 沈幸华

日月轮回，四时更替，转眼间中国印刷技术协会走过了40个春秋。在此，我谨代表重庆升光电力印务有限公司向中国印刷技术协会表示诚挚的祝贺！

四十年，中国印刷业“告别铅与火，走过光与电，迎来数与网”的伟大变革，从百废待兴发展成为产业总量位居全球第二，产品质量达到国际领先的水平。这些翻天覆地的变化，都离不开一代代印刷人与印刷企业的共同努力，也离不开中国印刷技术协会为行业发展所做的引导和推动。

重庆升光电力印务有限公司创办于1972年，多年来深耕印刷领域，坚持与时俱进，倡导可持续发展，不断增强企业核心竞争力，力争为行业的发展做更多的贡献。

四十年砥砺奋进，重庆升光电力印务有限公司愿在中国印刷技术协会的带领下，一起再出发续写新篇章！

重庆升光电力印务有限公司总经理 潘霞

值此中国印刷技术协会成立40周年之际，我谨代表山东工业技师学院，向中国印刷技术协会表示诚挚的祝贺！

40年历程光阴流转，40年春秋薪火相传。中国印刷技术协会自成立以来，始终坚持高处站位，为行业搭建创新发展平台，充分发挥政府和企业之间的桥梁纽带作用，为推进中国印刷事业的发展发挥了重要的作用。40年来，中国印刷技术协会凝聚行业力量，探索发展之路，弘扬工匠精神，厚植印刷文脉，着力推动印刷业绿色化、数字化、智能化、融合化发展。我相信，在中国印刷技术协会的带领下，业内同仁众擎易举，为新时代印刷业高质量发展铸魂赋能，必将书写中国印刷事业的时代新篇章！

山东工业技师学院也将一如既往地为印刷行业培养具有工匠精神的高技能人才，助力中国印刷强国梦的实现！

山东工业技师学院党委书记 孙科顺

值此中国印刷技术协会成立 40 周年之际，我谨代表北京建宏印刷有限公司，向中国印刷技术协会表示最诚挚的祝贺。

中国印刷技术协会成立 40 年来，在历届协会理事长的带领下，积极进取、勇于创新，极大地推动了中国印刷行业在管理、技术、设备和材料上的大发展，特别在中国印刷行业的绿色、可持续发展方面起到了推动和引领作用。我相信，在中国印刷技术协会新一届领导班子的带领下，中国印刷技术协会将再书新篇、取得更大的辉煌。

北京建宏印刷有限公司作为按需印刷领域的领先者，在中国印刷技术协会的领导下，将会继续秉持科技创新、绿色环保的发展理念，为中国印刷行业和出版发行行业的转型发展贡献出自己的全部力量。

北京建宏印刷有限公司总经理
中图数字科技（北京）有限公司总经理 郭建宏

值此中国印刷技术协会成立 40 周年之际，我谨代表北京凌奇印刷有限责任公司向贵协会表示最热烈的祝贺和最崇高的敬意！

40 年来，中国印刷技术协会在国家改革开放的大潮中，充分发挥协会的桥梁和纽带作用，团结带领印刷业内同仁，砥砺前行，勠力同心、攻坚克难。40 年来，中国印刷技术协会以推动印刷产业发展为己任，在全国范围内开展多项行业活动，为促进各企业间相互学习、交流合作、共同发展提供宝贵平台，发挥了重要作用。

祝中国印刷技术协会在新形势下，继续凝聚行业力量，齐心协力，改革创新，在我国由印刷大国向强国迈进的道路上发挥更大的作用，取得新的业绩。

北京凌奇印刷有限责任公司总经理 张仲伯

值此中国印刷技术协会喜迎成立 40 周年之际，北京科信印刷有限公司向协会致以最热烈的祝贺！

40 年来，伴随着祖国改革开放的伟大事业，中国印刷技术协会团结和引领印刷行业，在正确的发展道路上风雨兼程、砥砺奋进，收获了累累硕果，创造了辉煌的业绩。

北京科信印刷有限公司创立于新世纪之初，是一个年轻的印刷企业。十多年来，在中国印刷技术协会领导和专家的大力支持和无私帮助下，科信的各项工作都取得了长足的进步和发展。

进入新时代，我们坚信，中国印刷技术协会一定会不忘初心，在引领印刷行业高质量发展，并为早日实现建成世界印刷强国的伟大征程上努力奋进。

北京科信印刷有限公司董事长 李红云

过往的 40 年，是中国印刷行业实现从“铅与火”走向“光与电”，从传统印刷走向数字印刷的伟大时代。中国印刷业正以其先进的设备，优美的质量和完美的管理体系向世界展现出自己的发展成果。

北京天宇星印刷厂受益于印刷行业发展的巨大成果，感恩中国印刷技术协会与广大印刷行业同仁对北京天宇星印刷厂的充分信任与支持！值此中国印刷技术协会成立 40 周年之际，我谨代表北京天宇星印刷厂，向协会致以最诚恳、最热烈的祝贺！让我们为今后的共创伟业，共铸辉煌，携手共进，密切协作。

北京天宇星印刷厂厂长 秦建丽

值此中国印刷技术协会成立 40 周年之际，我谨代表鸿博昊天科技有限公司全体员工向贵会致以最热烈的祝贺！并对贵会给予我们公司一贯的指导、帮助和支持表示衷心的感谢！

贵会自成立以来，始终围绕中心，服务大局，不断发掘和培养优秀印刷人才，不断致力于推动印刷业的技术革新，积极推进印刷业自动化、数字化、智能化、网络化、绿色化发展，扩大了中国印刷行业在全球的影响力。

40 年风雨坚守，40 年砥砺前行。我们坚信，贵会将以成立 40 周年为新的起点，进一步推动和引领新时代印刷业的高质量发展。衷心祝愿贵会不忘初心，牢记使命，再创辉煌，不断开创印刷产业发展的新局面！

鸿博昊天科技有限公司总经理 刘春艳

值此中国印刷技术协会成立 40 周年之际，我谨代表北京中献拓方科技发展有限公司，向协会的各位领导和全体同仁致以最热烈、最诚挚的祝贺！

40 年来，协会坚持严格贯彻落实党和国家方针、政策，始终如一为企业做好政策指导和行业市场引导，并通过学术交流、技术研讨等活动，为行业搭建了良好的沟通平台，为推动我国印刷业的发展做出了重要贡献。

北京中献拓方科技发展有限公司成立 20 年来取得了长足进步，离不开中国印刷技术协会以及行业同仁的关心和指导，对此表示由衷感谢！

我们坚信，在未来，中国印刷技术协会将百尺竿头更进一步，奏响更加华美的乐章！

北京中献拓方科技发展有限公司总经理 李坚

传播印刷文明、聚合行业智慧、引领技术发展，祝贺中国印刷技术协会成立 40 周年。

北京中石油彩色印刷有限责任公司总经理 张红军

斗转星移，日月轮回。转眼中国印协已走过了40个年头，进入了不惑之年。40年来，中国印协在政策指导、行业引领、企业交流等方面发挥了巨大的作用，促进了出版印刷技术的交流和行业的转型升级，充分发挥了协会的桥梁纽带作用，有力推动了印刷行业的变革和发展。

承蒙中国印协多年的指导和帮助，高教社（天津）印务有限公司作为一家有着30年发展历程的书刊印刷企业，始终坚持发扬“学习、继承、创新、超越”的企业精神，奋发图强，担当作为。

40年风云激荡，40年铸就辉煌。衷心祝愿中国印协继往开来，永远保持奋进向上的本色和为行业服务的初心，持续为印刷行业发展发挥强大作用，继续引领印刷行业向着美好的明天奋进！

高教社（天津）印务有限公司总经理 冯书强

年华似水，转眼间，中国印刷技术协会已经成立了40年。40载耕耘，硕果累累。值此协会成立40周年之际，我谨代表上海西口印刷有限公司向中国印刷技术协会表示衷心的祝贺，祝愿协会在新的征途中再谱辉煌篇章。

40年之久，灿烂战绩历历在目；40年之际，辉煌成就永远延续。40年来，协会作为印刷行业发展的见证者，秉着“赠人玫瑰，手有余香”的信念，为印刷企业提供最新的行业动态及最新技术交流平台，并凝聚了印刷企业一起交流学习、一起进步。作为协会的一员，上海西口印刷有限公司多年来也跟随着协会的脚步受益匪浅。

风雨40载，而今迈步从头越。展望未来，市场竞争日益激烈，同时也充满了无尽的机遇与挑战。在印刷行业立足了28年的上海西口印刷有限公司将继续在协会的关心和支持下，在前进的道路上，不被问题所击倒，不因压力而放弃，不断进取，荣光与共。

上海西口印刷有限公司总经理 仲伟之

热烈祝贺中国印刷技术协会成立40周年！
愿协会与利奥并进：
开放交流，联手助力行业转型升级，
绿色印刷，护中国绿色山河，
百年树人，为印刷培育新生力量，
合作共赢，共迎印刷发展新机遇！

利奥集团鹤山雅图仕印刷有限公司董事长 冯广源

四十韶华潜心奉献

印业辉煌用心谱写

东莞金杯印刷有限公司董事长 杨国伟

数易春秋，40载征程。转眼间，中国印刷技术协会已经走过了40个年头。值此协会成立40周年之际，我谨代表虎彩印艺股份有限公司向中国印刷技术协会表示祝贺，衷心祝愿协会发展日胜一日，年胜一年。

40年来，协会始终围绕我国印刷科技事业的工作方针和行业发展的方向，不断开展学术技术交流和科技咨询服务。在加强与国内外印刷界交流合作、发挥政府与企业之间的桥梁纽带作用等方面做了大量卓有成效的工作。身为印刷行业的一员，虎彩大有受益。

作为一家有着31年历史的的企业，可以说，虎彩与协会携手走过了大部分时光。31年来，在协会的关心和帮助下，虎彩也在不断地发展与壮大。未来，愿不忘初心，继续续写我们与协会的故事。

最后，再次祝愿协会的明天更加壮大、更加美好。

虎彩印艺股份有限公司董事长 陈成稳

耕耘印刷沃土40载，与中国印刷业界共同经历见证了印刷行业振兴发展的40年。中华商务值中国印刷技术协会成立40周年之际，向中国印刷技术协会致以最热烈的祝贺。

回首40载，中国印刷技术协会为印刷企业搭建了与政府沟通交流的桥梁，为印刷从业者打造了交流和成长的平台，为印刷业的发展和进步提供了优质的服务和保障，有力地促进印刷行业的快速发展。

2020年也适逢中华商务成立40周年，我们经历了共同成长的岁月，中华商务感谢中国印刷技术协会对企业发展给予的支持与帮助！展望未来，衷心祝愿中国印刷技术协会取得更大的成就，发扬中华印刷之光，引领世界印刷潮流！

中华商务联合印刷（香港）有限公司董事总经理 梁兆贤

40年征程，中国印刷技术协会与全国印刷企业风雨相随、互铸基石。在协会的正确指引下，作为首批全国印刷示范企业，新华印务集团在多项政治出版物的印制质量上屡创佳绩，精品图书、数字印刷、绿色环保、海外板块等领域荣誉满载。当今印刷行业的砥砺发展，正是协会伴随着中国印刷业40年辛勤耕耘的宝贵硕果！

值此之际，江苏凤凰新华印务集团有限公司向协会致以衷心的感谢和诚挚的祝贺。展望未来，由衷期盼协会不忘初心、砥砺奋进、再续新篇章！

江苏凤凰新华印务集团有限公司执行董事 魏银华

值此中国印协成立40周年之际，我谨代表中闻集团南京印务有限公司向中国印协表示最热烈的祝贺，祝愿协会越办越好！

40年来，协会始终围绕我国印刷业发展的工作方针和行业发展方向，在加强与国内外印刷界交流合作、发挥政府与企业间的桥梁纽带作用等方面做出了很大贡献。

作为一家有着80年历史的老国有企业，中闻集团南京印务有限公司一直关注着中国印协的发展。未来，期望继续得到协会的支持和帮助。

最后，再次祝愿中国印协在推进中国印刷业高质量发展进程中取得更大的成绩！

中闻集团南京印务有限公司总经理　吴昊

值此中国印刷技术协会成立40周年之际，我谨代表杭报集团盛元印务有限公司表示衷心的祝贺！并向中国印刷技术协会各位同仁致以崇高的敬意！

贵会自1980年成立以来，以推动印刷业健康可持续发展为宗旨，充分发挥会员、行业、政府和社会间的桥梁纽带作用，为提高我国印刷技术水平和企业管理水平、提升我国印刷业在国际印刷界的地位，做出了重要贡献！

砥砺奋进四十载，不忘初心再出发。在此，祝愿贵会在促进我国加快从印刷大国向印刷强国转变中发挥更大的作用！

杭州日报报业集团盛元印务有限公司董事长、总经理　黄磊

春华秋实四十载，砥砺前行正当时。值中国印刷技术协会成立40周年之际，我谨代表浙江顺福印业有限公司向中国印刷技术协会表示诚挚的祝贺！

40年来，中国印刷业发生了翻天覆地的变化，技术和管理水平快速提高，各种新技术的突破，推动了我国印刷业从传统工业向现代工业的转变。这些成绩的取得，离不开行业同仁的努力，更离不开中国印刷技术协会为引导和推动行业发展所作的贡献。

浙江顺福印业自1994年成立以来，凭着先进的设备，过硬的技术，可靠的质量，优质的服务，获得了行业的认可和信赖。未来，我们将继续与行业同仁一道，为印刷业的发展贡献力量。

浙江顺福印业有限公司董事长　黄国鑫

值此中国印刷技术协会成立40周年之际，我谨代表泰安市印刷协会、肥城新华印刷有限公司，向中国印刷技术协会表示诚挚的祝贺！

40年来，中国印刷技术协会在历任理事长的不懈努力和带领下，为推动中国印刷业的发展做了大量卓有成效的工作，情系印刷服务行业深度融合，使中国印刷业不断向印刷强国迈进。我深信，中国印刷技术协会在刘晓凯理事长和新一届领导班子的带领下，将取得更大的成绩。

肥城新华印刷有限公司也将在中国印刷技术协会的领导下，为推动印刷业的融合发展做出积极贡献！

肥城新华印刷有限公司董事长　刘培利

在中国印刷技术协会成立40周年之际，我谨代表山东润声印务有限公司表示最热烈的祝贺。

40年旗帜高举，40年风雨兼程。40年来，中国印刷技术协会为推动行业发展做了大量卓有成效的工作；40年来，中国印刷业发生了翻天覆地的变化，取得了令世界瞩目的辉煌业绩。山东润声印务有限公司的快速健康发展得益于协会的关心、关注和支持，企业在创新发展、绿色发展等方面实现了新的突破，为打造百年文化企业奠定了坚实的基础。

祝愿协会辉煌永续，祝愿中国印刷为实现中华民族伟大复兴的中国梦做出卓越贡献。

山东润声印务有限公司党委书记、董事长　徐勇

在中国印协成立40周年之际，印工社（青岛）互联网科技有限公司致以热烈祝贺！40年众志成城，40年砥砺奋进，40年春风化雨，中国印协始终站在行业前沿，以全球视野，引领行业朝着健康、正确、可持续的方向行进，为印刷行业的发展做出了卓越的贡献。

40年，是历史长河中短暂的一瞬间，却是中国印协发展史上浓墨重彩的一笔，承载着行业不平凡的过往！走过历史，见证巨变，且看今日风光正好，更盼未来辉煌闪耀。祝中国印协明天更加美好！祝印刷行业未来更加辉煌！

印工社（青岛）互联网科技有限公司总经理　张栋

一滴水可映照出太阳的光辉，一个行业可以体现一个国家的嬗变，中国印刷业是国家改革开放重要的历史见证者，值此机会，我谨代表安徽新华印刷股份有限公司向中国印刷技术协会成立40周年表示诚挚的祝贺！

40年前，中国印刷技术协会因改革而生；40年来，中国印刷技术协会因开放而强，见证了中国印刷业由起步到飞跃，由落后到充满竞争力的伟大历程。未来40年，中国印刷技术协会将推动中国印刷业跨沟越坎，迈入印刷强国行列。

40年来，安徽新华同样得益于国家改革开放而快速崛起。感恩中国印刷技术协会和广大同仁对安徽新华的充分信任与长期支持！期待中国印刷技术协会不断发展壮大，继续引领中国印刷业迈向下一个辉煌的四十年。

安徽新华印刷股份有限公司总经理　沈春铭

欣逢贵会成立40周年华诞，我们有幸与全国印刷业界同仁共贺这一重要的历史时刻，不胜欢欣鼓舞！在此我谨代表福建新华联合印务集团有限公司对贵会表示最热烈的祝贺与最诚挚的祝福！

贵会成立40年来，始终矢志不渝地为中国印刷事业的发展披荆斩棘，砥砺奋进。贵会肩负着团结业界，提升技术、培养人才、沟通交流等重要使命，积极服务印刷业大局，在祖国走向富强的历史进程中以亲身行动参与着、见证着出版印刷事业的发展壮大，为出版印刷事业的大发展、大繁荣作出了不可磨灭的卓越贡献。

风雨多经人不老，关山初度路犹长。40年征程的洗刷与磨砺，益显贵会蓬勃常青、与时俱进之强大生命力。衷心祝愿贵会以40周年华诞为新征程的起点，继续薪火相传、大展宏图、再谱华章！

福建新华联合印务集团有限公司董事长 黄翔

值此中国印刷技术协会喜迎成立40周年之际，我谨代表中国人民解放军第一二〇六工厂向一直关心和支持我们的中国印刷技术协会致以热烈的祝贺。

40年艰苦奋斗，40年风雨同舟，中国印刷技术协会紧密团结印刷产业链上下游广大企业和行业工作者，做了大量卓有成效的工作，所取得的辉煌成绩，以及历届协会领导班子所体现的与时俱进的精神、团结务实的作风、淡泊名利的品德，是我们印刷行业共同的精神财富。

40载惊涛拍岸，九万里风鹏正举。一二〇六工厂将在中国印刷技术协会新一届领导班子的带领下，与印刷界同仁共画同心圆、共筑中国梦，以扎实的工作作风建功新时代，以更大的作为助力新征程。中国印刷行业也将在中国印刷技术协会的带领下蓬勃发展，继续讲好中国故事。

再次祝贺中国印刷技术协会成立40周年。

中国人民解放军第一二〇六工厂厂长 陈良兵

值此中国印刷技术协会喜迎成立40周年之际，我谨代表保定永丽印务有限公司，向协会表示诚挚而热烈的祝贺！

40年来，协会广泛团结全国印刷从业者，带动全国印刷技术工作者互联互通，实现共赢，提高印刷科技水平和技术管理水平，为我国印刷业的迅猛发展做出了巨大贡献。

在协会的引领下，我们从“铅与火”“光与电”走到了今天的“0与1”，共同见证并深度参与了中国印刷业的华丽蜕变。在今天行业转型发展的关键时期，永丽印务有限公司祝中国印刷技术协会各项工作更上一层楼，行稳致远，开拓创新，继续引领我们向更新更高的目标大步迈进，为把我国建设成为印刷强国而共同努力！

保定永丽印务有限公司总经理 张永军

中国印刷技术协会自成立以来，至诚至勤担文明传承，用心用力促行业发展，全方位前瞻谋划，多维度务实指导，始终发挥着中国印刷发展引路人和开拓者的重要作用；为行业创新发展，为印企克难奋进，为专业匠人培育等等做出了积极贡献。湖南天闻新华印务有限公司在协会关心帮助和大力支持下，坚持“守信 实干 创新 共赢”的企业发展核心价值观，秉持“赓续奋斗 惟精惟新”的经营理念，双效同升，稳中求进，取得了长足发展。值此协会成立40周年华诞之际，湖南天闻新华印务有限公司全体员工向中国印刷技术协会致以最诚挚的谢意和最衷心的祝贺。

恭祝协会发展聚力腾跃、焕彩盛辉！

湖南天闻新华印务有限公司党委书记、董事长 徐向荣

值此中国印刷技术协会成立40周年之际，我谨代表湖南奔腾文化创意股份有限公司全体同仁向协会表示衷心的祝贺！并对协会多年来对奔腾文创给予的大力支持和帮助表示崇高敬意和衷心感谢！

中国印刷技术协会成立40年来，通过联系组织印刷行业相关人员进行国内外印刷学术交流、技术研讨、技术培训等活动，实现了印刷行业新技术的传播和新成果的推广，提高了我国印刷技术水平和企业管理水平，为中国印刷的腾飞做出了卓越贡献。

湖南奔腾文化创意股份有限公司成立24年来，伴随着我国印刷业的腾飞而壮大，逐步发展成为全产业链文化创意综合型企业。

雄关漫道真如铁，而今迈步从头越。我们坚信协会将继续发扬艰苦奋斗的精神，为我国印刷行业的壮大和祖国经济的繁荣昌盛做出更大的贡献。

湖南奔腾文化创意股份有限公司董事长 王中燕

在中国印刷技术协会成立40周年之际，我谨代表山西人民印刷有限责任公司广大干部职工，向中国印协成立40周年表示热烈祝贺！向中国印协长期支持人印公司的改革发展致以崇高的敬意！

40年的砥砺前行，折射出印刷协会40年的风雨兼程。同时也是山西人民印刷有限责任公司不断推进设备和工艺技术改造升级，铸就“团结奋进”为企业发展精神的40年。

未来，让我们继续不忘初心、勇担使命，勠力同心、真抓实干，用坚定的自信，不息的脚步，共同描绘印刷行业新蓝图，携手抒写梦想成真的伟大时代！

山西人民印刷有限责任公司党委书记、总经理 李岩

值此中国印刷技术协会成立 40 周年之际，山西省印刷物资有限责任公司向协会表示最热烈、最真诚的祝贺！40 年来，中国印协始终站在印刷技术的前沿，把握最尖端的行业动态，为印刷行业企业提供获取信息和交流信息的平台，让印企紧紧把握行业发展的方向，助推印企走向正确的创新发展之路。历史已经证明，中国印协是促进印刷行业革新的强力推手，是会员企业的智囊团和风向标，我们衷心期待并祝愿中国印协能够为中国印刷业的革新做出更为卓越的贡献！

山西省印刷物资有限责任公司党总支书记、总经理 杨明波

值此中国印刷技术协会成立 40 周年之际，我谨代表云南省人大机关印务中心，向中国印刷技术协会表示诚挚的祝贺。

40 年来，中国印刷技术协会为推动中国印刷业的发展发挥了重要作用。我坚信，中国印刷技术协会在新一届领导班子的带领下，必将取得更大的成绩。

云南省人大机关印务中心成立 28 年来始终为云南省各级机关企事业单位提供印刷支持保障服务。未来，我们将在中国印刷技术协会的领导下，尽自己最大努力实施绿色化升级及创新应用示范项目，为党政机关文印绿色化创新发展，为中国印刷行业的发展，为让中国印刷在国际上拥有更多的话语权，做出自己应有的贡献。

云南省人大机关印务中心主任兼党支部书记 马行宇

值此中国印刷技术协会成立 40 周年之际，我谨代表北京凌云光技术集团，向中国印刷技术协会表示诚挚的祝贺。

40 年来，中国印刷行业走过艰难险阻，也经历过高光时刻，印刷技术显著提升，市场规模不断壮大！中国印刷技术协会在推动产业发展的道路上发挥出了重要作用！

北京凌云光技术集团从事视觉图像与光纤光学技术 24 年，始终以“质量兴业，赢在检测”为宗旨，开发智能化高性能的视觉检测设备，持续提升系统产品解决方案和服务的品质，助力行业发展。智能制造，未来已来！

凌云光技术股份有限公司董事长 姚毅

值此中国印刷技术协会喜迎成立40周年之际，我谨代表北京万邦联合科技股份有限公司，向中国印刷技术协会表示最诚挚的祝贺。

中国印刷技术协会成立后的40年间，在历届协会理事长的带领下，积极进取、勇于创新，极大推动了中国印刷行业的发展，在中国印刷行业从世界落后行列一跃发展成为世界印刷大国，并稳步迈向世界印刷强国的道路上做出了卓越的贡献。

北京万邦联合科技股份有限公司专注致力于为印刷行业生产物料智能化输送提供解决方案及技术服务，我们期待中国印刷技术协会在新一届领导班子的带领下不断发展壮大，再书新篇，并继续引领中国印刷业走向更大的辉煌。

北京万邦联合科技股份有限公司董事长 吕晓东

祝贺中国印刷技术协会成立40周年！

以工匠之心，打造紫明印机百年品牌！

以创新之魂，实现民族印机强国之梦！

浙江紫明印刷机械有限公司董事长
上海紫明精密机械有限公司董事长 杜龙飞

在中国印刷技术协会喜迎成立40周年之际，我谨代表网屏公司向一直以来给予我们大力支持的中国印刷技术协会致以热烈的祝贺！

自网屏公司上世纪80年代初进入中国市场以来，在中国印刷技术协会以及中国印刷界各位朋友的多方支持与指导下，使我们在中国市场的业务有了迅猛的发展。在与中国印刷界一同经历风雨的同时，也见证了中国印刷业从传统印刷工艺向智能印刷工艺的华丽蜕变。我们期待中国印刷技术协会能在不断发展壮大的同时，继续引领我们以及中国印刷业向更高的技术领域共同奋进！

网屏精密设备（上海）有限公司董事长 半澤賢臣

在中国印刷技术协会成立40周年之际，我谨代表深圳精密达智能机器有限公司向协会致以最诚挚的祝贺！向印刷协会为行业做出的卓越贡献致以崇高的敬意！

深圳精密达智能机器有限公司董事长 郑斌

在中国印刷技术协会喜迎成立40周年之际，我谨代表好利印科技有限公司向中国印刷技术协会致以热烈的祝贺！

AFS好利印是一支年轻的团队，我们致力将海外优秀的智能自动化印后品牌引进国内印刷商圈。AFS好利印也期待在中国印刷技术协会的引领下共同促进中国印刷业的繁荣昌盛，为中国乃至世界带来更优质的印刷服务及解决方案，见证中国印刷在世界舞台的蓬勃发展！

好利印科技（香港/深圳）有限公司董事总经理 马剑影

物转星移，时光飞逝，中国印协已走过40个春秋，中国印刷也实现了从传统印刷站起来、数字化印刷富起来到智能化印刷强起来的伟大飞跃，让印刷业所有企业迎来了智能化助力产能复苏、不断推拓新技术打开市场需求的局面，实现着印刷业的强国光明梦想！

值此中国印协成立40周年之际，科雷祝中国印协在未来初心不改，以行业广泛代表性和行业资源作为基础，发挥印刷企业与政府之间桥梁和纽带作用，推动行业企业间精诚合作、携手共进，带领中国印刷开创新辉煌！

杭州科雷机电工业有限公司董事长 项建龙

数易春秋，风华正茂；40载耕耘，硕果累累。在中国印协成立40周年之际，平湖英厚机械有限公司致以最真诚的祝福和最热烈的祝贺。

40载，岁月如歌；40载，波澜壮阔。40年的印刷历史长河中，中国印协作为一个探索者、开拓者，不断探索着印刷业的新方向；作为一个先驱者、领导者，引领行业人走向绿色化、智能化的发展之路。在这美好的日子里，英厚机械祝中国印协再创伟业！再铸辉煌！谱写出绚丽的新篇章！

平湖英厚机械有限公司总经理 李昂

1980年至2020年，正是中国印刷行业从摸索期到现代化、从奠定基础到跨越式飞跃的伟大时期。在中国印刷技术协会的大力支持和前瞻性指引下，中国印刷行业涌现出一大批光彩夺目的明星企业，以最先进的科技、装备和缜密完善的管理模式向全世界，展现出强劲的竞争实力。

东洋油墨集团、天津东洋油墨有限公司受益于中国改革开放迸发的巨大市场活力，感恩中国印刷技术协会与广大印刷行业同仁对我们的充分信任与长期支持！值此中国印刷技术协会成立40周年之际，我谨代表天津东洋油墨有限公司，向协会致以最诚挚、最热烈的祝贺！让我们携手同心、密切协作，为攀登未来更智能、更精密、应用更加广泛的印刷科技高峰而共同努力！

天津东洋油墨有限公司总经理 王建军

时值中国印刷技术协会成立40周年之际，我谨代表杭华油墨股份有限公司表示衷心的祝贺！

中国印刷技术协会成立的40年，是中国印刷业告别铅与火，迎来光与电，大踏步走在转型升级、高质量发展大路上的40年。中国印刷技术协会在推动行业技术飞跃、产能升级、品质提升等方面发挥了重要作用。

杭华油墨股份有限公司秉承以“技术与诚信”为企业经营理念，坚持“向印刷业界提供适用稳定的产品和周到有效的服务”为宗旨。在未来，我们也将继续紧随中国印协的脚步，提供更为绿色化、优质化的产品，为推动印刷业的技术进步，传承祖国优秀文化，促进社会文明做出贡献！

杭华油墨股份有限公司董事长

忆往昔风雨砥砺，
四十载春华秋实。
科斯伍德展风采，
中国印刷筑辉煌。

苏州科斯伍德油墨股份有限公司董事长兼总经理 吴贤良

值此中国印协成立40周年之际，汉高中国投资有限公司向中国印协致以最诚挚的祝贺！

40年春秋，风华正茂；40载耕耘，硕果累累。

40年，你见证了中国印刷行业从蹒跚学步到光彩照人！

40年，你引领着行业不断突破，不断前行，从一个胜利走向另一个胜利！

此刻：让我们深情地说声生日快乐！祝中国印协明天更加美好！继续引领行业奋勇向前！

汉高（中国）投资有限公司包装应用粘合剂大中华区销售总监

李金喜

热烈祝贺中国印刷技术协会成立40周年，祝愿协会在40周年的新起点不断创新飞跃，再创辉煌！

爱克发感光器材（深圳）有限公司海外事业总监、产品与市场总监

葛玉军

值此中国印刷技术协会成立40周年之际，我谨代表江苏康普印刷科技有限公司、上海新星印刷器材有限公司，向中国印刷技术协会表示诚挚的祝贺。

40年来，中国印刷技术协会在历届理事长的努力和带领下，取得了辉煌的成绩，为推动中国印刷业的发展做了大量卓有成效的工作。我相信，在中国印刷技术协会新一届领导班子的带领下，中国印刷技术协会一定可以取得更大的成绩。

上海新星、江苏康普一脉相承，是国内主要的印刷橡皮布制造商、供应商。我们将一如既往地深耕印刷橡皮布市场，在中国印刷技术协会的领导下，为中国印刷行业的发展，为让中国印刷在国际上拥有话语权，做出自己应有的贡献。

江苏康普印刷科技有限公司董事长
上海新星印刷器材有限公司董事长　徐毛清

在喜迎中国印刷技术协会成立40周年之际，我谨代表无锡天德印艺技术有限公司向带领协会一路发展的各界领导表示忠心的感谢，向中国印刷技术协会致以热烈的祝贺！

协会成立以来，为推动中国印刷业的发展，并居世界领先做出了重要贡献。无锡天德印艺技术有限公司紧跟行业发展方向，为行业实施绿色环保、节能减排保驾护航，为国家打赢蓝天保卫战做出应有的贡献！在此无锡天德印艺技术有限公司祝中国印刷技术协会在新一届领导班子带领下，能够再创辉煌。

无锡奥康环保科技有限公司总经理
无锡天德印艺技术有限公司总经理　孙进

40载耕耘，硕果累累。值此中国印刷技术协会成立40周年之际，我谨代表泰州市久泰科技有限公司向中国印刷技术协会致以诚挚的祝贺。

泰州市久泰科技有限公司自2000年创建以来，在中国印刷技术协会以及印刷界各位朋友的多方支持与指导下，紧跟国内外行业发展动态，不断更新技术产品，深受业界的广泛认可和好评。

在此，泰州市久泰科技有限公司对中国印刷技术协会表示真挚的感谢并期望在今后的发展过程中，中国印刷技术协会能够继续引领我们走向更美好的未来。

泰州市久泰科技有限公司总经理　施正祥

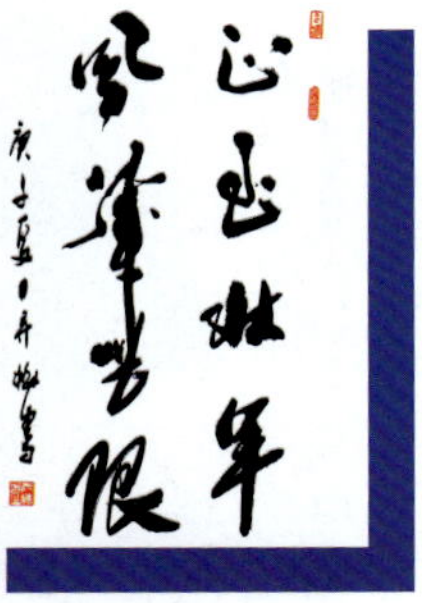

“正至壮年，风华无限”，中国印刷技术协会走过40华诞，将迎来有更加美好的发展前景。值此，以浙江嘉善印协副秘书长曾乐君书法作品表达对中国印刷技术协会成立40周年的祝贺。

浙江正至包装科技有限公司作为浙江嘉善印协的一员，正处于蒸蒸日上，蓬勃发展的大好时机，希望他们未来走得更远。

浙江嘉善印刷协会

江苏凤凰新华印务集团有限公司

江苏凤凰新华印务集团有限公司的前身是始建于1954年的江苏新华印刷厂，随着凤凰集团印务板块逐步整合，2019年7月，江苏凤凰新华印务集团有限公司正式成立，继续朝着“绿色、数字、智能、融合”的方向发展，为高质量服务出版主营、推动中国印刷业建设贡献力量。

拥有各类主力印装设备200余台套，年生产图书约3亿册，资产总额达到10.8亿元。

自动化印装生产车间

主营业务覆盖图书报刊印刷、商业包装印刷、金融票据印刷、数字化短版印刷、文创产品运营等领域。

首批国家印刷示范企业

2019-2020年度
国家文化出口重点企业

企业信用评价
AAA级信用企业

不忘初心　牢记使命

履行国有企业的职责担当，圆满完成《求是》、《习近平谈治国理政》等重点书刊以及两季教材的印制任务。

《求是》杂志

教材教辅印制

精品文创

大事记

▶ 2015—2019 年行业发展大事记

2015–2019 年行业发展大事记

【2015 年】

◆ 1 月 1 日，新《环境保护法》正式实施。

◆ 1 月 7 日，国家新闻出版广电总局发布《关于表彰 2014 年中国技能大赛——第四届全国印刷行业职业技能大赛优秀选手的决定》。

◆ 2 月 16 日，天津长荣印刷设备股份有限公司与意大利赛鲁迪集团在意大利签订关于 R983 凹印机永久性技术许可协议。

◆ 2 月 26 日，财政部发布《关于申报 2015 年度文化产业发展专项资金的通知》。

◆ 3 月 27 日，经国家新闻出版广电总局批准，《绿色印刷 术语》《绿色印刷 通用技术要求与评价方法第 1 部分：平版印刷》《绿色印刷 产品抽样方法及测试部位确定原则》《绿色印刷 产品合格判定准则第 1 部分：阅读类印刷品》等 4 项行业标准正式发布。

◆ 4 月 1 日，北京市地方标准《清洁生产评价指标体系 印刷业》实施。

◆ 4 月 7–12 日，第三届中国 (广东) 国际印刷技术展览会在广东现代展览国际中心举行。

◆ 4 月 16 日，《水污染防治行动计划》正式出台。

◆ 4 月 16 日，国家新闻出版广电总局发布《关于 2015 年两会印刷复制发行专项督查情况的通报》，9 家印刷企业因违规操作受到不同程度的行政处罚。

◆ 4 月 16 日，中国印刷技术协会召开首次“印刷行业清洁生产技术信息沟通会”。

◆ 4 月 27 日，飓风网与迪爱生投资有限公司签署战略合作协议，确定建立长期、稳定、互惠的战略合作关系。

◆ 4 月 27–30 日，由香港贸易发展局主办的第 30 届香港礼品及赠品展在香港会议展览中心举行。同期，香港国际印刷及包装展在亚洲国际博览馆举行。

◆ 6 月 18 日，财政部、国家发展改革委、环境保护部印发《挥发性有机物排污收费试点办法》。

◆ 6 月 24–25 日，中国印刷技术协会第八次全国会员代表大会暨理事会换届大会在京召开。大会选举产生中国印协第八届理事会常务理事、副理事长、理事长，于援朝等 137 人当选为常务理事，万捷等 28 人当选为副理事长，梁成林当选为常务副理事长，王岩镔当选为理事长。

◆ 7 月 1 日，北京市《印刷业挥发性有机物排放标准》正式启用，首次提出原辅材料挥发性有机物含量限制，以及工艺措施和管理要求。

◆ 7 月 14 日，第六届中国数字出版博览会在京开幕。

◆ 7 月 15 日，国家新闻出版广电总局发布《2014 年新闻出版产业分析报告》。

◆ 8 月 11-16 日，第 43 届世界技能大赛在巴西圣保罗举办，中国代表团最终收获 5 金 6 银 3 铜，在“印刷媒体技术项目”中，代表中国参赛的上海出版印刷高等专科学校学生张淑萍获得银牌。

◆ 9 月 15 日，北京市发改委、市财政局和市环保局联合发布《关于挥发性有机物排污收费标准的通知》，确定各项收费标准及相关说明。

◆ 9 月 16-18 日，2015 年中国国际彩盒展在粤举行。

◆ 9 月 25 日，“2015 年北京绿色印刷产业促进商务交流会暨京津冀协同发展绿色印刷产业促进商务交流会”新闻发布会在京举行。

◆ 10 月 1 日，北京市正式开始征收挥发性有机物排污费，成为全国首个试点征收挥发性有机物排污费的省市。

◆ 10 月 1 日起，施行国家新闻出版广电总局、教育部、国家发展改革委制定的《中小学教辅材料管理办法》，同时废止 2001 年印发的《中小学教辅材料管理办法》。

◆ 10 月 13 日，国家新闻出版广电总局公示 2015 年国家印刷复制示范企业名单，北京新华印刷有限公司、斯道拉恩索正元包装有限公司、黑龙江龙江传媒有限责任公司等 15 家企业获评。同时，3 家企业取消国家印刷复制示范企业资格。

◆ 10 月 21-23 日，2015 中国国际网印及数字化印刷展（CSGIA）/ FESPA 中国数码印刷展 / 亚太网印制像展（ASGA）在上海新国际博览中心举行。

◆ 10 月 22 日，第十三届两岸四地印刷业交流联谊会在澳门召开。

◆ 10 月 27-28 日，“2015 年全国印刷复制培训班”在郑州举行。

◆ 10 月 30 日，中国印刷行业信用评价工作委员会、中国印刷技术协会发布《2015 年中国印刷行业企业信用等级评价结果公告》。

◆ 11 月 3 日，国家新闻出版广电总局印刷发行司联合环境保护部科技标准司共同召开“2015 年绿色印刷推进会”，“京津冀协同发展绿色印刷产业促进商务交流会”同期举行。

◆ 11 月 3 日，中国印刷技术协会发布《绿色原辅材料产品目录（2015）》及《中国绿色印刷企业年度调查报告（2015）》。

◆ 11 月 17 日，中国印刷技术协会信息系统应用分会二届二次理事会暨印刷业转型发展高峰论坛在京召开。

◆ 11 月 25 日，中国印刷技术协会团体标准工作委员会成立大会暨第一届委员会第一次全体会议在杭州召开。

◆ 11 月 27 日，由中国印刷技术协会主办，中国印刷杂志社承办的“第五届绿色印刷技术交流会”在杭州召开。

◆ 12 月，全球林产品信息提供商 RISI 集团发布 2014 年全球制浆造纸行业 100 强企业名单，美国国际纸业以 236.17 亿美元的销售额蝉联全球第一，12 家中国企业入围。

◆ 12 月 1 日，上海市环保局、上海市质量技术监督局联合发布上海市《大气污染物综合排放标准》，正式实施。

◆ 12 月 10 日，中国印刷技术协会八届二次常务理事会会议在京召开。同日，举行第 13 届毕昇印刷技术奖颁奖大会，徐世垣等 6 人获评“毕昇印刷杰出成就奖”，朱敏等 11 人获评“毕昇印刷优秀新人奖”。

◆ 12 月 16 日，上海市发改委、上海市财政局、上海市环保局发布《上海市挥发性有机物排污收费试点实施办法》，开始试点启动挥发性有机物排污收费工作。

【2016 年】

◆ 1 月 1 日，新修订的《大气污染防治法》正式实施，取消了原《大气污染防治法》对造成大气污染事故罚款 50 万元上限额度的规定，变为按倍数计罚，并提出按日计罚。

◆ 1 月 1 日起，江苏省、河北省执行挥发性有机物排污费征收。

◆ 1 月 11 日，2016 年全国环保工作会议设定了“十三五”环保工作的总体目标，明确了大气、水、土壤三大领域的治理重点，土壤污染防治、挥发性有机物和黑臭水体治理等细分领域成为 2016 年环保行业新热点。

◆ 1 月 19 日，环境保护部办公厅发布《关于挥发性有机物排污收费试点有关具体工作的通知》，就石油化工、包装印刷行业开展挥发性有机物排污收费试点申报、审核等有关具体工作细节进行说明。

◆ 3 月 1 日起，湖南省、四川省执行挥发性有机物排污费征收。

◆ 3 月 1 日，中国政府网公布了《国务院关于修改部分行政法规的决定》，对包含《印刷业管理条例》《出版管理条例》在内的 66 部行政法规的部分条款进行了修订，自公布之日起施行。

◆ 3 月 9 日，2016 年中国（上海）国际印刷周在上海国家会展中心开幕。第九届“上海印刷大奖”在印刷周期间揭晓。

◆ 3 月 15 日，国家新闻出版广电总局印刷发行司联合总局出版产品质量监督检测中心在京召开 2016 年全国印刷复制管理暨出版“3・15”质检活动座谈会。

◆ 3 月 24 日，工信部印发《绿色制造 2016 专项行动实施方案》。

◆ 4 月 1 日起，辽宁省执行挥发性有机物排污费征收。

◆ 4 月 6 日，国务院总理李克强主持召开国务院常务会议，决定实施《装备制造业标准化和质量提升规划》，引领中国制造升级。

◆ 5 月 1 日起，天津市执行挥发性有机物排污费征收。

◆ 5 月 11 日，上海市新闻出版局公布《关于调整本市义务教育阶段（小学、初中）教材印制工价的意见》（沪新出印〔2016〕258 号），对上海市义务教育阶段的小学、初中教材印制工价进行调整，自 2016 年秋季教材起实行。

◆ 5 月 31 日 –6 月 10 日，全球最大的印刷展览会——德鲁巴国际印刷展（Drupa 2016）在德国杜塞尔多夫展览中心举办，本届展会以“触摸未来”为口号，向世界展示了印刷界最新、最前沿的产品与技术。

◆ 6 月 1 日起，《出版物市场管理规定》施行。

◆ 6 月 1 日起，山东省执行（第一阶段）挥发性有机物排污费征收。

◆ 6 月 6 日，国家新闻出版广电总局、人力资源和社会保障部发布《关于举办 2016 年中国技能大赛——第五届全国印刷行业职业技能大赛的通知》。

◆ 6 月 12 日，环境保护部发布《水污染防治法（修订草案）》（征求意见稿）及其编制说明。这是《水污染防治法》施行 8 年以来的较大规模修订。

◆ 6 月 15 日，环境保护部办公厅发布环办科技 [2016]1102 号，就《环境标志产品技术要求 塑料包装制品》征求意见。

◆ 7 月，北京市环保局对市内 15 家重点行业领域企业在经营中涉及的环保不达标行为开出了罚单，并下达了具体的《行政处罚决定书》，其中包括 4 家印刷企业。

◆ 7 月 1 日起，浙江省执行挥发性有机物排污费征收。

◆ 7 月 5 日，国家新闻出版广电总局印刷发行司组织召开《印刷业“十三五”时期发展规划》征求意见座谈会。

◆ 7 月 28 日，第 26 届全国图书交易博览会在内蒙古自治区包头市国际会展中心开幕。同期，“绿色创意印刷展区”举行开展仪式。

◆ 8 月 1 日起，海南省执行挥发性有机物排污费征收。

◆ 8 月 8 日，国家新闻出版广电总局发布《2015 年新闻出版产业分析报告》。报告显示，2015 年全国出版、印刷和发行服务实现营业收入 21655.9 亿元，较 2014 年增加 1688.8 亿元，同比增长 8.5%。

◆ 9 月 1 日起，山西省执行挥发性有机物排污费征收。

◆ 9 月 7 日，工信部、环境保护部印发《水污染防治重点行业清洁生产技术推行方案》，推进造纸、印染等 11 个重点行业实施清洁生产技术改造。

◆ 9 月 11 日 –16 日，国际标准化组织 / 印刷技术委员会（ISO/TC 130）第 30 届工作组会议及全会在美国圣何塞召开，来自美国、英国、中国、德国、日本等 15 个国家的 82 名专家参加了会议，共同推进印刷技术领域国际标准的制修订工作。我国的全国印刷标准化技术委员会（SAC/TC 170）作为中国印刷标准化代表参加了会议。

◆ 9 月 12 日，由中国印刷技术协会组织的《包装印刷行业挥发性有机物削减路线图》制定工作正式启动。

◆ 9 月 19 日，2016 年中国技能大赛——第五届全国印刷行业职业技能大赛印品整饰员全国总决赛开赛仪式在天津长荣印刷设备股份有限公司举行。

◆ 10 月 1 日起，湖北省执行挥发性有机物排污费征收。

◆ 10 月 16 日，第十六届亚太印刷论坛 FAPGA 委员会会议在沪召开。

◆ 10 月 17 日，2016 中国印刷论坛暨第十六届亚太印刷论坛在沪召开。

◆ 10 月 18–22 日，第六届中国国际全印展在上海新国际博览中心举行。

◆ 10 月 18 日，2016 版《绿色原辅材料产品目录》发布仪式在全印展期间举行。

◆ 11 月 1 日，江西省正式对石油化工、包装印刷行业试点开征挥发性有机物排污费，成为全国第十六个出台试点行业挥发性有机物排污费征收政策的省级地区（含直辖市）。

◆ 11 月 2 日，国家新闻出版广电总局印刷发行司和环境保护部科技标准司共同召开“2016 年绿色印刷推进会”。

◆ 11 月 2 日，云南省正式发布《关于云南省石油化工及包装印刷等试点行业挥发性有机物排污费征收标准的通知》，开征挥发性有机物排污费。

◆ 11 月 5 日，2016 年中国技能大赛——第五届全国印刷行业职业技能大赛凹版印刷员（职工组）全国决赛启动仪式在上海烟草包装印刷有限公司举行。

◆ 11 月 10 日，国务院办公厅印发《控制污染物排放许可证制实施方案》，明确到 2020 年完成覆盖所有固定污染源的排污许可证核发工作，建立控制污染物排放许可制，实现“一证式”管理。

◆ 11 月 15 日，由我国主导制定的第二项印刷领域国际标准 ISO 16762《印刷技术——印后加工——运输、处理和储存的一般要求》由国际标准化组织（ISO）正式发布。该标准的发布，使印后加工中运输、处理和储存这些必要工序有了统一的规范。

◆ 12 月 5 日，第 28 届香港印制大奖颁奖典礼在香港举行。

◆ 12 月 9 日，经国家新闻出版广电总局研究，决定废止《凸版印刷品质量要求及检验方法》等 31 项行业标准。

◆ 12 月 13 日，环境保护部发布《国家先进污染防治技术目录 (VOCs 防治领域）》，共 18 项技术，包括印刷行业氮气保护全UV固化技术、包装印刷无溶剂复合技术、木器涂料水性化技术等，涉及石油石化、印刷、包装、制药、汽车涂装等行业。

◆ 12 月 13 日，国家质量监督检验检疫总局、国家标准化管理委员会发布 2016 年第 23 号国家标准公告。其中，GB/T 27935.1-2016《印刷技术 印前数据交换 PDF 的使用 第 1 部分：使用 CMYK 数据的完整数据交换 (PDF/X-1 和 PDF/X-1a)》，GB/T 33244-2016《数字硬打样系统质量要求及检验方法》，GB/T 33248-2016《印刷技术 胶印橡皮布》，GB/T 33254-2016《包装印刷材料分类》，GB/T 33255-2016《包装印刷产品分类》，GB/T 33258-2016《热固型轮转胶印涂布纸印刷适性要求及检验方法》，GB/T 33259-2016《数字印刷质量要求及检验方法》七项国家标准正式颁布。

◆ 12 月 19 日，国务院关税税则委员会发布《2017 年关税实施方案》(税委会 [2016]31 号)，宣布从 2017 年 1 月 1 日起，我国对进出口关税进行调整，其中与印刷行业相关的调整主要包括印刷版材、印前设备、数字印刷设备，以及印刷零配件和辅助设备等产品。

◆ 12 月 28 日，中国印刷技术协会 2016 年年会暨绿色印刷总结表扬大会在京召开，同期公布 127 家“十二五”时期实施绿色印刷工作先进单位名单。

【2017 年】

◆ 1 月 16-17 日，第 44 届世界技能大赛“印刷媒体技术项目”第一阶段选拔赛在印刷媒体技术项目中国集训基地开展。

◆ 1 月 20 日，国家新闻出版广电总局下发《关于做好 2017 年印刷复制发行监管工作的通知》，提出了 2017 年全年的印刷复制发行监管工作主线，全面部署了 2017 年印刷复制发行监管工作。

◆ 1 月 22 日，国家新闻出版广电总局人事司发布《关于在 2016 年中国技能大赛——第五届全国印刷行业职业技能大赛中作出突出贡献的单位和个人的通报》，对 21 家突出贡献单位、25 家优秀组织单位、12 家特别贡献单位、58 名优秀裁判员、34 名优秀组织工作者、22 名优秀通讯员予以通报表扬。

◆ 2 月 2 日，上海环保局发文发布《上海市环境保护局关于印发石化等 5 个行业挥发性有机物排放量计算方法（试行）的通知》，明确了石化行业、涂料油墨制造业、印刷业、汽车制造业（涂装）、船舶工业（涂装）五个行业排放量计算方法。

◆ 2 月 24 日，上海市环保局印发《上海市工业企业挥发性有机物排放量通用计算方法（试行）》，规定了上海市固定污染源工业企业挥发性有机物排放量通用计算方法。

◆ 3 月 15 日，国家新闻出版广电总局在京召开 2017 年全国印刷复制管理暨“3·15”质检活动座谈会，会议主要任务是深入贯彻落实总局党组的决策部署，全面加强印刷复制领域阵地管理，进一步提升印刷复制业的供给质量和水平，为党的十九大胜利召开营造良好舆论氛围和文化环境。

◆ 3 月 17 日，由九三学社中央、中国科学技术协会、北京大学共同主办的“纪念王选同志诞辰 80 周年暨纪录片《王选》发布座谈会”在全国政协礼堂隆重召开。

◆ 3 月 23 日，国家新闻出版广电总局印发《印刷业“十三五”时期发展规划》和《光盘复制业“十三五”时期发展指导意见》通知。

◆ 4 月 6 日，2017 中国（上海）国际印刷周纸上创意艺术展开幕式在上海韩天衡美术馆隆重举行。

◆ 4 月 11 日，2017 中国国际瓦楞展、2017 中国国际彩盒展、2017 中国包装容器展在上海新国际博览中心开幕，展示各种高端纸箱及纸板制造设备、彩盒包装相关设备、创新的包装设计成品及相关耗材，贯穿了包装行业全产业链。

◆ 5 月 9–13 日，第九届北京国际印刷技术展览会在京举行。

◆ 5 月 18 日，国家新闻出版广电总局发布新广出函 [2017]143 号通知，批准发布《电子雕刻凹版质量要求及检验方法》等 6 项印刷领域新闻出版行业标准，具体标准包括：CY/T 9–2017《电子雕刻凹版质量要求及检验方法》，CY/T 130.2–2017《绿色印刷 通用技术要求与评价方法 第 2 部分：凹版印刷》，CY/T 132.2–2017《绿色印刷 产品合格判定准则 第 2 部分：包装类印刷品》，CY/T 156–2017《印刷品裱贴瓦楞纸板过程控制要求及检验方法》，CY/T 157–2017《印刷品外观质量视觉检测系统使用要求和检验方法》，CY/Z 26–2017《绿色印刷标准体系表》，标准 9 月 1 日起实施。

◆ 5 月 31 日 –6 月 3 日，第 27 届全国图书交易博览会在河北廊坊举行，“绿色创意印刷展区”同期召开。

◆ 6 月 19 日，环境保护部部务会议审议通过《固定污染源排污许可分类管理名录（2017 年版）》，自 7 月 28 起施行。

◆ 8 月 23–27 日，第 24 届北京国际图书博览会在京举办。

◆ 9 月 30 日，以“喜迎十九大”为主题的首届荆楚书香节在武汉启幕。

◆ 10 月 13 日，中国（上海）获得第 46 届世界技能大赛举办权，本届大赛将于 2021 年 9 月在上海举行。

◆ 12 月 19 日，中国印刷技术协会八届三次理事会在京召开。同日，举行第 14 届毕昇印刷技术奖颁奖大会，王广杰等 12 人获评“毕昇印刷优秀新人奖”。

【2018 年】

◆ 1 月 1 日，《环境保护税法》落地实施，这一费改税政策的推出进一步细化了环境保护治理的督促机制，也更大力度地推进了环保治理的步伐。

◆ 1 月 1 日起，新《水污染防治法》正式实施，新规有 55 处重大修改，其中，将排污单位的范围由"企业事业单位和个体工商户"修改为"企业事业单位和其他生产经营者"。

◆ 1 月 17 日，国家新闻出版广电总局发布《关于第四届中国出版政府奖表彰决定》，公布了第四届中国出版政府奖获奖名单。

◆ 2 月 6 日，国家质量监督检验检疫总局和国家标准化管理委员会正式发布了《快递封装用品》系列国家标准，并于 9 月 1 日起正式实施。

◆ 3 月 1 日，新版《进口可用作原料的固体废物环境保护控制标准——废纸或纸板》开始正式实施，本次修订的新版标准中禁止了混杂废纸的进口。同时，进口废纸含杂率调整为 0.5%。

◆ 3 月 11 日，由中国印刷杂志社主办的 2018 印刷包装行业环保治理技术研讨会在广州召开。

◆ 3 月 13 日，十三届全国人大一次会议召开第四次全体会议，国务院机构改革方案显示，不再保留国家新闻出版广电总局，原国家新闻出版广电总局的新闻出版管理职责和电影管理职责划入中宣部。

◆ 3 月 27 日，2018 山东国际印刷、包装工业展览会在济南开幕。由中国印刷技术协会、山东省新闻出版广电局、山东出版集团主办，中国印刷杂志社、山东省印刷物资有限公司承办的"首届印刷业可持续发展高峰论坛"同日举行。

◆ 4 月 13 日，2018 纸上创意艺术展在上海朵云轩艺术中心开幕，首次设立美国印制大奖获奖专区，展出上海印刷企业在美国印制大奖评选中获奖的作品 40 余套。

◆ 4 月 16–20 日，国际标准化组织 / 印刷技术委员会（ISO/TC 130）第 32 届春季工作组会议在德国柏林召开。

◆ 5 月 1 日，第一部专门针对快递业的行政法规《快递暂行条例》正式施行。

◆ 7 月 19–22 日，第 28 届全国图书交易博览会在深圳会展中心举行，主题为"新时代，新阅读"，同期召开"绿色创意印刷展区"。

◆ 7 月 21 日，生态环境部制定发布《环境标志产品技术要求 凹印油墨和柔印油墨》（HJ 371–2018)，对凹印油墨和柔印油墨原材料、生产过程及产品中有毒有害物质含量提出了环境保护要求，于 2018 年 10 月 1 日起实施。自实施之日起，《环境标志产品技术要求 凹印油墨和柔印油墨》（HJ/T 371–2007) 废止。

◆ 8 月 14 日，国家新闻出版署发布关于 2018 年第一季度、第二季度印刷复制暨内部资料性出版物专项督查情况的通报，行政处罚 27 家印刷企业。

◆ 8 月 28 日，北京地区书刊印刷企业联谊会成立三十周年座谈会在北京凌奇宾馆举行，北京印刷联谊会理事长张根祥以《发扬传统 保持特色 开启联谊会发展新征程》为题做主旨发言。

◆ 9 月 8–9 日，首届中国印刷业创新大会在京召开。大会以"聚焦智能化"为主题，发布了《中国印刷业智能化发展报告（2018）》、《印刷智能制造标准体系表》（征求意见稿）和印刷智能制造重点项目。

◆ 10 月 23 日，由中国印刷技术协会等主办的“2018 世界印刷与传播论坛暨中国印刷论坛”在上海举行。

◆ 10 月 24–28 日，第七届中国国际全印展在上海新国际博览中心举行。

◆ 10 月 24 日，由中国印刷技术协会主办、中国印刷杂志社承办的《伟大复兴——改革开放 40 周年印刷业辉煌印迹》大型纪念图书首发暨《绿色原辅材料产品目录》五周年纪念活动”，在全印展期间隆重举行。

◆ 11 月 18 日，“新时代 新印刷——改革开放 40 周年印刷成就展”在中国印刷博物馆开幕。

◆ 12 月 25 日，环境保护部公示 2018 年第一批固体废物原料进口许可证获批名单。首轮名单中共有 15 家废纸利用企业，总核定废纸进口量约 226.57 万吨。

◆ 12 月 27 日，中国印刷技术协会八届四次理事会在沪召开。

【2019 年】

◆ 1 月 8 日，国务院办公厅印发《关于推广第二批支持创新相关改革举措的通知》。

◆ 2 月 22 日，由中国造纸协会和中国新闻出版传媒集团有限公司共同主办的中国造纸可持续发展论坛在京举行。

◆ 3 月 16 日，北京市生态环境局公布《2019 年北京市重点碳排放单位名单》，其中印刷包装类单位共计 10 家。

◆ 3 月 20 日，2019 山东国际印刷、包装工业展览会在鲁召开。由中国印刷技术协会、山东省新闻出版局、山东出版集团主办，中国印刷杂志社、山东省印刷物资公司承办的“2019 印刷业智能化发展论坛暨山东省印刷业创新发展推进会”同日举行。

◆ 4 月 9–13 日，第四届中国（广东）国际印刷技术展览会在粤举行。

◆ 4 月 26 日，由中国印刷技术协会主办、上海出版印刷高等专科学校承办的“丝路书香工程”出版印刷人才培养项目总结会暨教材新书发布会在沪召开。

◆ 5 月 24 日，国家新闻出版署公布《2018 年中国技能大赛——第六届全国印刷行业职业技能大赛获奖人员名单》。

◆ 6 月 6 日，中共北京市委宣传部正式发布《北京市出版物印刷服务首都核心功能重点保障企业名单》，北京新华印刷有限公司等 22 家印刷企业入选。

◆ 6 月 26 日，生态环境部印发《重点行业挥发性有机物综合治理方案》。

◆ 6 月 30 日，国家发改委、商务部发布《鼓励外商投资产业目录（2019 年版）》，自 2019 年 7 月 30 日起施行。其中，山西省等 6 个省份被鼓励发展包装印刷产业。

◆ 7 月 1 日起，《挥发性有机物无组织排放控制标准（GB 37822–2019）》实施。

◆ 7 月 17 日，香港印刷业商会举行庆祝中华人民共和国成立七十周年、香港印刷业商会创会八十周年暨第四十一届理监事会就职晚会。

◆ 7 月 25–26 日，由国家新闻出版署主办的 2019 中国印刷业创新大会在京举行。大会以“聚焦绿色化”

为主题，探讨印刷业绿色化发展新路径。会上，北京大学王选计算机研究所教授陈堃銶被授予“中国印刷业创新大会2019年度人物”。

◆7月27–30日，第29届全国图书交易博览会在西安举行。同期，以“新丝路 新印刷 奋进出版新时代”为主题的“绿色创意印刷展区”召开。

◆8月22–27日，第45届世界技能大赛在俄罗斯喀山举行，中国代表团收获16金14银5铜17优胜奖的佳绩。

◆8月27日，工信部批准436项行业标准，其中《包装用镀铝薄膜（BB/T 0030–2019）》标准自2020年1月1日起实施。

◆9月5–6日，由天津市印刷技术协会主办，题为“绿色、融合、创智、共赢”的第十三届九省区市印刷业发展交流会在津举行。

◆9月9日，中央全面深化改革委员会第十次会议审议通过《关于进一步加强塑料污染治理的意见》。

◆9月19日，国家新闻出版署等印发《关于推进印刷业绿色化发展的意见》，旨在在加快推进印刷业绿色化发展。其内容涵盖指导思想、目标原则、工作任务、保障措施四个方面。

◆10月17日，北京市出版物印刷服务首都核心功能保障工作推进会暨政策发布会在京举行，标志着北京市出版物印刷服务首都核心功能保障体系正式进入运行状态。

◆10月30日，国家发改委修订发布《产业结构调整指导目录（2019年本）》，自2020年1月1日起施行。其中，36条印刷条目被列入淘汰类。

◆11月7日，生态环境部发布了关于《危险废物鉴别标准 通则》，自2020年1月1日起施行。标准规定了危险废物的鉴别程序和鉴别规则，适用于生产、生活和其他活动中产生的固体废物的危险特性鉴别，以及液态废物的鉴别。

◆11月27日，印刷复制发行标准工作座谈会在京举行。会上，全国印刷标准化技术委员会、全国新闻出版标准化技术委员会、中国书刊发行业协会分别汇报了印刷、复制和发行标准化工作情况，中宣部印刷发行局局长刘晓凯作总结发言。

◆12月10日，人力资源和社会保障部颁布了工业固体废物处理处置工等24个国家职业技能标准。其中，涉及印刷行业的3类职业14个主要工种，基本覆盖了实现工业化生产的印刷类主要工种。这是印刷业监督管理职能划入中宣部和国家职业资格制度改革以来，印刷领域正式颁布的第一批国家职业技能标准。

◆12月11日，生态环境部发布《排污许可证申请与核发技术规范 印刷工业》国家环境保护标准。

◆12月19–20日，中国印刷技术协会第九次全国会员代表大会暨理事会换届大会在京召开，大会选举产生中国印协第九届理事会常务理事、副理事长、理事长，万仁荣等137人当选为常务理事，王关义等27人当选为副理事长，褚庭亮当选为常务副理事长，刘晓凯当选为理事长。

◆12月19日，中国印刷技术协会八届五次理事会在京召开。同日，举行第15届毕昇印刷技术奖颁奖大会暨致敬新中国70周年印刷业时代先锋授牌交流大会。王关义等8人获评“毕昇印刷杰出成就奖”，于殿友等12人获评“毕昇印刷优秀新人奖”。同期举行大型画册《奋进新时代——致敬新中国70周年印刷业时代先锋》新书首发揭幕仪式。■

地方印刷

江苏康普印刷科技有限公司
Jiangsu Kompass Graphics Technologies Ltd
印刷
PRINTING BLANKET
橡皮布
中国制造
we build your
dreams
with trust
Professional Manufactury of Printing Blanktets

环保治理促提升 创新调整促发展

——2015-2019年北京地区印刷业发展情况

北京印刷协会

近几年来，随着党中央关于首都北京是国家政治中心、文化中心、科技创新中心和国际交往中心的地位进一步确立，北京印刷业以不忘初心、砥砺前行的精神，勇于担当，克服困难，坚持疏解整治促进提升，坚持绿色环保治理力度，坚持技术创新结构调整，强化管理励精图治，实现了北京地区印刷业的稳定和发展，不仅为保障服务首都核心功能打下了坚实基础，同时也为京津冀地区印刷业的协同发展做出了积极贡献。

一、为保首都蓝天，北京印刷企业全面加强环保治理工作

为落实习近平总书记“绿水青山就是金山银山”的环保理念和《北京市蓝天保卫战三年行动计划》，积极建设资源节约及环境友好型社会，北京印刷业围绕印刷企业VOCs排放和治理技术做了大量的工作，使印刷企业减排达标治理工作取得了良好的效果。

一是北京印协组织专家组在北京市环科院的支持下，经过两年时间，采取实地考察、抽样检测、数据综合分析等，完成了对北京地区平版印刷VOCs排放情况的调研。2018年北京印刷协会承接了政府有关部门组织的“2+26个城市出版物印刷企业VOCs排放调研项目”，在原国家新闻出版广电总局和2+26城市各省市出版部门的支持下，摸清了2+26个城市出版物印刷企业VOCs排放量、原辅材料使用量以及治理排放达标的技术措施，调研得出的结论是：

1. 出版物印刷企业VOCs产生量低、污染小，经过治理完全可以达到政府要求的标准，从数据上看出版物印刷不属于重污染行业。

2. 出版物印刷VOCs产生来源主要为洗车水和润版液，其中洗车水占产生量的54.3%、润版液占产生量的30%，采取源头材料替代及精细化管理等措施，完全能够控制平版印刷减排达标，可逐步不再进行或取代末端治理措施。

二是在印刷业全面启动绿色印刷认证和清洁审核工作，提升企业整体管理水平。早在2012年以来，为确保中小学教材印刷，北京印刷企业大多开展了绿色印刷认证工作，实现了中小学教材印制的绿色印刷全覆盖。北京地区印刷企业有百十余家开展了清洁审核工作，通过各项管理措施的不断完善，在节能、

降耗、减排和治理方面取得了显著成效。各企业依照环保部门要求，根据本企业的情况投入大量资金，探索排放治理的途径。同时注重源头替代、过程控制，淘汰异丙醇和酒精，加装配置集中供墨系统、橡皮布自动清洗等设备，并强化危废管理手段，提升了企业精细化管理水平。

北京地区出版物印刷企业 2018 年每亿元产值 VOCs 排放系数仅为 9.48 吨，远远低于全国水平，印刷企业基本实现达标排放。

三是在环保治理政策下加快了北京印刷业升级改造步伐。根据 2018 年底的统计数据，有 480 余家印刷企业，因环保资质不达标、环保治理措施不到位、企业经营难以维持等原因退出印刷市场，使北京印刷市场供给侧结构发生了变化。

二、抓住机遇、明确定位、创新转型、提质增效

北京是国家的政治中心、文化中心、科技创新中心和国际交往中心，相比其他城市，北京印刷业更聚焦于出版印刷市场。

一是出版物印刷企业集中度逐步提升。随着京津冀协同发展，疏解非首都核心功能和环保治理力度的加大，北京印刷企业的调整和供给侧变化给留在北京的印刷企业提供了新的发展机遇。面对北京生产成本高、经营管理要求高的特定环境，规模以上企业纷纷明确了出版物印刷服务的定位。加快技术改造，提高生产能力，用创新转型提质增效。

据 2018 年底的统计数据，北京地区出版物印刷企业主营业务收入 163.8 亿元。其中主营业务收入亿元以上的出版物印刷企业 28 家，完成主营业务收入 106.8 亿元，占出版物印刷总收入的 65.2%；主营业务收入 5000 万元以上的出版物印刷企业 24 家，完成主营业务收入 16.4 亿元，占出版物印刷总收入的 10.1%。2018 年出版物印刷千万元以上规模的企业共 52 家，实现主营业务收入 123.2 亿元，占出版物印刷总收入的 75%。出版物印刷规模骨干企业这几年的集约化发展，确保了北京整体印刷业稳定发展。

二是供给侧的变化推动了出版物印刷工价的调整。多年来，由于出版物印刷供求关系比例失调、市场上的无序竞争等各种问题，导致印刷工价 20 多年没有调整。市场价格和产品价值严重偏离，书刊企业难以生存。根据 2018 年底的统计数据看，北京地区获得书刊印刷许可证的企业一度多达近 600 家，在环保、疏解、经济运行下行的压力下，现今北京地区实际从事出版物印刷的企业减少了近一半。印厂减少使出版物印刷一度出现了 “印书难”的现象。据此情况，北京印刷协会经过调研，为保证出版印刷业的健康发展，实现厂社双赢，发布了《2018 年版北京地区书刊印刷指导工价》。印刷工价的调整既保障了印刷相对合理的利润空间，也为扩大再生产和更好服务出版业打下了基础。

三是坚持绿色印刷、创新驱动、高端引领、转型升级，提高印刷整体水平。这些年来，北京地区印刷企业在坚持绿色环保和改革调整发展中，勇于探索、不断进取，涌现出一大批各具特色的印刷企业：

1. 在印刷融入文化艺术方面。北京雅昌艺术印刷有限公司面对日新月异的技术发展和商业模式的变化，企业不断创新，推动传统加工业务向智能制造服务发展；以艺术数据为核心，IT 技术为手段，互联网为平台，为艺术行业提供智慧化的艺术数据及 IT 服务综合解决方案，开发艺术消费品，满足艺术专业人士和艺术爱好者的艺术生活需要，堪称是“工厂 + 文化艺术 + 印刷”的典范。

2. 在安全印务特种印刷方面。北京东港安全印刷有限公司根据社会的需求，开发了电子发票和电子

档案数字管理系统，是一个具有鲜明特色的印刷企业。

3. 在转变经营机制做强做大企业方面。原中国印刷集团公司的北京新华印刷厂与中国出版集团合资，企业的效益实现了快速增长。近年来，北京新华印刷出版物印刷营业收入增长了 211%，成为出版物印刷企业与产业链上游整合的成功案例。

4. 在融合发展，延伸企业产业链，转变营销模式，拓展增长空间方面。北京尚唐印刷包装有限公司与出版社合作，开发了大批量的儿童读物，为印厂增加了近 30%左右的业务来源。这种转型发展为尚唐公司提供了广阔的发展空间，成为探索融合化发展转变营销模式的典范。

5. 在适应首都出版市场，产品结构顺势调整，扩大市场占有率方面。北京盛通印刷股份有限公司是全国唯一一家上市出版物印刷企业，这些年一直坚守出版物印刷这块阵地。近四年来，盛通公司主营业务收入提高了 98.5%。盛通公司出版物印刷总量也随之快速增长，成为了各大出版社重要合作伙伴。

6. 在注重产品研发，坚持产品特色，服务商务市场方面。北京奇良海德印刷有限公司是“小而精”的典范。公司多年坚守服务商务印刷，注重产品研发设计，受到社会用户的青睐好评，企业产品特色十分突出。

7. 在数字技术实现按需印刷方面。近年来，北京建宏印刷有限公司、北京中石油彩色印刷有限责任公司、北京京师印务有限公司等数字印刷企业发展势头迅猛。目前，北京地区数字印刷企业已达 192 家，实现营业收入 13.2 亿元。数字印刷的发展为满足小批量、多品种、个性化图书的印制提供了灵活、快捷的新保障。

三、北京地区印刷业结构发生了变化

近几年，北京印刷业经历了环保政策力度加大，经济运行持续下行和疏解北京非首都核心功能等多重压力。随着北京城市总体规划，按照“一核一主一副，两轴多点一区”的定位，北京印刷企业主动作为进行调整。截至 2018 年底，北京地区退出和外迁企业约 500 家，其中迁往天津、河北等地的印刷企业约 160 家。近年来，北京印刷业的总量和结构发生了历史以来的最大变化。

北京地区印刷业产业结构、企业数量和产能都发生了明显的变化，从有关部门统计数据看，北京地区印刷业资产总额为 441.8 亿元，同比下降 4.99%；主营业务收入为 301 亿元，与上年同比提高 0.13%，说明北京印刷业目前仍保持着稳定发展的趋势。

四、努力做好印刷服务首都核心功能的保障工作

2018 年 11 月，中宣部印刷发行局和北京市委宣传部共同发布了《北京市出版物印刷服务首都核心功能建设升级指南》。为落实《升级指南》，北京市委宣传部把保障工作落实到实处，组织开展了出版物印刷服务首都核心功能重点保障企业的认定工作。并由北京市委宣传部经过调研和制定，确定了北京新华印刷有限公司等 22 家企业列入《北京市出版物印刷服务首都核心功能重点保障企业》名录，为出版物印刷服务首都核心功能提供了基本保障。

五、北京印刷业结构调整，促进了京津冀协同发展

随着环勃海地区经济发展进度加快，北京周边的交通条件也发生了前所未有的变化，这些变化为京

津冀印刷业发展提供了十分有利的条件。近几年来，有近160家企业迁出北京，外迁企业集中于天津宝坻、芦台等开发区及河北省固安、涿州、廊坊地区。不少企业在外迁中进一步扩大投资，提升企业的技术管理水平和生产规模。同时，也大大提升了当地的印刷包装技术水平和生产规模，为当地经济发展做出了贡献。

一是促进了京津冀协同发展的深度融合。北京地区很多出版社加强了对天津、河北地区印刷企业的调研和交流，随着出版品种增加和总量的提高，各社都通过招投标的方式把承印定点单位范围拓展到天津市、河北省。部分出版社的下属企业与河北省印刷企业通过重组，做大企业规模，更好服务出版。

二是北京与津冀印刷业服务出版分工进一步清晰。北京印刷业在服务和保障首都“四个中心”建设的基础上，进一步明确自我定位，集中于出版物印刷为主的精品市场，服务首都政治、文化、科技创新、对外交往对印刷品市场的需求，走绿色、高端、智能、数字、融合集约化和特色化相结合的发展之路。

综上所述，几年来，北京地区的印刷业经过坚持绿色环保、明确企业定位、创新驱动、高端引领、转型升级，努力提质增效，促进了企业提升和印刷业的稳定发展。

展望未来，北京印刷业将继续按照“绿色化、数字化、智能化、融合化”的中国印刷业发展方向，以中国印刷业创新大会精神为动力，在国家新闻出版署等五部委发布的《关于推进印刷业绿色化发展的意见》的指引下，不断创新工作，努力实现稳步健康高质量地向前发展。■

2019年天津市印刷业发展情况

天津市委宣传部印刷发行处

2019年天津市印刷业获得了较快的发展，印刷产业规模和生产能力不断扩大，产业聚集效应不断彰显，印刷市场成熟度不断提高，市场机制在印刷产业资源配置中的作用逐步显现，印刷对外加工贸易呈稳步上升势头，印刷产业发展的基础日渐雄厚。从地理优势上，天津作为京津冀协同发展的重要地区之一，在印刷承接北京非首都功能上发挥了重要的作用，天津紧邻北京的地理环境和天津土地的成本优势，以及城际、高铁、高速公路等便捷的交通网络，形成与北京联系最紧密的超大城市，区位优势为天津印刷业的持续发展提供了需求动力。

为进一步推动天津印刷企业持续健康发展，结合我市印刷企业年度核验工作，我们组织对天津海顺印业包装有限公司、天津兴泓盛印刷有限公司、天津中荣印刷科技有限公司、天津长荣云印刷科技有限公司、北方印务有限公司、高教社（天津）印务有限公司进行了调研。深入到生产车间实地考察生产情况，并主持召开座谈会，研究分析天津印刷业现状、优势、存在问题、未来发展思路和目标，形成以下报告。

一、基本情况

（一）基础数据分析

截至2019年底，天津市实有印刷企业1575家，从业人员3.74万人。其中，出版物印刷企业201家，出版物专项排版制版装订企业6家，专营数字印刷企业32家，包装装潢印刷企业924家，其他印刷品印刷企业412家。2019年，天津市印刷企业资产总额302.2亿元，同比增长1.37%；印刷产值228.8亿元，同比增长–0.27%。

按经营类别划分，2019年，出版物印刷企业印刷产值33.31亿元，同比增长23.74%；包装装潢印刷企业印刷产值190.23亿元，同比增长–3.6%；其他印刷品印刷企业印刷产值4.28亿元，同比增长1.4%。

（二）规模以上重点印刷企业的基本情况

从年度报告统计数据分析，2019年，天津市规模以上重点印刷企业（年印刷产值5000万元以上）93家，同比增加1家。其中，年印刷产值超亿元企业52家，与上一年度持平。按经营类别划分，出版物印刷企业9家，约占总数的9.78%；包装装潢印刷企业83家，约占总数的90.22%；其他印刷品企业没有规模以上重点企业。天津市规模以上重点印刷企业的印刷产值为152.26亿元，占全市印刷产值的66.56%；资产总额为216.7亿元，占全市资产总额的71.47%；规模以上重点印刷企业年研发资金达2.05亿元，占全市印刷企业总研发资金的82%。

二、天津市印刷产业情况分析

随着疏解北京非首都核心功能和京津冀印刷业协同发展的进程，截止目前，盛通股份等一批国内知名出版物印刷企业进驻我市宝坻、静海等地，为提升我市出版物印刷水平和能力起到重要的作用。同时，规模以上重点印刷企业依靠先进的印刷设备，雄厚的资金实力，现代化的管理理念，明确的市场定位，通过加大研发资金的投入，赢得良好的市场信誉和产品质量，使得这些企业市场占有率保持稳定增长，其企业经营的经验对天津印刷业的发展起到了较好的示范效应。

（一）产业发展迅速，印刷产业聚集效应不断显现

目前，全市印刷工业总产值在10亿元以上的区有9个。其中，超过20亿元的区有5个，包括：武清区、滨海新区、北辰区、东丽区、宝坻区。这些区形成了较明显的印刷产业聚集区，凸显了印刷产业园的聚集效应。从地理优势上，天津作为京津冀协同发展战略的重要地区之一，在积极承接北京非首都核心功能，承接北京印刷企业方面发挥了重要作用。天津紧邻北京的地理环境优势，以及城际、高铁、高速公路等便捷的交通网络，形成与北京联系最紧密的城市，区位优势为天津印刷业的持续发展提供了动力。截至目前，天津市承接以行业龙头盛通股份为代表的北京在津新建、搬迁的出版物印刷优质企业47家，宝坻、武清成为众多企业的首选，聚集效应更加突出。

（二）包装装潢印刷企业成为天津市印刷业重要支撑

包装装潢印刷企业占全市印刷企业的59.24%；包装装潢印刷企业印刷产值197.43亿元，占全市印刷产值的86.03%；在92家规模以上印刷企业中，包装装潢印刷企业有83家，占规模以上企业总数的90.22% 。从上述数字可以看出，天津市包装装潢印刷企业在全市印刷企业中占有重要的比例。

（三）印刷业面临的形势

1. 目前我市印刷产业集约程度仍然不高。生产资源配置效率较低，产业集约化程度不高的问题仍然较为突出，中低端产能明显过剩，产品同质化严重，企业价格竞争激烈。规模以上重点印刷企业数量占比仍然较低，具有国际竞争力的标志性骨干企业还不多。

2. 新的发展动力尚需培育。自主创新能力不足，技术创新和产业化项目缺少投入，印刷装备数字化、智能化水平不高；新产品、新技术、新服务还无法充分满足社会需求；融合发展还需要进一步拓展，产业发展新引擎尚未形成。

3. 综合管理水平相对粗放。大部分企业管理粗放，缺乏信息化管理手段和精益生产，技术管理、供应链管理、成本管理、质量管理和人员管理等需要加强。产业链上下游缺乏协调，政府部门需要提高信息化监管水平。

4. 从业人员素质有待提高。人才流失、招工难等问题比较普遍，特别是高级技术工人缺口较大。企业扩大生产和融合转型过程中缺乏管理、技术、金融、贸易、IT等专业人才。印刷业的社会认可度和职业荣誉感有待提高。

（四）印刷企业产业发展整体素质有所提高

据年度核验数据统计，2019年，印刷企业的数量、从业人员以及工业总产值都略有下降，而利润却增加了3亿元，说明我市印刷厂在不断整合、优胜劣汰，整体素质在提高。中粮包装（天津）有限公司、

天津海顺印业包装有限公司、天津中荣印刷科技有限公司等印刷企业逆势上扬，呈现了较好的发展态势。

三、产业发展存在的问题

（一）市场需求减弱，经营成本上升

随着电子网络的发展，数字化时代到来，市场对纸质产品需求减弱，原始的纸质书籍、票据等被电子网络形式代替。市场需求减弱，企业普遍面临增速放缓、接单难的问题，而租金、劳动力成本不断上升，很多企业在亏损，印刷业遭遇很大冲击，很多小企业纷纷倒闭。

（二）集约凝聚程度较低，缺乏核心竞争能力

目前，尽管我市印刷行业已经涌现了一批初具规模和品牌知名度的企业，但是与国内知名企业相比，在规模、效益、核心竞争力等方面仍然存在一些差距。“大的不强、小的不精”的问题依然突出，行业内低水平重复建设的状况还没有得到根本改变。

（三）产能结构性过剩

我市印刷业产业链短小，高档、高科技含量、高附加值的印刷产品非常少，而中低端产品存在重复、恶性竞争、产能过剩的问题。对此，要引导企业延伸产业链，重点发展精品印刷、特色印刷和专业印刷，从生产低档产品向生产高档产品发展，从产业链低端向产业链高端发展。同时，避免重复生产，引导企业走联合或差异化发展道路。

（四）优秀专业人才队伍尚需进一步增强

由于印刷业的加工制造特点，印刷人的社会认可度不高，职业荣誉感低，对人才的吸引力不够，很多印刷企业缺乏人才。特别是既懂业务又懂经营管理、熟悉新媒体的高端复合型人才紧缺是制约我市印刷业发展的重要因素。

四、天津印刷产业未来发展思路和建议

天津市印刷业要努力探索融合发展、创新发展的新路径，把握供给侧结构性改革机遇，要在结构性改革、培育新动能、加快转型升级方面取得突破。

（一）集中精力，推动绿色印刷发展

加强技术创新，淘汰低端、落后、高消耗的设备，扩大绿色印刷设备、数字化设备使用；实施“绿色印刷推广工程”，打造绿色印刷全产业链，按照市场化改革思路，完善绿色印刷认证，让“绿色产值”更多地主导印刷产值；继续加强绿色发展模式研究，制定和宣传绿色印刷标准，推动做好 VOCs 排放标准以及清洁生产评价指标体系的制定实施；政府做好服务工作，积极与有关行业主管部门及相关认证机构联系，组织专家为印刷企业讲课，联系专家与企业对接等形式，为天津市印刷企业做好绿色印刷认证工作提供服务，积极推进绿色印刷企业认证工作；加强绿色印刷宣传，在引导企业自觉培育绿色市场、带领全产业链实施绿色印刷上发挥更重要的作用；搭建公共交流与服务平台，推动绿色技术、工艺、材料及装备的创新与推广。

（二）不断创新，推动供给侧改革

充分利用数字技术、互联网新技术，推动印刷业数字化、智能化、融合化创新发展，提高个性化、定制化、专业化出版印刷产品比重，向文化、创意设计等价值链高端延伸；推动新业态、新商业模式、

新技术发展，大力改善供应端，用更多的新技术、更优质的新产品适应个性化、多样化、差异化需求市场的变化，进而引导市场，创造新需求；通过创新，提高市场竞争力，逐步从价格竞争转变为质量型、差异化为主的竞争。

（三）再接再厉，推动产业聚集

按照市场需求，做大做强宝坻出版物印刷聚集区、滨海新区包装印刷聚集区、天津北辰新闻出版装备产业园、东丽印刷工业园，武清区纸制品功能区，西青区、津南区聚集区，南开数字印刷区等印刷产业园区和聚集区，使其具有地区模范引领作用，利用天津独有的地理优势重点做强印刷产业群。

（四）抓住机遇，实现京津冀协同发展

京津冀协同发展是面向未来打造新型首都经济圈、实现国家发展战略的需要。天津将利用现有的产业基础，提升印刷产业规模化、集约化、专业化水平，突出专精特色，力戒小而全，淘汰落后产能，提升产业层次，形成定位准确、各具特色、优势互补、协同配套的环渤海印刷产业群，为京津冀经济一体化，全面实现绿色印刷奠定基础。

（五）培养人才，优化技术进步环境

充分发挥政府的管理、协调作用，建立各种合作机制和技术信息交流平台，推广各种新技术、新材料、新工艺以及攻关项目的成果，组织制定人才培训计划或承担相应培训任务；组织本地区致力于现代企业管理、高新技术引进及推广、参与科技攻关项目等方面的示范企业，组成科技协作网，进行典型推广，营造“科技兴厂、科技强业”的氛围；加强与印刷专业大专院校、科研单位的技术合作和交流，有效地组织利用社会上能促进本地区科技进步的资源，为本地区的印刷业发展起到事半功倍的作用；加强对印刷企业的人才培养、引进工作，组织做好印刷行业职业技能大赛，组织行业内的专家，对员工进行技术培训，鼓励企业选送合适人员到相应的大专院校定向培训，不断更新专业知识。

加强监管，做好法规培训工作。加强对企业定期检查，督促印刷企业严格执行印刷管理法律法规，继续做好对印刷企业法定代表人和负责人的法律法规培训，推动印刷业健康可持续发展。■

2015–2019 年上海市印刷业概述

上海市印刷行业协会

一、基本情况

（一）2015–2019 年上海市印刷业经济指标

2018 年，上海市印刷业实现工业总产值 832.80 亿元，比 2017 年的 816.79 亿元增加 16.01 亿元，增长 1.96%。2018 年，上海市印刷业年销售收入为 940.32 亿元，比 2017 年的 917.14 亿元增加 23.18 亿元，增长 2.53%；其中，对外加工贸易额为 89.86 亿元，比 2017 年的 94.39 亿元减少 4.53 亿元，下降 4.80%。

2018 年，上海市印刷业工业增加值 245.78 亿元，比 2017 年的 257.91 亿元减少 12.13 亿元，下降 4.70%；工业总产出 1099.23 亿元，比 2017 年的 1096.03 亿元增加 3.2 亿元，增长 0.29%。

2019 年，上海市印刷业实现工业总产值 814.22 亿元，比 2018 年的 832.80 亿元减少 18.58 亿元，下降 2.23%。2019 年，上海市印刷业年销售收入总额 921.72 亿元，比 2018 年的 940.32 亿元减少 18.6 亿元，下降 1.98%；其中，对外加工贸易额为 101.53 亿元，比 2018 年的 89.86 亿元增加 11.67 亿元，增长 12.99%。

2019 年，上海市印刷业工业增加值 277.41 亿元，比 2018 年的 245.78 亿元增加 31.63 亿元，增长 12.87%；工业总产出 1116.59 亿元，比 2018 年的 1099.23 亿元增加 17.36 亿元，增长 1.58%。

2015–2019 年上海市印刷企业主要经济指标比对详见表 1。

表 1　2015—2019 年上海市印刷企业主要经济指标比对

年份	工业总产值（亿元）	销售收入（亿元）	工业增加值（亿元）	工业总产出（亿元）	对外加工贸易总额（亿元）
2019	814.22	921.72	277.41	1116.59	101.53
2018	832.80	940.32	245.78	1099.23	89.86
2017	816.79	917.14	257.91	1096.03	94.39
2016	811.57	858.84	253.65	873.21	87.65
2015	820.93	818.40	242.34	876.25	99.16

（二）2015–2019 年上海市印刷业主要财务指标

2018 年，上海市印刷业利润总额 61.56 亿元，比 2017 年的 59.92 亿元增加 1.64 亿元，增长 2.74%；总资产 1149.00 亿元，比 2017 年的 1165.25 亿元减少 16.25 亿元，下降 1.39%；净资产 572.92 亿元，比 2017 年的 583.71 亿元减少 10.79 亿元，下降 1.85%；薪酬总额 99.38 亿元，比 2017 年的 100.25 亿元减少 0.87 亿元，下降 0.87%。

2019 年，上海市印刷业利润总额 76.55 亿元，比 2018 年的 61.56 亿元增加 14.99 亿元，增长 24.35%；总资产 1219.19 亿元，比 2018 年的 1149.00 亿元增加 70.19 亿元，增长 6.11%；净资产 632.72 亿元，比 2018 年的 572.92 亿元增加 59.8 亿元，增长 10.44%；薪酬总额 110.04 亿元，比 2018 年的 99.38 亿元增加 10.66 亿元，增长 10.73%。

2015–2019 年上海市印刷业主要财务数据详见表 2。

表 2　2015—2019 年上海市印刷业主要财务数据统计

年份	利润总额（亿元）	总资产（亿元）	净资产（亿元）	薪酬总额（亿元）
2019	76.55	1219.19	632.72	110.04
2018	61.56	1149.00	572.92	99.38
2017	59.92	1165.25	583.71	100.25
2016	50.49	1143.81	621.28	90.05
2015	49.82	1142.24	587.16	91.61

（三）其他方面数据统计

表 3　2015—2019 年上海市印刷企业经营分类统计

年份	企业总数（家）	出版物印刷企业（家）	包装装潢印刷企业（家）	其他印刷品印刷企业（家）	排版、制版、装订专项企业（家）	专营数字印刷企业（家）
2019	2623	149	1792	643	22	17
2018	2761	155	1878	685	27	16
2017	3071	162	2068	802	27	12
2016	3463	171	2317	930	36	9
2015	3809	197	2500	1065	39	8

表 4　2015—2019 年上海市印刷业不同企业性质分类统计

年份	国有企业（家）	集体企业（家）	三资企业（家）	股份合作企业（家）	股份有限公司（家）	联营企业（家）	其他有限责任公司（家）	私营企业（家）
2019	21	45	143	60	18	1	2142	193
2018	25	57	159	67	20	1	2237	195
2017	32	73	174	73	21	1	2471	226
2016	41	97	177	84	24	1	2782	257
2015	52	138	196	106	28	3	3193	519

表 5　2015—2019 年上海市印刷业技术岗位从业人员人数基本信息统计

年份	从业总人数（人）	技术岗位从业人员人数（人）	技师人数（人）	高级工人数（人）	中级工人数（人）	初级工人数（人）
2019	113800	15728	1492	2954	4280	7002
2018	116699	21857	1612	3114	4902	8090
2017	127091	22255	1753	3625	6194	10683
2016	140223	24089	1909	3890	6475	11815
2015	149886	23381	1919	3940	6829	10693

表 6　2015—2019 年上海市印刷业从业人员学历等级人数基本信息统计

年份	博士人数（人）	硕士人数（人）	本科人数（人）	大专人数（人）	高中人数（人）	中专人数（人）	初中及以下人数（人）
2019	54	961	12677	17464	20814	13446	48369
2018	53	897	12143	17204	22694	14907	48801
2017	52	838	11511	18385	25630	16347	54328
2016	59	843	11849	19883	27862	22110	57617
2015	93	814	12245	20209	31372	22412	62741

二、发展特点

（一）稳中有进、能效趋优

“十三五”期间，受宏观经济、环保压力及刚性成本持续攀升等诸多客观因素影响，上海市印刷业企业总数和从业人员总数逐年递减。2015 年上海市印刷企业总数为 3809 家，2019 年的上海市印刷企业数量为 2623 家；从业人员由 2015 年 14.99 万人减至 2019 年的 11.38 万人。

主要经济指标稳中有升，增幅收窄，工业总产值在 811.57 亿元 ~ 832.80 亿元区间小幅波动；销售收入年均增幅 2.9%；工业增加值小幅增长；期末总资产为 1219.19 亿元，比期初增加 76.95 亿元；对外加工贸易总额在 2019 年突破百亿，达到 101.53 亿元。

利润总额年均增幅 10.97%，2017 年和 2019 年利润总额表现抢眼，增幅达到 18.68% 和 19.58%；2017 年、2018 年人均创造利润分别为 4.71 万元和 5.27 万元，同比增长 30.83% 和 11.89%。

2017 年从业人员人均薪酬为 7.89 万元，增长了 26.85%，超出同期全社会人均收入增长水平，2018 年人均薪酬为 8.52 万元，增长了 7.98%，首次跑赢 GDP 的增速。

“十三五”期间，上海市印刷业在企业总数、从业人员数量双双减少的情况下，实现了销售收入、工业总产值、总资产小幅增长，利润总额、人均利润及人均薪酬大幅增长，表明整体印刷市场发展稳定，资本投入持续增加，企业管理效率较大提升，产业结构持续调整与改善，改革发展红利全员共享，从而体现出上海印刷业总体发展的良好势头。

（二）供给侧改革成效明显，产业集约化程度不断提高

1. “十三五”期间，工业总产值达到 5000 万元的规模以上重点企业虽然在数量上只占全部企业数量的 7% 左右，但是员工数、总资产、销售收入、工业总产值和增加值占总量的 70% 左右，而利润总额和对外加工贸易额则占比高达 90% 以上，说明规模以上重点企业较强的制造实力和盈利能力，在企业总数下降的情况下，规模以上企业仍然保持稳定，反映上海市印刷业的集约化程度不断提高。

2. “十三五”期间，上海市印刷企业数量减少 1612 家，其中年产值 1000 万元以下的约占 85%。可以看出，淘汰的企业绝大多数为规模小、技术相对落后、竞争能力弱小的印刷企业。

3. 国家绿色创意印刷示范园区建设成果显著。作为上海绿色印刷产业的龙头，上海金山国家绿色创意印刷示范园区经过数年发展，园区内已经聚集了一众优秀的特色印刷企业，如推进按需印刷 POD 新兴领域发展的当纳利（上海）信息技术有限公司；“出版 + 教育”双轮驱动、实现跨越发展的上海盛通时代印刷有限公司；聚焦细分领域，从加工商蜕变为产品商，放大印刷附加值的上海瑞时创展印刷有限公司等印刷企业。

在汇聚优秀企业的同时，园区还突破物理空间的限制，大力推动服务平台建设，包括：国家新闻出版总署出版产品质量监督检测平台、印刷对外加工贸易综合服务平台、按需出版数字平台、绿色印刷材料展示交易中心电商平台、AR 虚拟现实服务平台、文化创意产品展示交易平台、3D 打印公共服务平台。

2018 年园区实现投资 49.30 亿元，在其他区印刷企业均在减少的情况下，金山国家绿色创意印刷示范园区内的印刷企业却逆势增加，达到了 120 家，工业总产值 54.50 亿元，占整个金山区印刷工业总产值的 80.65%。

4. 上市公司龙头作用不断凸显。除了规模以上企业的情况外，上市公司的排头兵作用和产业风向标作用更为凸显，上市企业 7 家，数量占上海市企业总量 0.3%，市值为 182.3 亿元；营业收入总额为 146.6 亿元，占上海市印刷企业营业收入总额的 16.0%；工业总产值 75.5 亿元，占全市印刷企业工业总产值的 9.1%； 利润总额 9.4 亿元，占行业利润总额的 15.2%。

（三）绿色创新，砥砺前行

1. “十三五”期间，印刷绿色化持续深化和推进，取得阶段性成果。到 2019 年末，上海市通过绿色印刷认证的企业数量达到 49 家，虽然认证企业数量仅占上海市印刷企业总数的 1.9%，但是绿色印刷企业的营业收入约占到总销售收入的 8%，绿色印刷在行业总营收的占比进一步提高，有力地说明绿色印刷企业在行业内的引领示范作用。

2. 上海市印刷企业在绿色印刷和清洁生产方面的投入不断增加，CTP 装机总量达到 1560 台，占到全国装机总量的 10%；无溶剂复合机装机数量达到 35 台，大幅降低了生产塑料包装的产生污染；环保油墨、环保版材、免酒精润版液、环保清洗剂、环保预涂膜等绿色印刷原辅材料得到广泛应用，用户数量和采购总量明显增加。

3. 到 2019 年末，上海市所有印刷企业均安装了粉尘、纸毛、墨雾、废气收集装置，并采取了相应的绿色环保生产措施；通过清洁生产审核的企业数量显著增加，企业对节能减排和清洁生产的认识大幅提升，对环保治理的观念开始转变，企业治理成果卓有成效。

4. 绿色印刷园区集聚效应显著。金山国家绿色创意印刷示范园区成立于 2010 年，占地面积 2.45 平方公里。到 2019 年，成功引进新闻出版及相关企业近 120 家，产业配套初具规模，园区积极引入互联网电商平台、网络印刷平台、创意设计平台、信息技术开发平台为整个印刷产业链上下游提供综合服务，绿色印刷园区的集聚效应逐步显现。2017 年，通过上海新闻出版专项资金资助和金山工业园区专项扶持组成示范园区产业扶持资金池 600 万元，主要用于扶持园区落户企业绿色发展需要，加强园区专业人才引进、科技研发投入、重点产业项目落户、产业相关配套设施等。2018 年《上海市金山区印刷产业发展蓝皮书》发布，提升国家绿色创意印刷示范园区的知名度和影响力，为绿色印刷企业提供战略发展意见，为政府提供绿色印刷产业发展扶持策略研究，可以有力助推金山绿色印刷产业的创新发展，同时其示范作用也必将在绿色印刷创新技术研发、材料开发与应用、绿色系统评价、绿色印刷实施推广等方面提供平台。

5. 政策扶持力度加大。上海新闻出版专项资金支持产业绿色环保印刷项目建设数十项，发放专项扶持资金 800 万元；45 家印刷企业获本市 VOCs 治理专项补贴资金合计 1207 万元；《上海市中小学教材价格管理办法》《关于调整本市中小学教材印张价格的通知》相继发布，文件进一步明确绿色印刷补贴形式将由原来专项资金补贴方式计入教材印张成本，并自 2018 年春季学期起实施新的印张价格。

6. 积极推广柔性版水墨印刷市场与应用，经过多年的探索，教科书柔印版水墨印刷规模化生产取得了实质性的进展，并向少儿读物领域推进。截至 2019 年，上海市中小学教材及各类书刊采用水墨柔印工艺印制累计达到 5000 万册。2019 年由中国新闻出版研究院、北京印刷学院和上海印刷集团为主要起草单位的柔性版书刊印刷行业标准正式发布，水墨柔印产品在绿色环保健康方面的优势愈发凸显。

7. 上海出版印刷高等专科学校联合富林特（油墨）上海有限公司、上海印刷技术研究所共建的“柔版印刷绿色制版与标准化实验室”连续三年（2017 年、2018 年、2019 年）荣获国家新闻出版署“新闻出版业优秀科技与标准重点实验室”称号。重点实验室的建设标志着我国印刷业绿色化发展在技术进步、路径探索和产业应用研究方面又向前推进了一步，是推进“政行企校协同创新、开展高水平科研、引领行业发展”的重要举措。

8.“上海新新绿色印刷新材料实验室”成立，该实验室作为首批新闻出版业科技标准重点实验室之一，为绿色印刷的发展提供绿色环保印刷材料，特别是在柔性版橡胶雕刻上进行研发，改变了现今柔性版环保高端制版材料完全依赖进口的局面，为绿色印刷源头治理提供了有力保障。

9. 上海市印刷行业协会书刊绿色印刷工作委员会制定《书刊印刷行业公约》，公约规范了书刊印刷行业的经济行为，要求印刷企业积极建立有序竞争环境，凸显企业应承担的社会责任，避免企业间不正当竞争，特别是对低于正常价格竞争的行为进行了有效防范，对当前印刷业的环保发展和书刊印刷市场规范起到了积极作用。

（四）智能制造，引领创新

“十三五”期间，无论是从国家发展的战略层面还是印刷业自身发展的现实需求，上海印刷业一直在“聚焦智能化”之路上积极探索和不断地实践。

1. 上海翔港包装科技股份有限公司通过 MES 制造执行系统的实施，以工单为主线、依托设备改造自动采集技术，实现全部品种、所有工序的生产制造过程信息化管理，并与公司 ERP、WMS 流程对接及数据对接，以达到生产管理全流程的信息化和自动化，初步实现智能化工厂建设。

2. 上海紫丹印务有限公司正通过自身的努力，打造适合自己公司的 MES 系统，赋予各设备与 MES 系统的数据交互接口，以实现 ERP、MES、设备间的互联互通，为生产数据、设备状态数据采集打下基础；使公司业务流程全部实现自动化或在线化，满足客户日益增长的个性化、多样化、快速化需求，最大限度地减少生产一线人员和一般岗位管理人员数量，提高了生产效率和产品品质。

3. 奉其奉印刷科技（上海）有限公司历时数年打造的智能工厂，由运营物流智能、操作流程智能、产品转换智能、仓储智能以及客户端办公软件渗透生产流程信息化的商业智能 5 大类组成。公司“智能设备互联、工业大数据和智能应用”上下互通、整体互联的体系，满载生产时日产值可达 200 多万元，且大幅节约人力成本，提高运营效率。

4. 上海盛通时代印刷有限公司作为书刊印刷领域的龙头企业，探索、研发高级计划排程系统 (APS) 和智能物流系统 (WMS)，使企业计划排产系统和货物储运实现智能化，缩短制造周期，削减库存，有效实现客户利益增长。

5. 上海艾录包装股份有限公司应用现代信息技术协同产业上下游供应链，共同开发的智能化、专业化的定制服务系统，实现了机器人灌装系统研发设计生产，智能化袋装设计和结构优化，通过不断丰富品种、提升品质、培育品牌，为世界500强企业和国内顶尖客户提供最专业的“一体化包装整体解决方案”。

6. 上海扬盛印务有限公司、上海同昆数码印刷有限公司等数家印刷企业结合自身特点，已完成智能化方案设计、论证等前期规划或建设工作。

（五）融合发展，突破瓶颈

在互联网、移动媒体等新兴技术的冲击下，上海市部分印刷企业结合自身特点和基础，积极探寻新发展领域，在业务、产品、渠道、模式等方面充分发挥融合优势，为企业发展注入了新的活力。

1. 业务融合

2017 年初，上海印刷集团正式划入上海世纪出版集团后不断完善整体运营机制，将“融合发展”与“服务出版”作为经营主线，紧紧围绕“抓改革、保基本、做特色、讲质量、强服务、走市场、增效益”，加快资源整合重组力度，主动调整业务结构，淘汰落后产能，推进世纪出版集团编印一体化进程，培育新的经济增长点，致力打造满足市场需求的产业新格局，实现了经营工作总体稳健发展。

2. 产品融合

当纳利，作为全球领先的多渠道整合营销及商业传播方案提供商，自 2015 年起，专注于喷墨印刷技术的开发，经过多年的潜心钻研，自主研发的喷印设备连机全自动化生产线已投入市场，印刷产能可根据客户要求进行增加。当纳利同时拥有环保水性油墨专利，该油墨同样由当纳利研发，可实现挥发性有机物 (VOCs) 零排放，对环境和人体均绿色无害。

3. 渠道融合

上海瑞时创展印刷有限公司将互联网、物联网等技术融入大批量定制，在一条流水线上制造出灵活多变的个性化产品，自主研发了电子商务定制平台——B2M 平台，平台包括“智能化的需求数据采集、研发设计、计划排产、制版”，以及“数据驱动的生产执行体系、物流和客服体系”等。

4. 模式融合

上海东港安全印刷有限公司结合传统纸质票据输入、输出以及制作工艺，设计开发电子化票据定制服务系统，推进票据行业的升级转型，嫁接 IT 和互联网技术，为客户提供一站式服务（纸质票据 + 电子票据）。用“数据处理 + 云平台”的模式，迎接票据电子化的挑战。

5. 跨界融合

近年来，上海扬盛印务大胆创新、跨界融合，研发移动端“盛装 AR”APP 平台，构建云端型增强现实应用程序服务，将当下前沿 AR 增强现实技术应用到个性化包装中，为包装用户提供创新独特的互动营销方案。不仅提升用户体验，而且实现互动营销，包装的价值外延得到提升，企业的竞争力得到加强。

（六）数字印刷、全面实施

近年来按需印刷发展迅速，在满足个性化和可变化消费需求方面，数字印刷有其独特的魅力。

1. 由当纳利（上海）信息技术有限公司研发的按需印刷业务经过数年的发展，取得了可喜的成绩。2016 年，当纳利按需印刷图书销售额超过 200 万元人民币，销售图书约 4 万册。全国 19 家出版社约 600 种中文图书和过往期刊通过当纳利按需印刷的模式进行销售，其中有 359 种图书和期刊在 2016 年度动态营销。按需印刷的模式打破了传统的出版物业务流程，极大提升行业效率和客户体验，大幅降低库存成本和销售周期，满足消费者的个性化需求，推动文化产业的多元化发展。

2. 上海雅昌艺术印刷有限公司持续引进数码印刷设备、推广数码印刷技术并进行消化、吸收和革新，研发构建了优质、高效的数字化生产流程，极大提高生产效率，实现了文化艺术和新闻出版的产业化运营。

3. 上海商务数码图像技术有限公司于 2011 年开始与新疆龟兹研究院合作开展世界文化遗产——克孜尔石窟壁画高清数字化及复原项目，这是数字印刷与文物数字化保护相结合的探索。上海商务数码利用自主研发的二维、三维数字采集与壁画色彩管理系统，制订了《克孜尔石窟壁画平面数字化规范》，9 年来完成了克孜尔千佛洞 23 个石窟的数字化工作；引入 3D 打印工艺；为新疆维吾尔自治区博物馆与新疆阿克苏博物馆提供了高还原度的仿真石窟，并配合新疆龟兹研究院将仿真石窟与文化创意作品进行全国 10 个城市巡展。这为数字印刷在文物艺术数字化领域的应用提供了较为成功的案例。

（七）平台建设、按需印刷实现新进展

1. 自贸区印刷对外加工贸易服务平台的延伸建设

“印刷对外加工贸易综合服务平台”上线运行后，新开发了综合查询和统计分析两大功能模块。查询和统计功能的开发，更加方便管理部门准确掌握各项业务的总体情况和细节概况。在对传统境外出版物审批、对外包装装潢和其他印刷品备案、进口图书在沪印制备案和按需印刷内容审批等业务的每个信息点都具备全面而细致的了解分析能力。

在印刷对外加工贸易综合服务平台的关键字审读平台中，由外文图书公司助力开发的关键字审读系统新增加两个语种的关键字审读，进一步提高了电子审读效率和准确率。

2. 继续推进图书按需印刷平台建设

2015 年年底，上海地区的 7 家实体书店成立了 E 本印书店联盟，在每个联盟书店中增设 POD 图书的 O2O 体验区域，为读者提供了除了书店现货以外更多的选择空间，又无需让书店承担库存风险。

（八）明确上海印刷业在长三角印刷业一体化发展中的定位及角色

2019 年 7 月正式发布的《长三角区域印刷业一体化发展升级指南》进一步明确，上海要进一步发挥龙头带动作用，围绕上海建设科技创新中心、国际经济中心、改革开放排头兵的发展目标，整合长三角区域内产学研用领域专业技术资源，汇聚全球印刷业顶尖创新人才和科研团队，扎实推进印刷业“四化”发展中关键技术研发，建设全国印刷业科技创新中心；充分发挥长三角区域内印刷会展品牌效应，积极开拓国际印刷业务，建设中国印刷业国际交往中心；依托中国（上海）自由贸易试验区建设，积极吸引国际印刷总部落户园区，培育本土总部型印刷企业，打造全国印刷业深化改革开放的先行区。

三、发展规划

根据中共中央、国务院《长江三角洲区域一体化发展规划纲要》，中宣部《长三角区域印刷业一体化发展升级指南》和全国宣传思想工作会议部署，上海印刷业“十四五”规划牢牢把握意识形态工作领导权，坚持正确的政治导向，突出问题导向和效果导向，强化统筹协调、制度设计和创新驱动，把印刷业融入现代服务业，文化消费业等进行科学规划、分阶段推进落实。

一、总体目标：建设印刷业科技创新中心、国际交往中心，打造印刷业深化改革开放的先行区

围绕上海建设科技创新中心、国际经济中心、改革开放排头兵的发展目标，整合长三角区域内产学研用领域专业技术资源，汇聚全球印刷业顶尖创新人才和科研团队，扎实推进印刷业“四化”发展中关

键技术研发，建设全国印刷业科技创新中心；充分发挥长三角区域内印刷会展品牌效应，积极开拓国际印刷业务，建设中国印刷业国际交往中心；依托中国（上海）自由贸易试验区建设，积极吸引国际印刷总部落户园区，培育本土总部型印刷企业，打造全国印刷业深化改革开放的先行区。

二、推进总体目标细化，加快调研形成实施的时间表和路线图

（一）根据《长江三角洲区域一体化发展规划纲要》会同长江三角洲区域印刷产业共同研究推动一体化发展的制度建设

在中宣部印刷发行局的领导下，制度建设牢牢把握“全印刷、全球化、一体化、可持续、高质量”和“绿色化、数字化、智能化、融合化”发展方向，按照“上海进一步发挥龙头带动作用”的要求，深化供给侧结构性改革，提升产业链的关联与协同水平，形成统一的法律法规、技术标准规范等市场监管环境，推动长三角区域印刷业实现更高质量的一体化发展。

（二）推动绿色印刷业态系统的制度性建设，形成印刷业良性稳定发展的新格局

充分考虑印刷行业的本质特征，以绿色印刷的第三方认证结合“绿色印刷自我声明”的制度创新，在上海率先进行“绿色印刷自我声明”体系的试验，在“十四五”末形成50%以上的企业纳入绿色印刷体系，并以此为契机，引导行业形成绿色化发展的生态系统，强化产业集群发展、社会化分工合作、提高生产资料的使用效率，形成行业可持续发展的新业态，以上海特有的营商环境，吸引总部经济的迁入。

（三）推动上海国家级创新中心、园区、基地、实验室等重大项目的发展

以重大项目突破形成的先进成果为引领，为产业发展提供可复制的可行性方案和生产力，巩固做好以下几个方面工作：上海金山国家绿色创意印刷示范园区、世界技能大赛印刷媒体技术项目中国集训基地、柔版印刷绿色制版与标准化实验室、国家印刷出版人才培养基地、印刷业创新发展研究中心、印刷业国际交往中心等重大项目以及青浦出版物印刷创新园区、印刷人才培育实训基地、印刷装备升级基地、印刷艺术融合基地等产业联盟集群的运行和发展。

其中，印刷业创新发展研究中心：首先需建立“印刷业智能生产展示实验基地”，通过体制机制创新，形成集聚效应，吸引全球先进企业来上海共同研发符合行业特点的可复制智能化技术；印刷业国际交往中心：利用全印展等成熟的平台，开展经常性的交流与合作项目，形成有影响力的国际专业平台。

（四）推动技术、资料交易平台建设

积极推动各类交易平台的建设，为产业链接上下游资源提供高效安全的渠道，搭建海外印刷订单平台、印刷设备租赁平台、上海绿色印刷原辅材料交易平台、文创产品展示设计交易平台等。

上海绿色印刷原辅材料交易平台作为“绿色印刷自我声明”体系的一个重要组成部分，加紧推动试验，进一步引领绿色印刷新技术、新材料的研发和推广使用。

（五）推动行业管理平台的建立和优化

进一步优化行业管理平台，为企业提供优质高效的服务，积极推动承接境外出版物综合服务平台、上海印刷复制业务备案管理系统、上海印刷业统计分析系统、绿色印刷检测信息化服务平台等平台建设。

从长三角区域印刷业的现有情况分析，目前上海印刷业具有示范和引领作用，实现长三角区域印刷业总量、结构和质量的深层次变革，需要上海提供产品支撑、技术支撑和服务支撑，“十四五”期间需要上海印刷业砥砺前行，为行业发展贡献上海智慧和经验。■

2015–2019 年江苏省印刷业概况

江苏省印刷行业协会

一、基本情况

近年来，江苏省印刷业适应经济发展新常态，紧紧依靠技术进步，积极调整产业结构，广泛采用新技术、新装备、新材料、新工艺，大力推进融合发展，实践绿色化、数字化、智能化生产，全面强化印制质量管理，产业呈现出向高质量发展迈进的崭新局面，形成书刊印刷、包装印刷、票据印刷、塑料印刷、金属印刷等门类齐全，POD 直接联线设备、商业轮转机、多色凹印轮转机、超大幅面多色印刷机、精装联动线等先进且较为完整的印装设备产业链。

表 1　2015—2019 年江苏省印刷业基本情况统计

项目名称	2015 年	2016 年	2017 年	2018 年	2019 年
印刷企业总数（家）	14116	9936	10158	10260	10453
其中：年产值 5000 万元以上规模以上重点印刷企业数（家）	403	421	513	542	555
全行业从业人员（万人）	30.79	28.72	29.71	28.72	28.10
工业总产值（亿元）	1303.90	1347.10	1461.46	1568.93	1623.06
利润总额（亿元）	66.90	70.80	85.40	90.83	88.95

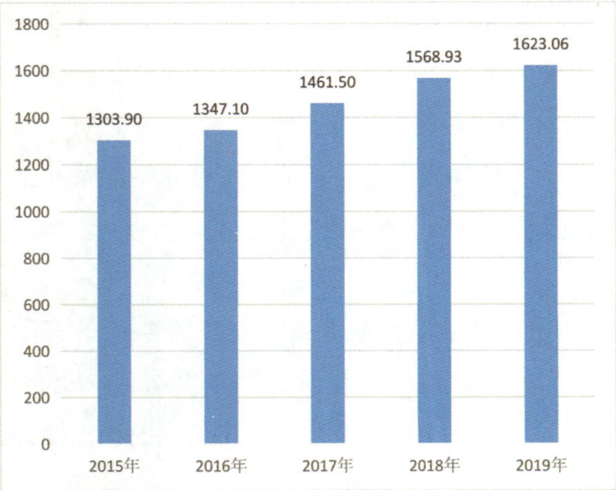

图 1　2015—2019 年江苏省印刷工业总产值（单位：亿元）

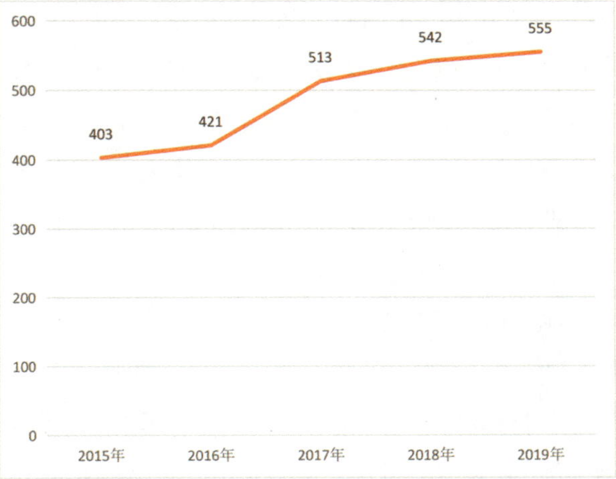

图 2　2015—2019 年江苏省规模以上重点印刷企业数量（单位：家）

近5年江苏省印刷业整体保持上升发展趋势，虽然2016年发展增速触底，但在2017年出现反弹，行业回暖势头强劲。印刷企业总数基本保持稳定，年产值超5000万元规模以上重点印刷企业数量不断增长，并且近5年规模以上重点印刷企业总产值也在不断攀升，证明集约化程度不断提升。从2018年开始，在企业数量增加、产值增加的情况下，从业人数逐年减少，从侧面证明了江苏省印刷企业在数字化智能化建设、精细化管理水平方面的进一步提高，也凸显了江苏省对印刷业总量、结构、布局的调控卓有成效。全省印刷业的结构不断优化，整体逐步提升，并在近5年中保持着较好的平稳发展势头。

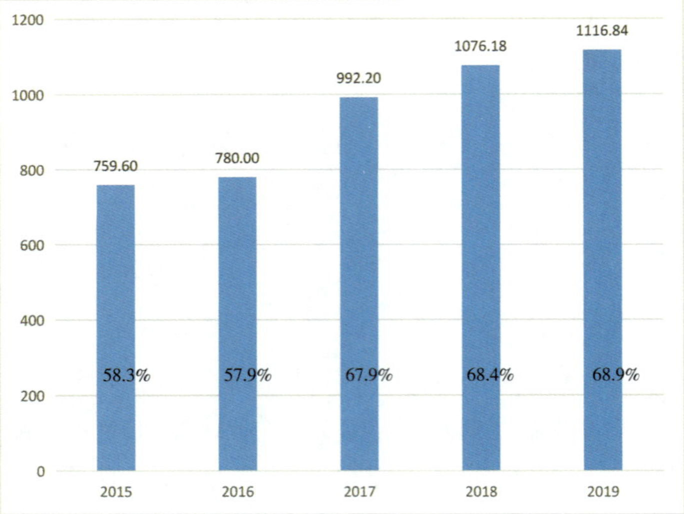

图3　近5年江苏省规模以上重点印刷企业产值及占比变化（单位：亿元）

二、主要工作

1. 做好绿色印刷宣传工作

自2017年起，每年的6月1日为江苏省“绿色印刷宣传日”。活动当日，江苏省印刷行业协会（以下简称“江苏省印协”）均会协助江苏省新闻出版局开展“绿色印刷宣传日”活动，组织出版单位分管领导和省内印刷企业负责人到场参与相关活动，旨在强化其绿色印刷意识和责任担当意识，加快推进生态文明建设构建资源节约型、环境友好型社会。截至目前，江苏省共120家企业通过绿色印刷认证。

2. 成功举办江苏印刷业创新发展博览会

在江苏省新闻出版局的领导下，以及中国印刷技术协会的指导下，江苏省印协分别于2017年和2019年成功主办了两届“江苏印刷业创新发展博览会”（以下简称“江苏印博会”）。2017年，首届江苏印博会入场观众2万人次，现场交易额2600万元，意向交易17000万元；2019年，第二届江苏印博会入场观众3万人次，现场交易额7402万元，意向交易额16734万元。通过江苏印博会，围绕“创意、创新、创优”主题，着力打造展示、体验、交流、交易四个平台，传递出绿色、智能、个性化定制及文创等行业发展新动向，在推动印刷业的转型升级和创新发展方面发挥积极引领作用。

3. 组织技能大赛

在2015年至2019年期间，江苏省印协共承办了两届江苏省印刷行业职业技能大赛，共有85家印刷企业、201位选手积极参与，有4人获得“全国技术能手”荣誉称号，7人获得“全国印刷行业技术能手”荣誉称号，26人获得“江苏省技术能手”荣誉称号。通过技能大赛，企业加强职工培训的积极性普遍提高，在省内全行业营造出尊重劳动、崇尚技能的良好时代风尚，激发了印刷行业职工学技术的积极性，有力地促进了江苏省高技能印刷人才队伍的建设。

4.《江苏省教材印刷指导工价（试行）》制定发布

2018年5月，受江苏省新闻出版广电局的委托，江苏省印协承接了中小学教材印刷工价调研和制定工作。本着客观务实，易于操作的原则，在广泛征求各方意见和建议的基础上，江苏省印协编制了《江苏省教材印刷指导工价（试行）》，并于2019年5月22日在会员大会上正式发布。该工价的出台，充分体现了江苏省印协承接政府职能转移的能力，对不断提高产品质量，推动江苏省出版印刷产业链的健康可持续发展具有重要意义。

5. 积极搭建交流合作平台，助推行业高质量发展

（1）2019年6月，在中国印协的指导下，江苏省印协牵头，与上海、江苏、浙江、安徽三省一市印协共同主办了“首届长三角区域印艺精品奖评选”活动。首届评选收到来自长三角区域印制企业的414件作品参评，最终评出94件获奖作品，并于第二届印博会期间举行颁奖仪式，同时设置获奖作品展区，让广大专业观众和市民近距离感受印刷产品的创意之新、工艺之精。通过评选，鼓励印刷行业精品化建设，打造区域特色品牌，对于助推长三角区域印刷业一体化高质量发展发挥了积极作用。

（2）为了使江苏省印刷企业紧跟行业发展形势，适时转变发展思路，不断提高综合竞争力，江苏省印协在每年年会均会同期举办印刷业发展报告会，邀请行业主管部门领导、行业专家、院校老师等围绕当前印刷业的热点议题进行主题演讲，旨在为江苏省印刷业的发展建言献策，深受与会代表的欢迎。

（3）2015–2019年，江苏省印协多次联合各市印协，积极组织本地区印刷企业代表参观中国国际全印展、中国（广东）国际印刷技术展览会、全国图书交易博览会、海峡两岸图书交易会、香港书展、德鲁巴国际印刷展、江苏印博会等国内外行业领域内知名展会。据不完全统计，5年间，共组织此类活动20余次，参与人数近14000人。通过参与观展考察等活动，不仅使企业经营者开阔视野，拓宽思路，学习更多先进生产经营理念，有助于企业管理能力的不断革新，更可以及时了解掌握当前行业的发展动态和最新信息，为企业在激烈的市场竞争中脱颖而出创造了有利条件。

（4）积极参与行业领域内权威评选活动。鼓励省内印刷企业积极参与行业内权威评选活动，如“美国印制大奖”、“毕昇奖”、“中国印刷企业百强排行榜”、“中国印刷业最佳雇主”等。通过各类评选活动的宣传，树立江苏省优秀企业和优秀企业家良好的形象，对于提升企业的影响力和竞争力，帮助企业开拓海内外市场发挥了重要作用。

（5）2015–2019年，在江苏省新闻出版局领导下，由江苏省印协主办，各市印刷行业协会和省印协各专业委员会协办举办“优质产品 优良业绩 诚信经营”为内容的江苏省“双优诚信”印刷企业评选活动。通过评选，进一步推进依法治业、以德兴业，引领全省印刷行业遵纪守法、诚实守信、规范经营，有利于促进行业诚信体系建设，确保江苏省印刷业的长远健康发展。■

“十三五”期间浙江省印刷业基本情况回顾

浙江省印刷协会

印刷业具有意识形态、文化服务和制造业多重属性，承载着社会文明传承和文化传播的重要使命，是社会主义文化繁荣兴盛的重要推动力量，是国民经济重要服务支撑。“十三五”时期，浙江省印刷业贯彻新发展理念，守正创新、攻坚克难，实现产业总量、结构和质量深层次变革，整体实力、服务效能和规范治理能力走在全国前列，在加速国民经济发展，提高人们物质文化生活水平中起到了积极的推动作用，为浙江省经济社会发展和文化繁荣提供产品支撑、技术支撑和服务支撑并做出积极贡献。

一、基本情况

“十三五”期间，浙江省印刷业紧紧依托经济先发优势和市场大省有利条件，充分发挥民营经济优势，走出一条具有浙江特色的发展道路，形成企业大中小并举、多种经济成分互补、工艺门类齐全、高新技术含量提升、国际产能合作加强的产业格局，综合实力位居全国第二位。

全省现有各类印刷企业15629家。其中，出版物印刷企业407家，包装装潢印刷企业8624家，其他印刷品企业4165家，排版、制版、装订专项企业362家，专营数字印刷企业89家。全省共有印刷机械制造企业300家，印刷业从业人员45万人，资产总额1970亿元，2019年浙江省印刷业全年实现工业总产值1572亿元，利润83亿元，对外贸易72亿元，研发投入27亿元。其中，印刷机械制造产值60亿元，占全国印刷机械制造业总量10%。全省总产值超过5000万元以上的印刷企业有598家，其中超亿元的有285家。

二、产业发展

（一）印刷产业区块优势更加聚集

“十三五”期间，浙江省印刷业深入贯彻落实“创新、协调、绿色、开放、共享”五大发展理念，推动全省印刷企业加快“绿色化、数字化、智能化、融合化”发展，加快促进印刷产业提质增效、转型升级，优化产业结构，不断提高规模化集约化专业化水平，产业规模继续壮大、产业结构进一步提升、产业区块优势聚集、绿色印刷卓有成效，内生动力得到增强。

为适应中国特色新型工业化、信息化、城镇化、农业现代化建设的发展趋势，使市场在资源配置中起决定性作用，更好发挥政府作用，按照优势互补、产业联动的要求，浙江省印刷业继续巩固和推进全省 10 个已建印刷园区的建设，进一步优化结构和特色，形成以杭州市为中心的出版物印刷和包装装潢印刷为特色的浙北产业区块，以宁波市为中心的包装装潢印刷为特色的浙东产业区块，以温州苍南县食品包装、商标印刷为特色的浙南产业区块，以金华市、义乌市的服装和袜业等小商品包装为特色的浙中印刷产业区块。这四大产业区块依附于当地的经济结构特征，形成各自的特色，进一步增强产业集聚效应，壮大产供销相互配套、技术相互协作、产品相互补充的产业链，推动了产业的迅猛发展。

（二）高质量发展取得成效，形成一批骨干印刷企业

“十三五”期间，全省印刷产业通过引导与调控，布局更加趋于合理，适度集中逐步体现，多种资源向骨干和示范企业集聚，出版物印刷继续保持稳定，包装装潢印刷保持快速发展，整体规模效益实现同步增长。全省总产值超过 5000 万元以上的印刷企业有 598 家，比“十二五”末的 351 家增加了 247 家，其中超亿元的有 285 家，比“十二五”末的 178 家增加了 107 家。

浙江印刷集团有限公司、浙江美浓世纪集团等 12 家“国家印刷示范企业”发展特色鲜明、业绩突出，已经成为了推动全省印刷产业转变发展方式、实现科学发展、建设印刷强省的骨干力量，充分发挥了骨干示范企业的引领示范作用。

“十三五”期间，在中国印刷企业百强排行榜中，上榜浙江省企业有 62 家。2016 年上榜企业达 17 家，其中，6 家企业连续 5 年上榜，百强榜板块继续名列全国前茅，再次彰显了浙江印刷大省的实力。两届中国出版政府奖印刷复制奖评选中，浙江均有企业获奖，取得了不俗的成绩。2016 年，为大力弘扬和践行“工匠精神”，在浙江省新闻出版广电局指导下，浙江省印刷协会开展了两届“之江印艺”大奖评选活动，共评选出金奖 20 种、银奖 35 种、铜奖 55 种、优秀奖 96 种，涵盖出版物、包装装潢及数字印刷等各领域的产品，集中展现了浙江省印刷产业高质量高水平发展所取得的成绩。

（三）智能化、数字化、绿色化技术应用取得新突破

“十三五”期间，在全省印刷业规模持续壮大、产业结构逐步优化的过程中，印刷技术的智能化、数字化、绿色化发展与应用不断加快，推动了产业升级和转型发展，助力整体规模效益同步增长。数字印前、色彩管理、油墨预置、CTP、数字化印刷管理流程、数码打印等印前新技术，超大幅面、10 色以上、4+4 双面、高速商业轮转等各类胶印、柔印设备，以及全自动烫金模切、高速智能联线勒口胶订线等印后设备已被省内众多厂家广泛应用于出版、包装、软包装等领域，使得印刷生产实现全数字化作业和智能化控制成为可能，推进了全省印刷产业的技术升级和转型发展。

随着“十三五”期间信息技术和互联网技术的飞速发展，传统印刷产业开始进入“数与网”时代，“互联网 + 印刷”与“印刷 + 互联网”的逐渐融合，使得数字印刷和印刷数字化新技术呈现出众多印刷企业积极参与、市场快速发展、服务渐入人心的发展态势，省内多家书刊、包装、报业印刷企业也都结合各自需求和定位，引进了各类数字印刷设备和技术，在延伸产业链、服务主业、多元发展等方面大胆尝试与探索，实现了按需印刷、个性化定制和高仿复制等业务布局，传统技术与数字印刷的创新融合取得突破。截至 2019 年底，全省共有专营数字印刷企业 89 家，数字印刷总销售额 4.3 亿元，工业总产出 2.18 亿元。

“十三五”期间，浙江省印刷业贯彻落实新发展理念，顺势而变，践行绿色理念、壮大绿色群体、

构建检测体系，逐步提高全行业践行绿色印刷的自觉性，逐渐形成并走出了一条建设环境友好、生态文明的现代印刷之路，绿色印刷成果丰硕。“十三五”期间，全省获得绿色印刷认证的企业数量新增 50 余家，涵盖平版印刷、票据印刷、凹版印刷等各门类，使得提供优质、无毒无害、节约资源的绿色印刷产品能力不断增强。全省众多印刷企业改进工艺装备、减少 VOCs 和粉尘排放、降低环境噪声，改进了从业人员的工作条件，不断增强印刷绿色化生产水平和能力。

（四）印机制造业规模和效益突显

“十三五”期间，以温州为产业集聚地的浙江省印刷机械制造业，依托体制、机制、资金、技术的优势，不断在市场占有率、技术先进性、行业垄断性等方面取得突破，规模和效益显现。全省 300 余家印刷机械制造企业年工业总产值达 60 亿元，占全国印刷机械制造业总量的 10%，其中亿元以上企业 10 家，规模以上企业 100 家左右，国家级高新技术企业 18 家，出口交货值 11 亿元。温州的中德集团、劲豹机械、光明机械、国望集团等重点企业，以及杭州科雷机电、平湖英厚等印机制造企业形成了浙江省印刷机械制造产业链，为推动我国印刷机械制造国产化进程起到了积极的作用。

（五）积极推进行业技能人才培养

“十三五”期间，浙江省印刷业积极组织开展了两届印刷职业技能大赛，全省共有 250 余名选手参赛，42 名选手参加了全国决赛，其中，5 人荣获二等奖、9 人荣获三等奖，获奖选手数量在全国名列前茅。同时，15 人荣获“浙江省技术能手”称号并晋升技师职业资格，30 人晋升为高级工，14 人晋升为中级工。参与技能大赛极大地推动了浙江省印刷高技能人才队伍的建设，形成了一支卓越精良、技术全面、层级分明的高素质技工队伍。

浙江省印刷协会还联合浙江省人力资源和社会保障厅职业技能鉴定中心，举办了 6 期平版印刷工、计算机排版工、电子图像处理工等 3 个工种的技能等级培训，近 200 名从业人员通过不同等级的考核鉴定，获得浙江省人力资源和社会保障厅颁发的高级工、中级工、初级工等职业资格证书。2016 年，协会又牵头完成了平版制版工（技师）技能鉴定题库的开发，为浙江省平版制版工的技能等级考核、鉴定工作步入规范化、科学化的轨道打下扎实基础。

2018 年，浙江省印刷协会积极开展行业工程类技术人员初级、中级和高级职称评审工作。期间，共完成近 40 名参评人员初审推荐工作，有效化解印刷行业职称评审难题。

（六）印刷行业协会服务能力进一步提升

“十三五”期间，根据印刷行业发展面临的新问题、新需求，浙江省印刷协会先后成立了专家委员会、绿色印刷工作委员会、印刷机械工作委员会、产品标准化工作委员会、VOCs 治理工作委员会等机构，更好地贴近服务企业需要，为行业排忧解难。除此之外，为丰富协会服务会员企业的内容，提升服务功能，浙江省印刷协会对会刊进行修订，增加原有信息量；同时，上线了官方网站和官方微信公众号，搭建起与会员企业间更为广泛直接的互动交流平台，丰富服务会员渠道，更好地适应浙江印刷业高质量发展的需求。

三、存在的问题

一是文化消费升级压缩了印刷业的发展空间。“十三五”期间，随着新一代信息技术的广泛应用，移动互联阅读不断改变着人们的生活方式，催生了数字出版、在线阅读的兴起。印刷业原有的属性逐渐受到一定程度的影响，发展空间也随之受到了压缩。

二是新形势下印刷业发展模式转型升级力度不够。“十三五”期间，浙江印刷业普遍存在集约化程度低，企业数量多、规模小、实力弱，大而不强、小而不精，缺乏具有国际竞争力的企业和产业集群；大部分印刷企业技术研发能力弱，自主创新乏力，新兴科技和产业融合不够深入，技术装备相对落后，产品同质化，核心竞争力不足，产业边际效益下滑。

三是印刷业新技术应用的深度和广度不够。“十三五”期间，数字网络等新技术的裂变式发展，不断推进了各行各业技术的创新与发展。印刷业也不例外，在渗透了众多新技术后，更是加快了产业转型升级的步伐，推动了传统印刷企业技术进步、产品升级、工艺创新的进程。但由于传统印刷业门槛低、竞争激烈、盈利能力不高、环保压力大，全省众多印刷企业在运用物联网技术、人工智能技术、传感器技术，大数据技术，以及智能机器人等新技术方面深度和广度优势并不明显，印刷生产智能化、业务网络化、制程标准化、管理高效化还期待进一步提升。

四、印刷业展望

面向未来，浙江省印刷业要以习近平新时代中国特色社会主义思想为指导，承担起举旗帜、聚民心、育新人、兴文化、展形象的使命任务，牢牢掌握意识形态工作主导权，坚持目标导向、问题导向和效果导向，强化统筹协调、制度设计和创新驱动，贯彻落实《长三角区域印刷业一体化发展升级指南》精神，紧紧围绕推动国民经济加速发展和人们物质文化生活水平不断提高的新要求，着力转变发展方式、优化产业结构、转换增长动能，全面开启融合发展新局面，加快印刷业“绿色化、数字化、智能化、融合化”发展步伐，促进产业结构优化升级，提高规模化、集约化、专业化水平，实现由“印刷大省”向“印刷强省”的转变，为经济社会转型发展提供重要支撑，更好地满足人民群众对美好生活的新期待。■

重温“十三五”，开创新局面

——2015-2019年广东省印刷业概况

广东省印刷复制业协会

“十三五”时期是全面建成小康社会、实现“两个一百年”奋斗目标的第一个百年奋斗目标的决胜阶段，将为实现第二个百年奋斗目标、实现中华民族伟大复兴的中国梦奠定更加坚实的基础。

2015-2019年，广东省印刷业积极贯彻落实国家各项战略布局和习近平总书记对广东提出的“三个定位、两个率先”的殷切期望，遵循《印刷业“十三五”时期发展规划》的总体要求，坚持“创新、协调、绿色、开放、共享”的发展理念，努力推动印刷业转型升级，力争实现印刷业的可持续发展。

2020年是广东省印刷“十三五”总结发展成果、全面冲刺收官的关键之年。梳理总结广东印刷业这一时期的发展情况主要有以下几点。

一、总体发展状况良好

广东省印刷业工业总产值从2016年的1900多亿元增长到2019年的2500多亿元，年平均增长率约为8%。全省印刷企业总数为16000多家，产业集中度持续提高，到2019年，年印刷产值5000万元以上的印刷企业产值在全行业的占比高达70%。高附加值印刷产品的比重逐步提高，创意服务与科技创新的发展步伐加快。

二、从业人员规模稳中有降

2018年，广东省印刷行业从业人员约65万人，同2015年相比，下降了13万人左右，年均下降4万多人。出现这种现状主要有以下几方面的原因：一是在经济进入新常态的大背景下，新业态也不断涌现，吸引了大量传统行业从业者再次做出新的职业选择。二是印刷厂经营者在技术和设备等方面的持续投入，进而降低了对劳动力的需求。需要注意的是，从业人员规模的整体下降也不可避免地造成行业内一部分高精尖人才的流失。印刷业高质量人才短缺是行业发展正在面临的困境，也是制约行业转型升级的不利因素。

三、印刷业务类型丰富多元

广东省印刷业务种类齐全。按管理类别分类，广东省印刷涵盖出版物印刷、包装装潢印刷品印刷、排版制版装订专项、专营数字印刷、其他印刷品印刷等领域。按主营业务分类，主要涉及书刊印刷、报纸印刷、纸包装印刷、金属罐包装印刷、塑料软包装印刷、普通票据印刷、安全印刷等品类，涉及印刷的各类业务齐全。

四、印刷行业外商投资力度趋稳

习近平总书记在参加十三届全国人大一次会议广东代表团审议时，对广东提出了“四个走在全国前列”

的目标要求，赋予广东“两个重要窗口”的重要定位和光荣使命。习总书记在讲话中指出，“广东既是向世界展示我国改革开放成就的重要窗口，也是国际社会观察我国改革开放的重要窗口”。在“十三五”期间，广东省着力提升对外开放水平，加强对先进装备制造业、现代高端服务业的招商引资，不断推动更高水平“引进来”；与此同时不断强化知识产权保护，简化审批流程，持续优化营商环境。如此的种种措施也有利于稳定印刷业的外商投资。2016–2017年，广东省印刷业外商投资数量都稳定在1300家左右，投资金额约140亿美元。

五、绿色化发展水平提高

近些年，广东省牢记习近平总书记“绿水青山就是金山银山”的发展理念，在各项事业发展的过程中重视绿色环保。近几年，印刷行业面临的环保压力不断加大，但压力就是动力，环保压力增长的同时也在不断倒逼印刷企业不断提高绿色化生产水平，省内全行业积极开展各项绿色印刷相关活动。如中国印刷技术协会编制的《绿色原辅材料产品目录》，广东省印刷企业也积极配合做好各项相关工作。

据不完全统计，2016–2020年期间，广东省实施节能减排措施的印刷企业占全省企业总数的六成左右，包括广东省教育厅教育印刷厂、广东乐佳印刷有限公司等在内的80多家省内印刷企业获得绿色印刷认证资质。配备粉尘、纸毛、墨雾、废气收集装置的企业数量不断增加，无溶剂复合机的装机数量也在增加。

六、对外交流程度增强

广东省印刷企业积极开展与国内外市场同仁的合作交流。据不完全统计，2016–2020年期间，广东省印刷企业参观了湖南长沙印刷展、浙江温州印刷展、北京国际印刷技术展览会、香港国际印刷及包装展和香港国际授权展、马来西亚吉隆坡国际印刷、纸张与包装机械展览会、中国印刷业创新大会等交流活动。与此同时，广东省也积极组织举办自己的活动，搭建交流平台。其中，第四届中国（广东）国际印刷技术展览会具有较大影响力。该展会以“智能引领、融合创新、服务转型、绿色发展”为主题，全面展示了印刷行业的新理念、新技术及各种先进的印刷设备和器材。第四届展会展出总面积14万平方米，汇集了来自32个国家和地区的1268家参展商；吸引了200062人次前来观展，来自146个国家和地区。除此之外，本届展会采用了现场直播的方式，线上观展总浏览量达20多万人次，大大超出了预期。

七、创新创造能力提升

创新是印刷业一个绕不开的话题，经过多年的发展，广东省印刷创新水平有所提高。一方面是在科学技术和专利技术方面取得了良好发展。广东省政府对知识产权保护力度的加大，为省内印刷产业创新营造了良好的环境氛围。在2018年度印刷行业科学技术/专利奖评比当中，广东省获奖数量占全国获奖比例达到30%。另一方面，印刷企业对数字化、智能化的重视程度不断提高。2016–2018年间，广东省数字印刷企业的数量翻了一番。

立足当前，才能着眼未来。“十三五”期间，广东省印刷业已经在各方面取得了良好的成就，智能化、绿色化等趋势逐渐成为行业发展新方向。这是广东省印刷业在下一个五年里实现更高水平、更高质量发展的基础。今后，广东省印刷业要拿出更多切实可行的举措，不断创新求变，解决好“卡脖子”的各类难题，提升产业链、供应链稳定性和竞争力，不断拓展国际及国内市场，在新局中继续干在实处、走在前列，迎难而上、锐意进取，用实际行动发挥好巩固阵地、带动出版，推动阅读、服务人民、践行价值观、体现主旋律、符合新要求、壮大正能量的积极作用，为实现第二个百年目标贡献力量。■

2015–2019 年
广西壮族自治区印刷业发展情况

广西印刷协会

党的十八大以来，广西壮族自治区（以下简称“自治区”）印刷行业深入学习贯彻落实习近平新时代中国特色社会主义思想，对标对表“十三五”时期发展规划，努力克服市场和技术等方面带来的不利影响，以印刷企业转型升级为契机，努力推动全区印刷行业向“绿色化、数字化、智能化、融合化”方向发展，为全区印刷行业实现可持续发展打下了良好的基础。2015–2019 年全区印刷行业发展情况简述如下。

一、印刷产业发展外部环境不断优化

（一）印刷企业行政审批手续进一步优化

根据中央“放管服”改革精神和自治区行政事项“最多跑一趟”的有关要求，自治区新闻出版行政管理部门转变工作方式，提升行政服务水平，推动区内印刷企业事前行政审批手续进一步简化，办理时限进一步压缩，实现了印刷委托书备案网络办理，为企业提供了便利，同时也提高了工作效率。

（二）印刷行业事中事后管理效率进一步提升

为进一步“简政放权”，推进“放管服”改革，在国家新闻出版署的统一部署下，2017 年自治区将印刷企业年度核验工作转变为印刷企业年度报告制度。2013 年起，全区已启用印刷发行管理系统，印刷企业仅需上网填写年检数据并进行申报；同时，将全区每年的印刷行业相关数据实现数据化存储分析，进一步提升了区内印刷行业管理和产业分析能力。此外，逐步推行省市县统一的“双随机一公开”的行业和质量监管模式，提升了监管工作的随机性和客观公正性，有效提升了行业管理工作效率，营造了良好的市场经营环境。

二、印刷产业整体实力不断增强

（一）印刷行业保持平稳增长态势

2015 年，全区共有印刷企业 1592 家，其中出版物印刷企业 172 家，包装装潢印刷品印刷企业 571 家，排版制版装订专项印刷企业 17 家，数字印刷企业 21 家，其他印刷品印刷企业 811 家。印刷工业产值 5000 万元以上的规模以上重点印刷企业 46 家，国家印刷示范企业 3 家。2015 年自治区实现印刷工业总产值 130.0 亿元，销售收入 126.5 亿元，利润总额 8.8 亿元，资产总额 154.0 亿元，从业人员数量 4.17 万人。

据初步统计，2019 年全区共有印刷企业 1638 家，其中出版物印刷企业 164 家，包装装潢印刷企业 594 家，排版制版装订专项印刷企业 18 家，数字印刷企业 58 家，其他印刷品印刷企业 804 家。印刷工业产值 5000 万元以上的规模以上重点印刷企业 50 家，通过绿色印刷认证企业 27 家，国家印刷示范企业 3 家。2019 年全区印刷工业总产值 133.7 亿元，销售收入 133.0 亿元，利润总额 8.9 亿元，资产总额 159.5 亿元，从业人员数量 3.45 万人。

通过对比可以看出，5 年来自治区印刷企业数量增多，从业人数较 5 年前减少约 0.7 万人，一方面是由于受市场大环境影响，另一方面是由于企业普遍进行了技术升级，生产机械化、信息化水平进一步提升，生产效率进一步提高，导致企业用工人数持续下降。此外，自治区印刷产业各主要经济指标都出现平稳增长趋势，其中总产值 5 年共新增 3.69 亿元，年平均增长率约 0.7%；销售收入新增 6.45 亿元，年平均增长率达 0.77%，资产总额新增 5.1 亿元，年平均增长率为 0.9%。

（二）重点印刷企业市场竞争力不断增强

5 年来，自治区规模以上重点印刷企业稳中有增，从 2015 年的 46 家增加到 2019 年的 50 家。

（三）产业集聚初步形成

一方面，包装装潢印刷和出版物印刷逐步发展成为区内印刷行业两大支柱。2015 年区内包装装潢印刷企业总产值 79 亿元，占比达 61%，出版物印刷企业总产值 42 亿元，占比达 32%，两者占自治区印刷产业工业总产值的 90% 以上。2019 年自治区包装装潢印刷企业总产值达 86 亿，占比达 64%，出版物印刷企业总产值 35 亿，占比达 26%，两者占全区印刷产业工业总产值的 90%。另一方面，产业集聚在南宁逐步形成，已建成中国 – 东盟绿色创意印刷产业园南宁园区，该园区是南宁市加快印刷产业发展的重点项目，总用地面积约 680 亩，总建筑面积为 97 万平方米，分三期建设，可满足 100 多家企业进驻投产。目前，整个园区已经完成了一期总建筑面积达 24 万平方米标准厂房建设，吸引了 20 多家以绿色创意印刷包装为主导的高科技绿色环保印刷企业正式签约入驻。未来，该园区将主要以绿色印刷、文化创意、现代制造业互联网 + 为主营业务；以科技企业孵化器、商业、住宅、现代物流为主营配套；以绿色印刷服务平台、动漫产业服务平台、金融服务平台、电商平台、返乡农民工创业基地、专业人才培训基地为运营核心，打造以印刷物资供应、印刷设备制造、印刷生产、文化创意、广告设计、创业指导、技能培训、销售服务、融资服务、物流仓储服务、产城一体化的绿色创意印刷产业综合体。此外，桂林、柳州、玉林等地的印刷产业园区也在逐步建设当中。

三、印刷行业自治能力不断提升

（一）坚守正确政治方向和阵地管理意识，切实履行行业协会管理和服务职责

一是坚持正确政治导向，用习近平新时代中国特色社会主义思想指引行业发展。组织引导会员单位认真学习习近平新时代中国特色社会主义思想和党的十八大、十九大，以及十九届二中、三中、四中全会精神，树牢“四个意识”，坚定“四个自信”，做到“两个维护”，严格落实意识形态工作责任制，在印刷行业彰显和传播主流意识、主流价值观。二是坚持党的领导，切实加强协会党建工作。认真贯彻落实关于在社会组织中加强党的建设的要求，对协会章程内容进行修改，将坚持党的全面领导、加强党组织建设列入协会章程总则部分，并积极筹备协会的党组织建设工作。三是树牢风险防范意识。对照协

会工作职责，认真开展社会组织防范化解重大风险排查。四是开展行业自律与诚信创建活动。积极开展印刷行业诚信自律建设活动,及时制定协会章程和各项管理制度,健全内部管理制度和内部民主决策制度;组织会员单位学习关于开展行业自律与诚信创建活动的文件精神，统一思想，提高认识，督促引导企业自觉强化诚信自律意识，依法依规开展经营活动，营造风清气正的行业发展风尚。

（二）不断完善行业协会建设

自治区高度重视行业协会建设工作，将加强协会建设作为提升印刷行业整体凝聚力的重要举措，构建了组织机构完整的区、市两级行业协会体系，自治区印协与市级协会在工作交流沟通等方面加强合作。

（三）充分发挥行业协会的作用

协会在搭建政企桥梁、反映企业诉求等方面充分发挥桥梁纽带的作用，逐步成为行业主管部门开展行业管理的得力助手。长期协助主管部门开展印刷企业年度报告工作的开展，开展印刷企业法规培训、“3·15”质量监督检测、中小学重点教材检查、出版物印刷产品质量送样检测等工作，极大地激发了行业会员单位间加强横向对比、寻找差距、创优争先的积极性,进一步帮助企业树立精品意识,加强质量管理。积极组织开展行业互鉴交流活动，引导企业开拓发展视野。每年不定期组织会员企业到外省参加大型印刷展会，参观外省先进印刷企业，开展协会交流互动，帮助企业第一时间了解印刷业发展前沿趋势，学习先进管理经验。

（四）深入开展调研活动，引导印刷产业高质量和创新发展

自治区印协深入会员单位走访调研，了解会员单位目前的需求和行业发展方向，切实加强政策服务，引导印刷企业走高质量发展之路，推动印刷产业“绿色化、数字化、智能化、融合化”发展；主动服务印刷企业和印刷产业园区，积极协助园区招资引资，为入园企业提供咨询服务，完善印刷园区产业链，推动印刷产业集群化发展；加强信息交流和宣传工作，持续完善“广西印刷协会”微信公众平台建设，传递党和国家法律法规及印刷行业的方针政策，宣传自治区各企业的先进经验，介绍新工艺、新设备、新材料以及国际国内发展的新动态，帮助会员单位及时掌握行业相关情况。

四、存在的主要问题

（一）技术创新能力薄弱

近年来,自治区内印刷产业转型升级虽然取得一定进展,绿色印刷和数字印刷快速发展,但整体来说,区内印刷业务还是以传统的出版物印刷和包装装潢印刷为主，印刷企业多是中小型企业，普遍存在思想观念滞后，对行业发展和企业运营缺乏前瞻性和创新性，许多企业还停留在为客户提供低级印刷产品加工服务等理念，停留在整个印刷产业链的最底端，未能通过创新来提升企业产品和服务的竞争力。新兴印刷产业的发展较发达地区有较大差距，印刷技术和企业经营管理的创新和推广应用能力有待进一步提升。此外，区内印刷行业各类人才极度匮乏，培养主要靠技术工人的“传帮带”，导致整体工人素质不高，也是制约印刷技术创新能力的主要原因之一。

（二）高水平书刊印刷企业稀缺，难以满足日益增长的高质量、复杂工艺的书刊印制需求

精装图书生产链不完善，全区主要书刊印刷企业精装图书产能低、成本高。印刷业发达地区的印厂设备配置，特别是特殊工艺的设备配置比较能满足区内出版社及作者对精装书的印刷要求；印刷业发达

地区的印刷技术更能满足色彩要求比较高的图书印刷要求，重点体现在色彩还原和特殊工艺方面；印刷业发达地区的印厂的服务意识更强，他们常常能在印前帮助编辑对选材料和工艺进行必要的指导，在图片的调色上有比较出色的表现，以及提供更多的个性化服务和全天候的服务。

（三）书刊印刷企业与发达地区相比还存在差距，尤其是市场、服务、工价、管理、物流等方面

除极少数名企优企外，京、津、冀地区中等规模的企业图书印装费用报价各项目加权平均后已经与区内出版社现行工价十分接近，而且纸张市场采购十分方便、多元。图书的内容来源及编辑加工地、行销市场地、选用纸张原料产地三头在外，江、浙、沪包邮区的物流成本优势、便捷性等，广西还有较大的差距。全区主要书刊印刷企业教材教辅业务占比高，教材教辅淡季业务量普遍较低，增产、技改动力不强，限制了企业规模的扩大。

五、产业未来发展

（一）大力发展区内书刊印刷，推动重要书刊印刷企业发展壮大，支持有基础的重要印刷企业率先向智能化方向转型，形成角逐全国市场的核心竞争力，推动全区文化产业高质量发展。

（二）大力拓展包装（印刷）市场，包装印刷重点应向无毒无害、绿色环保和以纸基、纸塑复合为主的方向发展，以适应乳品、饮料、食品、医药、家电、日化、烟草等行业发展的需要。包装印刷品生产企业将由现在以印刷业务为主导，发展成为以产品包装设计为主导，逐步由承接包装印刷品转向提供全面包装解决方案的包装印刷品供应商方向发展。

（三）加大绿色印刷力度，充分发挥政府在实施绿色印刷方面的主导作用，积极扩大绿色印刷实施范围，利用市场的调节机制，引导企业主动加大绿色环保技术的投入，提高技术水平，改善生产环境，向绿色印刷企业转变，从而促进印刷业淘汰落后产能，实现产业结构调整。

（四）培育优势骨干企业，为规模以上重点印刷企业创造良好发展环境，加大资金、政策扶持力度，加快培育具有引领辐射作用的国家印刷示范企业。加强对印刷产业园区的规划和建设，引导各地根据自身特点，结合区域优势，打造有特色、有潜力的印刷产业园区。

（五）加大创新改造投入，重点抓好“数字印刷和印刷数字化重大工程”和“绿色环保印刷体系建设工程”的组织实施工作。以重大项目带动印刷装备、技术的研发和改造，提升行业整体技术水平，促进印刷业转型升级。

（六）政府主管部门要进一步强化政策调节和市场监管，完善有关法律法规，严格落实市场准入和退出政策，综合运用法律、行政、经济、科技等手段提高管理效能，为印刷业创造公平有序的竞争环境。对此，应当推动行业整合，淘汰落后产能，引导区内印刷企业由以“价格战”抢订单的恶性循环竞争模式，转变为互帮互助、技术资源市场共享的互利共赢模式，甚至形成松散型的企业联盟。推动行业商业模式转变，改善内部管理，重新定位市场；推动业内企业面向东盟“走出去”，发挥优势，让优质出版印刷产品占领东盟市场。

（七）与时俱进，强化创新意识，加速人才队伍建设。鼓励印刷企业创造条件吸引高层次人才，招得进，留得下，培训好，发挥作用，提高企业技术、管理和服务水平。加强对现有产业工人的培训，鼓励员工技术创新，引进产业发展急需的人才，特别是能开展对外业务的经营人才。■

2015–2019 年
山东省印刷业基本情况

山东省委宣传部印刷发行管理处

一、基本情况

（一）2015–2019 年山东省印刷业基本情况

2015 年山东省印刷业工业总产出 799 亿元，工业总产值 790 亿元，工业增加值 102 亿元，销售收入总额 793 亿元，利润总额 33 亿元，资产总额 1006 亿元。2016 年山东省印刷业工业总产出 826 亿元，工业总产值 804 亿元，工业增加值 111 亿元，销售收入总额 816 亿元，利润总额 35 亿元，资产总额 1148 亿元。2017 年山东省印刷业工业总产出 877 亿元，工业总产值 860 亿元，工业增加值 111 亿元，销售收入总额 861 亿元，利润总额 36 亿元，资产总额 968 亿元。2018 年山东省印刷业工业总产出 911 亿元，工业总产值 908 亿元，工业增加值 127 亿元，销售收入总额 914 亿元，利润总额 38 亿元，资产总额 987 亿元。2019 年山东省印刷业工业总产出 952 亿元，工业总产值 951 亿元，工业增加值 129 亿元，销售收入总额 950 亿元，利润总额 41 亿元，资产总额 987 亿元。

（二）2015–2019 年山东省印刷企业数量及从业人员数量

2015 年山东全省出版物印刷企业 486 家，包装装潢印刷企业 3956 家，专营数字印刷企业 22 家，报纸印刷企业 46 家，其他印刷企业 2562 家，出版物专项 11 家，从业人员总数 20.0 万人。

2016 年山东全省出版物印刷企业 527 家，包装装潢印刷企业 4343 家，专营数字印刷企业 35 家，报纸印刷企业 47 家，其他印刷企业 2535 家，出版物专项 9 家，从业人员总数 19.6 万人。

2017 年山东全省出版物印刷企业 535 家，包装装潢印刷企业 4500 家，专营数字印刷企业 40 家，报纸印刷企业 44 家，其他印刷企业 2483 家，出版物专项 9 家，从业人员总数 19.3 万人。

2018 年山东全省出版物印刷企业 580 家，包装装潢印刷企业 4645 家，专营数字印刷企业 59 家，报纸印刷企业 41 家，其他印刷企业 2421 家，出版物专项 7 家，从业人员总数 17.9 万人。

2019 年山东全省出版物印刷企业 623 家，包装装潢印刷企业 4899 家，专营数字印刷企业 92 家，报纸印刷企业 45 家，其他印刷企业 2456 家，出版物专项 7 家，从业人员总数 17.8 万人。

（三）2015–2019 年山东省印刷企业设备升级情况

山东省引领重点印刷企业转型升级，更新印刷设备，加快智能化改造。全省CTP装机量达到500余台，高端印刷设备持续增加，山东出版集团投资3亿余元，购置小森轮转机、数字印刷机及精装、胶订联动线等设备；山东润声印务有限公司购进六台商业轮转印刷机、六台平板印刷机、三条精装龙、两条胶装龙、两条骑订龙、一条双色喷墨数码印装线等世界一流尖端设备，提高了智能化、联动化、自动化程度；山东鸿杰印务集团有限公司、山东世纪开元电子商务集团有限公司、肥城新华印刷有限公司、济南继东彩艺印刷有限公司、绿爱控股股份有限公司等重点印刷企业购置大批海德堡、马天尼、惠普等高端设备，并实施智能化改造，提升了产品质量，提高了生产效率。

二、山东省印刷业发展存在的主要问题以及应对措施

“十三五”前期，山东省印刷业主要存在以下几方面问题：

（一）自主创新能力不足

重大技术创新和产业化项目缺少投入，印刷装备数字化、智能化水平不高，新产品、新技术、新服务还无法满足社会需求，融合发展还需进一步拓展，产业发展新引擎尚未形成。

（二）部分企业产能落后

个别印刷企业虽然达到许可要求，但规模小、技术设备落后、从业人员素质不高，管理简单粗放，缺乏高端的信息化管理手段与技术人才，加上环保要求高等压力，导致企业生存运营困难。

（三）印刷行业人才短缺

印刷业的社会认可度和职业荣誉感不强，工作环境相对较差等因素导致招工困难、人才流失等问题较普遍，特别是高级技术工人缺口较大。企业扩大生产和融合转型过程中缺乏管理、技术等方面的专业人才。

为应对产业发展中面临的问题，山东省采取了一系列措施，加快供给侧结构性改革，智能化、融合化发展趋势日益增强。

一是抓住机遇，大力发展。契合了北京疏解非首都功能的历史机遇，将首都北京文化出版领域外溢的部分引领到山东，符合了山东省新旧动能转换的要求，对整合整个新闻出版产业链，发展园区建设、形成产业集群、优化产业布局、调整产业结构等方面都具有重大作用。山东省重点打造了“泰山新闻出版小镇”，该小镇作为全国首家新闻出版小镇，引进了出版印刷发行物流等产业链上下游企业，形成产业链条式发展，带动山东省印刷业可持续发展。

二是举办展会，搭建平台。为推动山东省印刷业转型升级集聚化发展，每年举办山东（国际）印刷、包装工业展览会，吸引国内300余家知名印刷机械、器材厂家参展，现场展示最前沿的新型设备，拓展了山东印刷人视野，树立起只有不断创新才会不断发展的理念。通过举办国际新闻出版合作大会暨泰山新闻出版小镇建设发布会，吸引来自中外新闻出版界高管人士出席大会，围绕国际新闻出版合作最新动态及各自业务需求作深度交流，为山东印刷业创新发展注入了活力。

三是培植项目，带动发展。在首届中国印刷业创新大会上，山东鲁信天一印务有限公司、山东世纪开元电子商务集团有限公司、山东临沂新华印刷物流集团有限责任公司、山东绿爱糖果股份有限公司、日照市金宝包装制品有限公司等6个项目成功入选国家印刷重点项目，数量位居全国第二，充分展示了山东省印刷产业创新发展的良好形象，有力推动印刷业发展。

四是校企合作，产教融合。山东省印刷业主要从融合化、智能化发展入手，加强产、学、研融合，促进产、学、研深度合作，推动科研院所、高校激活释放创新优势和潜力，促进印刷业创新发展。采取订单方式，为企业定向培养人才，实现校企无缝融合。推动印刷与最新科技、相关行业、产业链上下游的深层次融合，支持新技术、新模式、新业态创新，带动山东省印刷行业稳步发展。

三、2015-2019 年山东省印刷业发展特点

（一）产业结构逐步优化

“十三五”期间，产业集聚效应显著提升，印刷企业转型升级步伐加快，结构进一步优化。规模以上重点印刷企业由 265 家增加到 309 家，产值由 385 亿元增加到 510 亿元，占全年总产值的 56.8%，年平均增长率为 8.1%。全省 6 家印刷企业被认定为国家印刷示范企业，引领示范作用不断增强。推动印刷业由个体发展向产业园区聚集，与文化创意、包装设计、智慧物流等融合发展，实现上下游产业链联动配套发展，临沂新华物流园、桓台出版物印刷产业基地、梁山印刷园区等已形成规模，重点打造了泰山新闻出版小镇，实现以编辑、出版、印刷、发行、仓储、物流及文化创意为一体的产业链，2020 年 6 月作为完善产业配套设施方面的精品特色小镇成功入选“第二轮全国特色小镇典型经验”，并向全国进行推广。

（二）绿色印刷不断改善

山东省规模以上印刷企业全部通过环评，实现环保生产要求，环保意识逐步提升，社会责任感日益加强，环保治理科学有效，大型重点企业都安装了 VOCs 排放系统，个别企业安装了 24 小时环保在线检测系统，以书刊印刷为主的出版物印刷企业逐步安装集中供墨系统，严格选用绿色环保耗材，逐渐由末端治理向前端控制转移，全省通过绿色认证印刷企业由 65 家增长到 105 家，年平均增长率为 15.4%。

（三）数字化水平逐渐提高

山东省现有专营数字印刷企业 92 家，高档数字印刷设备数量持续增加，技术装备水平不断提高。涌现出一批数字印刷示范企业，绿爱控股股份有限公司、山东世纪开元电子商务集团有限公司等自动化程度提高，肥城新华印务有限公司安装了数字喷墨印刷系统及 ERP 和数字化管理工作流程，实现数字化管理，并研究开发出“一书一码防盗、防窜系统”，给每本书创建属于自己唯一的“电子身份证”二维码。

（四）智能化发展形成趋势

山东省规模以上印刷企业逐步向现代化企业管理新模式迈进。全省近百家企业不同程度实现智能化升级，山东鲁信天一印务有限公司建立了完善的 ERP 管理系统，整个供应链及生产过程全部实现线上操作，打造了国内首条数字化智能化全自动糊盒装箱生产线和首条全自动物流流水线，有效提供数据支持，企业发展战略和经营目标得以长效贯彻和执行。山东临沂新华印刷物流集团升级 ERP 管理系统，建设“工业 4.0”印刷基地，推进印刷、印后、物流等一条龙服务，重点工序实施机器人智能化生产技术升级等，加快智能化生产技术提升。

（五）“互联网 + 印刷”初显成效

以山东世纪开元为龙头的“互联网 + 印刷”已形成规模，应用大数据、互联网技术实现了用户下单直达生产设备，大幅提升效率。目前，世纪开元智能印刷产业园已开工建设，服务超 700 万中小微企业用户和 2000 万个人用户，带动了山东印刷产业互联网电商发展。目前，全省网络电商平台达到 50 余家，

山东海德彩色印刷有限公司自主研发的线上自动报价接单物流配送系统，年业务额已突破亿元。

四、“十四五”时期印刷业发展方向及重点

（一）推动印刷业绿色化发展

“十四五”时期，山东省印刷业要完善印刷业绿色化发展标准体系，推动企业使用绿色环保低碳的新技术新工艺新材料，采用低 VOCs 含量的油墨、胶黏剂、清洗剂等绿色原辅材料，排放浓度要稳定达标且排放速率满足规定要求。推进包装装潢印刷设备转型升级，尤其是塑料软包装和印铁印刷企业的 VOCs 综合治理。

（二）提升数字化智能化水平

加强与互联网、云计算、大数据的融合，扶持培育 3-5 家具有影响力的数字印刷企业，与出版单位联合开展印刷委托书、版权页和样本缴送管理等改革，在省内出版领域实现按需印刷，在个性化包装领域，推广个性化定制、可变数据标签、场景化解决方案等应用。

（三）促进印刷业聚集化发展

推动印刷产业园区建设。积极推动印刷产业园区编、印、发、仓储一体化智能园区建设，实现上下游产业链联动配套发展，合理布局园区企业类型。重点打造泰山新闻出版小镇，5 年内计划投资 150 亿元，建筑面积 600 余万平方米，把小镇建设成为以新闻出版为龙头产业，具有相对独立、经济和社会功能齐全的“新闻出版产业 + 旅游”综合区域中心。

（四）打造印刷业智能发展生态圈

推动印刷企业与科研院校等融合发展，加大投入、开展技术创新，利用互联网、物联网、区块链等技术加快智慧印厂和创新项目建设，推动印刷业与文化创意、包装设计、智慧物流等融合发展。鼓励印刷企业利用多层次资本市场，实现转型升级和跨越式发展。■

陕西省印刷业发展概况

陕西省印刷技术协会　徐明

据2019年印刷企业年度报告统计，陕西省现有各类印刷企业1008家，其中出版物印刷企业239家，包装装潢印刷企业407家，其他印刷品印刷企业296家，排版、制版、装订等专项印刷企业36家，专营数字印刷企业30家，从业人员1.97万人。全省印刷企业工业总产值134.23亿元，销售收入133.46亿元，较上年增加8.76亿元，同比增长7.02%。

一、印刷行业发展的基本情况

近5年来，随着国家文化产业的调整和印刷业的转型升级，陕西省印刷业发展基本平稳，企业规模及营业收入均有提升，绿色印刷、数字印刷企业同比增加。从相关数据看，陕西省印刷业发展呈现以下特征。

1. 印刷产业结构趋于稳定。截至2019年，全省出版物印刷企业239家，产值27.31亿元，占20.35%；包装装潢印刷品印刷企业407家，产值77.04亿元，占57.39%；其他印刷品印刷企业362家，产值27.29亿元，占20.33%。反映了陕西省印刷业产值主要以包装装潢印刷为主，出版物印刷发展基本稳定。

2. 印刷企业销售规模逐年增长。2015年度全省各类印刷企业完成销售收入128.77亿元；2019年度销售收入133.46亿元。近几年来，纸媒受电子传媒的冲击，各企业经济效益严重萎缩，但是全省各类印刷企业销售收入保持小幅度稳增，说明陕西省印刷企业正在经历最后的优胜劣汰。

3. 获得绿色印刷认证。截至目前，陕西省获得绿色印刷认证的企业67家（票据4家），其中出版物印刷企业63家，占94%。通过认证的企业实现营业收入23.99亿元，约占全省营业总收入的16%，在西部各省市排名靠前。获得绿色认证的印刷企业，全面担负着陕西省中小学教材、教辅和少儿出版物的印刷任务。

4. 印刷企业上市。陕西省有2家印刷企业在深交所上市，都是包装装潢印刷品印刷企业，其中陕西金叶科教集团股份有限公司2019年总市值25.37亿元。西安环球印务有限公司2019年总市值27.12亿元，销售规模在中国印刷包装企业100强中位列第29名。

5. 荣获“国家印刷复制示范企业”。西安西正印制有限公司是陕西省唯一一家“国家印刷复制示范企业”，具有银行汇票、支票、钞票、税票、票证等综合防伪产品印刷能力。该公司在科学管理、创新发展、绿色环保、融合转型等方面在行业发挥了积极的示范引领作用，先后获得“全国新闻出版行业文明单位”、“全国诚信印刷企业”、“中国防伪科技奖”一等奖、“陕西省文明单位”等荣誉。

6. 印刷企业总量逐年减少。2015年陕西省各类印刷企业1314家，2019年1008家，总数略有减少，但出版物印刷企业由2015年222家增长到2019年239家，说明省内印刷企业竞争力增强，逐步转型升级。

7. 包装装潢印刷企业数量减少。2015 年陕西省包装装潢印刷企业 569 家，2019 年 407 家。产能过剩导致竞争激烈，特别是小规模的印刷、包装装潢企业受设备、资金、技术、环保要求等方面的影响，逐步被市场淘汰。

8. 数字印刷多是一些兼营或者小规模印刷企业。目前陕西省专营数字印刷企业 30 多家，而缺少中、高端数字印刷设备是数字印刷发展缓慢的原因之一。

9. 印刷从业人员减少。2015 年印刷从业人数 3.37 万人，2019 年 1.97 万人。印刷企业人才断档、流失严重，反映了印刷业经营环境、福利待遇、管理模式和转型发展等方面仍需进一步改善。

二、印刷行业的发展现状

陕西省印刷企业主要分布在西安周边，陕北、陕南和其他城市分布较少。大多数企业规模较小，加上设备、资金和技术水平的影响，市场竞争力相对较弱，缺乏行业龙头企业的引领。

1. 企业市场竞争力不强。一是，规模以上印刷企业 50 家，仅占全省印刷企业总数的 4.9%，数量较少；二是，企业智能化、数字化程度低，转型升级缓慢；三是，设备陈旧、技术落后、人才缺失；四是，产能过剩，高端产品印刷能力不足，导致省内高附加值的印刷产品流向省外。

2. 印刷生产成本整体增加。一是，印刷所用的原辅材料价格上涨，人工成本增高，企业生产成本上升；二是，印刷工价偏低，经济效益受到影响；三是，管理观念落后，信息化管理和现代技术管理跟不上；四是，环保执法严厉，部分中小型企业逐步萎缩、转型或退出行业。

3. 企业转型升级缓慢。一是，因为资金投入不够，不能引进高科技生产设备，无法提高生产效率，印刷工价低；二是，因印刷行业工作强度大，工资待遇低，造成人员流失。另外，受市场转型大环境的影响，陕西省印刷行业整体经营状况不佳；三是，印刷行业整体生产利润下降，尤其是书刊印刷企业，生产利润不足 10 %。中小学教材、教辅和少儿出版物全面实施绿色印刷，生产成本增加，利润继续降低下滑，制约了印刷企业的良性健康发展。

4. 印刷行业求贤若渴。一是，陕西省内各类印刷企业设备升级、技术发展缓慢等诸多因素，使得相关印刷专业毕业生都寻求南方发达城市就业；二是，印刷包装行业是传统行业，设备简单，从业人员基本成长路径是师傅带徒弟的模式，基层人员整体的文化和专业素质不高，企业内部忙于生产，忽略了人才储备和内部的管理体系，企业人才流失，造成了印刷行业人才青黄不接的状况；三是，走入社会的印刷包装专业学生是“90 后”乃至“00 后”，由于他们自身生活条件和就业观念的变化，很多学生毕业后不愿意走进工厂，吃苦能力差，这是导致行业用人荒的一个重要原因。

三、为推动陕西省印刷行业健康发展提供优质服务

新时期，陕西省印刷技术协会将不忘初心、勇担使命，引领行业在经济转型的背景下加速企业的兼并重组，淘汰落后技术设备，正视印刷行业存在的问题，增强产业发展信心，找准着力点，在产业发展“绿色化、数字化、智能化、融合化”方向上谋篇布局。改变粗放式的发展模式，实施绿色节能环保发展，推动陕西省印刷业从中低端向中高端迈进，帮助企业破解难题。对进行兼并重组、绿色环保技术改造，转型升级的印刷企业，行业协会将帮助企业申请政府的资金支持，引导企业顺利转型，提升行业经济实力，扭转陕西省印刷能力不足的现状，助推行业健康发展。■

山西省印刷业发展概况

山西省印刷协会　董注光 马箭

“十三五”期间对于山西省印刷业来说，是不平凡的5年。面对纸价上涨、环保约束趋紧、“互联网+”冲击等因素的影响，山西省印刷业认真贯彻落实发展新理念，围绕“绿色化、数字化、智能化、融合化”的发展方向，积极推动印刷业供给侧结构性改革，大力推进印刷业转型发展，实现了印刷业发展质量的再提升。

截止2019年底，山西省共有印刷企业1500家，其中出版物印刷企业144家、包装装潢企业304家、其他印刷品企业1000家、数字印刷企业100家、专项企业9家。

1. 产业集约化程度逐步提高。规模以上重点印刷企业（年产值超过5000万元）数量变化不大，但是规模以上重点企业的利润增长了近50%，对全省印刷业的利润贡献率进一步提高。从业人员由5196人减少至3548人，人均工业产值进一步提高。

2. 数字印刷快速发展。随着个性化印刷产品需求增加，数字印刷快速发展，逐渐成为山西省印刷业发展的新增长点。数字印刷企业由2015年的26家增长到2019年的100家，总产值由11996万元增长至18356万元。

3. 绿色化稳步推进。山西省的绿色印刷市场主要是中小学教科书及部分教辅产品，市场相对稳定。获得绿色印刷认证的企业由9家增加到现在的15家，15家企业营业收入达76699万元。

4. 从业人员素质有效提升。人才是行业发展的关键，山西省以行业培训和技能大赛为抓手，不断提升行业从业人员素质。培训着眼于行业重点群体和行业发展需求，重点对法律法规、绿色印刷、智能化发展、印制质量、对接地方股权交易中心等方面进行了培训。技能大赛着眼于为行业培养一支高技能人才队伍，职工组和学生组比赛同步举行。其中，靳涛成同志2016年荣获全国一等奖，并被授予“全国技术能手”荣誉称号，同时多名选手获得优秀奖。

5. 出版产品质量意识提升。山西省以“3.15”质检活动和出版奖为契机，狠抓出版产品质量提升。其中，两个出版产品获得“中国出版政府奖－优秀印刷复制奖”提名奖；组织了两次山西省出版奖优秀印刷复制奖评选，对48种出版产品进行了表彰，引导行业进一步树立质量意识，完善质量控制体系。■

内蒙古自治区印刷业“十三五”时期发展状况

内蒙古自治区印刷协会

2016–2020年正值国家“十三五”时期，是我国全面建成小康社会的决胜阶段，内蒙古自治区印刷业在自治区新闻出版局的领导下，按照国家《印刷业“十三五”时期发展规划》确定的发展目标，积极推进全区印刷业的绿色化、数字化、智能化、融合化发展的进程。

一、印刷业的基本状况

1. 全区印刷企业和从业人员数量

2016年，印刷企业1354家。其中，出版物印刷企业144家，包装装潢印刷企业178家，专营数字印刷企业9家，其他印刷企业1023；印刷从业人员数量22000人。2017年，印刷企业1511家。其中，出版物印刷企业179家，包装装潢印刷企业156家，其他印刷企业1151家，排版、制版、装订专项企业13家，专营数字印刷企业12家；印刷从业人员数量15800人。2018年，印刷企业1489家。其中，出版物印刷企业181家，包装装潢印刷企业190家，其他印刷企业1062家，排版、制版、装订专项企业43家，专营数字印刷企业13家；印刷从业人员数量15200人。2019年，印刷企业1620家。其中，出版物印刷企业178家，包装装潢印刷企业234家，其他印刷企业1175家，排版、装订、制版专项企业15家，专营数字印刷企业18家，专业报纸印刷企业13家，国有印刷企业22家，独资、合资印刷企业5家。

2016–2019年，印刷企业数量增长率为19.6%。其中，包装装潢印刷企业增长率为31.4%，增长明显。从业人员增长率为–44.7%。

2. 全区印刷业经营统计数据及对比

2016年，印刷销售收入59亿元，资产总额83亿元。2017年，工业总产值81.88亿元，印刷销售收入66.63亿元，资产总额85.83亿元，利润总额8.20亿元。2018年，工业总产值88.81亿元，印刷销售收入79.48亿元，资产总额80.37亿元，利润总额11.83亿元。2019年，工业总产值79.13亿元，印刷销售收入71.20亿元，资产总额84.98亿元，利润总额10.41亿元。

2017–2019年，资产总额增加0.23%，利润增长27%，工业总产值增长–0.3%，印刷销售收入增长20.6%。

3. 全区印刷用纸情况

2016–2019 年全区用纸量逐年减少，呈现出“四增两减”的特点。“四增”指铜版纸、复印纸、特种纸、包装装潢用纸量方面的增加；“二减”指在胶版纸和新闻纸方面用量减少。

4. 全区主要印刷设备

2016–2019 年，全区印刷企业加快设备更新改造力度，淘汰一大批落后产能设备。现全区拥有八色塔式胶印轮转机 40 台（组），高斯商业轮转机 1 台，海德堡八色平版胶印机 3 台，海德堡、罗兰、高宝等品牌全开彩色胶印机 18 台，精装联动线 2 条，智能裁纸系统 2 条，骑马联动线 15 条，胶包联动线 18 条，自动清废模切机 25 台（套），瓦楞纸板生产线 15 条，多色、多功能票据生产线 10 条，多功能 UV 标签印刷机 12 台（组），印刷企业基本上实现 CTP 制版、彩色胶印印刷；有单色、双色、双面、专色、彩色、平张纸、卷筒纸等各种型号的数字印刷机 1000 多台（组）。

5. 印刷行业进出口情况

2016–2019 年，全区进口设备明显减少，仅进口 1 台海德堡对开八色胶印机，海德堡对开四色胶印机 3 台，马天尼自动精装生产线及皮壳机各 1 台（套），日本网屏等生产的 CTP 直接制版机 8 台，以及部分数字印刷机；自治区边境城市满洲里市和二连浩特市向蒙古国、俄罗斯出口部分印刷设备（设施）、纸张、器材等；由于国家管控严格，对蒙古国、俄罗斯的印刷品逐年减少，现只有呼和浩特市一家印刷企业在蒙古国乌兰巴托市还继续坚持开印刷厂。

二、现存发展的主要问题

产业集约化程度不高，中、低端产品明显过剩，产品同质化严重，印刷工价多年不增反降，导致印刷市场价格竞争激烈，企业利润率逐年减少，印刷企业普遍存在待遇低，人才流失严重等问题，中小微企业数量增多，企业管理水平粗放，无力更新改造设备，印刷园区建设缓慢。

三、“十三五”时期主要成就

“十三五”时期，全区印刷产业呈现“一减四增”特点。一减指从业人员减少；四增指企业数量增加、专项和数字印刷企业增加、包装装潢印刷企业数量明显增加、产值逐年增加。现全区已形成出版物印刷、数字印刷、包装装潢印刷为主，其他印刷为辅，专业门类齐全，配套设施完善的现代化印刷产业体系。

目前，自治区内有 16 家印刷企业通过中国环境标志产品认证，不包括大型包装装潢印刷企业；5 家印刷企业荣获全国诚信企业荣誉称号；印刷企业技术装备水平持续提高，传统印刷加快转型升级，新产品、新业态和新模式不断涌现，印刷与文化服务等领域加快融合发展，从业人员素质也不断提高。

四、“十四五”时期印刷业发展的方向和目标

“十四五”时期是贯彻落实党中央全面深化改革部署，持续推进印刷业提质增效、转型升级，全面实现绿色化、数字化、智能化、融合化发展的关键 5 年。文化产业要成为国民经济支柱性产业，区内的印刷产业作为创建民族文化大区的主力军，要加快由生产型向生产服务型转变，提供多元化、个性化的服务。随着“中国制造 2025”深入实施，推动传统印刷向数字化、智能化方向发展，为新需求、新模式、新流程的创新提供技术支撑。

总体目标："十四五"时期，内蒙古自治区要坚持贯彻"创新、协调、绿色、开放、共享"五大发展理念，利用互联网、大数据等新技术与印刷的融合，增添印刷业创新发展动力源；力争做到印刷产业规模与国民经济发展基本同步，到"十四五"期末，实现全区印刷业总产值超过100亿元，绿色印刷产值占印刷总产值比重超过50%，数字印刷和智能印刷年复合增长率超过30%。

重点任务：全面提升印刷业创新能力，打造产业持续发展新动力，推动印刷业与互联网融合发展。依托"伊利"、"蒙牛"、"鄂尔多斯"、"草原牛羊肉"等全国知名品牌优势，继续大力发展包装装潢印刷；加大资源优化配置、整合，淘汰一批产能落后、无发展的印刷企业，在全区东、中、西部各建设一座"印刷产业园区"；扶持培育3-5家具有影响力的"互联网印刷平台"、"智能化示范工厂"，继续大力实施绿色印刷，提升产业绿色印刷实效，全区"绿色印刷认证"企业数量在"十四五"时期末争取达到100家。■

坚持“四化”，开创湖北省印刷业高质量发展新局面

湖北省印刷协会　田武英

湖北省印刷协会以习近平新时代中国特色社会主义思想和党的十九大精神为指导，深入贯彻落实中央和省委省政府的一系列重大决策，坚持正确的政治方向，积极推进行业“四化”——绿色化、数字化、智能化、融合化发展，在服务国家社会经济和文化事业中发展壮大，开创了湖北省印刷业高质量发展的新局面。

一、湖北省印刷业发展情况

“十三五”时期是我国全面建成小康社会的决胜阶段，是持续深入推动印刷业提质增效、转型升级的关键5年。对标《印刷业“十三五”时期发展规划》，湖北省已基本实现转变发展方式，提升创新能力，优化产业结构，增加优质产品和服务的供给，推动印刷业从规模速度型向质量效益型转变、由传统业态向新兴业态升级，实现“绿色化、数字化、智能化、融合化”发展，全面提升印刷业服务产业、服务群众的供给质量和水平。

（一）产业规模持续扩大

2015-2019年，湖北省印刷企业数逐年递增，由2015年的6468家增加至2019年的6726家。工业总产值逐年递增，平均年增长率6.5%（见表1）。

表1　2015—2019年湖北省印刷企业工业总产值情况

年份	工业总产值（亿元）	同比增长率（%）
2015	403	12.97
2016	426	5.70
2017	446	4.61
2018	482	8.03
2019	501	4.00

（二）产业结构优化

1. 地区性产业结构优化，辐射引领发展

经过几年的发展，湖北省印刷业已形成以市级为支点，全面辐射，均衡发展态势。2019年，湖北省

有 9 个市州的印刷工业总产值超过 10 亿元，分别是武汉、宜昌、孝感、黄石、襄阳、荆州、鄂州、随州和咸宁。上述 9 个地区良好的印刷产业发展势头，成为促进湖北省印刷业高质量发展的重要支撑。

2. 经营结构优化，市场竞争力提升

2015–2019 年，出版印刷、包装装潢、排版制版装订、其他印刷等为主业的印刷企业数量以每年 0.2% 的比例逐年减少，数字印刷企业数量呈现倍速增加，2019 年已发展至 55 家，是 2015 年 7 家的 7.9 倍；复印打字影印类企业相对稳定。

3. 重点印刷企业彰显骨干力量

一是，规模以上重点企业数量不断增加，实力不断增强。规模以上重点企业从 2016 年的 111 家增加到 2019 年的 140 家，虽然企业数只占全省印刷企业总数的 2%，但产值占到总产值的近 60%，集聚效应进一步显现。

二是，产业增速稳健。从调研和各地提供的有关信息来看，截止 2019 年 12 月，全省印刷业工业总产值在 501 亿元左右。

三是，骨干龙头企业快速发展。比如，2019 年黄石劲佳包装有限公司产品销售收入达 8.39 亿元，同比净增收 2.03 亿元，增长 30%；湖北合兴包装印刷有限公司，产品销售收入达 9 亿元，增长 100%；湖北金三峡印务有限公司产品销售收入达 5.74 亿元，同比净增收 5000 万元，增长 7.1%；出版物印刷企业湖北新华印务有限公司净增收 3000 余万元，增长 15%。

四是，竞争力不断增强。全省有 7 家企业入选 2019 年中国印刷包装百强排行榜。《中国印刷业发展报告》显示，湖北省印刷业各项指标综合排名中部第一，全国第十，整体竞争力不断增强。

五是，上市企业 4 家（香港主板 1 家、上交所主板 1 家、深交所创业板 1 家、深交所中小板 1 家）。

（三）推动转型升级，提升动力转换能力

推动印刷业绿色化、数字化、智能化和融合化转型升级，实现经济效益和社会效益双丰收，2019 年绿色印刷和数字印刷产值 41.82 亿元，较 2018 年同比增长 5968.84 万元。企业节能减排的环保意识不断增强，1600 多家企业采取了环保节能措施，占企业总数的 57%。

湖北省获得绿色印刷认证企业达到 39 家，营业收入为 297356.42 万元，比 2018 年增加了 6082.84 万元，增长 20.88%，中小学教科书绿色印刷覆盖率为 100%。

湖北省数字印刷企业（含专营和兼营）共有 105 家，数字印刷部分总产值为 12.10 亿元，比 2018 年增长 47 万元。

2016 年 12 月，在中国印刷技术协会召开的绿色印刷总结表彰大会上，湖北省印刷协会被授予“绿色印刷特别贡献单位”。

二、发挥协会桥梁与纽带作用，助力湖北印刷行业持续发展

（一）加强协会自身建设，换届增添“新活力”

一是，顺利完成换届工作。2018 年 10 月 18 日湖北省印刷协会第八届会员代表大会在武汉召开，500 余家会员单位代表参加了会议。大会审议并通过了湖北省印刷协会第七届理事会工作报告和《湖北省印刷协会章程》修改案。大会选出了新一届理事会成员 ，田武英同志当选为湖北省印刷协会第八届理

事会会长。原省新闻出版广电局党组书记、局长张良成同志出席会议并作了重要讲话。二是，健全了协会分支机构。2019 年 1 月 21 日，八届一次常务理事会召开，审议通过了书刊、包装装潢、物资器材、技术质量与教育培训、数字、报纸、标签等七个专业委员会负责人名单。

（二）向行政管理和执法部门建言献策，为行业争取更加良好的生存发展环境

2019 年 3 月，湖北省生态环境厅下发了《湖北省印刷行业挥发性有机物排放标准》（以下简称《标准》）征求意见稿，结合湖北省实际，湖北印协在广泛征求省内印企意见、了解外省制订和实施标准的情况后，用数据和事实说话，对《标准》（征求意见稿）的几项关键性指标提出了具体的修改意见。最终《标准》（征求意见稿）中的一些限制性条款采纳了协会提出的部分合理化建议。

2019 年 7 月初，省协会在湖北省新华印务有限公司召开了全省书刊和中小学教材承印企业“绿色印刷推进会”，请优秀企业介绍绿色印刷实施经验与做法，请专家谈废气排放治理法规和要求，帮助广大企业增强绿色印刷和产品质量观念、提高站位，在承印全省中小学教材和出版物中环保与产品质量双达标。参加“绿色印刷推进会”的企业有 30 多家教材书刊印刷企业，各企业主要负责人和相关人员共 70 多人到会。

2019 年 6 月，协会审议通过了新修订的《湖北省印刷行业自律公约》。

（三）树立行业典范，扩大湖北印企影响力

一是，配合中印协开展“庆祝新中国成立 70 周年系列宣传活动”。2019 年 6 月底前，完成了向中印协推荐 10 家企业、10 位个人、3 家协会参选《奋进新时代——致敬新中国 70 周年印刷业时代先锋》大型画册评选工作。中印协最终评审决定，湖北省武汉市新华印刷有限责任公司董事长任立宏等 8 位先锋人物、湖北新华印务有限公司等 6 家先锋企业、省印刷协会等 3 家优秀协会、武汉信息传播职业技术学院入选时代先锋，入选数量居全国前列；二是，完成了向中印协申报第十五届毕昇奖候选人的推荐工作。武汉大学印刷与包装系副主任吴伟教授获得了“毕昇印刷技术奖——优秀新人奖”。

（四）培训与活动相结合，提升行业人才专业力

承办了第五届全国印刷行业职业技能大赛平版制版员总决赛竞赛活动。为进一步引导企业加强在职职工培训，加快印刷高技能人才培养，2016 年，根据省新闻出版广电局、省劳动和社会保障厅的要求，省印协承办了第五届全国印刷行业职业技能大赛平版制版员全国总决赛竞赛活动。湖北省共 500 余名选手参加培训，34 名优秀选手被选送参加全国三个工种六个组别的决赛，取得良好成绩，其中一等奖 3 名，二等奖 2 名，三等奖 2 名，优秀奖 10 名。28 名选手晋升技师或高级技师职称，9 名选手被授予“湖北省技术能手”荣誉称号。由于组织工作出色，湖北省荣获国家新闻出版广电总局授予的“优秀组织奖”。

第六届全国印刷行业职业技能大赛湖北省选手获佳绩。为加快培养造就印刷行业高技能人才，推动湖北省印刷业高质量发展，选送优秀选手参加第六届全国印刷行业职业技能大赛。2018 年 8 月 31 日湖北省新闻出版广电局、省人力资源和社会保障厅联合下发了《关于举办 2018 年“湖北工匠杯”技能大赛——第六届全省印刷行业职业技能大赛的通知》，成立了由局、厅分管领导和省印协主要领导为正副主任的组委会。经过认真的准备和选拔，湖北省共选出 24 名选手参加印刷行业职业技能大赛全国总决赛并取得优异成绩：印品整饰工职业组全国总决赛中一等奖 1 名、二等奖 1 名；平版制版员学生组全国总决赛中一等奖 1 名；平版制版员职工组全国总决赛中二等奖 2 名。

举办胶印高技能培训班和装订高技能培训班。2019 年 9 月在武汉城市职业学院举办了胶印高技能培训班；11 月 28 日，装订高技能培训班在湖北新华印务有限公司举办。参加这两个培训班的人员都是全省各企业大型设备领机以上的生产技术骨干和技术能手，以实操和产品质量、设备故障疑难问题排除为主要培训内容，以授课和互动交流的形式帮助参加培训的人员开阔视野，学习新的技能。

举办湖北省 2019 “最美江城 + 灵感” 设计大赛。为庆祝中华人民共和国成立 70 周年和喜迎第七届世界军人运动会，由湖北省印刷协会数字印刷分会、柯尼卡美能达办公系统（中国）有限公司举办，武汉博玉合创图文科技有限公司、长江日报融媒体承办的设计大赛于 2019 年 9 月份在江汉区工会举办，收到参赛作品百余件，经过评委们认真评选，最终有 11 人入围得奖，其中金奖 1 名、银奖 2 名、铜奖 3 名，纪念奖 5 名。

积极组织会员单位申报中国印刷业高技能人才培训基地。2019 年 10 月，经省印协认真组织和推荐、中国印协初审和复审，确定湖北新华印务有限公司和武汉信息传播职业技术学院，武汉博玉合创图文科技有限公司和武汉城市职业学院被批准作为中国印刷业高技能人才首批培训基地。两个印刷业高技能培训基地的获批，为全省印刷行业培养能工巧匠和实操技术人才创造了良好的基础条件。

（五）搭建交流平台，增强协会凝聚力

利用新媒体，加强交流的便捷性。新一届理事会为方便开展工作，先后建立了 “湖北省印刷协会常务理事 + 专业委员会群” 、 “湖北省印刷协会会员群” 、 “湖北省印刷协会会长群” 等三个微信群，这三个群的建立既便于协会发布通知、信息等，也方便各会员单位之间交流联系，畅通了会员之间联系的渠道，受到各会员单位的好评。

编辑出版会刊。《湖北印协通讯》是湖北省印刷协会的会刊，其在传播前沿思想、指导行业发展、宣传优秀企业经营管理、技术进步、人才培养等方面具有积极的作用，为湖北印刷行业和企业信息交流提供了平台和便利。■

2015—2019 年 湖南省印刷业发展情况

湖南省委宣传部印刷发行处　杨华锋

“十三五”期间，湖南省努力推动印刷业朝着“绿色化、数字化、智能化、融合化”方向发展，产业规模由小到大，行业实力由弱到强，呈现出高质量发展的良好态势。

一、产业规模与日俱增

2019 年，全省印刷产业总产值 369.42 亿元，比 2016 年增加了 216.46 亿元；全省印刷产业增加值 64.66 亿元，比 2016 年增加了 53.15 亿元。同时，规模以上重点印刷企业产业规模不断壮大。2019 年，全省规模以上重点印刷企业总产值 144.80 亿元，比 2016 年增加了 78.62 亿元；产业增加值 28.11 亿元，比 2016 年增加了 17.96 亿元。

二、行业结构逐步优化

湖南省印刷业在“出版湘军”的带动下，出版物印刷长期占据主导地位。2016 年，湖南省出版物印刷工业增加值 13.13 亿元，占全省印刷业的 57.54%。近年来，以九恒数码、福瑞印刷、芙蓉实业、运达绿色包装、海螺塑料包装为代表的包装装潢印刷快速发展，产业规模不断扩展，工业增加值占全省印刷业比重呈逐年上升趋势，与出版物印刷一起成为湖南印刷业发展的强劲动力，到 2019 年包装装潢印刷和出版物印刷旗鼓相当。

三、企业主体日益壮大

截止 2020 年 4 月底，全省共有印刷企业 2379 家（不含三印企业），较 2016 年企业总数增加了 296 家。其中，出版物印刷 395 家，包装装潢印刷品印刷 745 家，排版、制版、装订专项 16 家，专营数字印刷 35 家，其他印刷品印刷 1188 家。2019 年全省印刷企业资产总额 261.15 亿元，“十三五”期间，年均增长 8.45%。同时，规模以上重点印刷企业数量不断壮大。2019 年，全省规模以上重点印刷企业 92 家，较 2016 年增加了 46 家。印刷类型涉及出版物印刷、包装印刷、防伪印刷、数字印刷等各领域，产品能满足市场的个性化需求。

四、行业集中度逐渐提高

“十三五”期间，印刷行业结构向规模化竞争转变，行业集中度逐渐提高，行业领先企业无论是企业数量还是工业总产值占比均不断增加。2019 年，湖南省产值过亿元印刷企业有 43 家，工业总产值占行业比重达 30.14%，高于 2016 年 4.55 个百分点；产值过 5000 万元印刷企业有 92 家，工业总产值占行业比重达 39.2%。

五、绿色转型成效显著

“十三五”期间，湖南省加快实施绿色印刷，充分发挥政府的主导作用和市场的调节机制，积极扩大绿色印刷实施范围，切实促进印刷业淘汰落后产能，逐步实现印刷产业绿色转型。截止 2020 年，全省通过绿色印刷认证企业数量有 36 家，绿色印刷认证企业总营业收入达 72.15 亿元；通过清洁生产审核企业数量有 1760 家；绿色印刷出版物共 815 种，绿色印刷出版物数量达 11.13 亿册。

六、“走出去”步伐加快

自 2016 年以来，湖南省印刷企业“走出去”步伐加快，对外加工贸易以超过 30% 的年均增速呈逐年上升趋势，成为湖南省印刷业高质量发展的潜在增长点。2019 年，印刷企业“走出去”战略取得重要突破，对外加工贸易总额 5.86 亿元，比 2018 年增长 31.98%，涌现出利美印务、展承创益、竹简文化、奔腾文创、天闻新华印务、金鸥医药包装、九恒数码、恒津包装材料等龙头企业，为湖南省印刷行业“走出去”积累了丰富经验。

“十三五”期间，湖南省印刷业也面临一些问题和挑战。

一是，企业运营成本持续增加。湖南省印刷业属于欠发达地区的文化服务型产业，显性成本虽然不高，但隐性成本却较高，如长沙印刷耗材（如纸张）价格比发达地区高出 10%~15%。人力成本也逐年升高，企业普遍反映一线技术工人流动性越来越大，甚至普通工人工资上涨幅度也一再增高，企业运营成本明显增加。

二是，全产业链竞争压力加剧。随着全国统一大市场的形成，湖南省印刷业竞争压力日益加剧，交易成本偏高，其价格竞争优势难以形成。

三是，绿色环保趋严压力加大。近些年，我国绿色环保政策在印刷领域的要求日趋严格，环保治理要求也越来越具体，绿色发展是印刷企业的必然趋势。但是，这也客观上增加了企业在设备和耗材绿色化改造、申请绿色认证、年度核验等方面的投入，同时由于市场充分竞争，产品价格并不能相应提升，使得承担绿色印刷任务的企业不堪重负。

四是企业入园区难。由于印刷产业利税率不高，很多地方政府都不愿意出让土地给印刷企业，能够进园区的只有少数一些大型企业。长沙、衡阳、怀化、邵阳等地多家印刷企业早在 2009 年就呼吁当地政府设立印刷工业园，解决企业发展用地难题，但都迟迟得不到解决。■

2019年安徽省印刷业概况

安徽省印刷协会秘书处

一、安徽省印刷业发展基本情况

（一）分类情况

截至2019年底，安徽省共有各类印刷企业3303家，从业人数8.3万人。其中，包装装潢印刷品印刷企业1756家，其他印刷品印刷企业1188家，排版、制版、装订专项印刷企业32家，数字印刷专营企业40家。

2019年全省印刷行业资产总额553.99亿元，同比增长7.2%；工业总产值为443.91亿元，同比增长4.8%；销售收入438.53亿元，同比增长9.2%；利润总额30.36亿元，同比增长4.8%；对外加工贸易额22.93亿元，同比下降5.6%；从业人员83081人，同比增长4.4%。

全省共有印刷产业园区6个，国家印刷示范企业4家，规模以上重点印刷企业170家，总部在安徽省的上市公司3家，拥有或使用印刷商务网络平台的企业28家，具备丝网印刷能力的企业336家，通过绿色印刷认证的企业28家。

全省现有安徽新华印刷股份有限公司、黄山永新股份有限公司、安徽安泰新型包装材料有限公司、安徽金辉印务有限公司等4家国家印刷示范企业，均为国家高新技术企业。安徽新华印刷股份有限公司持续与中国印刷科学技术研究院、北京印刷学院及有关单位合作，成立创新研发、项目发展和信息智能三个中心，致力于印刷智能制造示范建设；黄山永新股份有限公司与中国科技大学、浙江大学等高校持续开展“产学研”合作；安徽金辉印务有限公司通过安徽省企业技术中心认定；安徽安泰新型包装材料有限公司近两年参与7项国家或行业标准的起草修订。2019年4家企业合计工业总产值44.88亿元，同比增长10.9%；利润总额7.79亿元，同比增长15.4%；研发投入1.40亿元，同比增长42.7%；持有授权专利总数451个，同比增长7.6%。

（二）产业布局

安徽省印刷业发展呈现东强西弱、南强北弱、省会突出的特点。

全省170家规模以上重点印刷企业产业布局相对集中，主要分布在合肥（总产值占19.6%、利润占28.8%，）、滁州（总产值占14.3%、利润占26.0%）、安庆（总产值占12.3%、利润占9.2%）、黄山（总产值占9.5%、利润占11.9%）、阜阳（总产值占6.5%、利润占9.6%）、芜湖（总产值占6.1%、利润占4.1%)、宣城（总产值占6.0%、利润占1.2%）等7个地区。

安徽省共批准建立印刷产业园区 6 个，主要集中在皖东南地区及省会合肥。

合肥出版物印刷产业园是安徽省最大的印刷产业园，园区面积 1200 万平方米，入驻园区印刷企业 150 家。园区内出版物印刷以安徽新华印刷股份有限公司、合肥杏花印务股份有限公司、合肥远东印务有限责任公司等企业为龙头；包装装潢印刷以合肥市超艺彩色印刷包装有限责任公司、安徽美佳印务有限公司、合肥恒鑫环保科技有限公司等企业为龙头；新兴数码印刷以安徽联众印刷有限公司、合肥大琦数码图文有限公司等企业为代表。

滁州包装科技产业园及明光包装印刷产业园两个园区中入驻印刷企业 67 家。园区企业以包装装潢印刷品为主，其中有 19 家产值 5000 万元以上印刷企业。嘉美食品包装（滁州）股份有限公司为全国灌装产能最大的金属包装公司之一；安徽维致环保纸品有限公司以制杯包装印刷为主，系国内纸容器主要供应商；安徽阳光夏子绿色包装有限公司系安徽省瓦楞纸包装样板企业；安徽侨丰包装印刷有限公司的高新技术纸包装、滁州健宁药用包装材料有限公司医药用品包装等也各具特色。

入驻桐城印刷包装产业园园区的包装印刷企业有 429 家，打造从原辅材料、电脑制版，到塑料印刷、纸质印刷、金属印刷，再通过电商、物流配送的产业链。园区内龙头企业安徽金科印务有限公司以医药包装印刷业为主，建有国内一流的医药包装生产线；安徽瑞尔印务有限公司获批为国家秘密载体印制乙级资质单位，系安徽省票据证书类产品印刷优质企业；安徽百世佳包装有限公司、安徽金科印务有限公司、安徽顺彤包装材料有限公司 3 家印刷包装企业荣获国家驰名商标。

广德经济开发区西区印刷产业园利用比邻江苏、浙江的地理区位优势，引进江、浙、沪包装印刷企业入驻园区 10 余家，以一般纸包装印刷为主营业务。

入驻阜阳印刷包装产业园园区印刷企业有 12 家，以烟草、酒类、票据等精美纸包装印刷为主。安徽金辉印务有限公司作为园区内的龙头企业，引进了国际先进的博斯特十色凹印机组和德国海德堡 8+1 胶印机组，不断加大投资和技术革新，提升市场竞争力。

（三）重点发展领域

1. 出版物印刷

2019 年全省出版物印刷企业 287 家，以安徽新华印刷股份有限公司、合肥华云印务有限责任公司等企业为龙头，承印重点主题出版物、中小学教科书印刷和皖版图书印刷，全年出版物印刷工业总产值 52.5 亿元。

2. 包装装潢印刷

2019 年全省包装装潢印刷品印刷企业 1756 家。纸包装印刷方面，以滁州龙利得智能科技股份有限公司、滁州华艺柔印环保科技有限公司、合肥合信包装有限公司等家电家具大型瓦楞纸包装印刷企业为龙头；烟酒类、生活类纸板包装印刷、标识票证精细纸印刷方面，以合肥安泰包装印刷有限公司、安徽金辉印务有限公司、蚌埠金黄山凹版印刷有限公司等印刷企业为龙头；塑料软包装印刷方面，以黄山永新股份有限公司、蚌埠天成包装科技股份有限公司、安徽金科印务有限责任公司为龙头；金属罐包装印刷方面，以嘉美食品包装（滁州）股份有限公司为龙头，该公司年产能三片罐 85.50 亿罐、二片罐 10.00 亿罐、灌装能力 42.02 亿罐，是全国主要金属罐包装供应商之一。全年包装装潢印刷品印刷工业总产值 370 亿元。

（四）印刷业“四化”发展情况

1. 数字化

2019年安徽省共有数字印刷企业63家，数字印刷出版物种类518种，数字印刷机装机数量157台(套)，数字印刷出版物用纸量22.52万令，数字印刷出版物数量1329.42万册(万份)，数字印刷部分总产值5亿元。

2. 绿色化

安徽省通过绿色印刷认证企业数量28家，使用粉尘、纸毛、墨雾、废气收集装置的企业数量305家，无溶剂复合机装机数量68台，通过清洁生产审核的企业数量21家，CTP装机总量95台，绿色印刷出版物12931种，绿色印刷出版物用纸量1939万令，绿色印刷出版物数量32487万册（万份）。

3. 智能化

据不完全统计，全省应用智能技术的印刷企业有178家，基于智能互联集成的绿色环保印刷包装工厂、高品质印刷品智能化制造示范和试点、烟标纸品智能制造试点示范、凹版数字智能印刷项目以及印刷过程智能控制系统的应用等项目，上报至国家新闻出版署智能化项目。

4. 融合化

以安庆桐城为例，塑料包装产业是桐城市支柱产业之一，当地政府主导，实施“互联网+”桐城塑料包装产业采销一体化项目，构建塑料原料采销一体化平台，打造从原辅材料、电脑制版，到塑料印刷、纸质印刷、金属印刷，再通过电商、物流配送的产业链。一是，推动了行业的整合，将当地小、散、低端的包装企业汇聚到一个平台；二是，加强了产业融通，打通国际石化供应商与本地包装企业的直供渠道；三是，利用聚集平台开展“互联网+营销”，打通了本地包装企业与客户的直供渠道。

二、存在的主要问题

（一）产业自身发展

近年来，印刷企业利润大幅减少。一方面，印刷原辅材料涨价、人工成本提高，厂房租金不断攀升；另一方面，印刷工价持续走低、同行无序竞争、相互压价以及印刷客户转嫁自身成本压力等，当前大部分印刷企业处于微利边缘，许多小印刷企业因利薄，缩小生产、转行甚至濒临倒闭。

（二）外部环境

环保监管标准不断提高，导致印刷企业环保设施重复升级改造，绿色印刷认证及年检费用偏高，加重企业负担，因此全省通过绿色印刷认证的印刷企业仅28家，不到全省印刷企业总数的1%。

（三）结构矛盾突出

全省上规模印刷企业产业布局相对集中，区域经济初步形成，而大多数印刷企业生产没有专业化、特色化，导致印刷出的产品档次偏低，无法满足多品种、高质量的市场需求。中低档产品生产能力过剩，高档产品生产能力不足，能生产高档出口产品的印刷企业则更少，这些矛盾都直接影响了印刷行业的整体发展。

三、未来发展

（一）积极推进“四化”发展

认真学习《关于推进印刷业绿色化发展的意见》、《长三角区域印刷一体化发展升级指南》，加快推进印刷“绿色化、数字化、智能化、融合化”发展。首先，以省内绿色印刷企业代表为主，省、市印刷行业协会为辅，提高印刷企业的节能、减排、降耗、治污意识，进一步推进绿色印刷在全省的实施范围。

（二）注重印刷技能人才的培养

通过市人社局、省、市新闻出版局和安徽新闻出版职业学院等相关部门，开展市、省级印刷技术技能比赛和专业技能培训班，促进全省印刷技能人才队伍素质的整体提高，为印刷企业输送高层次印刷包装高技能人才。

（三）打造长三角印刷业综合服务支撑区、特色试验区

充分发挥承东启西、腹地广阔的区位优势，探索建立转移收益共享机制，建立全国印刷产业转移促进中心；加快印刷技术工艺、服务内容、商业模式和业态的创新。培育“专精特新”优势印刷企业，建设印刷业特色运营试验区；主动承接产能转移的同时，大力提高承接上海、江苏、浙江委托订单的供给水平和供给效率，打造印刷业综合服务支撑区。■

2015–2019 年
福建省印刷业发展情况

福建省印刷协会　高洋

党的十八大以来，福建省印刷业认真学习贯彻落实习近平新时代中国特色社会主义思想，对标对表“十三五”时期发展规划，努力克服市场萎缩和技术壁垒带来的不利影响，以印刷技术升级创新和印刷企业转型升级为契机，努力推动全省印刷业积极开展供给侧结构性改革，朝“绿色化、数字化、智能化、融合化”方向不断发展，最终实现了省印刷产业近 5 年来（2015–2019 年）的稳步发展，为全省印刷业的可持续发展打下了良好的基础。现将 2015–2019 年福建省印刷业发展情况简述如下。

一、印刷产业发展外部环境不断优化

（一）印刷企业事前行政审批手续进一步优化

根据中央“放管服”改革精神和福建省行政审批事项“最多跑一趟”的有关要求，福建省新闻出版行政管理部门进一步转变工作方式，提升行政服务水平，推动印刷企业事前行政审批手续进一步简化，办理时限进一步压缩，包括印刷委托书备案在内的所有涉及印刷企业的审批事项，全部实现了网络全程办理，企业不需到现场即可办理，极大地方便了企业，提高了工作效率。

（二）印刷行业事中、事后管理效率进一步提升

为进一步“简政放权”，推进“放管服”改革，在国家新闻出版署的统一部署下，2017 年福建省将印刷企业年度核验工作转变为印刷企业年度报告制度，新建了福建省印刷发行管理系统，使得印刷企业由原来每年年检需要填写提供大量纸质数据报表变为仅需上网填写，这极大减轻了企业负担，提高了企业效率。同时将省内每年的印刷行业相关数据实现数据化存储分析，进一步提升了印刷行业管理和产业分析能力。此外，福建省逐步推行省市县统一的“双随机一公开”的行业和质量监管模式，提升了监管工作的随机性和客观公正性，避免了以前一家企业经常被反复检查的不合理现象，进一步为企业减负，让企业把更多精力投入到生产经营上去，有效提升了行业管理工作效率，营造了良好的市场经营环境。对查出的不履行包括印刷委托书备案制度在内的印刷业“五项制度”的企业以及产品印刷质量和环保质量不合格的企业，按规定严厉查处，坚决杜绝私下偷印、加印以及以次充好，生产假冒伪劣商品等违法行为，市场无序竞争的情况明显好转。

二、印刷产业整体实力不断增强

（一）印刷行业保持平稳增长态势

2015年，福建省共有印刷企业3087家，其中出版物印刷企业204家，包装装潢印刷品印刷企业2008家，其他印刷品印刷企业768家，排版制版装订专项印刷企业97家，数字印刷企业19家。印刷工业产值5000万元以上的印刷企业168家，外资企业155家，通过绿色印刷认证企业23家，国家印刷示范企业2家，上市印刷企业4家。2015年福建省实现印刷工业总产值540亿元，位居全国第7，销售收入529亿元，利润总额45亿元，资产总额517亿元，从业人员13.21万人。

据初步统计，2019年福建省共有印刷企业2922家，其中出版物印刷企业199家，包装装潢印刷品印刷企业1868家，其他印刷品印刷企业745家，排版制版装订专项印刷企业49家，数字印刷企业61家。印刷工业产值5000万元以上的印刷企业195家，外资企业118家，通过绿色印刷认证企业42家，国家印刷示范企业2家，上市印刷企业5家，新三板挂牌印刷企业5家。2019年福建省实现印刷工业总产值672亿元，仍然位居全国第7，销售收入710亿元，利润总额40亿元，资产总额606亿元，从业人员10.91万人。

对比可以看出，5年来福建省印刷企业数量、从业人数持续减少，其中排版制版装订专项印刷企业减幅最大，将近50%，因为这类企业技术水平低，产品单一，市场适应性差，逐步被出版物印刷企业取代。从业人数较5年前大幅度减少约2.3万人，一方面是受市场大环境影响，企业数量在不断减少，另一方面是企业普遍进行了技术升级，生产机械化、信息化水平进一步提升，生产效率进一步提高，导致企业用工人数持续下降。此外，福建省印刷产业除利润总额外各主要经济指标都出现平稳增长趋势，其中总产值5年共新增132亿元，年平均增长率约4.9%；销售收入新增181亿元，年平均增长率达6.8%，资产总额新增89亿元，年平均增长率达3.4%，这些成绩的达成，是在企业数量下降，从业人数减少的情况下达成的，证明福建省印刷企业个体实力不断增强，由追求量的快速增长逐步转向追求质的提升。但利润总额不升反降，以及各主要指标增长率较前5年（2010–2014年）动辄2位数的增长速度相比有所下降，主要是受经济大环境的影响，全省印刷产业由快速增长期逐渐进入深度调整期，并将长期处于这一阶段，推动企业提质增效，提高发展质量，提升盈利能力将是这一阶段的主要任务。

（二）重点印刷企业市场竞争力不断增强

一方面，5年来福建省印刷规模以上重点企业稳中有增，从2015年的168家增长到2019年的近200家。另一方面，重点印刷企业的综合实力和市场竞争力不断增强，2015年中国印刷包装百强榜中，福建省仅有3家企业入选，仅厦门合兴1家企业进入全国10强，以年销售收入27亿的成绩位居第5；2019年中国印刷包装百强榜中，全省共有16家印刷企业入榜，成为入选百强榜企业数最多的省份，厦门合兴更是以年销售收入112亿元的成绩位居百强榜榜首。百强榜福建印刷企业的井喷式增长，反映出福建骨干印刷企业规模实力在不断增强，生产效率在不断提高，市场竞争力在不断增强。

（三）产业集聚初步形成

一方面，包装装潢印刷和出版物印刷逐步发展成为福建省印刷业两大支柱。2015年福建省包装装潢印刷企业总产值达432亿元，占比达80%；出版物印刷企业总产值达86亿元，占比达16%，两者占全省印刷产业的96%以上。2019年福建省包装装潢印刷企业总产值达529亿，占比达79%，出版物印刷企业总产值107亿，占比达20%，两者占全省印刷产业的99%以上。

另一方面，产业集聚在沿海地区逐步形成，逐步形成了以福州为中心的出版物印刷产业化集聚和以厦漳泉莆为中心的包装装潢印刷品产业化集聚。两个产业集聚地印刷业总产值占全省印刷业总产值的95%以上。此外，在印刷业较为发达的沿海地区内部，印刷产业的集聚也在进一步加强，例如泉州市形成了中心城区、石狮、晋江、南安四大印刷企业集中区；莆田市形成了涵江区、城厢华林工业区等地印刷企业集中区。

（四）涌现出了一批创新能力强的印刷企业

近年来，福建省涌现出一批创新型印刷企业，如福建省中煌立体文化有限公司是一家专业从事3D立体技术研发、产品设计、生产、整体运用方案推广为一体的省级科技型企业，成功研发出"3D图像UV直打印技术"，达到国内领先水平；石狮市迅泰彩色电分制版有限公司自主研发数据交互技术数字印刷系统，获国家实用新型专利并获2015年中央文化产业发展专项资金资助；石狮市富兴包装材料有限公司引进环保型凹版印刷机，采用水性油墨彩色印刷材料和新的生产工艺建设数字化生产车间，并自建绿色印刷包装检验检测技术服务平台等。

三、印刷产业转型升级初见成效

（一）供给侧结构性改革取得一定进展

一是，企业通过技术升级改造，提升产品品质和档次，通过整合重组优势互补，提升产品科技含量和附加值，来满足当前市场上高端产能的需求。例如海峡出版发行集团积极整合印务板块，将下属福建新华印刷有限责任公司、福建彩色印刷有限公司、福州华彩印刷有限公司进行整合重组，成立福建新华联合印务集团，引进先进的商业轮转机，成为福建省最大的教材教辅生产基地。此外近5年来出版物印刷企业大多数完成了CTP直接制版的技术改造，有效地降低了生产成本，提升了印刷产品的印刷质量。

二是，鼓励印刷企业"走出去"，开拓新的市场来缓解产能过剩问题。通过简化境外出版物审批和境外包装印刷品备案手续，缩短境外出版物审读时间，并鼓励印刷企业在符合国家法律法规前提条件下，积极对外承揽业务。目前，越来越多印刷企业积极尝试"走出去"，涌现出一大批代表性优秀印刷企业，如出版物出口以金鹰（福建）印刷有限公司为代表，笔记本和文化用品出口以艾派集团（中国）有限公司为代表，手提袋出口以厦门市创业人环保科技有限公司、福建南王环保科技股份有限公司和漳州市桥南印刷有限公司为代表，派对纸制品出口以福建东南艺术纸品股份有限公司为代表等。此外，厦门合兴包装印刷股份有限公司积极响应国家"一带一路"战略，通过收购国际纸业在东南亚的瓦楞包装箱业务，布局海外市场。

通过供给侧结构性改革，福建省印刷业在企业数量和从业人数不断减少的情况下，5年来依然保持了稳定增长，供给侧结构性改革取得一定进展。

（二）绿色印刷、数字印刷产业发展迅速

2015年，福建省拥有绿色印刷企业23家，数字印刷企业19家；到2019年底，福建省拥有绿色印刷企业42家，数字印刷企业61家，绿色印刷企业数年平均增长率高达16.5%，数字印刷企业数年平均增长率更是高达44.2%，发展势头非常迅猛。

绿色印刷方面，福州已逐渐发展为全省出版物绿色印刷产业中心，全省已实现绿色印刷中小学教科书、商业票据印刷全覆盖，部分教辅、少儿读物以及婴幼儿包装装潢印刷品也实现了绿色印刷。此外，随着国家环保要求的不断提高，绿色印刷已经由产品绿色化向生产全流程绿色化发展，全省企业在环保部门、新闻出版行政管理部门的统一指导下，通过协会牵头，企业参与，统一规划，因地制宜，整体改造的新模式，有条不紊地开展环保技术改造工作，预计在2020年底能够完成大部分技术改造工作，既保证达标排放又节省成本。

数字印刷方面，数字印刷企业充分发挥数字印刷设备占地小，环境污染小等特点，积极发展数字印刷连锁经营、“前店后厂”模式，在城区布局经营门店和生产基地，主要承接小批量按需印刷和短版书印刷业务，与传统印刷企业形成了良好的互补趋势。

（三）“+印刷”新型印刷行业逐步兴起

一方面，部分出版物以及包装装潢印刷企业延伸产业链，开始涉足创意设计领域，根据客户需求先进行创意设计，再按需进行印制生产，由原来的客户提供方案，企业提供生产加工转变为设计生产一条龙，打通上下游产业链，打造“出版发行+印刷”、“文化创意+印刷”、“设计服务+印刷”等多元融合化发展模式，实现印刷企业由提供印刷加工服务到提供文化、创意、出版产品的转型升级。

另一方面，部分印刷结合企业自身特点，立足地方特色，积极转变经营模式，探索适合企业自身发展道路的特色转型升级，例如，厦门合兴设计并生产的创意纸箱除具有正常的包装收储功能外，还能根据客户需求做出各种造型和视觉效果，在起到存放物品作用的同时，能够与室内环境相搭配，起到修饰效果；福建武夷建本文化传播有限公司结合传统活字印刷工艺，将印刷业发展和文化旅游、传统印刷文化保护结合起来，获得了中央文化产业发展专项资金的贴息支持，进展良好；龙岩的驰远印刷积极开展“互联网+印刷”的转型升级尝试，通过电子商务积极开拓外省市场，通过合作降低经营成本，公司经济状况不断好转；石狮富兴作为高技术型企业代表，建立了性能达国家先进水平的技术检测平台，已成为国家烟草外包装质量标准制定者等。

四、印刷行业自治能力不断提升

（一）不断完善行业协会建设

一是，高度重视行业协会建设工作，将加强协会建设作为提升福建省印刷业行业自律能力和整体凝聚力的重要举措，构建了组织机构完整的省市两级行业协会体系，特别是在晋江、南安和石狮等印刷产业较发达的县（市），还成立了县一级的行业协会。

二是，不断完善各级行业协会建设，省印刷协会成立了联合党支部，加强支部建设，突出党员以及党组织在协会建设中的先锋模范带头作用。完善省印协专业委员会设置，根据印刷行业发展新趋势，适时成立省印协绿色印刷和数字印刷专业委员会，积极推动绿色印刷和数字印刷产业发展。

（二）充分发挥行业协会的作用

一方面，各级协会在搭建政企桥梁、反映企业诉求方面都发挥了很好的作用，逐步成为各级行业主管部门开展行业管理的“得力助手”。例如，各级协会长期协助主管部门开展印刷企业年度报告工作，开展印刷企业法规培训工作。此外，省印协长期受省局委托，承办了多届全国印刷行业职业技能大赛福建赛区选拔赛组织工作以及全国决赛的培训和组织参赛工作。在2018年全国印刷行业职业技能大赛中，省印协共选拔8名选手参加全国总决赛，其中3名进入全国前20名，再创佳绩。在省新闻出版局的指导下，于2019年6月启动福建省首次诚信印刷企业评选活动，共评选出全省53家诚信企业，其中福州10家、莆田5家、泉州16家、厦门6家、漳州8家、龙岩4家、南平和宁德各2家。

另一方面，行业协会在规范行业自律、提供精准服务方面作用重大。省印刷协会通过持续系列工作开展，有力地提升了协会公信力，增强了行业凝聚力和自治力。每年开展一次全省包装印刷产品质量评比，通过评比，极大地激发了行业会员单位间加强横向对比、寻找差距、创优争先的积极性，进一步帮助企业树立精品意识，加强质量管理。每两年在厦门举办一次的“中国（厦门）国际印刷包装展览会”，吸引了省内外企业前来参展，省内外客商前来参观，为本省企业搭建一个学习交流、商务合作、拓展市场的有力平台，深受省内印刷企业的欢迎。每年不定期组织会员企业到外省甚至国外参观大型印刷展会，先进印刷企业，开展协会交流互动，帮助企业第一时间了解印刷业发展前沿趋势，学习先进管理经验，把握潜在商机等。

（三）企业间沟通协调机制初步建立

长期以来，由于市场调节的滞后性，福建省内印刷市场长期存在需求有限，产能过剩，“价格战”横行，无序竞争较为普遍的情形，形成“双输局面”。近5年来，在各级新闻出版行政管理部门的指导下，在各级协会牵头努力下，通过发掘省外市场，规范省内市场，加强沟通协调，积极互帮互助等措施，引导省内印刷企业逐步由打“价格战”抢订单的恶性循环竞争模式，转变为互帮互助，技术、资源、市场共享的互利共赢模式，甚至形成松散型的企业联盟。企业间大打价格战的情况明细减少，市场秩序明显好转，协会行业纽带作用得到充分发挥，行业自治能力得到明显提升。2019年由省印协牵头制定的《福建省书刊印刷指导工价》正式开始面向全行业进行意见征求，标志着福建省印刷行业自治治理能力再上一个新台阶。

五、印刷行业发展依然存在不少“短板”

（一）产业结构依然不尽合理

一方面，地区发展很不平衡。福建省绝大多数的印刷业产能集中在沿海地区，形成以福州为中心的出版物印刷基地和以厦泉漳莆为中心的包装装潢印刷基地，5地规模印刷企业数量占全省规模印刷企业总数90%以上，而龙岩、三明、南平、宁德等山区多以中小型印刷企业为主，普遍规模小，技术设备落后，占全省规模印刷企业比重不足10%，宁德和平潭甚至没有规模印刷企业。

另一方面，印刷业整体结构不合理，福建省规模以上重点印刷企业仅占总企业数的5%左右，比重偏小，缺乏有国际竞争力的标志性骨干企业。总体上，福建省印刷业存在着产能过剩、同质化竞争的问题。印刷企业大的不强，小的不精，导致出现中低端印刷供大于求现象，迫使一大部分中小型企业开工不足甚至停产，而一些高端印刷品又无法在省内生产，不得不发到省外先进地区印刷。

（二）技术创新能力仍显薄弱

一方面，虽然近年来福建省印刷产业转型升级取得一定进展，绿色印刷和数字印刷快速发展，但整体来说，福建省印刷业还是以传统的出版物印刷和包装装装潢印刷为主，广大中小印刷企业普遍思想观念滞后，对行业发展和企业运营缺乏前瞻性和创新性，许多企业还停留在为客户提供低级印刷产品加工服务等方面，停留在整个印刷产业链的最底端，未能通过创新来提升企业产品和服务的竞争力。

另一方面，虽然福建省培育了一批在全国有一定影响力的创新型印刷企业，但新兴印刷产业的发展较发达地区还有一定的差距，印刷技术和企业经营管理的创新和推广应用能力有待进一步提升。例如福建省在印刷业智能化、融合化发展方面还处于起步阶段，绝大多数印刷企业自主创新能力不足，重大技术创新和产业化项目缺少投入，印刷装备数字化、智能化水平不高，最终导致福建省印刷业产品和服务竞争力在逐年减弱，省内市场被不断蚕食，企业生存空间被不断压缩。

此外，福建省缺少培养高端印刷技术人才和管理运营人才的高等院校，缺少开展印刷前沿技术创新的科研院所，省内仅有一家高职高专培养印刷技术工人，印刷各类人才极度匮乏，培养主要靠技术工人的“传帮带”，导致整体工人素质不高，这也是制约福建省印刷技术创新能力发展的主要原因之一。

（三）消费市场的培育和管理有待加强

一方面，福建省印刷企业乃至全行业在新型印刷产品的推广和消费市场培育上不够重视，投入不足，导致各类新型印刷产品在省内市场普及率不高，最终影响新兴行业的发展。例如，福建省长期对绿色印刷、按需印刷（数字印刷）宣传推广力度不够，消费习惯培育不足，市场需求不够强烈，导致省内绿色印刷和数字印刷发展较发达省份落后较多。

另一方面，由于市场调节的滞后性和法规的不完善性，目前尚未建立起完善的不达标企业退出制度，导致部分僵尸企业和不合格企业的长期存在，这也是导致低端产能长期过剩的一个重要原因。

此外，由于管理不到位，部分印刷企业为了获取订单采取价格战、不正当竞争的方式，以次充好、偷工减料，少数企业甚至在未办理委印手续的情况下，违规私自接单，这些行为严重扰乱了正常的市场秩序，损害了合法经营印刷企业和广大消费者的合法权益，不利于行业健康、可持续发展。

六、未来印刷产业发展仍需持续换挡升级

（一）加强技术引进创新，克服转型“短板”

通过自主创新和技术引进相结合的方式，提升行业整体技术水平和创新能力，在加速推进“绿色化、数字化”转型的同时，重点布局“智能化、融合化”发展，设立专项扶持资金，重点打造“智能化、融合化”示范项目，为行业转型升级树立标杆，起到示范引领作用。

（二）注重整体规划，优化产业布局结构

借着国家“环保风暴”和市场转型升级的“东风”，加强整体规划，注重优化整合，重点加强印刷产业园区的规划建设，进一步提升产业集聚和企业整合的科学性和合理性，注重新兴产业和传统产业的协调发展，进一步提升福建省印刷产业的产业规模和生产效益。

（三）提升服务质量，改善外部环境

加强人才培养，积极引导企业与省外相关高等院校建立合作关系，就人才培养、技术创新以及成果引进转化进行深度合作；组织有条件的企业自建或者合作建设人才培养和技术创新基地；加强协会建设，加强诚信体系建设，提升行业自治能力；加强行业管理，从严查处违法违规案件，维护印刷市场秩序，确保依法经营，促进印刷行业的持续健康有序发展。■

2015–2019 年
四川省印刷业发展情况

四川省印刷协会　扈晓明

2015–2019 年，四川省印刷业的运行机制、产业基础和发展条件都发生了较大改变。四川省印刷业调整结构、转型升级，加快由传统模式向新兴业态转变，加快向绿色化、数字化、智能化、融合化发展。规模以上重点印刷企业优势突出，集约化程度大大增强；绿色化发展意识提升，行业环保水平有效改善。“互联网 + 印刷”、数字印刷快速兴起，融合发展格局正在形成，行业整体呈现持续稳定健康发展的局面。

一、2015–2019 年四川省印刷业发展概况

2020 年四川省印刷企业年度报告工作结果显示，截止 2019 年底，全省共有印刷企业 3135 家，较 2015 年减少 2 家。其中，出版物印刷企业 314 家，较 2015 年增加 111 家；排版、制版、装订专项企业 26 家，较 2015 年增加 13 家；包装装潢印刷企业 1229 家，较 2015 年增加 58 家；其他印刷品印刷企业 1542 家，较 2015 年减少 211 家；专营数字印刷企业 24 家，较 2015 年增加 18 家。从业人员 8.73 万人，较 2015 年减少 2.35 万人。全年印刷工业总产值 491.66 亿元，较 2015 年增加 89.25 亿元；实现利润 25.63 亿元，较 2015 年减少 1.7 亿元；销售收入 477.75 亿元，较 2015 年增加 110.92 亿元；工业增加值 96.06 亿元，较 2015 年增加 17.71 亿元。

二、2015–2019 年四川省印刷业发展的新变化、新特点

1. 印刷企业转型升级稳步发展

2019 年四川印刷业从业人员较 2015 年减少 26.91%，印刷总产值较 2015 年增加了 22.17%。在西部地区人力成本急剧增长和环保压力加大的态势下，大部分印刷企业都在向机械化、自动化和智能化方向转型发展，印刷企业的智能化程度在逐步增强。

2. 印刷业创新能力不断增强

全省印刷企业深入贯彻落实省委振兴出版战略，转变发展方式，提升创新能力，增加优质产品和服务供给，创新驱动四川省印刷业绿色化、数字化、智能化、融合化发展。开展四川省 2019 年“好经理”推荐评选工作，共计评选出 10 名四川省印刷优秀经理，进一步激发了全省做好印刷工作的积极性、主动性、创造性。

3. 规模以上印刷企业发展能力显著增强

2015年四川省有9家企业上榜中国印刷企业100强排行榜单，四川金时印务有限公司和四川亚科智能科技股份有限公司新晋百强榜单；2016年四川省有8家企业上榜中国印刷企业100强排行榜单，宜宾恒旭投资集团有限公司新晋百强榜单；2017年四川省有11家企业上榜中国印刷企业100强排行榜单，四川省宜宾环球神州玻璃有限公司、四川宜宾五粮液精美印务有限责任公司、四川省佳晟印务包装有限公司3家企业新晋百强榜单；2018年四川省有8家企业上榜中国印刷企业100强排行榜单，泸州益和纸品包装有限公司新晋百强榜单；2019年四川省有7家企业上榜中国印刷企业100强排行榜单，四川汇利实业有限公司新晋百强榜单。

在全国印刷企业100强后榜单中，2015年四川省有3家企业入选，成都博瑞传播股份有限公司印务分公司等3家企业新晋百强后榜单。2016年四川省有4家企业入选，成都金鼎安全印制有限责任公司等4家企业新晋百强后榜单。2017年四川省有10家企业入选，四川广安鼎胜纸业有限公司等6家企业新晋百强后榜单。2018年四川省有4家企业入选，四川绵晟印务有限公司等3家新晋百强后榜单。2019年四川省有8家企业入选，成都市宏坤包装有限公司等4家新晋百强后榜单。无论是100强企业还是100强后企业，年年都有新增企业，充分说明规模以上印刷企业正在逐步向四川集聚，这是四川印刷业发展的一大亮点。

4. 集聚化发展的步伐在加快

全省许多地方都建立了大大小小的集中园区，可以充分发挥集聚效应。除省会成都以外，在全省各地如绵阳、宜宾、德阳、泸州、遂宁、蒲江等地都建有印刷工业园区，覆盖了除三州以外的大部分地区，随着经济的发展，这些园区的配套设施将更加完善，服务功能会进一步增强。

5. 印刷业绿色化水平不断提高

坚持印刷业绿色化发展理念，督促印刷企业落实环境保护主体责任，确保污染防治、生态保护、环境风险防范等措施落实到位。全省中小学教材教辅、少儿类读物实现环保印刷全覆盖。引导企业加强环保治理，积极实施印刷业绿色化发展。

目前，获得环保印刷认证资质的企业652家，同比增加28.09%；使用粉尘、纸毛、墨雾、废气收集装置企业1486家，同比增长25.93%；通过清洁生产审核的企业1048家，同比增加16.96%；CTP装机756台，同比增长112%，印刷业绿色化发展水平大幅提高。

6. 出版物印制质量大幅提升

四川省组织开展了2019年春、秋两季中小学教材教辅印制质量检测工作，加强教材教辅印制质量的监督检查力度，促进教材教辅印制质量稳步提升。共计检查教材产品135种、3264册，教材印制企业31家，教材产品批质量合格率达到100%，单册合格品率达99.7%。检查教辅产品72种、1901册，教辅印制企业39家，教辅产品批质量合格率达98.6%，单册合格品率达97.9%。

7. 印刷行业监管力度不断增强

贯彻落实意识形态工作责任制，依法依规加强对印刷复制暨内部资料性出版物的管理，制定实施《印刷复制暨内部资料性出版物管理风险防控方案》。安排部署2019年印刷复制监管工作，精心组织实施印刷复制领域专项整治，开展“双随机一公开”检查，全省共组织检查印刷企业 3224 家（次），责令整改 118 家，行政处罚 22 家。

8. 市场环境更加成熟

印刷业法规制度进一步完善，出版管理部门简政放权、放管结合、优化服务，监管能力和服务水平不断提高。标准质量体系基本建立，宽进严管、依法经营、产品环保、践行标准、科学管理、诚实守信的市场环境逐步形成。

9. 物资供应日趋丰富

目前，仅在成都市登记注册经营印刷物资、耗材的企业和个体工商户就达 3000 余家。印刷物资供应的市场化程度越来越高，经营流通渠道、购销形式呈多元化趋势。

三、四川省印刷业发展中存在的问题

与长三角、珠三角、环渤海等印刷发达地区相比，四川省印刷业仍然存在多而不强、产品量大而不精、低水平家族式经营发展的问题，在设备水平、管理能力、全员劳动生产率提升上存在很大的差距。

1. 发展路径模糊

多数印刷企业对企业自身的发展和建设的规划或计划、解决问题的方案、关键技术等认识不清晰。生产资源配置效率较低，散滥问题仍然较为突出，中低端产能明显过剩，产品同质化严重，生产价格降而又降，人力成本逐年攀升，竞争激烈。

2. 区域发展不平衡

成都市有印刷企业 1161 家，占全省印刷企业总数的 35.7%，印刷产值 213.37 亿元，占全省印刷产值的 50.4%。一些地区印刷业发展缓慢，其主要原因与当地经济结构缺陷、产业发展不足、印刷资源缺乏有关。

3. 创新力薄弱

自主创新能力不足，重大技术创新和产业化项目缺少投入，印刷装备数字化、智能化水平不高；新产品、新技术、新服务还无法充分满足社会需求，产业发展新引擎尚未形成。

4. 发展链条破碎

印刷过程数字化控制全流程和全产业链综合集成应用体系不全。综合管理水平相对粗放，大部分缺乏信息化管理手段和精益生产，技术管理、供应链管理、成本管理、质量管理和人员管理等方面有待加强。

5. 人才缺乏

当前，不想干、不来干、不愿干印刷的现象普遍存在。支撑四川省印刷企业发展的生产管理人员主要是“老人”，知识老化，技术革新和创新能力不足。人才流失、招工难等问题比较普遍，特别是高级技术工人缺口较大。

6. 企业环保治理压力大

随着环保安全等刚性约束日趋强化、生产要素成本逐渐上升，企业利税连年下降，生存压力增大，技改投入无从谈起，行业发展速度下行，增长乏力。在一些企业中出现不乐观、没信心的情绪。针对发展中存在的问题，如何进一步加快转型升级、推动产业迈向中高端水平、高质量发展是四川省印刷业面临的一项重大任务。

四、四川省印刷业未来发展思路

结合四川省印刷业实际情况，四川省印刷业应在绿色化、数字化、智能化、融合化上下功夫。

1. 实施绿色化战略，推进印刷企业绿色化转型

前期，印刷企业在节能降耗减排、环保设施投入、认证审核等方面下了不少功夫。印刷企业的绿色化已走完了源头削减、过程控制、末端治理等进程，企业生产从自发到自觉，从局部到全面，已成为全行业的自觉行动。接下来要走的就是从全面绿色印刷到系统布局，从印刷过程标准化到产品标准化再到万物互联的进程。

2. 实施创新驱动发展战略，推进印刷企业数字化转型

传统印刷可凭借数字化、网络化技术实现管理与生产一体化的信息化、自动化、流水化作业，加强生产过程监控，降低消耗，提高生产的效率与品质。全省范围内规模以上企业必须全面开展数字化技术升级应用，以提升四川省印刷业整体技术水平和管理水平。

3. 实施人才兴业战略，推进印刷企业智能化转型

企业是创新驱动、智能转型的主体，在新的形势下，市场对于企业转型升级的创新能力提出了更高的要求。创新的关键在人。四川省应根据全省专业技术人才队伍发展现状和经济社会发展需求，制定专业技术人才队伍建设的中长期规划，以促进全省印刷行业专业技术人才队伍的壮大和提高。

4. 实施资源整合战略，推进印刷企业融合化发展

鼓励有条件的产业链上下游印刷企业通过兼并、重组、战略合作等各种方式进行资源整合，以经济发展带动印刷业发展，集中发展印刷园区，形成产业集聚效应，提升印刷业服务水平，打造四川省印刷优势资源的品牌服务型企业，以更好地服务于地方经济。

5. 走精品化发展道路

扶持以“特色、精品”为发展目标的印刷企业，打造具有四川省文化特色的各类精品印刷企业。■

朝阳中的新疆印刷业

新疆印刷协会　张思训

新疆印刷业伴随着国家经济体制改革和市场化进程艰难探索、奋力拼搏，在全国印刷行业百舸争流的大潮中，以边疆少数民族地区的鲜明特色和紧跟时代步伐的创新思维，创造出一幅新疆印刷业发展进步、昂扬向上、色彩斑斓的壮丽图画。

截至 2019 年底，新疆共有印刷企业 649 家，其中，出版物印刷企业 141 家，包装装潢印刷品印刷企业 84 家，其他印刷品及排版、制版、装订等印刷企业 424 家。2019 年印刷业实现工业总产值 189950.12 万元，工业总产出 198508.82 万元，利润总额 13868.25 万元。

一、稳中向优的出版物印刷

（一）各级党报印刷

新疆地处祖国西北边陲，疆土辽阔、资源丰富，战略位置十分重要。新疆共有 14 个地州市，新疆生产建设兵团共有 14 个师，各地州市和兵团各师基本都有一份自己的党报，用汉、维、哈、蒙、柯等文字出版。这些党报对宣传党的政策，教育鼓舞各族人民群众，实现边疆稳定、人民团结一致，建设美丽富饶的新疆发挥着十分重要的作用，各级党报的印刷工作者们正是这一重任的承担者。

（二）中小学教材、教辅及各出版社本版图书印刷

在党中央的治疆方略和新疆“社会稳定和长治久安”总目标的指引下，新疆的教育事业尤为重要，党中央和国家为新疆的教育事业发展给予了高度的关注和倾斜，因此，印刷出高质量的中小学教材是新疆印刷工作者义不容辞的光荣职责。

在自治区党委宣传部的高度重视和直接领导下，每年两次组织有关专家对两季中小学教材、教辅和各出版社本版图书进行印刷质量集中检测，检测方式也从送检到抽检逐步过渡，并在每年两次的中小学教材印制会议上对质量检测结果进行通报。正是通过这些有效的机制和印刷工作者的辛勤努力，中小学教材、教辅和各出版社的本版图书印制质量逐年稳步提高，跻身全国先进行列。如在全国人教版教材印装质量检测工作中，2015 年取得了印装质量第三名，2017 年、2018 年连续两年取得了第一名的好成绩，2018 年的优良品率达到 65%。

（三）服务好“东风工程”的相关印刷任务

新疆新闻出版“东风工程”是由国家和自治区统一规划，自治区新闻出版局具体组织实施的一项重

要的德政工程和民生工程。“东风工程”的主要任务是加强出版能力建设，以各类出版物为载体，面向各族群众，培育和践行社会主义核心价值观，加强理想信念教育，加强爱国主义、集体主义、社会主义教育，铸牢中华民族共同体意识，弘扬中华优秀传统文化，普及科学知识，建设巩固基层思想文化阵地，满足各族群众精神文化生活新期待，提升科学文化素养的新闻出版公共服务体系。

免费赠阅出版物是“东风工程”的重要项目之一。凡是列入到“东风工程”项目中的出版物，均获得了国家财政支持。仅新疆人民出版社 2015—2019 年 5 年间就出版了“东风工程”项目各种文字的图书 332 种。据不完全统计，自 2005 年新疆实施“东风工程”以来，出版的各类图书达到了千余种。承担“东风工程”印刷任务的企业有近 30 家。这些印刷企业不仅为服务于党和国家工作大局做出了贡献，同时增加了企业每年相对固定的经营业务。

二、蓄势待发的包装装潢印刷

包装行业是服务型的朝阳产业，随着我国经济不断地发展深入，包装行业发生了巨大变化，已经建立起独立的、比较完整的现代工业体系，形成了不同类型的规模化、专业化、细分化的包装类企业。包装业的发展趋势表现为：包装结构形式设计趋于多样化；包装工艺趋于简单化、多样化、科学化；包装机械趋于智能化；包装材料趋于多元化、可溶化、环保化。

近年来，随着国家西部大开发战略发展，18 省区对口支援及扶贫工作力度的不断加大，新疆的经济建设获得了长足的发展，得益于经济的发展，新疆的包装装潢印刷业也得到了迅猛发展，预计未来 5 年内仍将保持较快速度增长。包装行业是提供产品增值和保护的产业，每家企业都需要不同的产品包装物和印刷宣传品。随着出口产品和商品流通的快速发展，新型包装、绿色环保包装的投入使用以及循环经济的发展需要，包装越来越引起生产企业的重视。新疆的特色农业、林果业、乳业等，更是离不开包装。

2019 年新疆林果业包装产值合计 24.7 亿元，加上兵团南北疆种植面积预计包装总产值可达到 30 亿元以上。哈密瓜作为新疆的一个大项目，年包装产值达 4 亿元，因此瓜果包装产值接近 35 亿元。再加上乳业、酒业、饮料、药业和其他工业商品的包装，新疆纸箱、纸质类包装总计约 60 亿元。

目前新疆纸质类包装行业五层以上的瓦线不到 60 条，多数为低端二手线；全新瓦线（5 年内购置的）不到 10 条。表面上看似乎可满足包装需求，但由于瓜果的季节性因素，即使全部投产，仍供不应求，多数瓜果作为原料被输出运输到内地，进行二次加工二次分包。这样势必影响到果农的收益及瓜果的质量。此外，放眼国外，新的包装技术、包装形式不断推陈出新，如可以延长水果保鲜期的气调保鲜盒，适用于物流快递的防摔包装箱，适用于直接进入卖场的新结构敞口箱（和欧美同步的）等新产品，在新疆只有少数个别企业在做。因此，提升新疆包装行业水平、完善包装标准化是有效助推新疆林果产品、农产品走出去，提高经济效益的唯一出路。

综上所述，在全国印刷行业受到电子媒体剧烈冲击的形势下，新疆印刷业仍是朝阳产业，这是基于新疆的政治经济发展，基于人民对美好生活的需求而提出的。新疆印刷业志在服务好党和政府的工作大局，为实现新疆社会稳定和长治久安总目标贡献绵薄之力。■

2015–2019年青海省印刷业基本情况

青海省印刷协会

2015–2019年，青海省印刷业深入学习习近平新时代中国特色社会主义思想，落实省委省政府“一优两高”重大部署，依法经营，努力转型升级，逐渐向绿色化、数字化发展，取得长足发展。

一、基本情况

近年来，青海省印刷企业数量和市场规模不断增长，有序发展。

（一）企业数量小幅增加，从业人员逐年减少

2017年青海省有印刷企业198家，出版物印刷企业44家，专项排版制版企业8家，包装装潢印刷企业16家，其他印刷品印刷企业119家，专营数字印刷企业11家，从业人员3770人；2018年青海省有印刷企业200家，出版物印刷企业45家，专项排版制版企业9家，包装装潢印刷企业16家，其他印刷品印刷企业117家、专营数字印刷企业13家，从业人员3546人，较2017年减少224人；2019年青海省有印刷企业201家，出版物印刷企业44家，专项排版制版企业10家，包装装潢印刷企业16家，其他印刷品印刷企业118家，专营数字印刷企业13家，从业人员3479人，较2018年减少67人。

（二）资产总额和产值逐年增长

2017年资产总额83245.42万元，工业总产值53514.27万元。2018年资产总额83675.68万元（较2017年增加430万元），工业总产值54352.12万元（较2017年增加837万元），2019年资产总额83912.21万元（较2018年增加236万元），工业总产值54874.99万元（较2018年增加522万元）。

（三）利润和营业税金稳步增加

2017年利润总额688.08万元，营业税金及附加3187.04万元。2018年利润总额751.53万元（较2017年增加63万元），营业税金及附加3259.07万元（较2017年增加72万元）。2019年利润总额803.9万元（较2018年增加52万元），营业税金及附加3318.46万元（较2018年增加59万元）。

（四）用纸总量逐年增长

2017年用纸总量2608.29万令（书刊36.56万令、报纸2517万令、其他54.73万令）。2018年用纸

总量2694.58万令（书刊41.42万令、报纸2593万令、其他60.16万令）。2019年用纸总量2734.37万令（书刊37.97万令、报纸2613万令、其他83.4万令）。出版物用纸量基本稳定，包装装潢和其他印刷品的用纸量增长较多。

（五）印刷设备逐步改善，数量不断增加

2017年主要印刷设备475台，其中，CTP制版机11台，四色胶印机及以上设备41台，生产型数字印刷机43台。2018年主要印刷设备516台，其中，CTP制版机12台，四色胶印机及以上设备42台，生产型数字印刷机59台。2019年主要印刷设备557台，其中，CTP制版机12台，四色胶印机及以上设备48台，生产型数字印刷机72台。数字印刷设备增加较多，产能增长较快。

二、存在的问题及应对措施

（一）印刷企业发展能力不强

青海省印刷企业受基础差、规模小、设备陈旧、技术落后和缺乏资金等因素制约，致使自身发展能力不足。全省获得中国环境标志产品认证的印刷企业仅6家，全行业利润总额不足千万，规模以上企业匮乏，以包装装潢印刷品及出版物印刷等为主的印刷业务外流明显。此外，由于青海省无纸张、油墨等原材料生产企业，生产用原辅材料全部依赖省外供应，进而使得企业运行的成本较高，盈利空间小，发展较慢。

（二）企业智能化建设水平低

青海省出版物印刷企业数量和从业人员逐年减少的情况下，企业研发投入和智能化建设也均处于较低水平。2018年，44家出版物印刷的研发投入仅55.68万元。此外，青海省缺少技术人才培养机构，技术工人储备不足，企业招不到合适的技术工人，且技术人员流失严重。其中，青海新华民族印务有限公司连续5年招聘了74名年轻工人，最后只留下31人。

（三）高质量印刷能力不足

中低档印刷生产能力过剩，造成设备闲置浪费，形成恶劣压价等不良竞争的市场氛围，印刷质量低，盈利空间小。高质量印刷能力不足，全省没有一条精装自动化生产线，省内的高端图书、画册、杂志、广告、包装等业务外流明显。2019年，44.6%的青版图书在省外印刷，而省内只有4家印刷企业承印了外省市出版社的19种图书印刷业务。

三、发展特点及成效

近年来，青海省在推动企业转型升级、加大设备投入和加强技术培训等方面做了大量工作，不断提升产业融合，优化服务，增强市场竞争力，为促进印刷业的快速健康发展打下了坚实基础。

（一）印刷企业发展势头良好

全省印刷企业数量、规模、产值、设备、质量等稳步提升。一是出版物印刷企业仍然是主力军。企业数量占比22%，而产值占比达48%，6家“青海省印刷示范企业”均是出版物印刷企业。二是民营企业是青海省印刷业的中坚力量。他们深耕印刷市场，灵活经营，相互合作，不断发展壮大。2019年全省10家产值超千万元的企业中有6家民营企业。三是包装装潢印刷企业发展较好。青海虎彩印刷公司、西宁东宝印务有限公司、青海世纪信通印务公司、青海美航印刷包装有限公司等企业牢牢占据我省包装装潢主要市场，企业经营发展情况良好。

（二）实施绿色印刷工作稳步推进

根据国家关于实施绿色印刷的要求，青海省高度重视，制定实施绿色印刷工作方案，成立工作领导小组，在申请项目、争取资金、绿色认证等方面主动作为，积极推进青海省印刷业绿色化、融合化发展，率先在中小学教材领域实现绿色印刷全覆盖。目前，省内有6家印刷企业取得中国环境标志产品认证证书。2019年，完成912万册中小学教材绿色印刷任务，惠及83万学生，也为国家的节能减排和绿色环保工作做出了应有的贡献。

（三）数字印刷企业发展较快

青海省精简行政审批程序，积极引导成立数字印刷企业，购置数字化生产设备，发挥其设备投入少、占地小、易操作、时间快等优势，为企业节约投资和经营成本，成为印刷行业新的增长点。近年来，引导青海新华印刷厂、青海西宁印刷厂、青海日报社印刷厂、西宁罗兰印务有限公司等相继投入6400多万元购置19套数字印刷设备。2019年，数字印刷设备和产值均有大幅增长，数字印刷的出版物种类达104种，产值达1002万元，设备数量达到72台（套）。

（四）企业升级改造力度不断加大

青海省在加大设备改造和技术升级上下功夫，积极引导传统印刷与数字印刷、互联网深度融合，努力发展网络印刷、云印刷。青海世纪信通信息安全有限公司投入285万元引进网络印刷系统，极大地提高了印刷企业设备升级和数字印刷能力。青海美航印刷包装有限公司引入外省资金共同投入1800万元购置日本三菱四色平张全开胶印机和瓦楞纸包装生产及制品集成生产线，加大了纸质包装生产能力，有效提振了青海省包装装潢印刷品产业。青海德隆文化创意有限责任公司实施“文化艺术品印刷数字化复制”项目，得到100万元青海文化产业融合发展项目资金，成为行业融合发展的典范。

（五）印刷技术培训工作扎实有效

近年来，通过“走出去”、“请进来”等方式，引导和组织企业举办技能培训和比赛，重点培养和锻炼省内印刷从业人员的业务技能和水平。2018年，组织53名重点印刷企业的机长赴江苏省新闻出版学校举办“青海省胶印机长培训班”。2019年，组织93人在西宁举办内部资料编印质量管理培训班。

四、今后工作规划和目标

（一）推动企业转型升级，培育行业发展新动能

引导印刷企业从生产加工型向综合服务型转变，加快传统印刷复制与互联网相融合。继续实施绿色印刷工程，在中小学教科书全面实施绿色印刷的基础上，逐步向票据印刷和包装装潢印刷推进；扶持数字印刷发展，鼓励印刷复制企业利用数字印刷优势，向文化、创意、设计、物流等产业链上下游延伸发展。积极创造条件，发展网络印刷、云印刷和高清复制，探索新的商业模式，激发产业新的内生动力；推进青海省民族工业印刷园区的建成，整合有效资源、减少重复投资、扩大印刷规模、提高印刷质量，使青海省的印刷产业迈上新的台阶。

（二）加强项目扶持，扶优做强做大印刷产业

在政策引领和市场需求的双重驱动下，继续通过文化产业资金项目申报，引导印刷企业进行互联网经营和多媒体深度融合经营，助力产业结构调整，不断向绿色、数字、智能、融合等“四化”方向转型升级，

细化市场需求精准服务，提高印刷产品质量，培育自身的竞争优势，形成新的经济增长点。积极带领企业参与中国印刷业创新大会和文化产业相关活动，积极申报创新、路演、文化产业等项目，促进互联网经营和多媒体深度融合，推动企业在绿色、数字等新领域形成优势和特色。

（三）加强业务培训，提升从业队伍素质

建立健全培训机制，重点培训印刷经营者的法律意识，加强行业规范，坚守舆论阵地，确保印刷企业健康有序发展。同时，引导企业重视员工继续教育培训工作，制定培训计划，加大人才培养力度，经常性开展培训工作或安排年轻员工到印刷业发达地区的优秀企业跟班学习，储备人才和智力资源，培养中坚力量，努力打造一支政治素质高、业务能力强、有责任担当的印刷行业队伍。

（四）发挥印刷协会作用，加强行业管理。

青海省印刷协会应承担更多行业管理和社会职能，团结企业，凝聚信心，带领全省印刷企业规范印刷市场秩序，稳定印刷价格，加强业务交流和技术培训工作，承担全省职业技能大赛工作，真正发挥好桥梁纽带作用，共同推动全省印刷业发展。■

2015–2019年香港印刷业回顾

香港印刷业商会

自2008年金融危机以后，全球经济在2017年亮起了经济复苏的信号，但到2019年，各国经济增速出现不同程度的回落，香港受到国际贸易冲突加大、保护主义抬头、内部社会运动等影响，面对各种挑战。在这种情况下，香港印刷业于过去5年向“创新、智能化、环保”的升级转型之路迈进，同时探索“粤港澳大湾区”和“一带一路”的商机，促进行业专业化和再工业化。

一、面对重重挑战

根据香港统计局资料显示，2015–2019年这5年间，香港印刷及已储录资料媒体复制业机构数目及从业人员人数皆逐年减少，机构数目由2475家减至1993家，从业人员由14844人减至11709人，两者减幅都约20%。

在改革开放之初，香港印刷企业家看到中国内地的发展机遇，先后在珠三角、长三角地区设立生产线，而留在香港本地的印刷企业以承印书籍、报章、期刊为主，也有服务本港各行各业的商业印刷。在过去5年里，传统印刷行业在互联网与电子信息的快速发展下受到的冲击不断持续，书报刊的需求大幅度下降，企业的年报也都多以电子化的形式展现。合版印刷企业的发展，使以印制宣传品为主营业务的传统企业流失了不少生意，经营特别困难，情况如大型超市取代小型杂货店，印刷企业的第二代不愿接手亦屡见不鲜，很多同业因苦无接班人的情况下，选择光荣结业。

在内地投资设厂的港资印刷企业，也面对种种冲击。中国经济的迅速发展，生活水平大大提升，人口红利不再，传统劳动密集型企业集中的珠三角地区，转向资本、技术密集型发展，各行业不少劳动密集型企业已开始迁往东南亚，为这些企业提供配套服务的包装印刷企业，有些选择随之搬迁，但当地缺乏配套服务，非如珠三角地区完善，所以要处理各种问题。没有迁走的企业需承受经营成本逐年上涨而业务量下降的压力，有些不得已选择结业。

此外，这些年数码印刷技术屡有突破，数码印刷设备不断推陈出新，要追上其更新速度并不容易。同业转型投资进行数码生产时，宜审慎考量部署，不宜盲目投资。有企业过于急进地以数码印刷取代传统印刷，导致经营困难。

二、积极升级转型

1. 融合创新，“智造”无限新价值

近年环球市场和经济大环境的变化迅速，印刷业面临全新的、巨大的挑战，香港印刷业商会80周年庆典的主题是“融合•创新•无限”。印刷业需要重新自我定位面对未来的挑战。

印刷业是文化创意产业的重要组成，印刷使文化创意元素与人文生活联系起来，印刷同时亦需要将“制造”模式转变为“智造”模式，创造产品品牌，打造服务价值，实行产业延伸，做到多元文化+创新思维+科技力量的转变，实现印刷业的全新面貌和创造无限的价值。

自2011年起，香港印刷业商会联同香港出版总会每年都获得香港特区政府“创意香港”的赞助，透过“腾飞创意”项目在大中华地区及欧洲大型国际书展中设“香港馆”，向世界各地推介香港为创意之都，展现香港的创意实力。在琳琅满目的展品中，香港业界在海内外获奖的优秀作品，结合扩增实境（AR）和虚拟实境（VR）等多媒体数码技术的印刷品，都得到广泛关注和赞赏。

德国制造业享誉全球，德国政府提出以“智能制造”为主的第四次工业革命——工业4.0，更引起世界各国的关注。2016年，香港印刷业商会组织了考察团到访德国，除了参加行业盛会drupa印刷展，了解业界的未来科技、创新产品、最先进的技术与解决方案外，还得到推动工业4.0的研究机构接待，借着专题讲座和多家企业智能化车间的参观活动，让同业认识工业4.0的理念与应用，更有效地掌握“智能工厂”的实践配套与技巧，企业代表分享心得经验。

2019年，香港印刷界获得香港工业贸易署的拨款，推行的“迈进‘印刷4.0’——香港印刷业迎接未来挑战与机遇”项目，旨在协助香港印刷行业的中小企详细理解“印刷4.0”发展方向，包括环球工业发展、数码化及设备物联网趋势等，为业界制定最适合香港印刷业的“印刷4.0”智能化级别分析准则、发展蓝图、智能印刷工厂实施指南、数码化及设备物联网推行指引，逐步向“印刷4.0”推进。这个项目为期20个月，各项活动将会陆续展开。

2. 把握“一带一路”及“粤港澳大湾区”机遇

国家“一带一路”的发展战略和大湾区发展规划，都可为印刷业带来新机遇。“一带一路”涵盖26个国家和地区，将会产生21万亿美元的经济规模。2018年，香港印刷同业应香港特区政府“创意香港”邀请，到“一带一路”国家白俄罗斯考察，到访当地印刷企业、产业园区和基础建设，开阔了眼界，并认识白俄罗斯以至其周边地区的印刷市场和投资环境。

“粤港澳大湾区”这个人口达7000万的“一小时生活圈”具有庞大潜力，可成为香港同业开拓市场的新目标，并且对香港“再工业化”有着重要的推动意义。在外部贸易环境收缩，内部消费低迷的情况下，香港的服务业、零售业、出口贸易都受到影响，而工业制造业却仍能在2019年艰难的环境中取得1%的增幅，可见推动香港“再工业化”的必要性。

2019年3月在香港主办“粤港澳印刷业新春研讨会”就以“粤港澳大湾区印刷业的机遇与挑战”为主题，60位来自广东各市以及香港、澳门的印刷同业齐聚一堂，交流分享。2019年7月在香港印刷业商会80周年庆典当天举行的“两岸四地印刷业交流联谊会”上，内地及港澳台同业一起深入探讨粤港澳大湾区如何发挥优势，成为一带一路最重要印刷业中心。

未来，香港印刷业仍然会积极推动粤港澳大湾区乃至整个大中华区的行业交流合作，协助业界开拓资源，扩展商机。

3. 推广绿色印刷，践行清洁生产

作为国际大都会，香港印刷业早就接触到绿色环保的概念，将“绿色印刷”付诸实行，并继续引入创新科技，不但进一步提升生产效率，同时促进清洁生产，为环保作出贡献。与此同时，业界又不遗余力地向社会人士推广“绿色印刷”，让外界认识到印刷业早已脱离“黑手党”的时代，是低污染的城市型文化产业。

香港印刷业商会先后于 2016 年、2017 年和 2019 年得到香港特区政府“清洁生产伙伴计划机构支援项目”的拨款，举办了一系列推广印刷业绿色生产的活动，包括举办研讨会和展览活动、参观企业、制作短片和小册子，藉此介绍节能节水、VOC 处理、废液固废处理、流程改造等先进清洁生产技术，并讲解相关的法律法规，同业皆踊跃参与，反应热烈。

在绿色化工作的道路上，香港印刷业仍会继续努力，为实现“蓝天白云”城市献上力量。

4. 培育印刷新血，为行业注入新动力

人才是行业最重要的资产，印刷业已出现青黄不接的现象，近年投身印刷业的年轻人不多。业界在过去 5 年积极通过不同方式，让年轻一代体验印刷的吸引力，认识到印刷业并非夕阳行业，行业未来充满发展机会。

自 2016 年开始，香港印刷业商会与香港知专设计学院携手，在青年发展委员会及民政事务局拨款资助、多家港资印刷企业的支持下，于暑假期间举行“印出个未来”广东省实习交流计划，让大专学生参加为期一个月的内地专业实习和文化体验活动，透过交流、实践，让学生更了解印刷流程，认识国情，看到印刷业的前景，乐于入行。印刷业需要兼收并蓄，除了培育印刷新血之外，也要广泛吸纳、汇聚各界的专才，因此这个实习交流计划近年亦接受印刷设计课程以外的学生参加，反应理想。

此外，职业训练局近年向包括印刷业之内人力需求殷切的行业推出“Earn & Learn 职学计划”，特区政府与参与的企业为学员提供津贴、职学金和特定薪酬，结合有系统的课堂学习和在职训练，提供清晰的进阶路径，协助年轻人学习专业知识和技能，同时获取稳定收入和鼓励，并投身其中。

香港特区政府的资历架构“学习体验奖励计划”每年皆颁发奖金给予三位业内表现出色或崭露头角的从业人员参与世界不同地方的学习活动，以扩阔他们的视野，与本地或境外业界伙伴建立网络，进一步提升其知识、技能及竞争力，并希望他们成为行业典范，吸引更多年轻人入行，从而推广“多元出路，行行出专才”。

三、展望未来

印刷业历史悠久，是经历过时间洗礼的行业；前景虽然艰难重重，但并非看不见出路。印刷在生活中无处不在，而人们对印刷的需求一直在转变，同业只要不断与时并进，灵活变通，定能找到一条适合自己的新路径。■

2015–2019 年
郑州市印刷业发展情况

郑州市印刷行业协会　毛婧

一、基本情况

2015 年，郑州市共有印刷企业 645 家（其中，出版物印刷企业 162 家，数字印刷企业 12 家，专项制排版、装订企业 24 家，包装装潢印刷品印刷企业 263 家，其他印刷品印刷企业 184 家），年总产值 67.39 亿元，年缴税 1.64 亿元，年利润总额 4.42 亿元。

2016 年，郑州市共有印刷企业 597 家（其中，出版物印刷企业 153 家，数字印刷企业 12 家，专项制排版、装订企业 22 家，包装装潢印刷品印刷企业 239 家，其他印刷品印刷企业 171 家），年总产值 64.79 亿元，年缴税 0.86 亿元，年利润总额 4.1 亿元。

2017 年，郑州市共有印刷企业 609 家（其中，出版物印刷企业 156 家，数字印刷企业 16 家，专项制排版、装订企业 21 家，包装装潢印刷品印刷企业 244 家，其他印刷品印刷企业 172 家），年总产值 68.5 亿元，营业税金及附加 2.5 亿元，年利润总额 3.7 亿元。

2018 年，郑州市共有印刷企业 599 家（其中，出版物印刷企业 156 家，数字印刷企业 20 家，专项制排版、装订企业 20 家，包装装潢印刷品印刷企业 244 家，其他印刷品印刷企业 159 家），年工业总产值 68.67 亿元，年利润总额 3.07 亿元，从业人员数量 1.65 万人。

2019 年，郑州市共有印刷企业 539 家（其中，出版物印刷企业 146 家，数字印刷企业 17 家，专项制排版、装订企业 16 家，包装装潢印刷品印刷企业 215 家，其他印刷品印刷企业 145 家），年工业总产值 68.69 亿元，年利润总额 3.44 亿元，从业人员数量 1.58 万人。

纵观 2015–2019 年印刷企业年度审验数据，郑州市印刷企业年总产值占全省的 1/3，总资产占全省的 1/4，一直走在河南印刷业前列。

另外，郑州印刷业已在书画高仿、数码打印、个性印刷、网络印刷等领域，形成新海岸、今日文教、天泰数码、尚品快印、弘盛联合等一大批知名品牌，产业引领作用明显加强。随着郑州印刷产业结构调整进程的加快，打通印刷产业链上下游，构建一个整合“平面设计、材料采购、生产印刷、增值服务”等印刷产业资源的产业集聚区成为行业发展必然。

二、郑州印刷业的优势

1. 区位优势突出，市场发展空间广阔

郑州地处中原，连接东西，贯穿南北，是内陆的交通枢纽；与沿海东区相比，郑州的土地、劳动力等价格相对比较低，印刷企业有较大的利润空间；汽车、装备制造、食品、纺织服装、电子信息是郑州的五大优势产业，对包装印刷的需求量极大。

2. 发展环境良好，产业承接基础扎实

郑州航空港经济综合实验区是中原经济区的核心增长极，实验区规划面积 415 平方公里，其中高端制造业集聚区重点布局发展通用航空设备制造、电子信息、生物医药、精密仪器、新材料等产业。几年前，富士康落户郑州航空港，数千家配套企业随之而来，这些都为郑州市印刷业提供发展机遇，尤其是高档包装印刷需求不断增大，带动了郑州印刷业的飞速发展。

三、郑州印刷业的薄弱环节

1. 集群优势不明显，园区建设进度较为缓慢

目前，郑州市印刷企业的分布较为分散，没有形成规模效应，除了中牟、新郑两个园区外，荥阳工业园区在一期北建成之后，一期南由于各种原因还处于停滞状态。由于企业用地受限，企业规模无法扩大等原因，郑州市的一些印刷企业已经开始向焦作武陟县、新乡平原新区等周边地区转移。

2. 企业规模较小，竞争力有待提高

郑州市规模以上印刷企业较少，与沿海发达地区相比还存在较大差距。正是由于规模小的包装印刷企业偏多，存在低档次、重复建设等现象，许多企业没有自己的特色，所以竞争力偏低。

3. 业务范围小，产业升级较慢

虽然郑州市印刷企业的业务范围已经辐射到周边的开封、洛阳、新乡等地，但发展模式还有一定的局限性，企业为求生存大打价格战，不利于印刷业的健康发展。数字印刷、绿色印刷虽然前景可观，但观望者居多，在郑州还没有形成成熟的市场。■

2015–2019 年深圳市印刷业概况

深圳市印刷行业协会秘书处

一、概况

深圳市 2015–2019 年印刷企业年审数据统计显示，2015 年，全市印刷企业 1873 家，从业人员 13.3 万人，年总产值 395 亿元。2016 年，全市印刷企业 1936 家，从业人员 14.8 万人，年总产值 464 亿元。2017 年，全市印刷企业 2182 家，从业人员 14.7 万人，年总产值 531 亿元。2018 年，全市印刷企业 2142 家，从业人员 13.7 万人，年总产值 543 亿元。2019 年，全市印刷企业 2243 家，从业人员 12.6 万人，年总产值 552 亿元。

二、2015–2019 年深圳市印刷业发展成果

2015 年，深圳中华商务、劲嘉、裕同、当纳利、雅昌、鸿兴、国际彩印、九星、金杯、科彩、法兰印务、锦胜、报业集团、东鹏等公司，分别荣获第五届中华印制大奖、中国印刷企业百强、国家印刷复制示范企业等殊荣。深圳印协名誉会长谭浩辉荣获第 13 届毕昇印刷杰出成就奖，劲嘉董事长乔鲁予荣获行业杰出贡献奖；力嘉董事长马伟武、裕同董事长王华君、美盈森董事长王海鹏、贤俊龙董事长庄小铭荣获中国包装行业杰出企业家称号。在第 66 届美国印制大奖评比上，雅昌文化集团荣获 53 项奖项，中华商务荣获 46 项奖项，国际彩印荣获 21 项奖项。

2016 年，裕同获评全国印刷百强排行榜首位，雅昌在众多的深圳知名品牌候选企业中，获评深圳市首届质量百强企业，也是本届唯一一家获得此项荣誉的印刷企业。中华商务安全印务、深国瑞、浩立信、德信美、源昌盛等 5 家企业获得了“2015 年度广东省守合同重信用企业”称号。中华商务、劲嘉、美盈森、鸿兴、力嘉、九星、国际彩印等企业也为深圳市印刷行业争取了多项荣誉。

在推进印刷业绿色化发展进程中，深职院、力嘉、劲嘉、中华商务、科彩、深日油墨等公司荣获原国家新闻出版广电总局“十二五”时期实施绿色印刷工作先进单位。劲嘉荣获国家工信部认定的 100 家工业产品生态（绿色）设计示范企业称号。裕同被全国印刷标准化技术委员会选定为全国高端印刷标准化创新实践基地。雅昌、中华商务、国际彩印在第 68 届美国印制大奖中共获 86 项大奖，其中 8 项班尼金奖。劲嘉集团蓝莓文化创意公司获 2 项国际印刷包装设计金奖。在第六届中华印制大奖评选中，全市 13 家企业获得 3 金、11 银、10 铜和 7 个优秀奖，裕同王华君、雅昌王小斌、劲嘉吕伟荣获第 14 届毕昇印刷优秀新人奖。

2018 年，深圳市裕同包装科技股份有限公司蝉联印刷百强榜第一名，同年被评为首届“深圳品牌百强”企业；雅昌文化（集团）有限公司荣获 48 项美国印制大奖、17 项香港印制大奖，同年被评为首届“深圳品牌百强”企业；中华商务荣获 22 项美国印制大奖、4 项香港印制大奖；深圳市国际彩印有限公司荣获 17 项美国印制大奖、5 项香港印制大奖；深圳九星印刷包装集团有限公司荣获 4 项“凌云杯”包装印刷作品大奖赛大奖；深圳中华商务安全印务股份有限公司荣获中国安全防伪最高奖项“蓝盾杯应用成果奖”。

2019 年，“绿色包装印刷材料及制品精密印刷技术国家地方联合工程研究中心”落户劲嘉集团，这是全国印刷包装行业内唯一一个国家地方联合工程研究中心。为实现企业跨界融合，力嘉集团创立了“大湾区 3D 科创实验基地”，推动深圳市印刷业向智能化、科技化方向发展。劲嘉集团被工业和信息化部评为首批工业产品绿色设计示范企业。在第十五届毕昇印刷技术奖评选中，劲嘉董事长乔鲁予、精密达董事长郑斌荣获毕昇印刷杰出成就奖，裕同科技副总裁兼研究院执行院长俞朝晖、雅昌执行总裁彭干荣获毕昇印刷优秀新人奖。在第 70 届美国印制大奖评选中，雅昌荣获 55 个奖项、中华商务荣获 43 个奖项、国际彩印荣获 11 个奖项。在第七届中华印制大奖评比中，劲嘉荣获 1 项金奖；雅昌荣获 1 项金奖、2 项银奖、4 项铜奖；深圳国际彩印荣获 1 项金奖、2 项银奖、3 项铜奖；中华商务荣获 1 项金奖、2 项银奖、1 项铜奖。

三、重要活动

（一）印刷产业标准化制定及推广

深职院、劲嘉、裕同、雅昌、中华商务、森广源、星光印刷等 20 余家企事业单位共 44 位行业专家，主导及参与了 51 项国家及行业标准制订修订工作，主导及参与制订了 3 项国际标准，3 项标准填补了我国作为印刷大国从未主导过行业国际标准制定的空白，为中国印刷产业更好地参与和主导国际标准开辟了先河，奠定了基础，具有里程碑意义。举办多场培训大会、专题分享交流会，对行业标准进行解读，在行业里率先推行绿色印刷，促进印刷企业的良性循环发展。为满足深圳经济与社会发展的需求，2019 年 6 月深圳市印刷行业协会团体标准委员会成立，同期发布《深圳市印刷行业协会团体标准管理办法》，进一步构建新型标准体系，助力印刷行业发展。

（二）建立行业大数据系统

在深圳市新闻出版局的指导下，深圳印协通过对《印刷企业经营许可证》年审获得的印刷企业一手数据进行分类整理，建立了深圳印刷产业大数据系统。该系统通过对企业数据的统计分析，运用大量数据和图表，对行业总体态势、企业变化、经营数据，纵向横向比较，提供了比较准确和详实的数据，为政府部门对印刷业的决策和指导，提供了参考依据，为企业之间了解情况，把握趋势提供了借鉴。

（三）建立行业专家库

为提供更好的咨询、信息技术、管理等方面的服务，引导行业高质量发展，2017 年 11 月 17 日，深圳印协专家推荐评审委员会工作会议召开，经评议、评审、公示等程序，成立了第八届专家库。为提高专家库的先进性、权威性、代表性，深圳市印刷行业协会于 2019 年 3 月对专家库进行补充和调整，成立深圳印协第九届行业专家库。

（四）人才培养和技术创新

深圳市印刷业大力开展协同创新合作，开展各项行业技能竞赛、专题培训、研讨交流，加强创新人才的引进与培养。2018 年 11 月，裕同科技与深职院合作共建了集人才培养、技术研发、创新孵化、服务培训、项目咨询、政策研究等于一体的“深职院裕同图文传播学院”。为推动技术创新成果转化，提升企业创新能力，深圳印协与深职院、中华商务、雅昌、裕同科技、新宏泽、法兰智联、精密达等单位开展标准研制及产学研用合作，成立“深圳市高端印刷产业标准化创新联盟”，促进了核心技术和关键技术的研发和产业化，增强了全产业链的核心竞争力。■

温州印刷业概述

温州市印刷行业协会　陈平勋

温州现有印刷企业 2374 家（截至 2019 年），其中出版物印刷企业 111 家，包装装潢印刷企业 1672 家，其他印刷品印刷企业 584 家，专营数字印刷企业 7 家。主要分布在温州经济开发区、鹿城区、乐清市、龙港市、瑞安市、瓯海区、龙湾区、苍南县、平阳、永嘉等 10 个县（市、区），其中包装装潢印刷约占 80%，从业人员 15 万人。2019 年全行业产值 240 亿元。其中 10 亿元企业 1 家，3 亿元以上企业 3 家， 1 亿元以上企业 25 家，规模以上企业 800 家，无区域企业集团 9 家，立可达集团、浙江富康印刷有限公司 2 家企业荣获国家文化示范企业，立可达集团、浙江金石包装有限公司、浙江富捷科技有限公司、浙江新雅包装有限公司等 4 家企业为“中国印刷 100 强企业”，温州在 2002 年荣获“中国印刷城”光荣称号，温州印刷业在中国地级市中位列前茅。

温州市印刷设备器材制造企业 250 家，从业人员 2 万多人，年产值约 85 亿元，出口交货值 15 亿元。高新技术企业 30 家，拥有国际先进的数码“加工中心”100 多台，主要产品有数码印刷机、商标印刷机、丝网印刷机、凹印印刷机、柔性版印刷机、模切机、“天地盖”全自动糊盒机、切纸机、上光机、压痕机、复膜机、烫金机等数十项产品。浙江炜岗机械有限公司自主开发生产的 320 商标印刷机填补了国内空白。浙江中科包装机械有限公司自主开发的天地盖全自动糊盒机销量全球领先，温州光明印刷机械公司生产的全自动覆膜机、全自动上光机，全球销量遥遥领先，是名副其实的隐形冠军。浙江浩达机械有限公司 QZEM-700 全自动精装封面联动线誉满全球。另据统计，温州印刷装备制造业荣获国家发明专利 8 项，新型实用专利数百项，参与制定国家标准 2 项，行业标准 12 项，荣获浙江省科学技术奖三等奖，及中国印刷设备器材科学技术奖 6 项，浙江省、市印刷装备研发中心、检验中心有 5 个单位。温州印刷装备制造业通过不断的创新发展，以精湛的制造技术，优良的产品得到了全国印刷界的青睐，并占有较大的市场份额，温州产品以良好性价比远销全球 100 多个国家和地区。

为了满足日益增长的印刷业人才需求，在温州市人社局的指导下，通过多年的培训、继续教育培养了在职中级以上人才 800 多名。温州市有 2 所院校与协会合作，建立了“印刷专业”“包装专业”，源源不断地输送印刷专业人才 1000 多名，为温州市印刷企业的发展提供有力的人才、技术支撑。

温州市印刷行业协会牵头组织的印刷会展每年 2 次，吸引了长三角地区的印刷企业来访参观、洽谈、采购，有力促进了印刷企业的技术改造与设备更新，也为印刷设备制造企业朝着智能化、自动化方向发展创造有利条件。

多年来，温州市的印刷产业通过开拓进取、艰苦努力，已逐步形成了印刷（生产、加工）与印刷装备研发、制造、印刷人才培养、印刷会展的印刷产业体系。

温州市印刷行业协会以服务会员企业、行业发展为宗旨，积极努力做好政府职能转移承接的各项工作，及时传达政策、经济、人才信息，积极发挥政府和企业的桥梁纽带作用。

1. 建立行业自律机制，制定行业职业道德标准、行规行约、规范行业自我管理行为，维护行业内公平竞争；

2. 参与制订、修订本行业的企业产品标准、技术标准、计量标准、质量标准、组织推进行业标准的实施；

3. 组织、推荐高新技术企业，特别是印刷机械企业，至今全市已获批国家高新技术企业近50家；

4. 进行行业统计调查，收集、发布行业信息及经济动态分析供政府部门参考；

5. 承办政府及有关部门委托事项（建立人才工作站，开展职称评审、建立行业专家组）；

6. 开展职业教育和培训；

7. 积极参加各种展会，开拓国内外市场。

展览会既是展示企业形象与产品的窗口，也是企业开拓国内外市场的平台。组织参加各种展览会是协会重要的服务工作。如组织参观、参展德国国际印刷技术展览会（德鲁巴）、中国国际全印展、中国（广东）国际印刷技术展，及时做好宣传、动员、组织工作，跟进各项服务工作。同时，继续发扬温州印刷机械企业的“抱团参展”做法，为温州印刷行业的“走出去”，拓展国内外市场，提高温州印刷产业在全国乃至全球的知名度而不懈努力。

现阶段，按照中宣部印刷发行局发布的《长三角区域印刷业一体化发展升级指南》要求，浙江要建设印刷业先进设备研发中心，绿色化发展试验区，打造全国印刷业专业服务示范区，温州的印刷业严格遵照升级指南的要求，努力做好绿色化发展，打造全国印刷业专业服务示范区。同时要依托当前温州印刷装备制造产业在全国的领先地位，努力实现长三角区域印刷业协同创新、竞争位势提出的温州印刷装备制造产业集群，要努力建设我国印刷业先进装备研发中心。朝着印刷装备制造智能化、数字化方向不断创新发展，为我国印刷产业的发展作出应有贡献。■

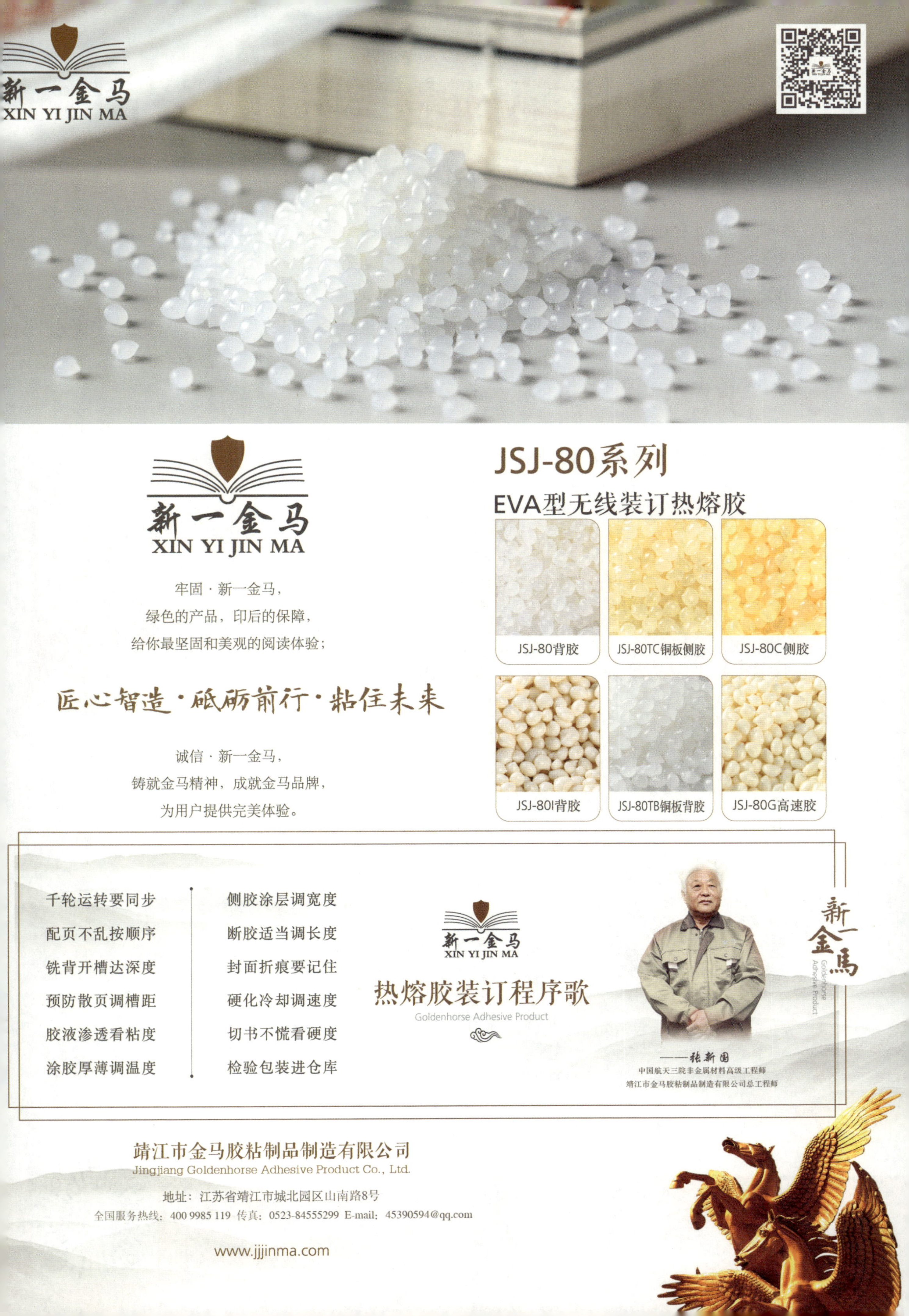

新一金马
XIN YI JIN MA
新一金马
XIN YI JIN MA
牢固 · 新一金马，
绿色的产品，印后的保障，
给你最坚固和美观的阅读体验；
匠心智造·砥砺前行·粘住未来
诚信 · 新一金马，
铸就金马精神，成就金马品牌，
为用户提供完美体验。
JSJ-80系列
EVA型无线装订热熔胶
JSJ-80背胶
JSJ-80TC铜板侧胶
JSJ-80C侧胶
JSJ-80I背胶
JSJ-80TB铜板背胶
JSJ-80G高速胶
千轮运转要同步
配页不乱按顺序
铣背开槽达深度
预防散页调槽距
胶液渗透看粘度
涂胶厚薄调温度
侧胶涂层调宽度
断胶适当调长度
封面折痕要记住
硬化冷却调速度
切书不慌看硬度
检验包装进仓库
新一金马
XIN YI JIN MA
热熔胶装订程序歌
Goldenhorse Adhesive Product
——张新国
中国航天三院非金属材料高级工程师
靖江市金马胶粘制品制造有限公司总工程师
新一金馬
Goldenhorse Adhesive Product
靖江市金马胶粘制品制造有限公司
Jingjiang Goldenhorse Adhesive Product Co., Ltd.
地址：江苏省靖江市城北园区山南路8号
全国服务热线：400 9985 119 传真：0523-84555299 E-mail：45390594@qq.com
www.jjjinma.com

COMPLETE DINOSAUR

Dinosaurs

印刷人

▶ 毕昇奖由中国印刷技术协会于 1986 年设立，为了纪念我国活字印刷术创始人毕昇对人类文化做出的贡献，表彰奖励在长期的工作中，为中国印刷业的科研、生产、教育和管理做出卓越贡献者。1997 年中共中央宣传部批准毕昇奖为新闻出版系统的政府奖项，2002 年国家科学技术奖励工作办公室发布公告，正式将该奖项定名为“毕昇印刷技术奖”，至今已成功评选 15 届。本卷年鉴收录了 2015–2019 年评选出的第 13–15 届获奖人。

第 13-15 届“毕昇印刷技术奖”获奖者名单

第 13 届毕昇印刷杰出成就奖获得者

徐世垣，男，1934 年生人，原工作单位：中国印刷科学技术研究所。

1989 年，他负责筹建“全国印刷标准化技术委员会”工作，1990 年“第一届全国印刷标准化技术委员会 TC170”正式成立，他任秘书长。参与由劳动和社会保障部、中国印刷技术协会组织的“国家职业标准”制定工作，参与《平版印刷工》《平版制版工》《凹版制版工》的起草与《印刷工业职业大典》的修订工作。

滕跃民，男，1960 年生人，上海出版印刷高等专科学校常务副校长。

先后在核心期刊杂志上发表近 20 篇专业论文，主持省部级纵向和横向课题近 10 项。在 4 年时间里完成了本科 10 个新专业和方向的申报和建设，积极与国外同类学校开展交流与合作办学，在历次有许多国内著名高校参加的全国“未来编辑”杯大赛中领导组织版专学生取得骄人成绩，并主持负责国家级印刷与数字印刷教学资源库项目建设。

于援朝，男，1954 年生人，山西臣功印刷包装有限公司董事长。

2000 年创建山西臣功印刷包装有限公司，如今已将山西臣功打造成具有规模和影响的山西印刷包装的优秀企业。他注重行业设计专业技术人才的培养，为山西师范大学、山西大学、中北大学、经济管理干部管理学院的毕业生提供实验基地。编写了《环境标志产品保障措施手册》《环境标志产品管理制度文件汇编》，为企业实施绿色印刷创造条件。

谭浩辉，男，1957 年生人，海德堡印刷设备（深圳）有限公司总经理。

1996 年他出任总经理，全面负责海德堡在华南七个省的业务，首开先河为印刷业引入国际融资租赁的模式，创建印刷品质量检测中心。在任职深圳市印协会长期间，协助政府对相关企业管理与服务的职能，发起成立中小企业等 5 个委员会，并组织承担全国印刷标准化技术委员会的包装印刷和书刊印刷分技术委员会秘书处的成立。

黎雪，男，1956 年生人，江苏凤凰出版传媒股份有限公司副总经理。

2010 年 5 月至今分管凤凰出版传媒集团印务板块工作，他领导起草了集团印务板块"十二五"规划，提出了凤凰印企的三大发展战略：数字绿色、国际拓展和多元发展。坚持走数字化和国际化转型之路，以重点项目为抓手，全面推进印企转型升级，并促成凤凰新华印务公司与江苏省印刷研究所合作成立江苏绿色印刷国家级重点实验室。

徐毛清，男，1948 年生人，上海新星印刷器材有限公司董事长。

1992 年，他创办了上海新星印刷器材厂，在他领导下，上海新星已经成为中国印刷橡皮布制造领域的旗帜性企业，生产量和销售量等均位居国内首位。他积极推进实现绿色印刷，在印刷橡皮布制造领域企业已经成为节能减排、环保生产的典范。

第 13 届毕昇印刷优秀新人奖获得者

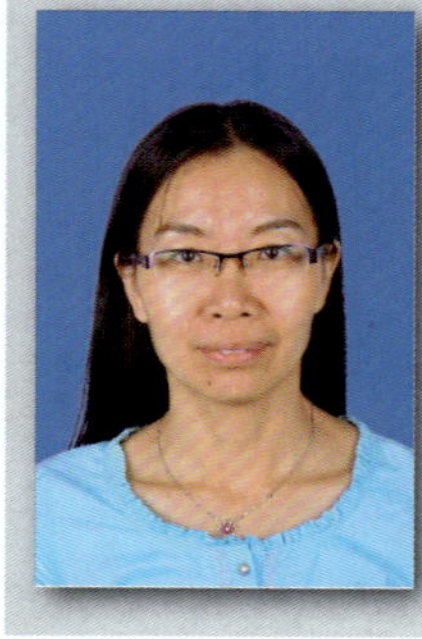

朱敏，女，1971 年生人，北京华联印刷有限公司总经理。

2009 年因工作业绩突出，时任华联印刷副总经理的她被中华商务总公司任命兼任北京银牡丹印务有限公司董事总经理；2010 年 9 月，再次被总公司任命为北京华联印刷有限公司董事总经理，成为中华商务印刷历史上最年轻的身兼两家公司的第一位女掌门人。她带领华联印刷进行节能减排，成为全国首批获得绿色印刷认证的企业。

李宝忠，男，1964 年生人，山东新华印务有限责任公司总经理。

他领导企业在做好教材、教辅印制工作同时，紧紧围绕商务印刷、期刊印制、图书印制三条主线，突出抓好商业快报、DM 单、期刊及一般图书业务，与全国 30 多个出版社建立了良好的业务联系。他领导企业积极参与全国文化民生工程——为全国义务教育学生免费发放《新华字典》，承担了 100 万册印制任务。

宋强，男，1968 年生人，雅昌文化集团副总裁、印刷事业部总经理。

他不断开拓、创新，将现代 IT 技术融入印刷，打造了雅昌“传统印刷 +IT 技术 + 文化艺术”的创新型商业模式，实现了印刷装帧技术与创意的融合。他带领雅昌印刷与博物馆、艺术馆、艺术家合作，使“深居殿堂”的文化瑰宝走近寻常百姓。在他的领导组织下，企业坚持使用绿色环保工艺及标准，践行绿色印刷理念。

熊伟斌，男，1966 年生人，武汉信息传播职业技术学院系主任。

从事印刷企业管理和印刷高等职业教育 27 年来，他构建了印刷人才培养大格局，为印刷行业人力资源提供支撑，扩大了印刷与包装专业群的建设和招生规模，并组建了全国第一个印刷职业教育集团，为促进院校和行业企业的共同发展搭建了良好的平台。他领头的印刷与包装工程系专业建设在省级、国家级教学质量工程的申报和建设方面成效突出。

邢艳萍，女，1964 年生人，天津市银博印刷集团有限公司董事长。

天津银博印刷集团有限公司在其带领下，企业业务范围遍及美国、德国、意大利、新加坡、马来西亚等国家，成为中央国家机关、中央直属机关定点印刷单位，北京市、天津市政府采购中心定点印刷单位，以及金融系统、出版系统、电子行业、食品行业、药品行业等著名企业集团的合作单位，为天津地区乃至全国提供着优质的印刷服务。

张歌伟，男，1968 年生人，河南省瑞光印务股份有限公司董事长。

他把只有几千元资产起家的一家作坊式小装订厂打造成为河南省印刷行业中首家股份有限公司，从事印刷行业工作三十载，他以强烈的事业心和创新精神，以科学的体制、规范的管理、先进的设备和工艺、优秀的企业文化引领企业持续、快速、健康发展，创造了良好的社会效益和经济效益，为推动河南印刷业的行业发展和技术进步做出了贡献。

张涛，男，1970 年生人，乐凯华光印刷科技有限公司总经理兼党委副书记。

他积极开拓国内外市场，推动企业跨越式发展，产品出口世界 100 多个国家和地区，提升了“华光”品牌的国际形象。他重视自主创新，带领公司紧跟行业发展步伐，加强科研创新，拥有 CTP 版、柔性树脂版、PCB 胶片等新产品的自主知识产权，填补了国内技术空白，打破了国外垄断的局面，推动了我国印刷行业的发展与技术进步。

张在健，男，1967 年生人，江苏凤凰新华印务有限公司总经理。

自 2010 年涉足印刷行业以来，他带领企业取得了突出成绩，其负责的“凤凰印”云平台项目通过整合传统印刷产业链的工作单元，颠覆传统出版的“编印发”边界，实现“出版零距离、印刷零差异、发行零库存、版权零担忧”的功能，创新了为客户提供新价值服务的印刷商业模式，被列入国家新闻出版发展改革项目库。

苏翔宇，男，1970 年生人，西安航天华阳印刷包装设备有限公司总经理。

他主持攻克了电子轴伺服驱动技术、套筒式版辊快换技术等几十项技术难关，研制出卫星式柔版印刷机，开发出国内首台纸箱预印印刷机。近五年里共获发明专利 5 项、实用新型专利 27 项、省专利奖 2 项。其中，5 项新产品通过陕西省科技成果鉴定，“卫星式柔版印刷设备”与“YAD5160P 机组式纸箱预印凹版印刷机”荣获“国家重点新产品”称号。

仇久安，男，1964 年生人，天津职业大学总工程师。

多年来他一直从事印刷包装机械产品的开发研制和技术改造创新工作，涉及印刷机械、包装机械、烟草生产线、各种专机、焊条包装生产线等多项产品，获得 7 项技术创新奖励证书、12 项专利，其中发明专利 6 项。主持天津市首批职业培训包“印品整饰工”的开发工作，建立新型职业培训模式，推出 50 个职业、200 个培训包的开发与应用。

陈蕴智，男，1968 年生人，天津科技大学院长。

在他带领下，印刷和包装工程两个专业建成国家级精品课程 2 门，完成普通高等教育“十五”国家级规划教材 2 部，“十一五”国家级规划教材 4 部。其主讲的《印刷材料学》课程被评为天津市级精品课程，主编了“十二五”国家级规划教材《印刷材料学》，主持承担了印刷行业标准《纸质印刷品制盒过程控制及检测方法》的研究和起草工作。

第 14 届毕昇印刷优秀新人奖获得者

王广杰，男，1977 年生人，上海界龙现代印刷纸品有限公司副总经理，界龙信息技术有限公司总经理兼党支部书记。

工作期间，他全面负责公司直邮账单工作，并分管公司技术研发工作，制定了直邮账单制作各流程相关标准，并规范化各工作流程。他带领公司技术团队，开发相关行业发展配套软件，并申请了多个国家软件著作权专利，为增强企业软实力提出了有针对性的思路，并逐步在企业运营中加以实现。

王小斌，男，1973 年生人，雅昌文化集团交付运营中心总经理。

他主持了多个国家、行业及企业内部的技术工艺研发项目，带领团队完成了大量的技术工艺创新工作，打造了新的书籍装帧技术体系，将装帧方式推广到所有书籍制作，使雅昌艺术书籍的生产制作过程实现数据化、标准化、模块化和流程化，以科学数据标准替代传统经验判断，大大提升了产品质量管控的标准化及可控性。

王玉信，男，1977 年生人，天津长荣印刷设备股份有限公司总工程师。

他高度重视追踪国际前沿科学技术的发展，立足于自主研发，解决了印刷设备领域的诸多难题。致力于培养和提升团队整体创新能力和研发能力，在他的带领下，长荣的研发中心每年推出 3–5 个新产品，申请专利年递增 20% 以上，这些技术创新极大地促进了公司技术水平的整体提升。

王华君，男，1970 年生人，深圳市裕同包装科技股份有限公司董事长。

他指导公司技术团队承担和完成了多项技改和政府立项的科研项目，所有专利均已实现转化。建立的裕同集团技术中心和裕同研究院聚焦技术研发，推动了印刷包装行业升级。同时他还引导裕同科技参与多项国家标准及行业标准的起草、制定与修订，使得公司在印刷包装领域更具标杆作用和示范性说服力。

吕伟，男，1971 年生人，深圳劲嘉集团股份有限公司总裁助理、副总经理。

他先后主持开展了 12 项印刷技术以及设备器材领域的研发项目，在公司管理方面尽心尽责，积极主动为研发部门解决后顾之忧，为生产部门解决技术难题，具有很强的分析、解决问题能力。在行业活动中，他主动宣贯绿色环保、节能减排理念，带领劲嘉公司实施绿色印刷工艺和清洁生产。

李彦锋，男，1973 年生人，陕西北人印刷机械有限责任公司总经理兼党委书记。

他先后完成 40 余项重大新产品的开发以及 150 余项包装印刷机械共性技术的科研攻关任务。他高度重视企业技术创新能力的建设，在他的带领下公司产品结构得到了根本性的优化。为推动企业的快速发展和我国包装印刷及其装备制造业技术进步做出了突出贡献。

何晓辉，女，1968 年生人，北京印刷学院印刷与包装工程学院教师。

她在校主讲“印刷质量控制与检测（双语）”、“印刷概论”等多门核心课，并在国内最先开设了“印刷标准及应用”课程。先后参与全国科学技术名词委员会编辑出版学名词审定工作、“十二五”国家科技支撑计划项目“碳排放和碳减排认证认可关键技术研究与示范”研究、国家重大科学仪器设备开发专项微米级高速视觉质量检测仪开发和应用子项目“印刷质量检测工艺与数字化标准”等。

沈军，男，1971 年生人，上海同昆数码印刷有限公司董事长。

他开创了统一管理、统一经营、统一工艺标准、统一考核标准的经营制度以及一站式服务、驻场服务、直营门店相并列的营销模式。在他的管理之下，服务方面，同昆获得了客户的一致好评；质量方面，他以匠人精神约束公司各个环节，对数码印刷不断追求、不断创新。同昆作为数码印刷行业数一数二的领军企业，用自身的稳步成长推动了行业的发展。

陈良兵，男，1968年生人，中国人民解放军第一二〇六工厂厂长。

他大力推动改革创新，促进了企业转型升级和全面发展，实现了企业经济效益和员工工资双增长的目标。在他的带领下，一二〇六工厂智能新厂房已经成为京津冀地区印刷行业争相学习的模板，智能规划和自动化程度都达到了目前行业最先进水平。他带领团队研制的丝绸印制"神舟7号搭载地图"被中国军事博物馆永久收藏，同时积极组织行业座谈，开展技术交流，为环保问题建言献策。

郑敬尉，男，1969年生人，中益油墨涂料有限公司董事长。

自创办中益油墨以来，他政治坚定，作风正派，具有强烈的事业心、责任心和创新精神。在经营企业中，任人唯贤，始终把人才的引进和培养放在第一位，高度重视环保生产和产品质量。在其推动下，公司成立"爱心基金委员会"，他热心于公益事业，以身作则，积极参与慈善活动。

郭志强，男，1968年生人，山东世纪开元电子商务有限公司董事长。

作为印刷电商领域的领军性人物，他带领团队研发世纪开元"这里印"移动购物服务客户端，为小微企业提供在线商务印刷一站式解决方案，彻底解决了传统印刷行业痛点。与乐凯合作研发了废液在线循环处理系统，促进了冲印加工的清洁生产，为环保事业贡献力量。他带领团队研发了ERP管理系统，实现了内部流程管理，同时创建了亚太及至今全球最大单体冲印中心。

彭勇，男，1971年生人，高斯图文印刷系统（中国）有限公司执行董事、总经理。

他带领的高斯（中国）拥有全面的企业管理制度，覆盖全面，体系完整，制度规范，建立了全面的产品质量体系，并通过ISO9000认证，质量标准在行业中处于领先位置，并拥有成套完整的信息化企业管理系统，涵盖从销售、研发、采购、生产制造、财务、物流、人力、服务等各个方面。

第 15 届毕昇印刷杰出成就奖获得者

王关义，男，1963 年生人，北京印刷学院副校长、中国企业管理研究会副会长、中国印刷技术协会常务理事。

出版有《现代印刷企业管理》等专著与教材。他先后主持了国家新闻出版总署等省部级重点项目 20 余项，多次受邀为各省印刷企业高层经理开办管理知识讲座，为众多著名印刷企业高层经理提供培训，举办“数字印刷与企业管理科学化培训班”等专业培训和高层论坛，为未来印刷业管理提供咨询和服务。

乔鲁予，男，1956 年生人，深圳劲嘉集团事长、深圳印刷行业协会会长。

他秉承“产业情怀，实业报国”理想，坚持“以人为本、创新为魂、诚信为基、市场为根”，从事包装行业二十几载。把最初仅有十多人的小作坊式包装企业逐步打造成为今天中国包装印刷行业的龙头领军企业，连续多年获得广东、深圳百强工业企业，优秀民营企业，中国包装印刷龙头、领军企业等光荣称号。

刘克礼，男，1945 生人，山西运城制版集团股份有限公司董事长、中国印刷技术协会凹版印刷分会理事长、全国政协委员。

从一家“运城工艺美术厂”发展成为全球最大的凹印辊筒制造企业，从单一的印刷版辊生产到跨行业的多元化经营，他特别注重技术进步、装备升级、管理革新，紧跟时代发展，为推进企业转型、管理创新和产品升级做出了突出贡献，打造制版行业的智能制造工厂，推动了整个凹印制版行业的发展进步。

刘杰，男，1959 年生人，山东鸿君杰文化发展有限公司董事长。

他用二十余年时间带领鸿君杰公司实现从只拥有一台铅字印刷机到拥有 200 余台先进印刷装订设备、精装书生产全线自动化的完美蜕变，他一步一个脚印，扎实走出一条中国民营印刷企业发展的成功之路，成为市级明星企业，连年多年荣获“中国印刷行业百强”称号。多年来，他既大力支持行业发展，也一如既往地回报社会，被政府评为“最具爱心慈善企业”。

汤帜，男，1965年生人，北京大学计算机科学技术研究所副所长，博士生导师。

他主持开发的方正飞腾排版系统是国内最主要的专业排版软件，已经被广泛应用于报纸、杂志、图书及广告排版等领域。他致力于数字出版、数字版权保护技术、文档处理技术等方向的研究工作，主持研究的“基于数字版权保护的电子图书出版及应用系统”项目荣获2009年度国家科技进步二等奖，发表学术论文140多篇，获发明专利40多项，授权欧洲发明专利1项，授权日本发明专利2项。

陈斌，男，1963生人，上海出版印刷高等专科学校校长、教授、博士生导师。

他致力于中国印刷业高技能人才的培养、科研技术的提升以及技能竞赛等事业的发展，为打造具有国际重要影响力的中国出版印刷传媒行业高技能人才培养做出了重要贡献。在新闻出版印刷传媒行业职业教育改革发展中发挥了示范引领作用，为促进新闻出版印刷传媒职业教育进步发挥了积极重要力量。

郑斌，1954年生人，深圳精密达智能机器有限公司董事长。

精密达在他的带领下以技术为驱动，以做世界一流产品和品牌为信念，坚持做专做精，成为我国印后装订设备领域的龙头企业，并在高速胶订联动线和数码装订生产线方面取得重大技术突破，达到国际先进水平，打破了国外高端印后装订设备在国内的垄断地位。

栗延秋，女，1969生人，北京盛通印刷股份有限公司创始人之一。

她专注企业经营二十多年，提出了“以资本为纽带发展主业”的经营战略，将融资引入企业经营，为企业上市打下了坚实基础。2011年她带领公司成功登陆深圳证券交易所中小企业板，成为国内首家以出版物印刷上市的企业。她提出打造教育、出版文化综合服务生态圈的发展战略，开展公司外延式并购。

第 15 届毕昇印刷优秀新人奖获得者

于殿友，男，1980 年生人，上海烟草包装印刷有限公司凹印车间副主任。

他致力于联机凹印工艺研究 17 载，对工作和印刷事业精益求精、不断超越。他组织开展近 50 项科技项目、质量改进项目及 QC 课题，在行业屡获殊荣。“喷铝卡纸凹印工艺技术参数”中获 2010 年上海烟草集团科技进步奖三等奖；《一种适用于联机凹版自动套印系统的镭射纸张》《平压平模切单元》荣获国家实用新型专利。

王培玉，男，1974 年生人，东风股份集团总裁、北京印刷学院教授。

2012 年他带领东风集团成功上市，东风集团现已成为拥有 20 多家子公司，产业链完整的包装印刷集团，旗下多家企业被认定为高新技术企业、国家知识产权优势企业、国家印刷示范企业，并荣获多项省市科技奖励及政府质量奖。从企业的最基层走到公司最高管理层，他积极参与国家印刷产业改造升级，引领行业可持续发展。

方新通，男，1972 年生人，浙江劲豹机械有限公司董事长、总经理。

他引领着浙江劲豹机械有限公司走上腾飞之路，成为国内网版印刷机械领域之佼佼者，“擎民族工业之旗，创网版印刷机之冠”是他矢志不渝的奋斗目标。他带领公司技术部骨干成员共获专利授权 70 项，其中发明专利 6 项、实用新型专利 64 项。参与了上海出版印刷高等专科学校教材——《实用丝网印刷技术》的编写。

吴伟，男，1984 年生人，武汉大学印刷与包装系副主任。

他长期致力于可印刷功能纳米材料的制备、先进防伪技术、印刷电子和智能包装应用研究，发表论文百余篇，主持基金项目十余项，并参与了国家重点研发计划、973 计划、国家自然科学基金重点项目等多个项目，入选中国科协第六批全国首席科学传播专家。

吴贤良，男，1978 年生人，苏州科斯伍德油墨股份有限公司董事长兼总经理。

2002 年回国创立苏州科斯伍德油墨股份有限公司，在他的带领下，公司于 2011 年 3 月 22 日在深圳证券交易所创业板上市，成为沪深两市唯一一家主营胶印油墨的上市公司。2012 年公司又成功收购了有 170 年历史的法国 Branch 油墨公司。自 2012 年以来外贸出口量一直居于行业之首，为国家出口创汇做出了贡献。

张红梅，女，1969 年生人，阳光印网董事长。

2011 年创办阳光印网，2012 年阳光印网电商平台正式上线。经过 8 年的发展，阳光印网成为“产业互联网”领域的代表性企业之一。她带领团队自主研发印刷行业独有的 PNP 智能采购管理 SaaS 系统，该系统覆盖 15000 多家供应商，形成了阳光印网稳定全面的供应链。

俞朝晖，男，1975 年生人，深圳市裕同包装科技股份有限公司 / 集团副总裁兼裕同研究院执行院长。

他致力于印刷包装行业相关技术研发和管理工作，重点聚焦印刷智能制造、智能包装与物联网应用、3D 印刷与 3D 打印技术、环保包装与新材料、制浆造纸工程等领域。他长期从事创新科技研发工作，并取得多项重大创新研发成果；专注企业经营与研发管理，推动企业转型升级、提质增效。

施乾平，男，1973 年生人，北京金恒丰科技有限公司董事长、山东德迈国际实业有限公司董事长。

他创建的北京金恒丰科技有限公司是我国最早从事数码喷绘机、工业 UV 数码喷墨打印机、数码纺织印花机的专业性企业，产品核心技术具有发明、实用新型专利及计算机软件著作权。目前公司已发展成为集研发、生产、销售于一体，具有自主出口权的专业化企业，公司产品畅销国内外近百个国家和地区，广泛应用于广告制作、装饰装修、纺织品印花、标识制作、数码印刷等行业。

高英新，男，1972 年生人，乐凯华光印刷科技有限公司研究所所长。

他致力于产品的创新开发，先后成功研制了常规柔性树脂版 24 种、数字化柔版 11 种、金属基树脂版等多项具有国际先进水平的产品，打破国际垄断，填补国内空白。他带领研究所团队在单、双层热敏胶印版材开发方面相继获得突破，研发出最新一代免处理胶印版材，取得了良好的产业化成果。

徐向荣，男，1975 年生人，湖南天闻新华印务有限公司党委书记、董事长。

2014 年任湖南天闻新华印务邵阳公司董事长，上任两年，他使这家步入衰退的老国企销售额由 1.5 亿增长至 2.2 亿元，利润由 650 万元增长至 1150 万元，净资产由 10798 万元增长至 15663 万元。2016 年，他调任天闻印务董事长，带领天闻印务逆势增长，为湖南夺取了首个也是唯一的中华印制大奖杂志类金奖。

曹从军，女，1970 年生人，西安理工大学印刷包装与数字媒体学院书记、常务副院长。

她致力于印刷工程专业建设、人才培养和学院发展，构建了“面向国际化及产教深度融合的印刷工程专业综合改革培养体系”，用于印刷工程专业创新人才培养。在教书育人、科研研究、一流专业建设、对外交流合作等方面做出了较突出成绩，同时团结带领学院党委全体成员，在各项工作中发挥了党委的核心作用。

彭干，男，1977 年生人，雅昌文化集团执行总裁。

他带领雅昌印刷管理团队，不断改进完善流程、制度、管理架构，打造了品质策划中心、设计策划中心、数据处理中心、印刷制造中心、创意创作中心和 POD 定制中心六位一体的独有印刷管控设计体系，保障了雅昌稳定而卓越的生产品质。在他的努力和带领下，雅昌作品屡获全球各项印刷大奖 960 余项，十次荣膺莱比锡“世界最美的书”称号，69 本书被评为“中国最美的书”。

山西人民印刷有限责任公司

山西人民印刷有限责任公司——山西出版传媒集团旗下大型国有书刊印刷企业。公司原名山西省七二五厂，成立于1968年7月25日，1973年5月投产。公司坐落于吕梁山脚下孝义市城区，现有员工400余人，占地面积13万平方米。公司拥有先进的印前印刷印后生产加工设备，年生产能力彩色500万色令、装订100万令。

公司是中国印刷行业AAA级信用企业，山西省印刷示范企业、“安全生产标准化三级”企业，“中国环境标志产品认证资质”单位，“质量、环境和职业健康安全认证资质”单位，“甲级国家秘密载体印制资质”单位。

2020年，新冠肺炎疫情发生以来，公司党委统一思想，统一行动。在战疫的关键时刻，公司一手抓好疫情防控，一手抓好复工复产，高标准完成相关部门安排印制的“新型冠状病毒疫情防控”宣传挂图和“依法严惩妨害疫情防控违法犯罪行为”宣传挂图，累计12万套、87万印张的印装任务。充分彰显了勇担国企责任，助力抗击疫情的良好形象。

学习强国平台、中国新闻出版广电报、山西日报、中国印刷及设备器材工业协会、中国印刷技术协会、印业独家、晋书房等党报、行业报、微信公众号等媒体，都对人印公司在疫情防控期间高效完成挂图生产任务情况进行了专题报道。

新时代，公司领导班子将团结带领广大干部职工，继续发扬“团结奋进”的企业精神，坚持“管理两规范，建设双文明”的治厂方针，以“印证文明，刷新生活”为经营理念，全力向绿色化、数字化、智能化、融合化的国家印刷示范企业迈进。

肥城新华印刷有限公司

FEICHENG XINHUAYINSHUA YOUXIANGONGSI

肥城新华印刷有限公司是国家印刷示范企业、山东省文化产业示范基地、推进绿色印刷标兵企业。2005 年通过 ISO9001 质量管理体系认证，2012 年 5 月通过中国环境标志产品认证即绿色印刷认证，是 1958 年建厂的地方国营县级印刷企业，2003 年 9 月改制建立了完善的法人治理结构和现代企业管理制度。

公司厂区占地面积 150 亩，建筑面积 4.5 万平方米，现有员工 500 余人。以出版物印刷为主，产品主要有中小学生课本、教材教辅和精装图书，年生产能力达 150 万令大纸。公司硬件设施一流，主要印刷设备有进口柯达 CTP 直接制版系统、5+1 海德堡彩色印刷机、德国产海德堡四色对开、四开印刷机、高斯 625 八色轮转机、YP2890 轮转机、204D 轮转机、北人产 4787 八色胶印轮转机、如皋 1040 整张双色双面和单色双面 1040、920 平张纸印刷机。印后装订设备齐全，主要有上海紫光四条胶订联动线、进口马天尼胶订联动线、TSK 胶订联动线、骑马钉联动线、精装锁线于一体的精装联动线、全自动覆膜机和 UV 烫金机。数字印刷设备主要有北大方正数字喷墨印刷机、北大方正喷码机、惠普、柯达、奥西数字印刷机和装订线。

公司印刷服务覆盖全国各地和东南亚等地区，拥有 40 多人的营销团队，与 80 多家出版社形成战略合作关系。公司在国内同行业内享有较高的声誉，出版物印刷产能产量处于山东省领先地位，优质的产品和细致的服务受到了广大用户的信赖。自 2003 年以来，每年都有上百种产品荣获署优等品，在出版教育界树立了良好口碑，是国内规模大、品种全、档次高的书刊印刷企业之一。欢迎国内外客商到肥城新华做客。

联系我们

董事长：刘培利

电　话：0538-3460929 13905482119

地　址：山东省泰安市肥城市老城工业园

邮　箱：fcxhysyxgs@163.com

网　站：www.fcxhys.cn

立足北京　扎根行业
建设特色鲜明高水平出版传媒大学

北京印刷学院以“传承弘扬印刷文明，创新发展出版文化”为办学使命，开启了中国出版印刷高等教育的先河。过60余年的建设和发展，学校现已成为在印刷与包装、出版与传播、设计与艺术三个领域具有明显优势和特色，、文、艺、管协调发展，专门为出版传媒全产业链培养人才的全日制高水平特色型高等院校，被誉为业界名校。

学校坚持立德树人，以“守正出新 笃志敏行”为校训，持续为国家传媒科技、传媒文化、传媒艺术、传媒管理人才养提供北印方案。学校现有全日制本科生、研究生、留学生、继续教育学生近万人。拥有首批国家级一流本科专业设点4个，分别是编出版学、印刷工程、觉传达设计、数字媒艺术，国家级特色专建设点2个，北京高重点建设一流本科业2个，首批北京市一流专业建设点3，北京市特色专业建点4个，以及13个二学院（教学部），25个本科专业招生。学校坚持以特色学科建设提升核心竞争力，拥有12个一级学科硕士学位授权，5个专业学位授权点，其中设计学、新闻传播学为北京高校高精尖学科。学校拥有博士后科研工作站，具有独立收和培养博士后资格。2018年，学校获批北京市新增博士学位授予立项建设单位。

党委书记高锦宏

校长罗学科

学校坚持扎根行业，全力打造出版印刷领域教育、研究重要平台。是国家出版印刷高级人才培养基地、国家绿色刷包装产业协同创新基地、北京市文化创意产业人才培养基地；拥有国家级实验教学示范中心、国家级大学生校实践教育基地；是中国印刷技术协会、中国印刷高等教育联盟、全国数字出版专业教育联盟、全国印刷电子产业术创新联盟等组织的发起单位和理事长单位、副理事长单位。

面向未来，北京印刷学院将始终牢记办学之初被赋予的国家使命与行业责任，把握“坚持立德树人，提高人才培质量和高素质人才培养能力”这个根本，坚持面向首都发展、面向出版传媒行业，深化“特色发展、开放办学、协同新和绿色发展”四大战略，实施“教育创新、人才强校、科技创新能力提升、文化传承创新和党建强基固本”五项工。坚守育人初心，勇担强国使命，继往开来，开拓创新，按照学校第三次党代会确立的“三步走”战略，为建设特色明高水平出版传媒大学而不懈奋斗。

址：北京市大兴区兴华大街（二段）1号　　联系电话：010-60261523

上海出版印刷高等专科学校

SHANGHAI PUBLISHING AND PRINTING COLLEGE

上海出版印刷高等专科学校创建于1953年，是新中国较早建立的一所出版印刷类学校，国家有关部门共建的特色学校。

2008年，学校在有关部门高职高专院校人才培养工作水平评估中被评为优秀。2010年，学校被列为国家100所骨干建设高职院校单位之一，2015年通过有关部门验收并获得“优秀”等级。学校是国家高等职业教育专业教学资源库建设单位；是上海市建设现代大学制度的首批试点单位；上海市第一批依法治校示范校单位。2017年，学校1名教师入选第46届世界技能大赛申办形象大使，学校助力上海获得2021年世界技能大赛举办权。2018年荣获国家级教学成果二等奖，并获得“传统技艺传承示范基地”称号。2019年，“分类评价”工作在上海“应用技能型院校”中再次以显著优势排名第一，社会行业影响力显著提升。

学生连续三届代表中国参加世界技能大赛，并分别在2013年和2015年荣获第42届和第43届世界技能大赛印刷媒体技术项目铜牌和牌；在2017年和2018年连续两届美国印刷大奖中，学校师生勇夺其15项最高奖项——班尼金奖（Benny Award）。学校被有关部门确定为第43、44、45届世界技能大赛印刷媒体技术项目中国集训基地，授予“国家技能人才培育突出贡献奖”。学校被有关部门确定为“家印刷出版人才培养基地”，连续五次被授予“技能人才培育突出献奖”。2018年3月，世界技能组织主席西蒙·巴特利受聘学校名誉教授，建立了“西蒙·巴特利中国技能研究工作室”。

目前学校有全日制在校生近6000人。学校培养的学生一直受到人单位的广泛欢迎。学校毕业生就业率连续多年一直在99%以上，升本率保持在15%以上。

学校坚持“观念兴校、特色立校、人才强校”，夯实“三位一体”的国家示范性骨干高职院校建设成果，坚持校企合作多员参与办学方向，努力把学校打造成为具有国际重要影响力的中国出版印传媒领域高等职业教育龙头院校，致力于为我国培养具有国际视野人文素养、艺术眼光、创新意识的印刷出版传媒类高端应用技术技型人才，服务国家、上海的经济社会和文化事业发展。

上海出版印刷高等专科学校
SHANGHAI PUBLISHING AND PRINTING COLLEGE

地址：上海市杨浦区水丰路100
电话：021-65673587
网址：www.sppc.edu.cn

北京科信印刷有限公司
Beijing Kexin Printing Co., Ltd.

北京科信印刷有限公司

北京科信印刷有限公司（以下简称科信）是北京市出版物印刷服务首都核心功能重点保障企业。公司成立于2001年，位于北京市昌平区回龙观北清路马连店甲6号，是一家以印制党和国家重要文件文献、重大主题出版物、科技期刊及国家秘密载体为主的现代化服务保障企业。公司经营宗旨：为科技创新服务，为科技期刊服务。

公司主要服务对象：国家核心科技期刊、国家机密文件及图书，主要客户有：中国科学院、中国工程院、中国社会科学院等国家学术机构，国家级出版社、北京市政府机关、事科研部门、高等院校、科研院所等。客户涵盖数学、生物、医学、物理、化工、文创产品等众多专业领域。

科信是北京市国家保密局指定的秘密载体印制企业，是中共中央直属机关、全国人大机关、中央国家机关、北京政府采购定点印刷企业；是北京市首批获得中国环境标志产品认证的绿色印刷企业，还是首批自愿实施清洁生产并通验收的印刷企业；是ISO9001质量管理体系、ISO14001环境管理体系及OHSAS18001职业健康安全管理体系认证业以及安全生产标准化认证企业。

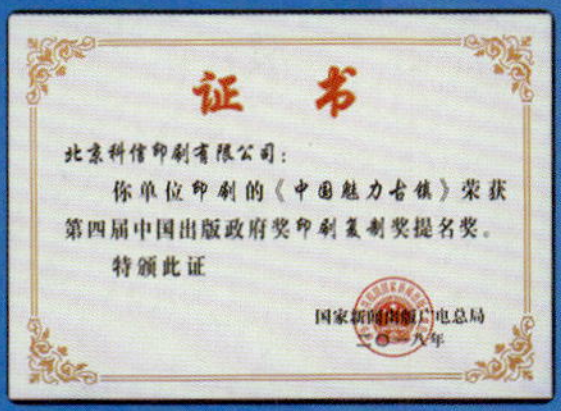

科信是“北京民营企业文化产业百强”、“北京印刷知名品牌企业”、“北京印刷行业诚信企业”、北京市绿色印工程“标兵示范单位”、“北京市版权保护示范单位”，连续多年获得京印刷出版物优质品“金奖”、“质量大奖”，被北京城市副中心行政公区工程建设办公室授予“特别贡献奖”，被北京质协推荐为“出版单合作伙伴”，于2019年入选《奋进新时代——致敬新中国70周年印刷业代先锋》大型画册先锋企业。

科信创建十多年来，已发展成为集艺术品展示、网络技术、出版策、艺术品复制、摄影、设计、绿色印刷、数字印刷、物流配送等综合功为一体的现代化企业。

址：北京市昌平区回龙观北清路马连店甲6号
话：010-60709206
机：13911012509
传真：010-62905493
E-mail：kexinys@163.com
网址：www.kexinys.com

小批量
场景化
定制印刷
服务专家
一件起订
包邮到家

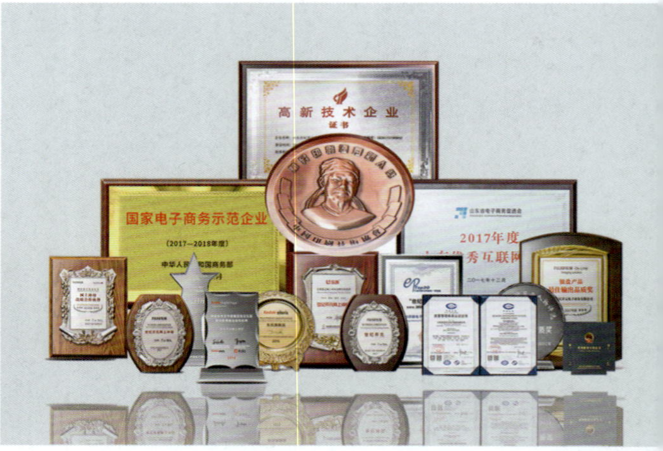
高新技术企业
国家电子商务示范企业
2017年度

上海西口印刷有限公司

上海西口印刷有限公司隶属西口文化发展（上海）股份有限公司，坐落于上海市嘉定区马陆镇横仓公路 1855 号。在印刷行业已立足 28 年，是一家集设计制版、出版、彩色印刷及印后加工于一体的老牌印刷企业。多年来，公司凭借精美质优的产品和服务先后获得“全国诚信印刷企业”“上海市新闻出版行业文明单位”等殊荣，2017 年公司的平版胶印还获得了“上海名牌”称号。在未来的发展中，本着“追求终极之美”的精神，西口印刷将继续凭借精湛的专业技术和服务成为客户可信赖的企业。

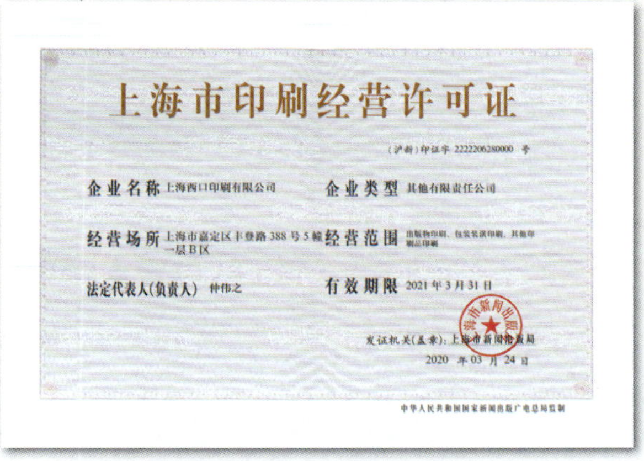

上海市印刷经营许可证

（沪新）印证字 2222206280000 号

企业名称 上海西口印刷有限公司　企业类型 其他有限责任公司

经营场所 上海市嘉定区丰登路 388 号 5 幢一层 B 区　经营范围 出版物印刷、包装装潢印刷、其他印刷品印刷

法定代表人（负责人） 仲伟之　有效期限 2021 年 3 月 31 日

发证机关（盖章）：上海市新闻出版局

2020 年 03 月 24 日

中华人民共和国国家新闻出版广电总局监制

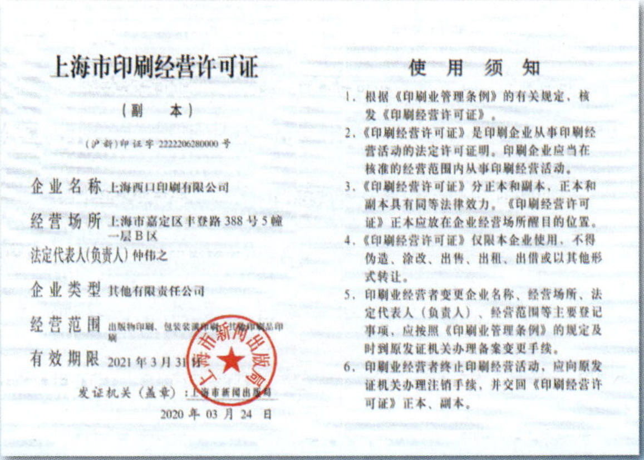

上海市印刷经营许可证

（副　本）

（沪新）印证字 2222206280000 号

企业名称 上海西口印刷有限公司

经营场所 上海市嘉定区丰登路 388 号 5 幢一层 B 区

法定代表人(负责人) 仲伟之

企业类型 其他有限责任公司

经营范围 出版物印刷、包装装潢印刷、其他印刷品印刷

有效期限 2021 年 3 月 31 日

发证机关（盖章）：上海市新闻出版局

2020 年 03 月 24 日

使　用　须　知

1. 根据《印刷业管理条例》的有关规定，核发《印刷经营许可证》。
2. 《印刷经营许可证》是印刷企业从事印刷经营活动的法定许可证明。印刷企业应当在核准的经营范围内从事印刷经营活动。
3. 《印刷经营许可证》分正本和副本，正本和副本具有同等法律效力。《印刷经营许可证》正本应放在企业经营场所醒目的位置。
4. 《印刷经营许可证》仅限本企业使用，不得伪造、涂改、出售、出租、出借或以其他形式转让。
5. 印刷业经营者变更企业名称、经营场所、法定代表人（负责人）、经营范围等主要登记事项，应按照《印刷业管理条例》的规定及时到原发证机关办理备案变更手续。
6. 印刷业经营者终止印刷经营活动，应向原发证机关办理注销手续，并交回《印刷经营许可证》正本、副本。

地址

上海市嘉定区马陆镇横仓公路1855号

电话

0086-21-59511666

政策法规与标准

政策法规

- 印刷业管理条例（2017 年修正本）
- 关于推进印刷业绿色化发展的意见
- 中国印刷业智能化发展报告（2018）
- 北京市出版物印刷服务首都核心功能建设升级指南
- 长三角区域印刷业一体化发展升级指南

标准

- 2015–2019 年发布的国家标准及行业标准

作风过硬 保障有力

廊坊一二〇六印刷厂

中国人民解放军第一二〇六工厂（廊坊一二〇六印刷厂），位于廊坊市安次区光明西道 119 号，是一家具有 80 多年历史的军队保障型企业，是我国最早建立的专业地图制印大型骨干企业之一，厂区面积 100 亩，建筑面积 37000 平方米，在职职工 300 人，工厂在北京设有办事处，承接数码印刷等相关业务。工厂专注印刷 80 年，具有多台超全开、对开多色印刷机，骑订、胶订、精装联动线等国际一流的制、印、装设备。主要产品包括地图图册、书刊杂志、教材教辅、大幅包装装潢、文化创意等，业务拓展至计算机制图、档案数字化、智能仓储等领域。工厂多次获得“中华印制大奖”“全军印刷优质产品”等奖项。

工厂先后通过了 ISO9001 国际质量管理体系认证、ISO14001 国际环境管理体系认证，获得了中国环境标志产品认证证书，职业健康资质证书，国家秘密载体印制甲级资质证书，档案数字化加工乙级保密资质证书。

证书与荣誉 ZHENG SHU YU RONG YU

印刷设备 YIN SHUA SHE BEI

超全开印刷机

八色海德堡印刷机

胶装联动线

展馆展示 ZHAN GUAN ZHAN SHI

艺术馆

产品馆

地 址：中国 · 河北廊坊市光明西道 119 号
中国 · 北京市海淀区三里河路 39 号
联系电话：400 608 1206 (0316) 2651206 2654954

山东新华印务有限公司

山东新华印务有限公司始建于1946年，是由原山东新华印务有限责任公司、山东德州新华印务有限责任公司、山东泰安新华印务有限责任公司整合而成，隶属于山东出版传媒股份有限公司，是国家印刷示范企业，山东省重点文化企业。

公司下辖济南、德州、泰安三个印刷基地，总资产近11亿元，职工1300余人，各类技术人员600余人。企业拥有柯达鼎盛高速喷墨数字轮转印刷生产线、海德堡印刷机、小森System35S商业轮转印刷机、马天尼MC60全自动精装生产线等国际一流印装设备，形成激光照排、电脑设计、彩色制版、书刊印刷、彩色印刷、商业印刷、精平装、热熔胶等多条生产流水线，集制版、印刷、装订和包装为一体，实现了“印前数字网络化，印刷多色高效化，印后精美自动化”。年生产能力：排字6亿字，书刊印装260万令，彩色印刷1500万色令，热熔胶生产2000吨，是省内首屈一指的国有印刷龙头企业。

公司专注印刷70多年，始终坚持以传播文化，传承文明为己任，在企业发展中牢固树立“以市场为导向，向管理要效益，靠质量求发展”的经营理念和“以诚取胜，以实为本，以质取胜，以人为本”的服务宗旨，坚定不移地大力实施精品双效战略，内保教材印制、狠抓基础管理，外拓市场份额、扩大发展空间，企业活力、发展动力和核心竞争能力都得到了极大的提升。在全国书刊印刷质量评比中，多次荣获金奖、银奖，并先后荣获“全国新闻出版系统先进集体”、“全国首批诚信印刷企业”、“山东省新闻出版奖印刷复制奖”、“山东省十佳印制单位”、“省消费者满意单位”等荣誉，与全国近百家出版单位建立了良好的合作关系。

沧海横流，方显英雄本色；商机无限，尽展企业雄风。山东新华印务有限公司期待着与您携手并进，互利共赢，共铸印刷事业新辉煌。愿与您合作共赢，共创美好未来！

雅图仕-致力成为全球印刷通讯行业的领导者

鹤山雅图仕印刷有限公司创立于1991年，是利奥纸品集团(香港)有限公司属下独资经营的大型现代化印刷企业。经过多年的稳健发展，建了完善的印前、印刷和印后生 产体系，现已成为全球大型的印刷制造商之一，为客户提供全方位的客户服务解决方案。

雅图仕占地1000余亩，职员工超过1万人，印刷机近百台，拥有先进的生产技术和强大的生产能力，主营产品多元化，包括纸板书、精装、立体书、互动套装、礼品和文具、纸袋和高档包装等。每月可生产精装书950万册、平装书1000万册和纸板书900万册，产品畅销国内外。

雅图仕一直贯彻卓越的管理理念，先后获得30多项国际管理体系认证以及“国家印刷复制示范企业”称号，还被授予“全国包装印刷标准科研与技术推广基地”的殊荣，并获评“十二五”时期“绿色印刷特别贡献单位”此外，雅图仕还主导参与制定国际/国家/行业/环保和印刷技标准，包括ISO标准和GB标准达13份，为推进我国印刷行业在国际标准化舞台争取更大的话语权做出重要贡献。雅图仕作为中国印刷智能制产业联盟副理事长单位，还受邀参与《印刷智能制造标准体系表》中相关标准的起草和制订。作为领先的印刷制造商，雅图仕非常重视产品的质、工艺和结构创新，持续参与多个国内外知名印刷比赛并屡获佳绩。

未来，雅图仕将强化精益推动，致力探索和实践具有雅图仕特色的工业4.0之路，实现高效能的柔性化制造和数据化管理，并朝着智能制企业的目标奋进。

ISO 9001 (质量管理体系)

香港印制大奖

ICTI国际玩具制造商行为守则

China Environmental Labeling(中国环境标志产品认证)

鹤山雅图仕印刷有限公司

中国广东省鹤山市古劳镇玄坛庙工业区

集团网站 www.leo.com.hk

公司二维码　郁章庆二维码　李小蘭二维码

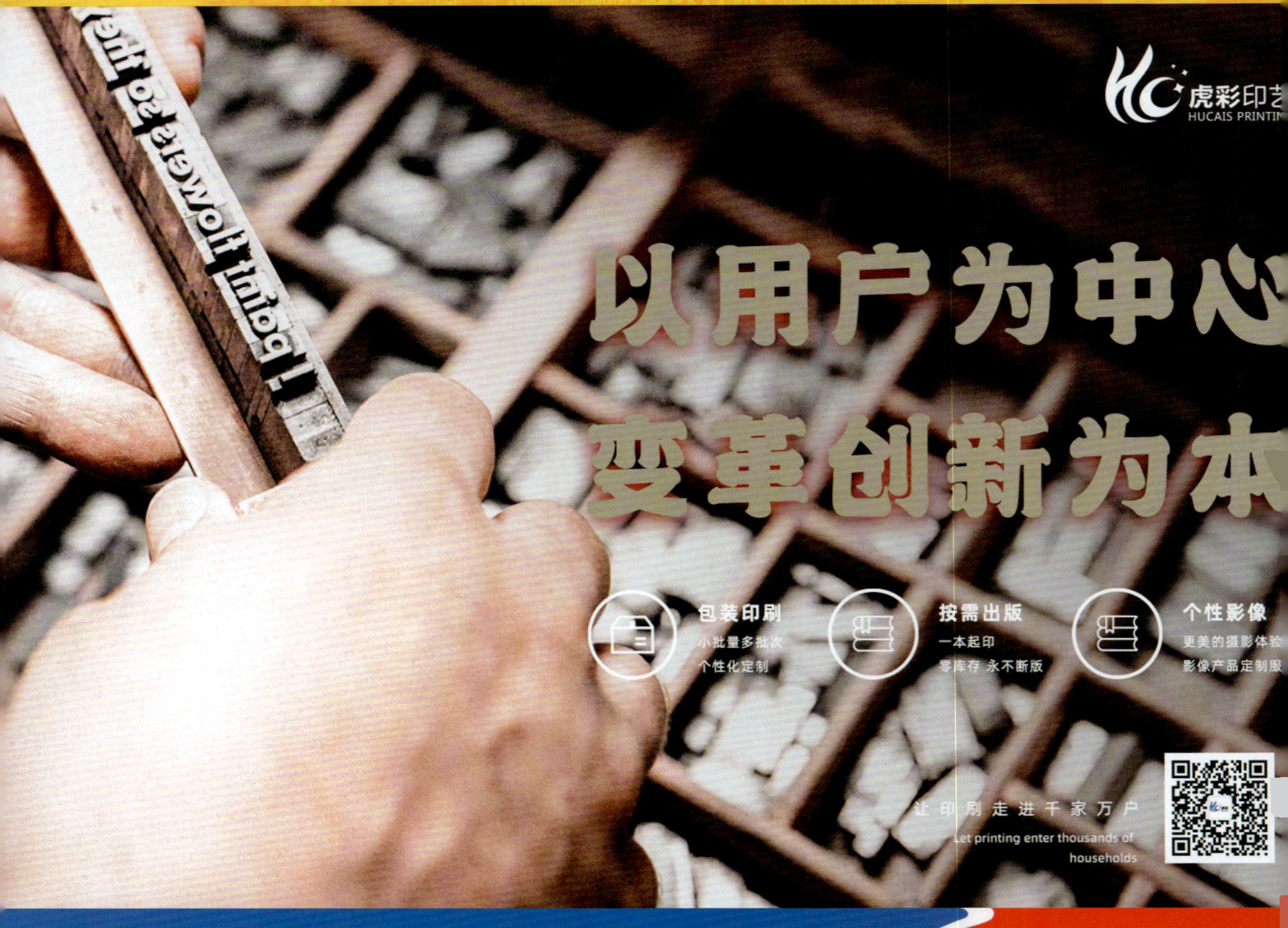

印刷业管理条例（2017 年修正本）

（2001年8月2日中华人民共和国国务院令第315号公布　根据2016年2月6日国务院令第666号《国务院关于修改部分行政法规的决定》第一次修订　根据 2017 年 3 月 1 日国务院令第 676 号《国务院关于修改和废止部分行政法规的决定》第二次修订）

第一章　总　　则

第一条　为了加强印刷业管理，维护印刷业经营者的合法权益和社会公共利益，促进社会主义精神文明和物质文明建设，制定本条例。

第二条　本条例适用于出版物、包装装潢印刷品和其他印刷品的印刷经营活动。

本条例所称出版物，包括报纸、期刊、书籍、地图、年画、图片、挂历、画册及音像制品、电子出版物的装帧封面等。

本条例所称包装装潢印刷品，包括商标标识、广告宣传品及作为产品包装装潢的纸、金属、塑料等的印刷品。

本条例所称其他印刷品，包括文件、资料、图表、票证、证件、名片等。

本条例所称印刷经营活动，包括经营性的排版、制版、印刷、装订、复印、影印、打印等活动。

第三条　印刷业经营者必须遵守有关法律、法规和规章，讲求社会效益。

禁止印刷含有反动、淫秽、迷信内容和国家明令禁止印刷的其他内容的出版物、包装装潢印刷品和其他印刷品。

第四条　国务院出版行政部门主管全国的印刷业监督管理工作。县级以上地方各级人民政府负责出版管理的行政部门（以下简称出版行政部门）负责本行政区域内的印刷业监督管理工作。

县级以上各级人民政府公安部门、工商行政管理部门及其他有关部门在各自的职责范围内，负责有关的印刷业监督管理工作。

第五条　印刷业经营者应当建立、健全承印验证制度、承印登记制度、印刷品保管制度、印刷品交付制度、印刷活动残次品销毁制度等。具体办法由国务院出版行政部门制定。

印刷业经营者在印刷经营活动中发现违法犯罪行为，应当及时向公安部门或者出版行政部门报告。

第六条　印刷行业的社会团体按照其章程，在出版行政部门的指导下，实行自律管理。

第七条　印刷企业应当定期向出版行政部门报送年度报告。出版行政部门应当依法及时将年度报告中的有关内容向社会公示。

第二章　印刷企业的设立

第八条　国家实行印刷经营许可制度。未依照本条例规定取得印刷经营许可证的，任何单位和个人不得从事印刷经营活动。

第九条　企业从事印刷经营活动，应当具备下列条件：

（一）有企业的名称、章程；

（二）有确定的业务范围；

（三）有适应业务范围需要的生产经营场所和必要的资金、设备等生产经营条件；

（四）有适应业务范围需要的组织机构和人员；

（五）有关法律、行政法规规定的其他条件。

审批从事印刷经营活动申请，除依照前款规定外，还应当符合国家有关印刷企业总量、结构和布局的规划。

第十条　设立从事出版物印刷经营活动的企业，应当向所在地省、自治区、直辖市人民政府出版行政部门提出申请。申请人经审核批准的，取得印刷经营许可证，并持印刷经营许可证向工商行政管理部门申请登记注册，取得营业执照。

企业申请从事包装装潢印刷品和其他印刷品印刷经营活动，应当持营业执照向所在地设区的市级人民政府出版行政部门提出申请，经审核批准的，发给印刷经营许可证。

个人不得从事出版物、包装装潢印刷品印刷经营活动；个人从事其他印刷品印刷经营活动的，依照本条第二款的规定办理审批手续。

第十一条　出版行政部门应当自收到依据本条例第十条提出的申请之日起 60 日内作出批准或者不批准的决定。批准申请的，应当发给印刷经营许可证；不批准申请的，应当通知申请人并说明理由。

印刷经营许可证应当注明印刷企业所从事的印刷经营活动的种类。

印刷经营许可证不得出售、出租、出借或者以其他形式转让。

第十二条　印刷业经营者申请兼营或者变更从事出版物、包装装潢印刷品或者其他印刷品印刷经营活动，或者兼并其他印刷业经营者，或者因合并、分立而设立新的印刷业经营者，应当依照本条例第十条的规定办理手续。

印刷业经营者变更名称、法定代表人或者负责人、住所或者经营场所等主要登记事项，或者终止印刷经营活动，应当报原批准设立的出版行政部门备案。

第十三条　出版行政部门应当按照国家社会信用信息平台建设的总体要求，与公安部门、工商行政管理部门或者其他有关部门实现对印刷企业信息的互联共享。

第十四条　国家允许设立中外合资经营印刷企业、中外合作经营印刷企业，允许设立从事包装装潢印刷品印刷经营活动的外资企业。具体办法由国务院出版行政部门会同国务院对外经济贸易主管部门制定。

第十五条　单位内部设立印刷厂（所），必须向所在地县级以上地方人民政府出版行政部门办理登记手续；单位内部设立的印刷厂（所）印刷涉及国家秘密的印件的，还应当向保密工作部门办理登记手续。

单位内部设立的印刷厂（所）不得从事印刷经营活动；从事印刷经营活动的，必须依照本章的规定办理手续。

第三章　出版物的印刷

第十六条　国家鼓励从事出版物印刷经营活动的企业及时印刷体现国内外新的优秀文化成果的出版物，重视印刷传统文化精品和有价值的学术著作。

第十七条　从事出版物印刷经营活动的企业不得印刷国家明令禁止出版的出版物和非出版单位出版的出版物。

第十八条　印刷出版物的，委托印刷单位和印刷企业应当按照国家有关规定签订印刷合同。

第十九条　印刷企业接受出版单位委托印刷图书、期刊的，必须验证并收存出版单位盖章的印刷委托书，并在印刷前报出版单位所在地省、自治区、直辖市人民政府出版行政部门备案；印刷企业接受所在地省、自治区、直辖市以外的出版单位的委托印刷图书、期刊的，印刷委托书还必须事先报印刷企业所在地省、自治区、直辖市人民政府出版行政部门备案。印刷委托书由国务院出版行政部门规定统一格式，由省、自治区、直辖市人民政府出版行政部门统一印制。

印刷企业接受出版单位委托印刷报纸的，必须验证报纸出版许可证；接受出版单位的委托印刷报纸、期刊的增版、增刊的，还必须验证主管的出版行政部门批准出版增版、增刊的文件。

第二十条　印刷企业接受委托印刷内部资料性出版物的，必须验证县级以上地方人民政府出版行政部门核发的准印证。

印刷企业接受委托印刷宗教内容的内部资料性出版物的，必须验证省、自治区、直辖市人民政府宗教事务管理部门的批准文件和省、自治区、直辖市人民政府出版行政部门核发的准印证。

出版行政部门应当自收到印刷内部资料性出版物或者印刷宗教内容的内部资料性出版物的申请之日起 30 日内作出是否核发准印证的决定，并通知申请人；逾期不作出决定的，视为同意印刷。

第二十一条　印刷企业接受委托印刷境外的出版物的，必须持有关著作权的合法证明文件，经省、自治区、直辖市人民政府出版行政部门批准；印刷的境外出版物必须全部运输出境，不得在境内发行、散发。

第二十二条　委托印刷单位必须按照国家有关规定在委托印刷的出版物上刊载出版单位的名称、地址，书号、刊号或者版号，出版日期或者刊期，接受委托印刷出版物的企业的真实名称和地址，以及其他有关事项。

印刷企业应当自完成出版物的印刷之日起 2 年内，留存一份接受委托印刷的出版物样本备查。

第二十三条　印刷企业不得盗印出版物，不得销售、擅自加印或者接受第三人委托加印受委托印刷的出版物，不得将接受委托印刷的出版物纸型及印刷底片等出售、出租、出借或者以其他形式转让给其他单位或者个人。

第二十四条　印刷企业不得征订、销售出版物，不得假冒或者盗用他人名义印刷、销售出版物。

第四章　包装装潢印刷品的印刷

第二十五条　从事包装装潢印刷品印刷的企业不得印刷假冒、伪造的注册商标标识，不得印刷容易对消费者产生误导的广告宣传品和作为产品包装装潢的印刷品。

第二十六条　印刷企业接受委托印刷注册商标标识的，应当验证商标注册人所在地县级工商行政管理部门签章的《商标注册证》复印件，并核查委托人提供的注册商标图样；接受注册商标被许可使用人委托，印刷注册商标标识的，印刷企业还应当验证注册商标使用许可合同。印刷企业应当保存其验证、核查的工商行政管理部门签章的《商标注册证》复印件、注册商标图样、注册商标使用许可合同复印件 2 年，以备查验。

国家对注册商标标识的印刷另有规定的，印刷企业还应当遵守其规定。

第二十七条　印刷企业接受委托印刷广告宣传品、作为产品包装装潢的印刷品的，应当验证委托印刷单位的营业执照或者个人的居民身份证；接受广告经营者的委托印刷广告宣传品的，还应当验证广告经营资格证明。

第二十八条　印刷企业接受委托印刷包装装潢印刷品的，应当将印刷品的成品、半成品、废品和印板、纸型、底片、原稿等全部交付委托印刷单位或者个人，不得擅自留存。

第二十九条　印刷企业接受委托印刷境外包装装潢印刷品的，必须事先向所在地省、自治区、直辖市人民政府出版行政部门备案；印刷的包装装潢印刷品必须全部运输出境，不得在境内销售。

第五章　其他印刷品的印刷

第三十条　印刷标有密级的文件、资料、图表等，按照国家有关法律、法规或者规章的规定办理。

第三十一条　印刷布告、通告、重大活动工作证、通行证、在社会上流通使用的票证的，委托印刷单位必须向印刷企业出具主管部门的证明。印刷企业必须验证主管部门的证明，并保存主管部门的证明副本2年，以备查验；并且不得再委托他人印刷上述印刷品。

印刷机关、团体、部队、企业事业单位内部使用的有价票证或者无价票证，或者印刷有单位名称的介绍信、工作证、会员证、出入证、学位证书、学历证书或者其他学业证书等专用证件的，委托印刷单位必须出具委托印刷证明。印刷企业必须验证委托印刷证明。

印刷企业对前两款印件不得保留样本、样张；确因业务参考需要保留样本、样张的，应当征得委托印刷单位同意，在所保留印件上加盖“样本”、“样张”戳记，并妥善保管，不得丢失。

第三十二条　印刷企业接受委托印刷宗教用品的，必须验证省、自治区、直辖市人民政府宗教事务管理部门的批准文件和省、自治区、直辖市人民政府出版行政部门核发的准印证；省、自治区、直辖市人民政府出版行政部门应当自收到印刷宗教用品的申请之日起10日内作出是否核发准印证的决定，并通知申请人；逾期不作出决定的，视为同意印刷。

第三十三条　从事其他印刷品印刷经营活动的个人不得印刷标有密级的文件、资料、图表等，不得印刷布告、通告、重大活动工作证、通行证、在社会上流通使用的票证，不得印刷机关、团体、部队、企业事业单位内部使用的有价或者无价票证，不得印刷有单位名称的介绍信、工作证、会员证、出入证、学位证书、学历证书或者其他学业证书等专用证件，不得印刷宗教用品。

第三十四条　接受委托印刷境外其他印刷品的，必须事先向所在地省、自治区、直辖市人民政府出版行政部门备案；印刷的其他印刷品必须全部运输出境，不得在境内销售。

第三十五条　印刷企业和从事其他印刷品印刷经营活动的个人不得盗印他人的其他印刷品，不得销售、擅自加印或者接受第三人委托加印委托印刷的其他印刷品，不得将委托印刷的其他印刷品的纸型及印刷底片等出售、出租、出借或者以其他形式转让给其他单位或者个人。

第六章 罚 则

第三十六条 违反本条例规定，擅自设立从事出版物印刷经营活动的企业或者擅自从事印刷经营活动的，由出版行政部门、工商行政管理部门依据法定职权予以取缔，没收印刷品和违法所得以及进行违法活动的专用工具、设备，违法经营额1万元以上的，并处违法经营额5倍以上10倍以下的罚款；违法经营额不足1万元的，并处1万元以上5万元以下的罚款；构成犯罪的，依法追究刑事责任。

单位内部设立的印刷厂（所）未依照本条例第二章的规定办理手续，从事印刷经营活动的，依照前款的规定处罚。

第三十七条 印刷业经营者违反本条例规定，有下列行为之一的，由县级以上地方人民政府出版行政部门责令停止违法行为，责令停业整顿，没收印刷品和违法所得，违法经营额1万元以上的，并处违法经营额5倍以上10倍以下的罚款；违法经营额不足1万元的，并处1万元以上5万元以下的罚款；情节严重的，由原发证机关吊销许可证；构成犯罪的，依法追究刑事责任：

（一）未取得出版行政部门的许可，擅自兼营或者变更从事出版物、包装装潢印刷品或者其他印刷品印刷经营活动，或者擅自兼并其他印刷业经营者的；

（二）因合并、分立而设立新的印刷业经营者，未依照本条例的规定办理手续的；

（三）出售、出租、出借或者以其他形式转让印刷经营许可证的。

第三十八条 印刷业经营者印刷明知或者应知含有本条例第三条规定禁止印刷内容的出版物、包装装潢印刷品或者其他印刷品的，或者印刷国家明令禁止出版的出版物或者非出版单位出版的出版物的，由县级以上地方人民政府出版行政部门、公安部门依据法定职权责令停业整顿，没收印刷品和违法所得，违法经营额1万元以上的，并处违法经营额5倍以上10倍以下的罚款；违法经营额不足1万元的，并处1万元以上5万元以下的罚款；情节严重的，由原发证机关吊销许可证；构成犯罪的，依法追究刑事责任。

第三十九条 印刷业经营者有下列行为之一的，由县级以上地方人民政府出版行政部门、公安部门依据法定职权责令改正，给予警告；情节严重的，责令停业整顿或者由原发证机关吊销许可证：

（一）没有建立承印验证制度、承印登记制度、印刷品保管制度、印刷品交付制度、印刷活动残次品销毁制度等的；

（二）在印刷经营活动中发现违法犯罪行为没有及时向公安部门或者出版行政部门报告的；

（三）变更名称、法定代表人或者负责人、住所或者经营场所等主要登记事项，或者终止印刷经营活动，不向原批准设立的出版行政部门备案的；

（四）未依照本条例的规定留存备查的材料的。

单位内部设立印刷厂（所）违反本条例的规定，没有向所在地县级以上地方人民政府出版行政部门、保密工作部门办理登记手续的，由县级以上地方人民政府出版行政部门、保密工作部门依据法定职权责令改正，给予警告；情节严重的，责令停业整顿。

第四十条 从事出版物印刷经营活动的企业有下列行为之一的，由县级以上地方人民政府出版行政部门给予警告，没收违法所得，违法经营额1万元以上的，并处违法经营额5倍以上10倍以下的罚款；违法经营额不足1万元的，并处1万元以上5万元以下的罚款；情节严重的，责令停业整顿或者由原发证机关吊销许可证；构成犯罪的，依法追究刑事责任：

（一）接受他人委托印刷出版物，未依照本条例的规定验证印刷委托书、有关证明或者准印证，或者未将印刷委托书报出版行政部门备案的；

（二）假冒或者盗用他人名义，印刷出版物的；

（三）盗印他人出版物的；

（四）非法加印或者销售受委托印刷的出版物的；

（五）征订、销售出版物的；

（六）擅自将出版单位委托印刷的出版物纸型及印刷底片等出售、出租、出借或者以其他形式转让的；

（七）未经批准，接受委托印刷境外出版物的，或者未将印刷的境外出版物全部运输出境的。

第四十一条　从事包装装潢印刷品印刷经营活动的企业有下列行为之一的，由县级以上地方人民政府出版行政部门给予警告，没收违法所得，违法经营额 1 万元以上的，并处违法经营额 5 倍以上 10 倍以下的罚款；违法经营额不足 1 万元的，并处 1 万元以上 5 万元以下的罚款；情节严重的，责令停业整顿或者由原发证机关吊销许可证；构成犯罪的，依法追究刑事责任：

（一）接受委托印刷注册商标标识，未依照本条例的规定验证、核查工商行政管理部门签章的《商标注册证》复印件、注册商标图样或者注册商标使用许可合同复印件的；

（二）接受委托印刷广告宣传品、作为产品包装装潢的印刷品，未依照本条例的规定验证委托印刷单位的营业执照或者个人的居民身份证的，或者接受广告经营者的委托印刷广告宣传品，未验证广告经营资格证明的；

（三）盗印他人包装装潢印刷品的；

（四）接受委托印刷境外包装装潢印刷品未依照本条例的规定向出版行政部门备案的，或者未将印刷的境外包装装潢印刷品全部运输出境的。

印刷企业接受委托印刷注册商标标识、广告宣传品，违反国家有关注册商标、广告印刷管理规定的，由工商行政管理部门给予警告，没收印刷品和违法所得，违法经营额 1 万元以上的，并处违法经营额 5 倍以上 10 倍以下的罚款；违法经营额不足 1 万元的，并处 1 万元以上 5 万元以下的罚款。

第四十二条　从事其他印刷品印刷经营活动的企业和个人有下列行为之一的，由县级以上地方人民政府出版行政部门给予警告，没收印刷品和违法所得，违法经营额 1 万元以上的，并处违法经营额 5 倍以上 10 倍以下的罚款；违法经营额不足 1 万元的，并处 1 万元以上 5 万元以下的罚款；情节严重的，责令停业整顿或者由原发证机关吊销许可证；构成犯罪的，依法追究刑事责任：

（一）接受委托印刷其他印刷品，未依照本条例的规定验证有关证明的；

（二）擅自将接受委托印刷的其他印刷品再委托他人印刷的；

（三）将委托印刷的其他印刷品的纸型及印刷底片出售、出租、出借或者以其他形式转让的；

（四）伪造、变造学位证书、学历证书等国家机关公文、证件或者企业事业单位、人民团体公文、证件的，或者盗印他人的其他印刷品的；

（五）非法加印或者销售委托印刷的其他印刷品的；

（六）接受委托印刷境外其他印刷品未依照本条例的规定向出版行政部门备案的，或者未将印刷的境外其他印刷品全部运输出境的；

（七）从事其他印刷品印刷经营活动的个人超范围经营的。

第四十三条　有下列行为之一的，由出版行政部门给予警告，没收印刷品和违法所得，违法经营额1万元以上的，并处违法经营额5倍以上10倍以下的罚款；违法经营额不足1万元的，并处1万元以上5万元以下的罚款；情节严重的，责令停业整顿或者吊销印刷经营许可证；构成犯罪的，依法追究刑事责任：

（一）印刷布告、通告、重大活动工作证、通行证、在社会上流通使用的票证，印刷企业没有验证主管部门的证明的，或者再委托他人印刷上述印刷品的；

（二）印刷业经营者伪造、变造学位证书、学历证书等国家机关公文、证件或者企业事业单位、人民团体公文、证件的。

印刷布告、通告、重大活动工作证、通行证、在社会上流通使用的票证，委托印刷单位没有取得主管部门证明的，由县级以上人民政府出版行政部门处以500元以上5000元以下的罚款。

第四十四条　印刷业经营者违反本条例规定，有下列行为之一的，由县级以上地方人民政府出版行政部门责令改正，给予警告；情节严重的，责令停业整顿或者由原发证机关吊销许可证：

（一）从事包装装潢印刷品印刷经营活动的企业擅自留存委托印刷的包装装潢印刷品的成品、半成品、废品和印板、纸型、印刷底片、原稿等的；

（二）从事其他印刷品印刷经营活动的企业和个人擅自保留其他印刷品的样本、样张的，或者在所保留的样本、样张上未加盖“样本”、“样张”戳记的。

第四十五条　印刷企业被处以吊销许可证行政处罚的，其法定代表人或者负责人自许可证被吊销之日起10年内不得担任印刷企业的法定代表人或者负责人。

从事其他印刷品印刷经营活动的个人被处以吊销许可证行政处罚的，自许可证被吊销之日起10年内不得从事印刷经营活动。

第四十六条　依照本条例的规定实施罚款的行政处罚，应当依照有关法律、行政法规的规定，实行罚款决定与罚款收缴分离；收缴的罚款必须全部上缴国库。

第四十七条　出版行政部门、工商行政管理部门或者其他有关部门违反本条例规定，擅自批准不符合法定条件的申请人取得许可证、批准文件，或者不履行监督职责，或者发现违法行为不予查处，造成严重后果的，对负责的主管人员和其他直接责任人员给予降级或者撤职的处分；构成犯罪的，依法追究刑事责任。

第七章　附　　则

第四十八条　本条例施行前已经依法设立的印刷企业，应当自本条例施行之日起180日内，到出版行政部门换领《印刷经营许可证》。

依据本条例发放许可证，除按照法定标准收取成本费外，不得收取其他任何费用。

第四十九条　本条例自公布之日起施行。1997年3月8日国务院发布的《印刷业管理条例》同时废止。■

关于推进印刷业绿色化发展的意见

（新闻出版署、发展改革委 、工业和信息化部、生态环境部、市场监管总局共同制定，2019 年 9 月 19 日发布）

印刷业是我国出版业的重要组成部分，是社会主义文化繁荣兴盛的重要推动力量，是国民经济的重要服务支撑。为加快推进印刷业绿色化发展，现提出如下意见。

一、指导思想

以习近平新时代中国特色社会主义思想为指导，全面贯彻党的十九大和十九届二中、三中全会精神，紧紧围绕统筹推进“五位一体”总体布局和协调推进“四个全面”战略布局，牢牢把握意识形态工作主导权，坚持正确的政治导向，突出问题导向和效果导向，深化印刷业供给侧结构性改革，加强印刷业绿色化发展制度系统设计，推动印刷业绿色化发展全面升级，守正创新推动印刷业高质量发展。

二、目标原则

（一）发展目标

建立完善印刷业绿色化发展制度体系，解决突出环境问题，落实印刷业风险防控要求，为党和国家重要出版物出版、社会主义文化繁荣兴盛与经济社会发展提供有力支撑，为人民群众提供更多优质生态印刷产品和服务。

（二）基本原则

1. 坚持正确发展方向。加强党对印刷工作的全面领导，强化协调指导，加快印刷强国建设步伐，更好承担举旗帜、聚民心、育新人、兴文化、展形象的使命任务。

2. 坚持顶层制度设计。全面贯彻创新、协调、绿色、开放、共享的发展理念，综合设计制度政策，推动形成产业升级扩容和生态环境改善的良性循环。

3. 坚持创新协同突破。深化印刷业供给侧结构性改革，加强全产业链上下游信息交流和分工协作，推动形成印刷业绿色化升级发展的合力。

4. 坚持新旧动能转换。加快印刷业传统领域绿色化改造，淘汰落后技术、工艺、装备，运用互联网、大数据、人工智能等新技术，培育壮大新兴印刷业态发展。

三、工作任务

（一）推动完善印刷业绿色化发展的体制机制

完善《印刷业管理条例》等法规规章，加强质量管理，支持绿色发展。推行印刷业绿色产品合格评定制度，以第三方认证、自我声明等方式促进印刷业绿色化发展，按照《绿色产品标识使用管理办法》使用相关标识。

（二）推动建设京津冀印刷业协同发展先行区

贯彻落实《京津冀协同发展规划纲要》，按照《北京市出版物印刷服务首都核心功能建设升级指南》具体要求，建设京津冀印刷业协同发展先行区。统一京津冀三地印刷企业的审批条件和流程；京津冀三地已获批印刷企业实现印刷资质互认，在有效期内搬迁的不再另行审批；提升京津冀三地印刷监管信息化水平。

（三）推动建设长三角区域印刷业一体化发展创新高地和珠三角印刷业对外开放连接平台

贯彻落实《长江三角洲区域一体化发展规划纲要》，按照《长三角区域印刷业一体化发展升级指南》有关要求，加快建设长三角区域印刷业一体化发展创新高地。编制出台《珠三角印刷业发展升级指南》，推动建设珠三角印刷业对外开放连接平台。

（四）推动数字印刷新动能加快发展

建设扩容印刷智能制造测试线。支持数字印刷企业和互联网印刷服务平台发展。在按需印刷出版领域，选择一批印刷企业和出版单位开展印刷委托书、版权页与样本缴送管理等改革试点；在个性化包装领域，推广个性化定制、可变数据标签、场景化解决方案等应用。

（五）推动完善印刷业绿色化发展的标准和技术支撑

完善印刷业绿色化发展的标准体系，加快印刷智能制造标准制定采信工作。推广使用绿色环保低碳的新技术新工艺新材料。出版物印刷企业采用低 VOCs 含量的油墨、胶黏剂、清洗剂等，排放浓度稳定达标且排放速率满足规定要求的，可不要求建设末端治理设施。推进包装装潢印刷，尤其是塑料软包装和印铁印刷企业的 VOCs 综合治理。

（六）推动印刷业绿色化发展重大项目实施

培育遴选公布印刷业绿色化发展重大项目，加大对重大项目的支持力度。发挥项目带动作用，围绕印刷业绿色化发展的重点和难点，在印刷设备改造、加工工艺改进、原辅材料研发、环保设施建设等方面，加快建立以企业为主体、市场需求为导向、产学研用金相结合的自主创新协同体系。

（七）推动成立中国印刷业创新基金

建立常态化、稳定的资金投入机制，推动成立中国印刷业创新基金。发挥基金的杠杆作用，对涉及印刷业发展的全局性、转折性、先导性重大项目进行战略投资，加快培育龙头骨干企业和优势产业集群，提高集约化发展水平。

四、保障措施

（一）加强组织领导。贯彻落实意识形态工作责任制，牢牢掌握印刷工作领导权。对导向性问题要旗帜鲜明、敢抓敢管，确保印刷工作始终坚持正确方向。各地区要切实履行好指导协调和监督管理职责，及时研判处置重要问题。

（二）落实重点任务。各地区要依据本通知要求，研究制定具体工作安排，协同推动重点任务落实。对重点任务要建立工作台账，在落实过程中，遇到的困难和问题要及时协调反映。要总结工作经验，扩大工作成果。

（三）营造良好环境。各地区要加强统筹协调，将印刷业绿色化发展纳入相关规划安排，加大政策资金扶持力度。要加强事中事后监管，提高全流程监管能力，及时公开披露违法违规信息，营造公平市场环境。

（四）加强人才建设。加强印刷业思想政治和职业道德建设，培育创新精神和工匠精神，培养印刷企业家和专业技能人才。加强资源整合，充分发挥高等院校、行业协会、科研机构、传媒平台、骨干企业的作用。■

中国印刷业智能化发展报告（2018）

（国家新闻出版署于 2018 年 9 月发布）

前言

印刷业具有意识形态和制造服务双重属性。印刷业是学习宣传贯彻习近平新时代中国特色社会主义思想的重要技术支撑，是我国实体经济的重要组成部分，也是我国文化产业发展的主力军。

智能制造是深化供给侧结构性改革、推动我国经济实现高质量发展的国家战略，是质量变革的有效手段，效率变革的关键抓手，动力变革的重要支撑。

印刷智能制造是基于新一代信息通信技术与印刷先进制造技术深度融合，贯穿于设计、生产、管理、服务等印刷制造的各个环节，具有自感知、自学习、自决策、自执行、自适应等功能的新型生产方式。印刷业智能化发展是推进印刷智能制造的螺旋上升过程，集智能手段和智能系统等新兴技术于一体，是印刷自动化和数字化发展的新阶段。推进印刷业智能化发展，对更好地承担举旗帜聚民心育新人兴文化展形象的使命任务、加快建设印刷强国、引领产业高质量发展具有重要意义。

为发挥国家发展规划的战略导向作用，国家新闻出版署从 2018 年开始编制发布《中国印刷业智能化发展报告》，计划以后每两年发布一次，对我国推进印刷业智能化发展做出指导引领和专题系统规划。

《中国印刷业智能化发展报告（2018）》由印刷发行司联合中国新闻出版研究院组织业内专家集体编制完成。该报告在系统分析印刷业发展现状的基础上，通过实地考察、专题调研、专家研讨、技术研判等方式，提出了我国推进印刷业智能化发展的总体要求、推进路径、重点任务和保障措施。

一、现状和形势

（一）发展现状

经过改革开放 40 年来的努力，我国印刷业的生产能力、覆盖范围、市场运行和产业规模已位居世界前列。根据 2018 年印刷企业年度报告，2017 年我国印刷业态势稳中缓升，印刷总产值为 12057.7 亿元，同比增长 4.6%，一举扭转 2012 年以来增长速度的下滑态势，发展速度触底反弹、控量提质趋势渐显、新动能接续转换，新窗口期效应正在显现。然而，与发达国家相比，我国印刷业仍然大而不强，产品量大而不精，在设备水平、管理能力、全员劳动生产率，特别是智能化建设方面，还有很大的提升空间。

1. 发展阶段起步探索

智能化建设是印刷业全新的课题和实践，没有成熟的经验可以遵循。目前，我国印刷业智能化发展整体上处于破题、探索和起步阶段。

多数企业信息化系统覆盖率较低，即使规模、效益、技术领先的国家印刷示范企业，实现系统集成或一体化的比例低于 25%。部分企业在生产过程的局部环节达到一定的自动化、数字化水平，如山东鲁信天一印务有限公司的生产环节、上海翔港包装科技股份有限公司的物流环节。个别企业具备了智能制造的雏形，如鹤山雅图仕印刷有限公司、江苏彩华包装集团实现生产机台实时监控和在线生产管控以及物流跟踪，并积极探索无人车间。

2. 发展水平多化并存

目前，我国印刷企业在装备上已经基本实现机械化、自动化，但数量众多的中小企业数字化基础薄弱，缺少系统建设规划。部分大中型印刷企业较早开展数字化、网络化建设，引入企业资源计划（以下简称“ERP”）系统、生产制造执行系统（以下简称“MES”）等，购置先进自动化设备，发展智能物流，具备了实现智能化的良好基础，如安徽新华印刷有限公司、河南新华印刷集团有限公司、江苏利特尔绿色包装股份有限公司等。

在今后相当长的时期内，我国印刷业仍将处于数字化的普及期、网络化的推广期、智能化的探索示范期，阶梯性共生现象将会长期存在。

3. 区域布局离散碎片

我国印刷业呈现典型的区域性分布特征，珠三角、长三角、环渤海区域长期领跑产业发展，印刷产值占全国印刷业总产值的66.9%，产业集群优势明显。尽管基础较好，但在上述区域中，也只有部分企业开始有意识地进行智能化建设，个别企业提出了规划方案，智能化聚集水平与产业集群尚不匹配。中西部地区印刷产业基础相对落后，多数企业规模较小、资金有限、技术装备落后，缺少开展智能化建设的主动性、自觉性，发展水平相对滞后。

从整体上看，我国印刷业智能化建设整体呈现点状分布，产业聚集度不高，区域布局离散化、碎片化特征明显。

4. 发展方向渐成共识

印刷业目前面临产能过剩、成本上升、环保刚性约束增强等多重压力，利润率持续走低，传统的劳动密集型生产方式难以为继。越来越多的企业认识到，智能化能够提升作业效率和有效劳动时间，减少劳动力需求，降低综合成本，是企业转型发展的新方向。以国家印刷示范企业为例，已有83%的企业制订了智能化相关规划，并有一部分企业已着手实施。鹤山雅图仕印刷有限公司贺卡生产车间印后环节实施智能化改造后，用工数量减少70%，而产量不降反增。

在装备技术水平稳步提升的基础上，通过智能化建设优化存量资源配置，扩大优质增量供给，带动全行业转型升级，实现高质量发展，逐渐成为行业共识。

（二）面临的形势

1. 推进路径模糊

印刷业智能化发展仍处于起步阶段，没有成熟的经验和路径可以借鉴。多数企业对智能化建设的解决方案、推进路径、关键技术等认识不清晰。部分企业对智能化建设的理解存在误区，过分注重高端生产装备，视无人车间为智能工厂，将自动化等同于智能化，忽视信息化建设的基础性作用。

2. 基础条件薄弱

我国印刷企业精益管理、精益生产水平有待提高，有的计划执行不到位，成本核算不精确，生产方式较为粗放。生产装备方面，有的无接口或者虽有接口但无数据，开放性不足；软件方面，应用水平参差不齐，各行其道，集成度有待提高。同时，印刷生产流程的标准化和规范化水平不高，智能化建设的基础亟待夯实。

3. 体系链条破碎

智能化建设是系统工程，需要印刷产业链上下游和业内外协同创新共建。一方面，受产能相对过剩、成本持续上升、融资渠道相对单一的制约，产业链上下游内生动力不强；另一方面，尽管产业整体规模较大，但对外软硬件市场需求相对较小且增长缓慢。生态体系链条破碎，成为制约印刷业推进智能化发展的主要短板。

4. 人才支撑缺乏

智能化建设是全新的探索和实践，需要大量既精通印刷技术和企业管理，又了解互联网、大数据、人工智能等现代信息技术的高素质、复合型创新人才。我国现有 19 所高校涉及印刷类教育，主要集中在技术工艺、装备制造、材料应用、生产管理等方面，缺乏跨学科跨领域的新型人才培养体系。同时，现有技能型人才培训体系发展相对滞后，难以满足行业对智能化建设人才的多方面需求。有 76% 的国家印刷示范企业认为人才缺乏是阻碍其智能化发展的重要因素。

二、总体要求

（一）指导思想

认真学习宣传贯彻习近平新时代中国特色社会主义思想和党的十九大精神，贯彻落实全国宣传思想工作会议精神，扎实推进《中国制造 2025》落实，增强“四个意识”、坚定“四个自信”，深化供给侧结构性改革，以加强阵地建设为目标，以提质增效为中心，以信息技术与印刷技术深度融合为主线，坚持“标准先行、夯实基础，数据驱动、融合发展，模式创新、示范引领”24 字发展方针，探索智能化建设的可行路径，推动印刷业质量变革、效率变革、动力变革，加快建设印刷强国，实现高质量发展。

（二）工作原则

1. 坚持统筹规划、系统推进

统筹整合优势资源，加强顶层设计，调动全产业链的积极性，全力推动印刷业智能化建设。针对印刷业智能化建设中的薄弱与关键环节，通过系统部署关键印刷技术和装备创新、示范试点探索、标准体系建设等举措，补齐智能化建设过程中的短板，推进智能制造在印刷业的实践。

2. 坚持夯实基础、成熟先行

立足国情，遵循智能化建设的发展规律，循序渐进推进智能化建设。准确把握新一轮科技革命和产业变革趋势，不断提升印刷业的软硬件水平、标准化水平、精益生产水平等，夯实智能化基础。鼓励和支持条件成熟的企业率先开展印刷智能工厂 / 数字化车间建设，发展和完善新型制造和商业模式，发挥辐射带动作用，推动全行业智能化建设。

3. 坚持多点突破、整体提升

正视不同地区、不同企业的发展基础和水平差异，针对出版物印刷企业、包装装潢印刷品印刷企业、其他印刷品印刷企业的特点，加强分类施策，支持若干重点项目，实现多点突破。坚持印刷业发展全国一盘棋和分层指导相结合，合理布局，明确方向，加快推动智能化建设能力整体提升。

4. 坚持协同创新、为我所用

建立健全“政、产、学、研、用、金”协同创新机制，实现技术、人才、知识、资本等各类创新要素的有效对接，竞相成长，各展其能，激发印刷产业链上下游的创新活力。应用国内外先进技术成果，借鉴业内外成熟方案模式，博采众长，融会贯通，为我所用，着力掌握关键核心技术，形成自主发展能力。

（三）发展目标

根据当前印刷业发展的实际情况，结合《印刷业“十三五”时期发展规划》，到2020年为我国印刷业智能化的启动期，通过形成共识、夯实基础，解决难题、探索方案，在智能制造标准体系、数字化水平、支撑能力、创新能力、示范试点等方面取得阶段性进展，加速推动印刷业实现“两化融合”，培育新型发展模式，为实现更高水平的智能化奠定基础。

1. 智能制造标准体系形成思路

制订《印刷智能制造标准体系表》，启动参考模型、术语定义等基础通用标准和数据格式、通讯协议与接口等关键技术标准的起草工作，逐步形成面向印刷生产服务全流程的智能设备、智能管理、智能服务标准，印刷智能制造通用技术、行业关键技术在示范试点企业得到验证应用，对智能制造标准体系的构建形成思路，为印刷业智能化建设提供有力支撑。

2. 企业的数字化建设全面推开

基于新一代信息通信技术，印刷生产自动化和数字化发展到新阶段，基本的信息技术/系统在规模以上重点印刷企业实现全覆盖，在中小型印刷企业逐步应用。数字化贯穿于设计、生产、管理、服务等印刷制造的各个环节，初步实现纵向、横向和端到端的信息互联。通过设计数字化、生产自动化、装备智能化、服务网络化、管理信息化，实现减少人工、节能减排、精益生产，初步完成印刷生产过程由分段操作、集中控制向分散式增强型控制模式的转变。

3. 软硬件的支撑能力明显提升

通过建设测试平台等方式，培育整合具有较强创新能力、实施能力的智能化系统解决方案供应商，研发一批实现互联互通、信息融合等的生产管理软件共性技术，一批具备数据通讯、参数预置等智能制造关键技术特征的国产印刷装备，生产数据开放应用率达60%以上，为从自动化、数字化向智能化过渡打下基础。

4. 产业模式创新能力得到提高

基于互联网、大数据和人工智能技术，实施柔性化生产、精益化管理，满足定制化、小批量的市场需求，提高印刷企业生产、服务模式创新能力，初步实现由被动加工向主动服务的转变。印刷生产与信息技术、装备制造和新型材料等跨界融合效果显著，印刷业与上下游之间信息紧密互联，提升产业科技含量和服务属性比重，全产业链的业务价值整合与系统优化水平明显提高。

5. 智能制造示范试点取得突破

推动智能印刷示范试点企业率先开展印刷设备智能化升级、印刷工艺流程优化与改造、基础数据采集与集成、实时在线检测与控制、智能决策支持等试点应用，解决印刷业智能化中的共性技术难题，实现运营成本下降，生产周期缩短，全员劳动生产率平均提高20%以上，不良品率平均降低15%以上，能耗平均降低10%以上。具备较强的市场竞争力，形成有效推进智能化发展的路径和模式，在全行业具有较高示范推广价值。

6. 成为全国智能制造关注领域

《中国制造2025》的核心是实现制造业智能升级，强调要加快推动新一代信息技术与制造技术融合发展，把智能制造作为两化深度融合的主攻方向。遵循《中国制造 2025》规划蓝图，推进印刷生产过程智能化，建设印刷智能工厂 / 数字化车间，加快人机智能交互、工业机器人、智能物流管理等技术和装备在印刷生产中的应用，深化互联网在印刷领域的应用，发展基于互联网的个性化定制、众包设计、印刷电商、网络云印刷等新型产业模式，使印刷业成为全国智能制造关注领域。

三、推进路径和重点任务

（一）推进路径

工信部、财政部发布的《智能制造发展规划 (2016–2020 年)》明确了我国智能制造发展的基本原则、发展目标、重点任务，特别指出，要加快智能制造装备发展、加强关键共性技术创新、建设智能制造标准体系、加大智能制造试点示范推广力度、推动重点领域智能转型、促进中小企业智能化改造、培育智能制造生态体系等，为我国智能制造的发展指明了方向。此外，中国工程院在《新一代智能制造》专题研究报告中提出了智能制造的三种基本范式：数字化制造范式、数字化网络化制造范式、数字化网络化智能化制造范式。其中，数字化是基础，网络化是关键，智能化是方向。

对标《智能制造发展规划 (2016–2020 年)》，参照智能制造的三种基本范式，结合我国印刷业发展的实际情况，印刷业智能化建设可以探索“并行推进、融合发展”的推进路径：一是夯实扩大数字化基础，二是提升推广网络化应用，三是启动试点智能化制造。

1. 夯实扩大数字化基础

数字化制造是在数字化技术和制造技术融合的背景下，通过对产品信息、工艺信息和资源信息进行数字化描述、分析、决策和控制，快速生产出满足用户要求的产品。其主要特征是：数字技术在产品中得到普遍应用，形成数字化的创新产品；广泛应用数字化设计、建模仿真、数字化装备、信息化管理；实现生产过程的集成优化。

对印刷业而言，要引导还没有完成数字化转型的广大中小印刷企业，围绕自身特点和发展战略，针对印刷生产工艺流程，开展印刷生产过程数字化和智能管控方向建设，通过应用 ERP 等信息系统，不断提升企业数字化建设水平，推动信息化和工业化初步融合，实现数据驱动下的印刷加工能力提升和精益生产。

2. 提升推广网络化应用

通过互联网将人、流程、数据和事物连接起来，实现企业内、企业间的协同和各种社会资源的共享与集成，重塑制造业的价值链，从而使产品实现网络连接，制造实现横向集成、纵向集成和端到端集成，打通整个生产过程的数据流、信息流，是实现智能化的关键。

对印刷业而言，鼓励数字化水平较高的部分印刷企业，以新一代信息网络技术为基础，实现设备互联互通，保障信息安全和功能安全，增强智能化建设的支撑能力。基于 MES 建设印刷智能工厂 / 数字化车间，深入推进印刷交易环节的数字化和网络化，发展印刷电商、个性化定制等新型商业模式，推动生产和服务模式的变革。

3. 启动试点智能化制造

智能化制造是新一代人工智能技术与先进制造技术深度融合。其特征是重塑设计、制造、服务等产品全生命周期的各环节及其集成，催生新技术、新产品、新业态、新模式。

对印刷业而言，支持理念先进、技术水平高、创新能力强的印刷企业，特别是具备较好基础的印刷企业，加强与互联网、云计算、人工智能等先进技术的融合，推进大数据驱动下的印刷智能制造共性技术和赋能技术研发与应用。基于信息物理系统（CPS）研发印刷生产过程的智能传感、模式识别、学习、分析、推理、决策、执行等智能化支撑技术和赋能工具，完善印刷业智能制造支撑体系，部分企业先行先试，初步实现智能化转型。

（二）重点任务

1. 坚持正确方向，做好制度设计

国家新闻出版署每两年发布一次《中国印刷业智能化发展报告》，对印刷业智能化发展做出专题专项规划，明晰发展目标和方向，规划产业布局，定期开展行业智能化建设调查研究，推动建立智能印刷示范试点企业，推进印刷业的智能化发展进程。相关单位和机构持续开展印刷智能化发展协同创新研究，探索建设模式，分解技术任务，打破技术壁垒，打通信息孤岛，实现产业链的信息互联，不断提升智能化建设的服务配套能力，激发印刷企业智能化建设的内生动力。

2. 出台标准体系，加快标准制订

充分发挥标准在推进印刷业智能化建设中的支撑和引领作用，在国家智能制造标准前提下，基于现有智能制造基础通用和关键技术标准，制订《印刷智能制造标准体系表》。针对智能制造标准跨行业、跨专业、跨领域的特点，不断研究、完善印刷智能制造标准体系的框架结构。制订涵盖基础通用、智能印刷设备、印刷智能工厂、智能印刷服务等四类行业应用标准，完成立项、制订标准 15 项。联合产业链上下游企业、高校、科研机构共同推进标准体系不断更新，满足印刷智能制造发展的需求。加强宣贯培训，通过召开标准体系研讨会、培训班等多种形式培养标准化人才，加快印刷智能制造标准的推广应用。

3. 开展协同研发，弥补装备短板

生产装备的智能化是印刷业智能化的重要基础。围绕印刷业智能化建设需求，推动装备制造企业协同创新，争取建立 5 家具备较高水平的智能化装备研发中心，开展印刷装备运行状态监测、智能管控等技术研发，重点解决印刷装备数字化水平不高、接口开放性不足、通讯能力差、稳定性可靠性低等短板。实现印刷生产中的实时监控、在线质量检测、生产信息提取等功能，提高国产装备数字化、智能化水平。加强与机械臂、AGV、仓储物流设备等智能化通用设备企业的联系与合作，提高自身技术集成能力，弥补智能化装备配套能力不足的短板。

4. 丰富系统应用，促进数据联通

在普及实施 ERP 系统基础上，引入 MES、产品生命周期管理（PLM）、高级计划排产系统（APS）、仓库管理系统（以下简称“WMS”）等信息化管理手段。基于 ERP、MES、APS 以及数据采集等，实现柔性化生产与拉动式生产，生产过程可监控，生产过程与物料、设备、信息系统、人员连接，提升基于数据的预测、分析、执行能力。基于 WMS、数据采集和智能物流线，联通物流系统与搬运工具及生产设备，使物流仓储自动运行并具有自主决策功能，优化库存量。基于设备与设备、设备与系统的有效连接，使设备具备自感知、自决策、自执行模式，可基于数据对设备进行预防性维护，实现生产设备的智能化。基于 ERP、PLM、移动客服、自感知，实现产品设计过程的智能化，使产品能够进行信息化识别，能够与信息系统相连，并能基于数据进行预测、分析和改进，以涵盖整个产品生命周期的管理，实现产品的智能化。通过系统间数据的互联互通，对生产过程中物流、资金流、信息流进行全面管理，优化资源利用，推进精益生产。

5. 打造数字车间，建设智能工厂

鼓励具备条件的印刷企业发挥资源优势，打造数字化改造重点项目，建设20个数字化车间，利用工业云平台，实现印刷生产过程中设备与设备、设备与人以及其他生产要素的智能互联，衔接生产流程中的“信息孤岛”和“物料孤岛”；启动建设15个智能工厂，基于数字化印刷工艺设计、智能化生产流程管理与调度、数字化印刷设备、印品质量闭环控制和物料配送为重点的系统集成，实现印刷生产中实时监控、检测和现场信息提取等智能管控，建立数据驱动生产决策、质量管控的智能工厂。印刷企业智能工厂/数字化车间建设要根据实际情况分阶段、分步骤逐步推进。建设初期配置ERP、MES、中央控制室，实现车间作业可视化、生产汇报自动化、订单下达无纸化、数据分析智能化、质量管理追溯化。在此基础上，增加智能仓储、设备智能配套、智能物流、智能包装线等配置，逐步实现生产全流程的智能化。

6. 支持网络云印，发展印刷电商

重点建设10个网络云印刷平台，面向印刷企业生产服务网络化，通过ERP系统、MES与电子商务平台互联，上下游与企业内部生产信息共享，缩短印刷产业链各环节之间的距离，实现生产资源和产能的优化配置。支持建设5个印刷电商平台，实现面向客户的接单、设计、报价、印刷与交易等业务网络化；对生产作业流程进行升级改造，满足个性化定制、小批量多批次的业务模式，适应分布式服务和制造的生产形态。重点强化大数据、互联网对于行业创新发展的引领作用，利用大数据分析技术实现企业运营、管理和决策的智能化，打造服务型印刷产业新业态。

7. 细分应用场景，优化建设模式

根据印刷产品特点，分类优化建设模式。出版物印刷企业以满足多元化需求为目标，侧重通过互联网平台打通出版、发行、印刷、服务数据链。采用数字流程改进生产工艺，实现出版物全生产流程的高效协同、精益生产；积极采用数字印刷技术，实施柔性生产，满足按需出版的服务需求。包装装潢印刷品印刷企业以拓展印刷品价值空间为目标，侧重从生产设备数字化和产品智能化入手，提升生产效率和产品效能，实现价值增长。推进生产设备/生产线的数字化、智能化，提高精准生产、敏捷制造能力。通过横向价值网络的协同创新，推进印刷加工与印刷服务的集成，基于物联网提供产品溯源、防伪、营销等增值服务，拓展盈利模式，提高核心竞争力。其他印刷品印刷企业产品门类较多、质量管控难度较大，智能化建设以实现生产全过程管控为目标，侧重从产品末端控制向全流程控制转变，基于印品质量控制需求实现生产过程数字化到智能化。在印刷生产、过程管理等单个环节信息化基础上，构建覆盖全流程的可追溯质量体系；通过上下游企业间的信息共享，促进内外部资源协同，提高企业运营效益。

8. 强化示范引领，培育生态体系

在全行业内选择创新意识强、实力雄厚、理念先进，具有代表性的优秀企业作为试点，推动建立10家智能印刷示范试点企业，支持其优先实施自动化生产线、数字化车间、智能工厂建设。鼓励、组织、指导符合条件企业申报国家智能制造综合标准化与新模式应用项目，承担国家级智能制造试点示范专项行动项目，在产业政策和资金支持上给予倾斜，使其率先享受到智能制造政策的红利，形成一批具有借鉴意义的典型案例和实施方案。发挥印刷智能制造测试线的技术探索、协同创新和效应示范作用，共享创新资源。不断探索、有效推进智能化建设的经验、方法和模式，加深对印刷智能制造的认识，调动全行业参与智能化建设的积极性。通过构建网络化的印刷电子商务、数字化的印刷生产流程、智能化的生产管理系统、集成化的智能印刷设备、多态化的智能印刷产品，以互联网思维构建大数据驱动下的印刷智能制造生态体系，培育行业增长新动能。

四、保障措施

（一）加强统筹协调

印刷业智能化建设涉及生产模式、管理模式、商业模式等重大变革，是一个庞大的系统工程。国家新闻出版署实施印刷智能制造示范试点工程，推动市场要素流动、资源整合和优势产能融合。各级新闻出版行政部门应积极与财政、金融、税务、发展和改革等部门沟通协调，采取有效措施，加强政策引导和扶持，争取将印刷业智能化建设纳入到相关规划中。

（二）完善创新体系

聚焦国家需求，强化规划引领，探索印刷智能化发展的系统布局。整合重点企业、高等院校、科研院所的智力和创新资源，充分发挥产业、科技、人才等方面的优势，建立印刷智能制造创新联合体，打造创新共享平台和公共服务平台，开展基础和关键共性技术攻关、成果推广运用、人才培养培训等服务，完善智能化支撑基础。建立市场化的创新方向选择机制和鼓励创新的风险分担、利益共享机制，弥合技术研发与产业化应用的鸿沟。

（三）搭建对接平台

积极搭建智能化建设对接平台，定期举办中国印刷业创新大会，组建印刷智能制造产业联盟，加强联系与合作，充分整合资源，推动印刷业智能化建设。与有关金融机构对接，形成产融对接机制，对印刷企业的智能化建设给予必要的资金扶持。力争建立中央到地方统筹规划部署、管理部门政策支持、行业协会协调引导、印刷企业主动实践的良好产业发展机制，充分发挥科研院所、高等院校、行业协会等在制订规划、调查研究、教育培训、资格认证、信息咨询、搭建交流平台、参与产业基地建设管理等方面的积极作用。

（四）加快人才培养

不断完善印刷业的人才培养体系，构建多层次人才队伍，培养一批能够突破智能制造关键技术、带动印刷业智能化建设的高层次领军人才，一批既擅长印刷企业管理又熟悉信息技术的复合型人才，一批能够开展智能化印刷技术开发、技术改进、业务指导的专业技术人才，一批技艺精湛、爱岗敬业的高技能人才。进一步健全人才培养机制，创新技术技能人才教育培训模式，促进企业和院校共同开展人才培养工作，建设智能印刷实训基地，培养满足智能化建设需求的高素质技能型人才。

结束语

2018 年是我国印刷业全面推进智能化发展元年。我国印刷业智能化发展虽刚刚起步，但千里之行始于足下，全行业必须坚持正确政治方向，不断增强智能化发展信心。既要登高望远，结合自身客观实际，辨析自动化、数字化、网络化、智能化发展阶段，探索自身特色发展之路；又要星火燎原，以点带面，加快培育印刷智能化生态体系，推动质量变革、效率变革、动力变革，引领产业高质量发展。

北京市出版物印刷服务首都核心功能建设升级指南

（中央宣传部印刷发行局、北京市委宣传部、北京印刷学院、中国印刷技术协会、中国印刷及设备器材工业协会、北京印刷协会联合编制，2018 年 11 月 28 日发布）

出版物印刷是学习宣传贯彻习近平新时代中国特色社会主义思想的重要技术支撑，是推动社会主义文化繁荣兴盛的重要物化途径，是提升首都核心功能不可或缺的重要组成部分。当前，在疏解非首都功能和绿色发展进程中，北京市出版物印刷暴露出供需结构不均衡、服务保障不充分、升级方向不明确等新问题。为贯彻落实习近平总书记对建设和管理好首都的指示精神，引领首都出版物印刷高质量发展，原国家新闻出版广电总局印刷发行司联合原北京市新闻出版广电局，立足问题导向，强化形势研判、风险防范，深化顶层设计，于 2018 年 4 月至 7 月，组织北京印刷学院、中国印刷技术协会、中国印刷及设备器材工业协会、北京印刷协会等单位，赴原环境保护部，北京市发展和改革委员会、原北京市经济和信息化委员会、原北京市环境保护局、北京市城市规划设计研究院，以及人民出版社等 10 家出版单位和北京新华印刷有限公司等 98 家印刷企业，开展了专题调研，编制形成了本指南。

一、现状和形势

（一）发展现状

党的十八大以来，北京市出版物印刷贯彻新发展理念，勠力同心、迎难而上，提质增效、开拓进取，实现了产业总量、结构和质量的深层次变革。目前，北京市现有出版物印刷企业 553 家，资产总额 266.2 亿元，从业人员近 3 万人。2017 年，北京市出版物印刷总产出 167.5 亿元，占北京市新闻出版总产出的 12.7%；实现利税总额 21.7 亿元，占北京市新闻出版利税总额的 11.2%。呈现出 3 个特点：

1. 成为首都政治中心建设的贡献者。北京市出版物印刷提升政治站位，紧密服务首都政治中心建设，近年来承担了党的十八大、十九大以及在北京市召开的党和国家重大会议文件文献的全部印制任务，承担了《中国共产党章程》《中华人民共和国宪法》《政府工作报告》等党和国家重要文献首批印制任务，承担了《习近平谈治国理政》（一、二卷）《党的十九大报告辅导读本》《习近平新时代中国特色社会主义思想三十讲》《共产党宣言》等重大政治主题出版物的首批印制任务。北京市出版物印刷坚持弘扬主旋律、传播正能量，为首善之区政治和文化建设做出了重大贡献。

2. 成为支撑出版集群建设的主力军。北京市作为全国文化中心，汇集了全国 41% 的出版社、20% 的期刊社和 10% 的报社，是全国新闻出版集群化集约化发展的战略高地。作为配套支撑，北京市出版物印刷规模实力雄厚，技术装备领先，管理质量优良。2017 年，北京市出版物印刷企业数量居全国第二，人均产值是全国印刷业人均产值的 1.3 倍；全国在京出版单位 36.6% 的印制任务由北京市出版物印刷企业承担，印制数量超过13.2亿册。2018年，北京市出版物印刷获得中国出版政府奖印刷领域四分之一的奖项。

3. 成为推进印刷绿色发展的重要示范者。北京市连续6年实施绿色印刷工程，有力引领了我国印刷业绿色化发展进程。目前，北京市获得绿色印刷认证的企业数量178家，占全市出版物印刷企业总量的32.2%，数量和占比均列全国首位。北京市中小学教科书已经连续3年实现绿色印刷全覆盖。北京市采用绿色印刷方式印制的图书期刊册数，占全市图书期刊印制总册数的22.8%。获得北京市绿色印刷工程奖励的优秀青少年读物7728种，印制总册数达到2.4亿册。北京市绿色印刷产品已经由出版物向票据票证拓展。

（二）面临的形势

近两年来，疏解转移、环保治理、纸价上涨等诸多制约性因素纠缠叠加，矛盾问题相互交织，极大地挤压着北京市出版物印刷发展空间，有的企业生存成为突出问题，给北京市出版物印刷转变发展方式、优化产业结构、转换增长动力带来巨大压力。新时代新征程，要求北京市出版物印刷深入学习宣传贯彻习近平新时代中国特色社会主义思想和党的十九大精神，贯彻落实全国宣传思想工作会议任务部署，不断强化政治自觉、提高政治站位、坚定“四个自信”，牢牢把握我国印刷业发展触底反弹、控量提质新窗口期机遇，努力探索并破解服务首都核心功能不平衡不充分不明确、影响产业高质量发展的主要矛盾，推动北京市出版物印刷加快质量变革、效率变革、动力变革。

1. 北京市出版物印刷高质量发展对疏解转移精准化提出更高要求。以疏解北京非首都功能为“牛鼻子”推动京津冀协同发展，是党的十九大做出的重要战略部署。北京市印刷业积极响应北京市“疏解整治促提升”工作安排，严格落实《北京市新增产业的禁止和限制目录》有关要求，持续加大一般包装印刷企业特别是塑料软包装印刷企业的疏解转移力度，结构调整取得成效。据了解，出版物印刷并未纳入《北京市新增产业的禁止和限制目录》，但是在疏解转移过程中，由于部分地区和部门思想认识不到位、沟通协调不全面、执行政策不精细，忽视出版物印刷的意识形态和文化的特殊属性，简单化地将出版物印刷视作一般制造业，“一刀切”“一窝蜂”地予以疏解转移。截至目前，已有100多家北京市出版物印刷企业外迁至周边省份。

2. 北京市出版物印刷高质量发展对环保约束科学化提出更高要求。据了解，北京市对于制造业建设项目的污染物排放总量实行“减二增一”管理。出版物印刷作为实体经济中的文化制造业，其产能新增、扩建或者迁移都受到污染物排放总量指标的严格控制。北京市在空气重污染预警期间实行停限产管理。各区在提出停限产企业名单时，主要考虑其VOCs排放总量，而不是单位产值的排放量。有时会出现大型骨干企业停限产、小微企业开工的不合理现象，使得高端产能受到大幅抑制。但北京市大型骨干印刷企业大都通过了绿色印刷认证和清洁生产审核，环保水平较高，VOCs在进行末端治理前已基本达标。目前，由于污染物排放总量和停限产的限制，北京市出版物印刷事实上很难产生增量，也难以迁移存量。

3. 北京市出版物印刷高质量发展对产业升级高端化提出更高要求。北京市深化供给侧结构性改革，建设现代化印刷经济体系，需要研发品种丰富、形式多样，设计精美、制作精良的印刷产品，满足人民日益增长的更加旺盛的精神文化需求；需要继续加快优化升级推动融合发展，更高层次融入国家文化创意产业和先进制造业的核心生产体系；需要引导产业迈向全球价值链中高端，培育具有国际竞争力的企业集团，提升我国印刷业的国际影响力渗透力竞争力。目前，北京出版物印刷仍然存在着低端产能占比偏大、全要素生产率偏低、自主创新能力偏弱、知识技能创新型人才偏少等诸多问题，与深化供给侧结构性改革、服务保障首都核心功能的任务需求相比，还存在着较大差距，“绿色化、数字化、智能化、融合化”发展迫在眉睫。

从当前情况看，北京市出版物印刷疏解转移方向不明、停产限产标准失衡，很多企业投资经营信心不足，出版物印刷产能下滑趋势明显，印制周期由原来的一周内延长至半个月以上。很多企业外迁后，服务半径被动增加，一定程度上影响了生产效率和文化安全。去年，在临时应急协调保障机制下，北京市出版物印刷完成了党的十九大文件文献、学习辅导读物和重大主题出版物的印制任务。如果北京市出版物印刷产能供给量继续下滑，低于首都核心功能建设任务需求量，尽管可以通过部市间协调机制进行应急协调，但相当多重要印制任务仍将难以完成。产能保障相对不足已成为北京市出版物印刷服务首都核心功能的“灰犀牛”事件，必须高度重视，着力解决。

二、总体要求

（一）指导思想

认真学习宣传贯彻习近平新时代中国特色社会主义思想和党的十九大精神，深入学习贯彻习近平总书记两次视察北京的重要讲话精神和对北京工作的一系列重要指示，贯彻落实全国宣传思想工作会议任务部署，牢牢把握意识形态工作主导权，发展中国特色社会主义文化，不断深化改革创新，不断强化统筹规划和协调指导，落实好首都政治中心、文化中心、国际交往中心、科技创新中心（以下简称“四个中心”）城市战略定位，落实好《北京城市总体规划（2016–2035 年）》（以下简称《总体规划》）工作要求，以疏解北京非首都功能为“牛鼻子”推动京津冀协同发展，在服务党和国家工作大局中实现北京市出版物印刷对首都核心功能的高水平保障，推动北京市出版物印刷全面升级，形成引领全国出版物印刷高质量发展的新格局。

（二）工作原则

1. 坚持顶层设计。紧贴保障首都核心功能任务需求，围绕产业高质量发展要求，认真落实意识形态工作责任制，研究北京市出版物印刷保障服务范围，确定产业优化升级目标，综合设计政策措施，条块结合构建矩阵，形成管理合力，实现保障和升级工作的针对性、全面性和科学性。

2. 坚持有力保障。始终把保障服务首都核心功能建设作为北京市出版物印刷优化升级工作的出发点和落脚点，对标保障任务要求，聚焦问题补齐短板，精准发力促进提升，综合协调完善机制，责任到位狠抓落实，确保保障服务任务的高质量完成。

3. 坚持协同发展。立足京津冀功能定位，明确发展重点和特色，强化整体协同，形成区域间产业合理分布和上下游联动机制，推进要素资源有序流动，整合提升资源使用效率，构建优势互补、联动发展、相互协同的保障点、保障区、后备区和预留承载区体系。

4. 坚持进退有序。加大淘汰落后技术、工艺、装备和材料的力度，疏解转移一般包装印刷企业特别是溶剂型塑料软包装印刷企业，鼓励扶持绿色印刷、数字印刷、智能印刷、创意印刷、印刷网络服务平台等新兴印刷业态发展，推动产学研合作和产融合作，加快新旧动能接续转换。

（三）发展目标

北京市出版物印刷要学习贯彻落实习近平总书记重要讲话精神，对标首都核心功能建设要求，贯彻“五大”发展理念，坚持印刷业“四化”发展方向，全面持续地完成服务保障首都核心功能建设任务，加快实现“三个”变革，成为疏解产能促提升的全国样板。

从现在到 2020 年，是北京市出版物印刷服务保障首都核心功能的巩固期。要紧紧围绕党和国家工作大局，建立完善北京市出版物印刷服务首都核心功能的多维保障体系，形成科学合理的产能保障布局和动态调整的产能保障机制，在向印刷业“四化”转型升级过程中取得重要突破，服务保障北京“四个中心”建设和落实《总体规划》取得良好效果。

从 2020 年到 2035 年，是北京市出版物印刷服务保障首都核心功能的提升期。到那时，北京市出版物印刷内生动力显著增强，产业规模、技术支撑、产品服务与首都核心功能建设需求基本适应，机制调整和动态管理规范化、科学化，服务首都核心功能建设的能力得到全面提升，初步实现绿色化、智能化、融合化发展，全面彰显北京市出版物印刷在全国范围的示范引领作用。

三、重点任务

（一）提高认识，确保保障能力稳定可靠

1. 明确行业特殊属性，强化政治保障责任。党的十九大鲜明宣示，中国特色社会主义进入新时代。党和国家事业发展迈进新征程，迫切需要文化的发展进步和繁荣兴盛。党的十八大以来，我国日益走近世界舞台中央，迫切需要加快提升国家文化软实力。北京作为首都，是政治中心、文化中心和国际交往中心，是传播习近平新时代中国特色社会主义思想和中国共产党执政理念的核心思想文化阵地。出版物印刷作为思想和文化传播的重要载体，具有鲜明的意识形态和文化属性，在传播习近平新时代中国特色社会主义思想、发展中国特色社会主义文化、传承中华优秀传统文化的过程中发挥着极其特殊、极其关键的作用。对北京市出版物印刷的发展和管理，要旗帜鲜明讲政治、理直气壮讲导向，充分认识到其特殊属性和地位。各部门各单位应为出版物印刷企业安全生产、持续发展创造良好的政策环境；北京市出版物印刷企业要提高政治站位，将保障首都核心功能建设作为履行社会政治责任的首要任务，始终把社会政治责任放在首位，实现社会效益和经济效益相统一。

2. 借鉴国外首都经验，完善服务首都功能。从发达国家经验看，出版物印刷在服务首都功能建设中发挥着重要的特殊作用。例如，美国是世界第一印刷大国印刷强国，在首都华盛顿设立了政府印刷局（GPO），专门负责印制与美国政府有关的印刷产品，并统筹协调其他印刷企业的政府印制业务。日本是世界第三印刷大国，东京是日本的政治中心和文化中心，汇集了日本近 70% 的出版单位，也汇集近 2000 家印刷企业为其提供配套服务，在日本 47 个行政区中排名第一。我国是世界第二印刷大国，北京作为首都，集聚了 238 家出版单位。北京市出版物印刷应借鉴美日等国家的先进经验，提升服务的集约化和专业化水平，为首都建设和运行提供更为稳定可靠的保障。

3. 推动新旧动能转换，发挥示范引领作用。释放产业发展活力创造力，加快新旧动能接续转换，是改革开放 40 年来取得巨大成就的关键所在，是进入新时代，全面深化改革的重要指向。北京市出版物印刷要深刻认识加快新旧动能转换的重要意义，以服务保障首都核心功能建设为目标，以深化供给侧结构性改革为主线，以提高出版物印刷供给体系质量为主攻方向，坚持去落后低端产能、降原料人工成本、补管理技术短板，优化装备人才资金配置，扩大高端印刷增量供给，推动产业质量变革。北京市出版物印刷具有代表性、指向性和示范性，要有担当精神，勇于开拓，率先走出调整蓄能、克服阵痛、谋划新机的“蛰伏”期，为全国出版物印刷新旧动能转换提供可复制、能推广的经验借鉴，努力为全国起到表率作用，为全行业高质量发展赋能。

（二）对标规划，构建多维精准保障体系

1. 精细梳理产品产能。根据《印刷业管理条例》，印刷品分为出版物、包装装潢印刷品和其他印刷品 3 大类。据印刷企业年度报告数据，2017 年，全国印刷企业数量 99054 家，实现印刷总产值 12057.7 亿元。其中，出版物、包装装潢印刷品和其他印刷品 3 大类产品的产值比例见图 1。

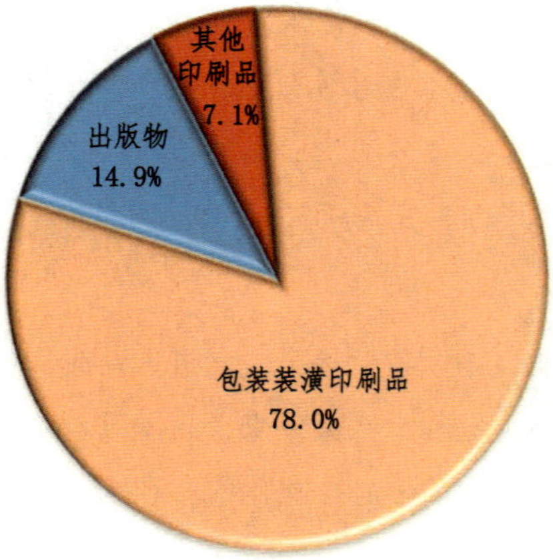

图 1　全国 3 大类印刷产品产值比例图

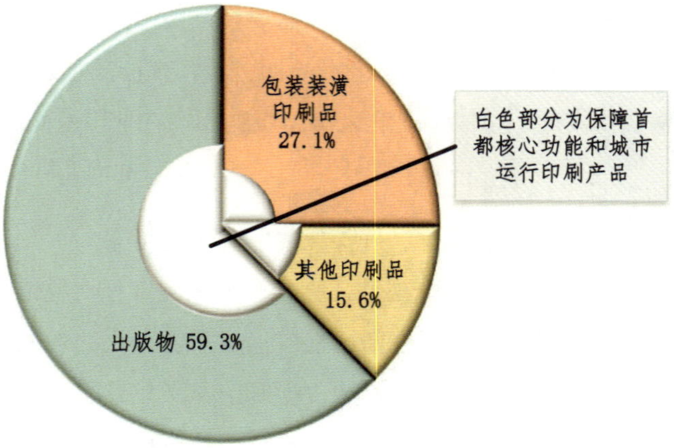

图 2　保障首都核心功能和城市运行印刷产品示意图

据国家统计局统计数据，2017 年，我国印刷业规模以上企业（2000 万元以上）营业收入占文化及相关产业规模以上企业营业收入的 8.88%，印刷业已经成为我国文化产业的主力军。

为更好服务保障首都核心功能，按照科学评估、精准分类的原则，在现有出版物、包装装潢印刷品和其他印刷品 3 大类印刷产品分类的基础上，经反复考量，拟进一步将北京市印刷品细化为 11 类。其中，用于保障首都核心功能建设的有 5 类，用于保障首都城市运行的有 6 类。11 类产品分类图见图 2。

表 1　保障首都核心功能和城市运行印刷产品分类表

保障首都核心功能印刷品	党和国家重要文件文献
	重大主题出版物
	重要报纸期刊
	少儿出版物
	北京市中小学教科书
保障首都城市运行印刷品	涉密印刷品
	票据票证
	宣传印刷品
	艺术印刷品
	文创印刷品
	功能印刷品

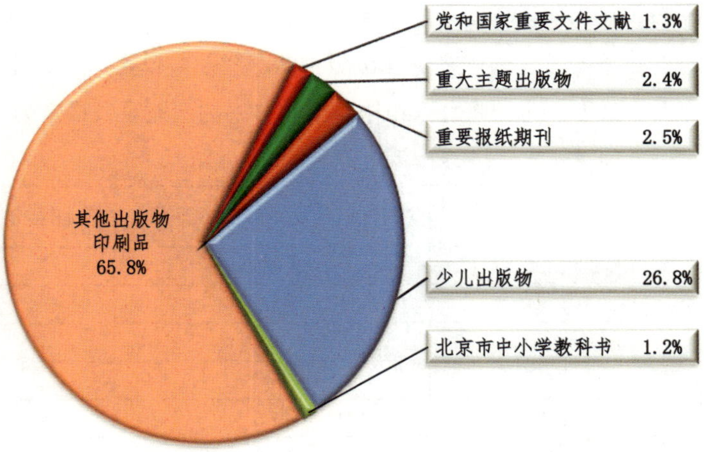

图 3　保障首都核心功能出版物占北京市出版物印刷总产量比例图

保障首都核心功能建设的 5 类印刷品主要是出版物，具体内容：一是党和国家重要文件文献。主要包括党和国家的决议、决定、会议公报，颁布的法律、法规，重要国家领导人的报告、讲话、文稿、著作等。如《中国共产党章程》《十九大报告单行本》《习近平谈治国理政》（一、二卷）等。二是重大主题出版物。主要包括围绕国家经济、政治、文化、社会、生态文明等方面的工作大局，就党和国家发生的一些重大事件、重大活动、重大题材、重大理论问题等为主题的出版物，如《习近平新时代中国特色社会主义思想三十讲》《全面从严治党面对面》《习近平的七年知青岁月》等。三是重要报纸期刊，主要包括服务各级党政军机关的报纸期刊，如《人民日报》《求是》《紫光阁》《北京日报》《前线》等。四是少儿出版物。主要包括以少年儿童为服务对象，印制工艺较高的出版物，如《世界儿童文学典藏馆》《儿童百科全书》等。五是北京市中小学教科书。主要包括供北京市中小学生使用的教学用书。五类保障首都核心功能的出版物印刷品占北京市出版物印刷品总产量的比例见图 3。

保障首都城市功能运行的 6 类印刷品包括涉密印刷品、票据票证、宣传印刷品、艺术印刷品、文创印刷品、功能印刷品等。在首都功能建设过程中，上述 6 类产品为确保首都城市功能正常运行发挥了不可或缺的重要作用，亦应重视上述 6 类产品的保障供应。

2. 科学评估高线低线。根据原北京市新闻出版广电局 2017 年度行业统计数据，汇总分析得出 2017 年 5 类用于保障首都核心功能的印刷品的实际用纸量为 787.7 万令，占北京市 2017 年出版物印刷产品用纸量的 1/3。其中，党和国家重要文件文献用纸量 30.9 万令，重大主题出版物用纸量 55.3 万令，重要报纸期刊用纸量 58.4 万令，少儿出版物用纸量 614.5 万令，北京市中小学教科书用纸量 28.6 万令。

根据政策性、有效性、科学性、实用性原则，选取党和国家的重大会议、事件数量，重大外事活动数量，重大纪念日活动数量，各类赛事活动数量等，作为党和国家重要文件文献、重大主题出版物需求的影响因素；将在京的政府机关及人员数量作为重要报纸期刊需求的影响因素；将新生儿出生率作为少儿出版物需求的影响因素；将中小学在校生人数作为北京市中小学教科书需求的影响因素，选取 2010 年至 2017 年的数据，构建影响因素和出版物印刷需求的灰色关联模型，依据公式 $\rho_{0i}=\theta\varepsilon_{0i}+(1-\theta)\gamma_{0i}$ 评估上述五类出版物印刷产品需求和影响因素之间关联度。通过评估发现，出版物印刷与印刷需求之间的关联度系数均大于 0.8，各影响因素的变化对出版物印刷需求的变化产生直接影响。

梳理从当前到 2020 年举办的重大会议、重大活动、重大纪念日的频次要高于 2012 年至 2017 年，经专家论证将党和国家重要文件文献、重大主题出版物的产能系数设定为 1.5；在京党政机关和事业单位订阅的重要报纸期刊数量占其北京总印量的 80% 以上，到 2020 年在京党政机关和事业单位数量和人员数量基本稳定，经专家论证将重要报纸期刊的产能系数设定为 1；近 5 年北京市新生儿出生率维持在 8.5‰

左右，在当前生育政策下，预计到2020年北京市新生儿的出生率基本稳定，经专家论证少儿出版物需求量变化不明显，因此将少儿出版物的产能系数设定为1；到2020年中小学在校生人数基本稳定在120万左右，经专家论证将北京市中小学教科书的产能系数设定为1。

表2　北京市出版物印刷产能表

分类 \ 产能	2017年实际用纸量（万令）	2018–2020年各类产能系数	2020年高线用纸量（万令）
党和国家重要文件文献	30.9	1.5	46.4
重大主题出版物	55.3	1.5	83.0
重要报纸期刊	58.4	1	58.4
少儿出版物	614.5	1	614.5
北京市中小学教科书	28.6	1	28.6
总计	787.7	–	830.9

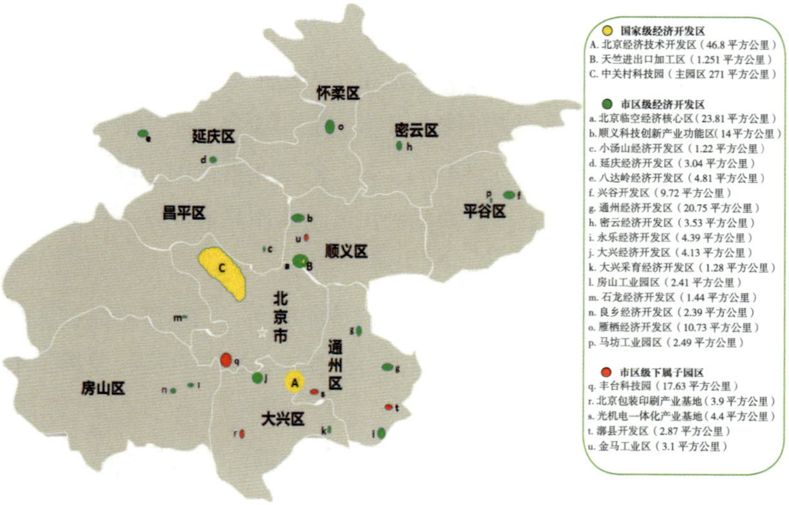

图4　北京市工业园区分布图

以2017年保障首都核心功能的5类出版物印刷品的实际用纸量作为产能低线，根据专家论证所得的产能系数，测算出2018年至2020年产能高线如表2所示。由表2计算得出，到2020年上述5类保障首都核心功能的出版物印刷品产能低线占2017年北京市出版物印刷品全部实际产能的34.3%，产能高线占2017年北京市出版物印刷品全部实际产能的36.2%。

图5　北京市出版物印刷现有空间分布图

3. 优化保障空间布局。以北京市现有开发区为基础（见图4），根据现有出版物印刷企业空间分布情况（见图5），按照效率优先、成本最低的原则，选取亦庄经济技术开发区、天竺空港经济开发区、光机电一体化产业基地园区、中关村科技园区、丰台科技园区、大兴经济开发区、北京包装印刷产业基地、通州经济开发区东区、漷县开发区、金马工业区等十个开发区作为北京市出版物印刷服务首都核心功能的保障区。鼓励保障区周边及未来计划新增的出版物印刷企业进入保障区，形成产业集群。将生产保障首都核心功能印刷产品且位于保障区外的印刷企业设置为保障点。保障区及保障点分布见图6。

图6　北京市出版物印刷保障区及保障点示意图

以《总体规划》区域及功能分布为指引，鼓励各保障区、保障点调整自身产业结构，就近服务保障首都城市相应功能。

首都功能核心区（一核）：包括东城区、西城区，是全国政治中心、文化中心和国际交往中心的核心承载区，是展示国家首都形象的重要窗口地区。鼓励位于核心区的出版物印刷保障点承担党和国家重要文件文献、重要报纸期刊等印制任务。

中心城区（一主）：包括东城区、西城区、朝阳区、海淀区、丰台区、石景山区，是首都核心功能的集中承载地区，是建设一流的和谐宜居之都的关键地区。鼓励位于中心城区的出版物印刷保障区、保障点承担党和国家重要文件文献、重大主题出版物、重要报纸期刊、宣传印刷品、艺术印刷品、文创印刷品等印制任务。

北京城市副中心（一副）：指通州区，是北京市行政副中心、国际商务新中心、文化发展创新区、和谐宜居示范区。鼓励位于副中心的出版物印刷保障区、保障点承担党和国家重要文件文献、重大主题出版物、重要报纸期刊、宣传印刷品，以及部分涉及民生保障的票据票证印制任务。

5个位于平原地区的新城（多点）：包括顺义、大兴、亦庄、昌平、房山，是首都面向协同发展的重要战略门户，是承接中心城区人口及适宜功能的重点地区，是建设高新技术和战略性新兴产业的集聚区。鼓励位于多点区的出版物印刷保障区、保障点承担重大主题出版物、重要报纸期刊、少儿出版物、北京市中小学教科书、涉密印刷品、艺术印刷品、文创印刷品，以及涉及民生保障和城市运行的票据票证、功能印刷品等印制任务。

北京市出版物印刷保障首都核心功能的空间布局汇总见表3。

表3　北京市出版物印刷保障首都核心功能空间布局汇总表

空间结构	所含区域	功能定位	鼓励类别	保障区、保障点名称
一核： 首都功能核心区	东城区 西城区	全国政治中心 文化中心 国际交往中心	重要文件文献、重要报纸期刊	东城区、西城区内的出版物印刷保障点
一主： 中心城区	东城区 西城区 朝阳区 海淀区 丰台区 石景山区	首都核心功能的集中承载地区	党和国家重要文件文献、重大主题出版物、重要报纸期刊、宣传印刷品、艺术印刷品、文创印刷品	中关村科技园出版物印刷保障区、丰台科技园等两个出版物印刷保障区以及分布于中心城区的出版物印刷保障点

（续表）

一副： 北京城市副中心	通州区	行政副中心 国际商务新中心 文化发展创新区 和谐宜居示范区	党和国家重要文件文献、重大主题出版物、重要报纸期刊、宣传印刷品、票据票证	光机电一体化产业基地、潞县开发区、西集开发区等三个出版物印刷保障区以及周边出版物印刷保障点
多点： 5 个位于平原地区的新城	顺义区 大兴区 亦庄开发区 昌平区 房山区	承接中心城区人口及适宜功能的重点地区 高新技术和战略性新兴产业的集聚区	重大主题出版物、重要报纸期刊、少儿出版物、北京市中小学教科书、涉密印刷品、艺术印刷品、文创印刷品、票据票证、功能印刷品	北京经济技术开发区、天竺空港工业区、金马工业区等三个出版物印刷保障区以及分布于多点区的出版物印刷保障点

4. 打造后备预留区域。依据《京津冀协同发展规划纲要》，对照雄安新区建设规划要求，为雄安新区集中承载北京非首都功能做好保障工作，经专家论证，在河北曹妃甸、滦县、故城、安次、肃宁、元氏和天津宝坻区、武清区、北辰区、东丽区等地设立出版物印刷后备保障区。根据有关省份的印刷发展规划，综合考虑环京津冀地区的产业基础和服务半径，经专家论证，在山东济南、泰安、淄博、临沂、烟台、威海、青岛、德州，山西太原、运城、晋中，辽宁沈阳、抚顺、营口、丹东、桓仁、喀左、绥中，内蒙古呼和浩特、包头、鄂尔多斯等地设立出版物印刷服务首都核心功能的预留承载区，保障特殊时期首都核心功能建设对出版物印刷的特殊需求。

（三）协调联动，动态优化调整产能布局

1. 评估调整优化模型系数。以供需动态平衡为目标，建立两年一评估的常态化机制。在梳理未来两年产能影响因素的基础上，经授权，由北京市委宣传部组织相关管理部门、行业协会、出版单位、印刷企业等方面的专家对未来两年各类出版物印刷产品产能系数进行论证，动态调整未来北京出版物印刷产能供给。

2. 动态梳理保障企业名单。以保障首都核心功能建设为目标，对现有北京市出版物印刷企业进行梳理核对，按照保障有力、产能匹配原则，参考未来两年北京市出版物印刷的产能高线和低线，结合保障区和保障点的企业数量及产能现状，由北京市委宣传部每年提出保障建议名单，建立保障建议名单动态调整制度。

3. 构建统筹协调发布机制。按照集体决策、统一发布、完善监督原则，由北京市委宣传部联合北京市发展和改革委员会、北京市经济和信息化局、北京市规划和自然资源委员会、北京市生态环境局等部门研究确定并发布北京市出版物印刷服务首都核心功能建设保障名单。同时，各方联合研究工作中的突出困难和问题，提出解决方案。

（四）持续升级，引领印刷业高质量发展

1. 全面提升绿色化，打造绿色发展产业新体系。宣传推广绿色发展理念，调整完善绿色发展体系和实施机制，培育扩大印刷绿色化消费市场。继续深入实施“北京市绿色印刷示范工程”，组织开展京津冀印刷业绿色化协同发展活动，制定北京市印刷业绿色发展原辅材料目录，加强北京市绿色印刷产品质量检测，培育一批北京市绿色发展标杆企业，构建宏观引导有效、市场机制倒逼、企业主体主动的绿色发展产业新体系。

2. 大力推广数字化，打造“互联网 +”产业新业态。支持新建数字印刷企业和互联网印刷服务平台，扶持阳光印网、印书网等骨干互联网印刷平台发展，扶持中科纳新等纳米印刷新技术发展，鼓励新一代信息技术在印刷生产经营管理中应用推广，逐步扩大数字化印刷产值的占比。整合北京市出版物印刷上下游全产业链基础业务数据，开发建设北京市出版物印刷大数据云服务平台。

3. 试点推进智能化，打造提质增效产业新样板。鼓励引导北京市出版物印刷进行机械化、自动化改造升级，加强与互联网、云计算、大数据、人工智能等的融合，进一步提升北京市出版物印刷的智能化水平。大力推动北京盛通、北京华联等企业的智慧印厂项目落地实施，推动印刷与无线射频标签、物联网的结合，培育若干家出版物印刷智能试点企业和3–5家示范企业。

4. 鼓励支持融合化，打造共建共享产业新模式。提高北京出版物印刷的科技含量和服务属性比重，加深与信息技术、装备制造和新型材料等的融合，实施产品结构战略升级，由被动加工向主动服务转变。鼓励北京市出版物印刷向按需出版、数据管理、创意设计、发行物流和提供综合解决方案等方向延伸。打造以北京雅昌为中心的全艺术产业链综合服务示范基地和以东方宝笈为中心的珂罗版艺术复制基地。

四、保障措施

（一）将“出版物印刷保障体系建设”作为贯彻落实北京城市总体规划的重要内容

各部门各单位要高度重视北京市出版物印刷服务首都核心功能建设的重要作用，将“出版物印刷保障体系建设”作为落实《总体规划》的重要政策参考，统筹做好“出版物印刷保障体系建设”和《总体规划》的有机衔接。通过条块结合，构建北京市出版物印刷服务保障首都核心功能的管理矩阵。北京市委宣传部要加强与北京市有关部门的政策协调，规划和监督北京市出版物印刷的产能调整、布局优化和环保达标。

（二）研究出台推动京津冀印刷业协同发展政策措施

中央宣传部将指导有关省份宣传部门，发布京津冀印刷业协同发展后备保障区和预留承载区名单，把北京市出版物印刷保障首都核心功能建设放到京津冀一体化大局中谋划推动，并适时进行动态调整。降低京津冀印刷业协同发展的门槛，中央宣传部将指导京津冀三地宣传部门加强沟通协调，联合有关部门，在资质互认、园区建设、市场管理、投资核准、土地使用、银行贷款等方面出台专项政策措施，全面激发京津冀出版物印刷协同发展的活力。

（三）对“出版物印刷保障体系建设”持续进行评估和优化

北京市委宣传部针对北京市出版物印刷产能保障和空间布局，建立“出版物印刷保障体系建设”实施情况的定期自评估制度。中央宣传部委托第三方机构对此进行综合评估。通过自评估和第三方综合评估相结合的评估机制，及时收集反馈各类信息，对影响“出版物印刷保障体系建设”的问题环节和问题要素进行优化和调整。同时，汇总分析建设过程中暴露出的新问题和新诉求，联系协调有关部门予以研究解决，提升“出版物印刷保障体系建设”的科学化水平。

（四）给予“北京市出版物印刷服务首都核心功能建设升级”工作专项支持

中央宣传部沟通协调北京市委市政府，为北京市出版物印刷服务首都核心功能建设升级创造良好的政策环境。北京市委宣传部协调北京市发展和改革委员会、北京市经济和信息化局、北京市财政局、北京市规划和自然资源委员会、北京市生态环境局等部门，加大对服务首都核心功能建设升级工作的扶持力度；加强与行业协会和科研院校之间的联系，加大教育培训力度，为北京市出版物印刷服务首都核心功能建设升级提供人才支撑。■

长三角区域印刷业一体化发展升级指南

（中共中央宣传部印刷发行局，中共上海市委宣传部、中共江苏省委宣传部、中共浙江省委宣传部、中共安徽省委宣传部、北京印刷学院共同编制，2019 年 7 月 25 日发布）

印刷业是我国出版业的重要组成部分，是社会主义文化繁荣兴盛的重要推动力量，是国民经济的重要服务支撑。长三角区域是我国经济最具活力、开放程度最高、创新能力最强的区域之一，是“一带一路”与长江经济带的重要交汇地带，以占全国不到 4% 的土地面积创造了全国近 25% 的国内生产总值，在国家现代化建设大局和全方位开放格局中具有举足轻重的战略地位。长三角区域印刷业区位优势明显，是我国三大印刷产业带的领头羊，规模以上重点印刷企业数量最多，约占全国的 35%；其资产总额、工业总产值、利润总额、对外贸易加工额在全国三大印刷产业带中位居首位，转型升级潜力巨大。

把长三角区域一体化发展上升为国家战略是以习近平同志为核心的党中央作出的重大战略决策。为贯彻落实习近平总书记对长三角区域一体化发展作出的重要指示要求，落实好《长江三角洲区域一体化发展规划纲要》精神和全国宣传思想工作会议部署，推动长三角区域印刷业一体化高质量发展，特制定本指南。

一、现状与形势

（一）发展现状

党的十八大以来，长三角区域印刷业始终坚持正确政治方向，贯彻落实新发展理念，发挥优势、主动作为，实现了长三角区域印刷业总量、结构和质量的深层次变革，为长三角经济增长提供了产品支撑、技术支撑和服务支撑，为区域经济和文化发展做出重要贡献。截至 2018 年底，长三角区域印刷企业共 3.2 万家，从业人员 92 万人，资产总额 5443 亿元，工业总产值 4318 亿元，利润总额 263 亿元，分别占全国总量的 32%，34%，36%，34% 和 37%。呈现出 5 个特点。

1. 已成为带动全国印刷业发展的主力军。长三角区域印刷业规模实力雄厚，已形成大中小企业并举、工艺门类齐全、多种经济成分互补的发展新格局。2018 年，长三角区域出版物印刷企业有 1213 家，实现产值 443 亿元，分别占全国出版物印刷的 17% 和 24%；包装装潢印刷企业有 20036 家，实现产值 3624 亿元，分别占全国包装装潢印刷的 40% 和 37%；印刷机械制造年产值 80 余亿元；拥有国家认定企业技术中心、国家地方联合工程实验室、博士后科研工作站等印刷相关科研机构 50 余家；举办相关印刷大型展会 13 个；获得国际印刷奖项 42 个，约占全国印刷业获奖总数的 1/3。

2. 已成为推动印刷业结构优化的排头兵。长三角区域印刷业集约化程度位居全国首位。2018 年，长三角区域规模以上重点印刷企业有 1383 家，占长三角区域印刷企业总数的 4.4%；实现产值 2770 亿元，占长三角区域印刷业总产值的 64%。规模以上重点印刷企业实现对外加工贸易额 317 亿元，占长三角区域印刷业对外加工贸易总额的 74%，占全国印刷业对外加工贸易总额的 27%。长三角区域有国家印刷示范企业 36 家，占全国印刷示范企业总数的 39%；有全国印刷包装百强企业 39 家，位居三大印刷产业带首位。

3. 已成为驱动印刷业转型升级的示范者。长三角区域印刷业积极利用“上海促进文化创意产业发展财政扶持资金”“江苏现代服务业（新闻出版）发展专项资金”“浙江文化产业发展专项资金”“安徽文化强省资金”等，应用新技术、新装备、新材料、新工艺，加快技术进步，调整产业结构，推进产能持续转换。2018 年，长三角区域印刷绿色企业共有 266 家，同比增长 12%，实现产值 268 亿元，同比增长 14%，占全国印刷绿色总产值的 30%；数字印刷企业共有 492 家，同比增长 27%，实现产值 19 亿元，同比增长 11%，占全国数字印刷总产值的 17%。

4. 已成为拉动印刷业集群建设的引领者。长三角区域印刷业资源禀赋优异，正在形成印刷综合服务、印刷装备制造、印刷原辅材料、印刷软件服务、印刷科研院所、印刷教育服务、印刷会展交易等协同发展、优势互补、差异化竞争的产业集群。2018 年，长三角区域地市级及以上印刷产业园区达 17 家，总投资 66 亿元，入驻企业 890 家，实现产值 160 亿元，产值同比增长 59%。长三角区域印刷产业园产值约占全国印刷产业园总产值的 60%，在聚集创新资源、服务平台建设、培育新兴产业、推动集群化发展等方面发挥了重大作用。

5. 已成为推动印刷业对外开放的贡献者。长三角区域印刷业面向世界，深度融入国际产业链。全区域吸引全球 20 多个国家和地区投资设厂。2018 年，长三角区域外商投资印刷企业有 512 家，占全国外商投资印刷企业总数的 27%；外商投资总额 130.1 亿美元，占全国印刷业外商投资总额的 33%。同时，长三角区域印刷业加快“走出去”步伐，积极推动国际产能合作，承接了大量国际品牌的印刷包装业务。2018 年，长三角区域印刷业对外加工贸易额 295.3 亿元，占全国印刷业对外加工贸易总额的 35%。

（二）面临的形势

综合判断，我国印刷业正在迎来新一轮发展窗口期。这个新的窗口期，不再以高速增长为标志，但仍将保持稳定发展；不再是所有细分领域齐头并进，但新增长点新动能会不断地被激发；很难再有各类企业同步扩张，但优质企业和创新业态将保持多频增长、超越前行。新窗口期，使行业呈现出治理格局深度变迁、发展方式重大变革新特征。与此同时，也应深刻地认识到，长三角区域印刷业发展不平衡不充分，具有国际竞争力的世界级产业集群尚未形成；科技创新和产业融合不够深入，产业发展的协同性有待提升；印刷业绿色化发展的瓶颈制约仍未破解，有效保障供给体系正在建设；跨区域共建共治共享机制尚未健全，统一开放的市场体系亟待培育。这些问题，严重制约着长三角区域印刷业一体化发展进程的有效推进。长三角区域印刷业要深入学习贯彻习近平新时代中国特色社会主义思想和党的十九大精神，更好承担举旗帜、聚民心、育新人、兴文化、展形象的使命任务，更好服务长三角区域一体化高质量可持续发展大局。

1. 推进长三角区域印刷业一体化发展，有利于产业布局优化。目前，长三角区域印刷业发展不平衡，部分地区印刷企业规模小，技术装备落后，产品同质化，竞争能力不足，难以形成范围经济。三省一市印刷业之间关联度不高，产业上下游关联性不强，与形成优势互补的产业布局、因地制宜发展特色产业的战略规划存在相当大的差距。三省一市印刷业要提升站位、放大格局，进一步拓展产业领域，延伸产业链条，联合上下游及相关领域，引导重点区域产业集聚，组建印刷业区域创新发展集群，形成特色产业园区，构建印刷产业发展生态圈。

2. 推进长三角区域印刷业一体化发展，有利于产业升级创新。消费升级、服务提档、技术创新、环保增强、跨界融合是推动当前印刷业态创新发展的重要动力源。深化印刷业供给侧结构性改革，需要深化服务意识、转变发展理念，研发品种丰富、形式多样、设计精美、制作精良的印刷产品，以更好满足人民群众对美好生活的新期待。新一代信息技术、智能制造、新材料等领域的创新，为印刷业创新融合发展带来重大机遇，迫切需要加快“绿色化、数字化、智能化、融合化”发展。

3. 推进长三角区域印刷业一体化发展，有利于行业治理体系进一步完善。长三角区域印刷业管理部门职责定位清晰、运转规范高效，在行业治理中发挥着举足轻重的作用。三省一市印刷管理部门要从传统行政管理模式向综合性、全方位、多层次行业治理体系建设转变，建立立足宏观、着眼发展、弥合矛盾、协调高效的权威协商机制和资源转化平台，实现与发改、经信、财政、规划、环保等部门的有效结合、紧密沟通，不断拓宽工作格局，解决深层次矛盾和问题。

二、总体要求

（一）指导思想

以习近平新时代中国特色社会主义思想和党的十九大精神为指导，深入贯彻落实习近平总书记关于推动长三角区域更高质量一体化发展的重要指示，贯彻落实《长江三角洲区域一体化发展规划纲要》精神和全国宣传思想工作会议部署，牢牢掌握意识形态工作领导权，坚持正确的政治导向，突出问题导向和效果导向，强化统筹协调、制度设计和创新驱动，牢牢把握“全印刷”“全球化”“一体化”“可持续”“高质量”发展方向，按照“上海进一步发挥龙头带动作用，苏浙皖各扬所长”要求，深化供给侧结构性改革，提升产业链的关联、协同水平，推动长三角区域印刷业实现更高质量的一体化发展，为全国印刷业新旧动能转换提供可复制、能推广的经验借鉴，形成引领全国印刷业高质量发展的新格局。

全印刷是指印刷的全链条、全领域、全业态、全要素。

全球化是指印刷的对外开放、经贸合作、技术交流、互联互通。

一体化是指印刷的统筹协调、交互错位、梯次配置、黏性韧性。

可持续是指印刷的创新驱动、科技引领、绿色发展、开放融合。

高质量是指印刷的结构优化、提质增效、引导需求、竞争优势。

（二）工作原则

1. 坚持顶层设计。树立“一体化”意识和“高质量”发展思想，深入推进印刷业全产业链一体化建设，围绕产业高质量转型升级要求，紧密围绕长三角区域功能定位，明确全印刷产业链范围，确定产业转型升级目标，综合设计制度政策，统筹各方构建管理矩阵，形成推动印刷业一体化高质量发展的合力，加快实现治理体系和治理能力现代化。

2. 坚持目标导向。瞄准印刷业高质量发展战略目标，把转型升级作为促进长三角区域印刷业一体化工作的重点，把“走出去”“引进来”作为长三角区域印刷业全球化工作的着力点，找准方向持续升级，聚焦问题补齐短板，紧贴目标精准发力，围绕定位完善机制，形成目标指引方向、方向确定举措的工作思路，释放长三角区域发展优势。

3. 坚持重点突破。围绕长三角区域印刷业一体化过程中的重大需求，通过体制机制创新，找准对象、精准发力，集中力量解决“全球化”“一体化”“可持续”“高质量”发展中的关键问题。聚焦区域印刷业产业集群、升级方向、治理体系、发展定位等重点领域和关键环节，集中突破、形成具体工作成果，以点带面、发挥示范引领效应，为长三角区域印刷业一体化高质量发展提供牵引和推动力量。

4. 坚持区域协同。根据长三角区域一体化发展战略定位，结合区域实际，以现有业态布局为基础，明确发展重点和特色，强化整体协同，形成区域间产业合理分布和上下游联动机制，大力推进资源要素有序流动，整合提升资源使用效率，鼓励企业参与区域间的合作与交流，建立优势互补、联动发展、相互协同的现代化印刷体系。

（三）发展目标

长三角区域印刷业要贯彻“五大发展理念”，坚持印刷业“四化”发展方向，加快实现“三个变革”，力争建设成为拉动印刷业可持续增长的发动机、印刷业全面深化改革开放的创新高地和高质量发展的样板。

从现在到 2025 年，是长三角区域印刷业一体化发展的建设期。产业发展生态逐步优化，协同互补大于同质竞争，基本实现细分领域的错位发展格局，打造分工合理、各具特色的空间布局，形成协调联动、交流互鉴的合作机制，在印刷业“四化”转型升级过程中取得关键突破，在服务长三角区域一体化发展中取得良好效果。

从 2025 年到 2035 年，是长三角区域印刷业一体化发展的提升期。整个区域印刷业的管理能力、产品质量和服务水平进一步提升，中低端过剩产能得到化解，技术装备、产品工艺、节能环保和信息化水平持续提升，印刷业劳动生产率稳步提高，产业集中度继续提高，绿色化、数字化、智能化、融合化水平显著提高，全面彰显长三角区域印刷业在全国范围的示范引领作用。

三、重点任务

（一）提高认识，主动作为

1. 明确印刷业的特殊属性。习近平总书记强调，宣传思想工作进入守正创新的重要阶段，必须坚持正确政治方向，自觉承担起举旗帜、聚民心、育新人、兴文化、展形象的使命任务。印刷业兼具意识形态、文化和制造服务等多重属性，是我们党意识形态工作战线的重要阵地、文化产业的骨干力量和服务实体经济的重要门类，承担着为党的意识形态和中心工作提供强大服务支撑和有力文化保障的重要职责。长三角区域印刷业要确保完成各类重大政治印制任务，为主流价值观和思想阵地提升传播力引导力影响力助力赋能；要不断提升服务能力，发挥为经济社会发展提供重要产品技术支撑的优势，更好地满足人民群众美好生活新期待；要大力弘扬忠职敬业、极致求精、专注持恒的工匠精神，打造更多有质量、有内涵、有温度、负责任的印刷精品。

2. 提升区域一体化发展意识。长三角区域印刷业的高质量发展具有重要的示范引领作用，要有担当精神，勇于开拓，率先走出破除障碍、开放竞争、协作协同的一体化发展路径，为全国印刷业高质量发展提供可复制、能推广的经验借鉴；要打破行政壁垒，推动印刷资源自由流动，实现服务水平提高和效益最大化；要打破自家“一亩三分地”思维定式，摆脱陈旧思想观念束缚，破除行政管理、资源配置等方面的体制机制障碍，创新合作模式与利益分享机制，实现一体化发展。

3. 树立全印刷的发展理念。印刷业快速发展带动了上下游关联产业的发展，形成了以印刷企业为核心，以印刷科研院所为支撑，以印刷设备制造、印刷原辅材料、印刷软件服务、印刷会展交易为配套，以出版编辑、文化创意、数据处理等融合发展为方向的上下游密切关联、协同发展的产业链条。长三角区域印刷业应进一步延伸拓展产业链条，培育龙头企业，整合产业链资源，实现印刷生产服务能力的合理配置，推动长三角印刷产业从传统制造业向现代服务业和先进制造业跨越。

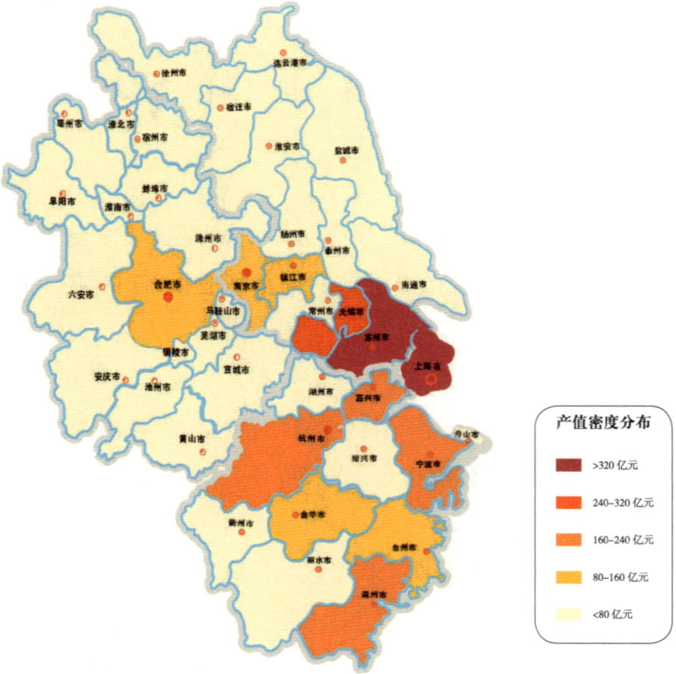

图 1　长三角区域印刷产值密度图

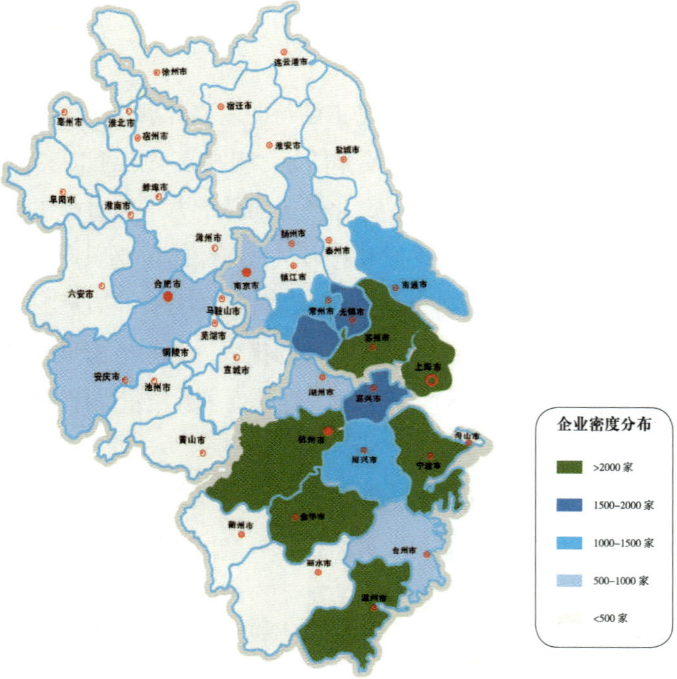

图 2　长三角区域印刷企业密度图

4. 强化产业集群发展思维。产业集群是促进区域经济一体化发展的重要载体。比如东京印刷产业集群产值占日本全国印刷业的近 60%，印刷与出版、文创、金融、商贸深度融合，凸显了空间布局合理、要素配置优化、科技创新支撑的一体化发展优势。长三角区域聚集了全国三分之一的印刷产能，应解决区域内产业集而不聚、产业和企业间创新联系薄弱、创新合作机制欠缺等问题，提升印刷业的集约程度，建立政府多部门协调推进，企业、科研院所、社会组织多主体协作，城市多中心网状分布的印刷业一体化发展格局。

（二）对标规划，统筹设计

1. 细分领域业务，摸清产能分布。根据长三角区域全印刷发展思维，重点打造长三角区域印刷业“1+N”领域。“1”是指印刷综合服务领域，具体可细分为 9 类印刷业务：重要文件文献和主题出版物印刷、报纸印刷、中小学教科书印刷、其他出版物印刷，纸包装印刷、塑料软包装和印铁印刷、其他包装装潢印刷，票据票证印刷，数字印刷。“N”是指和印刷密切相关的上下游及相关领域，具体包括：印刷装备制造，印刷原辅材料（造纸、油墨、版材等），印刷软件服务，印刷科研院所，印刷教育服务，印刷会展交易等。

根据三省一市2018年印刷业统计数据，长三角区域印刷综合服务产能分布图如图1、图2、图3、图4所示，总体呈现出“上海郊区产业集中、苏南产业领先苏北、浙北浙南浙中区块化发展、皖南皖北产业点状分布”的发展格局。

从印刷装备制造企业看，共300余家，主要分布在上海、浙江；年产值50万吨以上造纸企业十余家，主要分布在江苏、浙江；印刷科研院所和印刷教育服务机构50余家，主要分布在上海、江苏、浙江；中国国际全印展、国际包装制品与材料展览会、上海国际纸展、江苏印刷业创新发展博览会等知名印刷展会集中在上海和江苏。

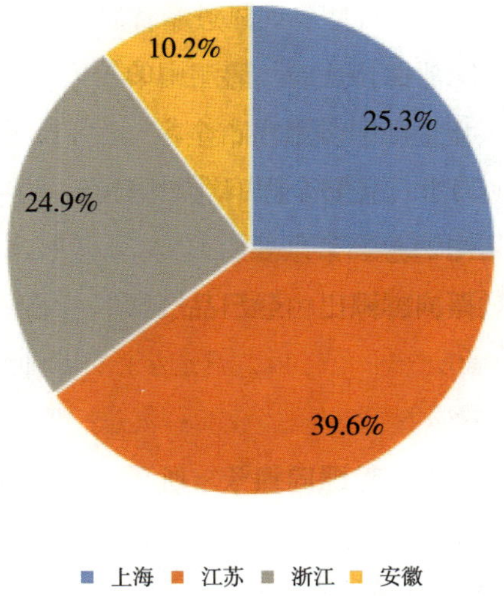

图3 长三角区域规模以上重点印刷企业产值比例图

2.对照空间布局，规划目标配置。当前，长三角区域印刷产业主要集中在上海郊区、江苏南部、浙江东北部，浙南的温州、皖中的合肥和江苏的南京也有一定产业优势。根据《长江三角洲区域一体化发展规划纲要》中“全国发展强劲活跃增长极”“全国高质量发展样板区”“率先基本实现现代化引领区”“区域一体化发展示范区”“新时代改革开放新高地”的战略定位，结合印刷产业发展实际，规划上海、江苏、浙江、安徽印刷业未来发展定位如下。

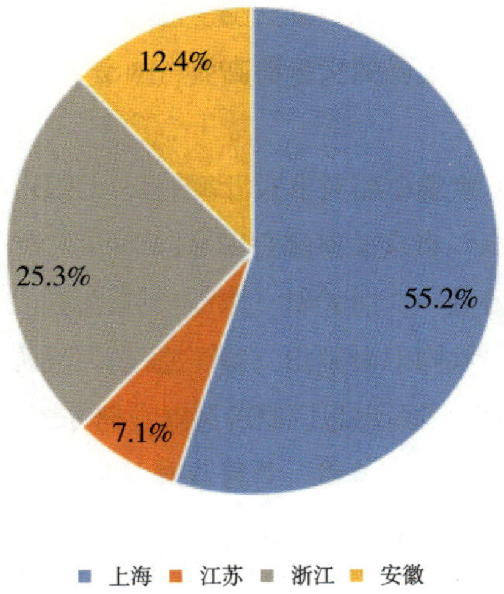

图4 长三角区域国家印刷示范企业产值比例图

上海：建设印刷业科技创新中心、国际交往中心，打造印刷业深化改革开放的先行区

围绕上海建设科技创新中心、国际经济中心、改革开放排头兵的发展目标，整合长三角区域内产学研用领域专业技术资源，汇聚全球印刷业顶尖创新人才和科研团队，扎实推进印刷业“四化”发展中关键技术研发，建设全国印刷业科技创新中心；充分发挥长三角区域内印刷会展品牌效应，积极开拓国际印刷业务，建设中国印刷业国际交往中心；依托中国（上海）自由贸易试验区建设，积极吸引国际印刷总部落户园区，培育本土总部型印刷企业，打造全国印刷业深化改革开放的先行区。

江苏：建设印刷业转型升级促进中心、原辅材料创新中心，打造印刷业综合服务示范区

围绕江苏建设全球影响力的产业科技创新中心、国际竞争力的先进制造业基地、现代服务业创新发展高地的发展目标，在先进印刷制造业的基础上，全面强化与上海印刷业的对接与互动，建立印刷业科技创新对接机制，打造印刷科技成果转化的“最佳试验场”，建设全国印刷业转型升级促进中心；抓住“全印刷”关键，提升造纸、油墨等原辅材料绿色化技术研发创新水平，打造印刷绿色原辅材料供给平台，建设全国印刷业原辅材料创新中心；支持扬子江城市群高端产业发展，支撑淮河生态经济带功能建设，树立印刷服务文化经济发展的先进典型，打造全国印刷业综合服务示范区。

浙江：建设印刷业先进装备研发中心、绿色化发展试验区，打造印刷业专业服务示范区

围绕浙江打造国际影响力的先进制造业和现代服务业集聚区、国家信息经济示范区的发展目标，依托当前印刷机械装备产业集群，整合长三角区域印刷机械装备科研技术资源，打造印刷机械制造技术创新高地，建设全国先进装备研发中心；发挥信息经济新业态、新引擎的优势，建立政学产研多方参与机制，形成印刷业绿色数字技术开发、成果转化全流程产业链，建设全国印刷业绿色化发展试验区；依托杭州之江文化产业带、宁波港口经济圈、金华义乌“中国小商品城”、温州印刷城，打造浙北、浙东、浙中、浙南专业服务示范样板，打造全国印刷业专业服务示范区。

安徽：建设印刷产业转移促进中心、特色运营试验区，打造印刷业综合服务支撑区

围绕安徽建设内陆开放新高地、皖江城市带承接产业转移示范区、全国重要先进制造业和现代服务业基地的发展目标，充分发挥承东启西、腹地广阔的区位优势，坚持市场机制主导和产业政策引导相结合，探索建立转移收益共享机制，率先建设全国印刷产业转移促进中心；加快印刷业技术工艺、服务内容、商业模式和业态的创新，培育“专精特新”优势印刷企业，建设印刷业特色运营试验区；利用成本质量比较优势，在主动承接产能转移的同时，大力提高承接上海、江苏、浙江委托订单的供给水平和供给效率，打造印刷业综合服务支撑区。

3. 推进要素流动，提升竞争位势。坚持全面深化改革，破除制约一体化发展的行政壁垒和体制机制障碍，推动形成要素自由流动的统一开放市场。推动构建统一开放的印刷人力资源市场，促进人力资源特别是高层次人才在区域间有效流动和优化配置。促进资本跨区域有序自由流动，鼓励设立印刷业一体化发展投资专项资金。提高土地资源要素配置效能和节约集约利用水平，支持印刷重点园区项目工程建设。培育完善印刷产权交易平台，建立安全风险防范机制。通过要素自由流动，为构建长三角区域印刷业协同创新竞争位势、实现更高质量一体化发展提供强劲内生动力。长三角区域印刷业协同创新竞争位势表如下。

表 长三角区域印刷业协同创新竞争位势

	国家级创新中心、园区、基地、实验室、重大项目	产业联盟、基地、集群	技术交易平台、实验室	管理平台
上海	上海金山国家绿色创意印刷示范园区 世界技能大赛印刷媒体技术项目中国集训基地 柔版印刷绿色制版与标准化实验室 国家印刷出版人才培养基地 印刷业创新发展研究中心 印刷业国际交往中心（全印展等）	青浦出版物印刷创新园区 印刷人才培育实训基地 印刷装备升级基地 印刷艺术融合基地	印刷海外订单平台 印刷设备租赁平台 上海绿色印刷原辅材料交易平台	承接境外出版物综合服务平台 上海印刷复制业务备案管理系统 上海印刷业统计分析系统 绿色印刷检测信息化服务平台
江苏	江苏印刷业创新发展博览会 国家地方联合工程研究中心（激光成像显示） 印刷业转型升级促进中心 印刷业原辅材料创新中心	沿江印刷包装产业集群 南京、苏州、徐州出版物印刷基地	绿色环保油墨研发技术中心 印刷材料电商交易平台 按需印刷平台 江苏省绿色印刷实验室	江苏省印刷业管理信息平台 出版物印刷质量检验检测管理系统
浙江	印刷业先进装备研发中心 印刷业绿色化发展研究中心 现代印刷技术工程训练中心	浙江省中小学教材出版生产基地 包装印刷产业集群 温州印刷装备制造产业集群 印刷包装标准化基地	印刷制版技术中心 印后装订技术中心 印刷智能制造研发平台	浙江省印刷业管理信息平台 浙江省出版产品综合检测平台 浙江省绿色印刷公共服务平台
安徽	印刷产业转移促进中心 印刷人才培养基地	合肥出版物印刷产业园区 纸包装印刷产业集群 塑料软包装印刷产业基地	印刷海外订单交易平台 印刷业务交易平台	安徽印刷业管理信息平台

三省一市按照发展定位和竞争位势，根据生产要素资源禀赋，加快形成印刷业生产要素流动机制。鼓励上海印刷技术、管理经验、市场信息、资本、高层次人才资源等生产要素流入江浙皖三省，推动三省印刷业转型升级。引导三省印刷企业积极参与会展交易，助力上海建设印刷业国际交往中心。推动上海、江苏、浙江对土地和劳动力要求高的印刷产业向安徽转移，助力安徽建设印刷业产业转移促进中心。推动江苏绿色印刷原辅材料在安徽、浙江和上海设立原辅材料供应平台，助力江苏建设印刷业原辅材料创新中心。推动印刷机械装备技术资源向浙江流动，助力浙江建设印刷业先进装备研发中心。在三省一市印刷产业聚集区建立新型一体化印刷产业转型升级园区，促进印刷业务、人才、技术、资本等要素自由流动，加速三省一市印刷业融合发展。

（三）协调联动，抓细抓实

1. 推进协同，充分发挥市场配置资源作用。长三角区域印刷业要坚持协同发展原则，充分发挥市场配置资源的决定性作用，树立统一市场观念，打破地域限制、部门分割、行业界限，进一步强化长三角区域的交流与合作，构建长三角区域印刷业一体化发展大市场。长三角区域印刷业要打破行政区划的限制，建立人才、资本、土地、信息等产业发展基本要素的统一市场，推动一体化要素在长三角区域内的自由流动。

2. 统一标准，加快构筑印刷现代治理体系。要统一建设长三角区域印刷业协同管理平台，在行政审批、年度报告、事中事后监管等方面加快试点、互联共享。推动“放管服”改革，优化境外出版物委托印刷审读审批平台，简化长三角区域三省一市之间《图书、期刊印刷委托书》备案手续。建立长三角区域市场监管协调机制，统一监管标准，推动执法协作及信息共享。加快完善长三角区域企业信用体系，完善守信联合激励和失信联合惩戒机制。

3. 创新融合，提升印刷生态网络价值。加强三省一市印刷业发展规划衔接，鼓励区域内印刷企业向出版物发行、文化艺术、创意设计、品牌咨询、数据管理、物流配送等领域拓展；加强与高端制造、信息电子、功能材料等行业的联系，推动传统印刷工艺应用于可穿戴设备、柔性显示器等产品。加强与印刷科研院所、印刷行业协会等相关单位合作，推进印刷技术与其他领域生产工艺、设计研发的创新融合，构建长三角区域印刷业与其他产业的产学研用生态圈。

（四）方向指引，持续提升

1. 推进绿色化升级，解决当前突出问题。深入实施“印刷业绿色化推广工程”，培育储备长三角区域印刷业绿色化发展重大项目，加大绿色化重大项目支持力度。围绕印刷业绿色化发展的重点和难点，发挥项目带动作用，在印刷设备改造、工艺流程改进、原辅材料研发、环保体系建设等方面率先实现突破。加强宣传推广绿色发展理念，培养壮大绿色消费市场，推动包装印刷减量化生产，重点对使用溶剂型原辅材料的塑料软包装印刷进行 VOCs 综合治理。着力培育一批绿色化发展标杆企业，形成以企业为主体、市场需求为导向、产学研用相结合的绿色化发展新体系。

2. 推进数字化升级，推动新旧动能转换。支持传统印刷企业数字化改造和数字印刷新技术应用，支持数字印刷企业和互联网印刷服务平台发展，鼓励新一代信息技术在印刷生产经营管理中的应用推广。鼓励和支持数字化改造重点项目和示范项目，以打通数字化工作流程为基础，推动传统印刷与数字技术融合发展。鼓励壮大数字印刷新动能，在按需印刷领域，支持重点企业开展印刷委托书备案管理改革试点；在个性化包装领域，推广个性化定制、可变数据标签、场景化解决方案等。整合印刷业上下游全产业链基础数据业务，开发建设长三角区域印刷业网络服务平台。

3. 推进智能化升级，引领产业跨越发展。鼓励长三角区域印刷业进行自动化、智能化改造升级，加强与互联网、云计算、人工智能等先进技术的融合，推进大数据驱动下的印刷智能制造共性技术和赋能技术研发与应用。组织指导符合条件的企业申报国家和省级智能制造试点项目，在产业政策和资金支持上给予倾斜。推动建立智能印刷企业示范试点，通过构建智能化生产系统、网络化分布生产设施，开展自动化生产线、数字化车间、智能工厂建设，形成一批具有借鉴意义的典型案例和实施方案。

4. 推进融合化升级，更好满足市场需求。推动长三角区域印刷业大力实施“印刷跨界融合和新兴业态培育工程”，增加印刷业科技含量，提高服务属性比重，实现产品结构战略性升级，推动印刷业由被动加工向主动服务转变。加强印刷与装备制造，原辅材料（造纸、油墨、版材等），软件服务，科研院所，教育服务，会展交易等深度融合；鼓励印刷与食品、饮料、医药、家电、电子、服装、玩具，以及体育健身、旅游出行、养老保险等跨产业融合；鼓励印刷业充分利用多层次资本市场，加快转型升级和跨越式发展。

四、保障措施

（一）协调推动印刷业作为长三角区域一体化发展规划纲要实施的试点示范

中宣部联合上海市委宣传部、江苏省委宣传部、浙江省委宣传部、安徽省委宣传部，推动“长三角区域印刷业一体化建设”作为落实《长江三角洲区域一体化发展规划纲要》的重要试点，统筹做好“长三角区域印刷业一体化建设”和《长江三角洲区域一体化发展规划纲要》实施的有机衔接。通过对标对表、条块结合，构建长三角区域印刷业一体化发展的管理矩阵。三省一市党委宣传部要主动加强与其他有关部门的政策协调，规划、落实和监督长三角区域印刷业一体化发展的升级方向、布局优化和环保达标。

（二）研究出台推动长三角区域印刷业一体化发展升级的重点名单

上海市委宣传部、江苏省委宣传部、浙江省委宣传部、安徽省委宣传部要对长三角区域印刷业一体化发展的优势特色进行核对，按照协同发展原则，研究制定出台推动长三角区域印刷业一体化发展升级的印刷创新中心名单、印刷先进产业集群名单、印刷优势企业名单，并建立名单动态调整制度。要把长三角区域印刷业一体化发展升级建设放到长三角一体化大局中谋划推动。三省一市党委宣传部要协调发改、经信、财政、规划、环保等有关部门统一发布长三角区域印刷业一体化发展升级的三类名单。

（三）对长三角区域印刷业一体化发展升级工作持续进行评估和优化

上海市委宣传部、江苏省委宣传部、浙江省委宣传部、安徽省委宣传部要针对长三角区域印刷业一体化空间布局和优势特色，建立印刷业一体化发展升级工作实施情况的定期自评估制度。中宣部委托第三方机构对此进行综合评估。通过自评估和第三方综合评估相结合的评估机制，及时反馈各类信息，对影响长三角区域印刷业一体化发展过程的问题环节和要素进行优化调整。同时，分析梳理建设过程中暴露出的新问题和新诉求，联系协调有关部门予以研究解决，提升长三角区域印刷业一体化建设水平。

（四）给予长三角区域印刷业一体化发展升级工作专项支持

中宣部协调国家有关部门为长三角区域印刷业一体化建设创造良好的政策环境。上海市委宣传部、江苏省委宣传部、浙江省委宣传部、安徽省委宣传部要协调当地发改、经信、财政、规划、环保等有关部门在印刷业产能调整、园区建设、资金申请、环保达标、土地使用等方面给予区域产业一体化建设升级工作专项支持；加强与行业协会、科研院所之间的联系，重点抓好企业领导人才、经营管理人才、专业技术人才的培养，为长三角区域印刷业一体化发展升级工作提供人才支撑。■

2015–2019 年发布的部分国家标准及行业标准

用于纸质印刷品的印刷材料挥发性有机化合物检测试样的制备方法

标准编号：CY/T 127–2015

发布部门：国家新闻出版广电总局

发布日期：2015–01–29

实施日期：2015–01–29

适用范围：

本标准规范了用于纸质印刷品的印刷材料中纸张、油墨、电化铝三类材料的挥发性有机化合物检测试样的储备方法。

本标准适用于纸质印刷品的印刷材料中纸张、油墨、电化铝三类材料的挥发性有机化合物检测试样的储备。其他印刷材料可参照试用。

印刷技术 匹配颜色特征化数据集的印刷系统调整方法

标准编号：CY/T 128–2015

发布部门：国家新闻出版广电总局

发布日期：2015–01–29

实施日期：2015–01–29

适用范围：

本标准规定了三种调整数字化数据的方法，使采用调整后数据的多台印刷设备在实现同一印刷目标值时能够达到一致的印刷结果。这三种方法通常称为：

a) 阶调值曲线匹配法；

b) 近中性灰梯尺法；

c) CMYK 到 CMYK 多维转换法。

本标准包含了建立所需转换曲线的目标条件的方法和步骤、确定单个转换曲线的方法和步骤以及对三种方法适用性的比较。

这些调整方法和步骤适用于使用 CMYK 色料的印刷系统，包括但不限于那些使用传统油墨在纸上印刷的系统，也可以适用于其他系统，如打样和 / 或数字印刷系统。

绿色印刷 术语

标准编码：CY/T 129-2015

发布部门：国家新闻出版广电总局

发布日期：2015-03-27

实施日期：2015-03-27

适用范围：

本标准规定了绿色印刷专业用语，以保证在生产、教学和学术等活动中正确应用专业概念。

本标准适用于印刷行业及其相关专业编写标准、出版、教学、科研及供技术交流中使用。

绿色印刷 通用技术要求与评价方法 第 1 部分：平版印刷

标准编码：CY/T 130.1-2015

发布部门：国家新闻出版广电总局

发布日期：2015-03-27

实施日期：2015-03-27

适用范围：

本部分规定了平版印刷所涉及的绿色印刷通用技术要求、评价及检验方法。

本部分适用于对生产纸质平版印刷品的企业进行绿色印刷评价，采用其他承印材料的平版印刷企业可参照使用。

绿色印刷 产品抽样方法及测试部位确定原则

标准编码：CY/T 131-2015

发布部门：国家新闻出版广电总局

发布日期：2015-03-27

实施日期：2015-03-27

适用范围：

本标准规定了绿色印刷产品的抽样方法及测试部位确定原则。

本标准适用于绿色印刷产品检验的样本抽取及样品测试部位的确定。

绿色印刷 产品合格判定准则 第 1 部分：阅读类印刷品

标准编码：CY/T 132.1-2015

发布部门：国家新闻出版广电总局

发布日期：2015-03-27

实施日期：2015-03-27

适用范围：

本部分规定了纸质阅读类印刷品有害物质的限量要求、检验方法和检验规则。

本部分适用于图书、期刊、本册、报纸、儿童读物等纸质阅读类印刷品。纸质票证类印刷品可参照执行。

印刷技术 印前数据交换 PDF 的使用 第 1 部分：使用 CMYK 数据的完整数据交换（PDF/X-1 和 PDF/X-1a）

标准编号：GB/T 27935.1-2016

发布部门：中华人民共和国国家质量监督检验检疫总局
　　　　　中国国家标准化管理委员会

发布日期：2016-12-13

实施日期：2017-07-01

适用范围：

GB/T 27935 的本部分内容详细描述了在单一的数据交换过程中使用 PDF (Portable Document Format) 文件实现复合 CMYK 数据传递的方法，这些 CMYK 数据是完整的，并可用于最终的印刷复制。

印刷技术 胶印橡皮布

标准编号：GB/T 33248-2016

发布部门：中华人民共和国国家质量监督检验检疫总局
　　　　　中国国家标准化管理委员会

发布日期：2016-12-13

实施日期：2017-07-01

适用范围：

本标准规定了胶印橡皮布的术语和定义、技术要求及检测方法。

本标准适用于常用的胶印橡皮布。

本标准不适用于无发泡气垫层的胶印橡皮布，不适用于不张紧或不夹紧的胶印橡皮布，也不适用于无缝套筒式胶印橡皮布。

包装印刷产品分类

标准编号：GB/T 33255-2016

发布部门：中华人民共和国国家质量监督检验检疫总局

中国国家标准化管理委员会

发布日期：2016-12-13

实施日期：2017-07-01

适用范围：

本标准规定了包装印刷产品的术语和分类。

本标准适用于在科研、生产、流通和使用领域的包装印刷产品的分类。

热固型轮转胶印涂布纸印刷适性要求及检验方法

标准编号：GB/T 33258-2016

发布部门：中华人民共和国国家质量监督检验检疫总局

中国国家标准化管理委员会

发布日期：2016-12-13

实施日期：2017-07-01

适用范围：

本标准规定了热固型轮转胶印涂布纸的术语和定义、印刷适性要求和检验方法。

本标准适用于热固型轮转胶印的卷筒涂布纸。

数字印刷质量要求及检验方法

标准编号：GB/T 33259-2016

发布部门：中华人民共和国国家质量监督检验检疫总局

中国国家标准化管理委员会

发布日期：2016-12-13

实施日期：2017-07-01

适用范围：

本标准规定了在纸质承印物上采用喷墨成像或静电成像机理印刷的数字印刷品的术语和定义、产品分级、质量要求及检验方法。

本标准适用于在纸质承印物上采用喷墨成像或静电成像机理印刷的数字印刷品，不涉及数字印刷品印后加工和检测，以其他承印材料及其他成像机理形成的数字印刷品可参照使用。

包装印刷材料分类

标准编号：GB/T 33254-2016

发布部门：中华人民共和国国家质量监督检验检疫总局
中国国家标准化管理委员会
发布日期：2016-12-13
实施日期：2017-07-01
适用范围：

本标准规定了包装印刷材料的术语和分类。

本标准适用于在科研、生产、流通和使用领域的包装印刷材料产品的分类。

热固型轮转胶印过程控制要求及检测方法

标准编号：GB/T 33713-2017
发布部门：中华人民共和国国家质量监督检验检疫总局
中国国家标准化管理委员会
发布日期：2017-05-12
实施日期：2017-12-01
适用范围：

本标准规定了热固型轮转胶印过程控制所涉及的术语和定义、材料要求、技术要求、检测方法、环境要求等，同时规定了分色、制版、印刷及联线喷胶、折页、裁切等工艺过程的相关参数和量值。

本标准适用于热固型轮转胶印的过程控制。

印刷技术 印前数据交换 第 2 部分：XYZ/sRGB 编码的标准彩色图像数据（XYZ/SCID）

标准编号：GB/T 18721.2-2017
发布部门：中华人民共和国国家质量监督检验检疫总局
中国国家标准化管理委员会
发布日期：2017-05-12
实施日期：2017-12-01
适用范围：

本部分规定了一组 15 幅标准彩色图像（16 位编码的 XYZ 数据和 8 位编码的 RGB 数据电子文件），适用于评价编码、图像处理（包括转换、压缩和解压缩）、在显示器上显示或打印过程中图像质量的变化。这些图像可以应用在许多印刷技术领域中，如科研、开发、产品评价以及过程控制等。

电子雕刻凹版质量要求及检验方法

标准编号：CY/T 9-2017
发布部门：国家新闻出版广电总局
发布日期：2017-05-18

实施日期：2017-09-01

适用范围：

本标准规定了电子雕刻凹版的术语和定义、产品分类、印版制作信息要求、质量要求、检验方法及标志、包装、运输、使用和贮存。

本标准适用于以电子雕刻技术制作的凹印印版。

本标准不适用于激光直接雕刻纸板。

绿色印刷标准体系表

标准编号：CY/Z 26—2017

发布部门：国家新闻出版广电总局

发布日期：2017-05-18

实施日期：2017-09-01

适用范围：

本标准规定了绿色印刷标准体系的基本框架及明细表。

本标准适用于绿色印刷标准项目的规划、立项及制修订工作。

纸质印刷产品印制质量检验规范 第 4 部分：中小学教科书

标准编号：GB/T 34053.4-2017

发布部门：中华人民共和国国家质量监督检验检疫总局

中国国家标准化管理委员会

发布日期：2017-12-29

实施日期：2018-07-01

适用范围：

GB/T 34053 的本部分规定了中小学教科书产品质量检验判定所涉及的术语和定义、产品质量要求、不合格品的判定、批质量的判定、检验方法。

本部分适用于中小学教科书，其他类教材及中小学教辅材料可参照使用。

绿色印刷 通用技术要求与评价方法 第 2 部分：凹版印刷

标准编号：CY/T 130.2-2017

发布部门：国家新闻出版广电总局

发布日期：2017-05-18

实施日期：2017-09-01

适用范围：

本部分规定了凹版印刷所涉及的绿色印刷通用技术要求、评价及检验方法。

适用于与凹版印刷相关的以纸质、塑料及其复合材料为承印物的印刷品印刷企业进行绿色印刷评价，采用其他承印材料的凹版印刷企业可参照使用。

绿色印刷 产品合格判定准则 第 2 部分：包装类印刷品

标准编号：CY/T 132.2–2017

发布部门：国家新闻出版广电总局

发布日期：2017–05–18

实施日期：2017–09–01

适用范围：

本部分规定了包装类印刷品有害物质的限量要求、产品回收标识、检验方法和检验规则。

适用于一般工业产品、食品、药品等纸质、塑料及其复合材料为承印物的包装类印刷品。

印刷品裱贴瓦楞纸板过程控制要求及检验方法

标准编号：CY/T 156–2017

发布部门：国家新闻出版广电总局

发布日期：2017–05–18

实施日期：2017–09–01

适用范围：

本标准规定了在瓦楞纸板上用冷胶裱贴纸质印刷品的过程中涉及的术语和定义、原材料要求、过程控制要求、裱贴后瓦楞纸板的质量要求及检验方法。

本标准适用于在瓦楞纸板上用冷胶裱贴纸质印品的过程控制及检验，其他类型的瓦楞纸板裱贴工艺及材料可参照使用。

印刷品外观质量视觉检测系统使用要求和检验方法

标准编号：CY/T 157–2017

发布部门：国家新闻出版广电总局

发布日期：2017–05–18

实施日期：2017–09–01

适用范围：

本标准规定了印刷品外观质量视觉检测系统的术语和定义、使用要求和检测方法。

本标准适用于对印刷品进行缺陷检测的印刷品外观质量视觉检测系统。

纸质印刷产品印制质量检验规范 第 1 部分：术语

标准编号：GB/T 34053.1–2017

发布部门：中华人民共和国国家质量监督检验检疫总局

中国国家标准化管理委员会

发布日期：2017-07-31

实施日期：2018-02-01

适用范围：

本部分规定了纸质印刷产品印制质量检验工作涉及的专业用语。

本部分适用于印刷行业及其相关专业在编写标准、出版、教学、科研及国内外技术交流中使用。

印刷技术 胶印数字化过程控制 第 1 部分：概述

标准编号：GB/T 34690.1-2017

发布部门：中华人民共和国国家质量监督检验检疫总局

中国国家标准化管理委员会

发布日期：2017-11-01

实施日期：2018-05-01

适用范围：

本部分规定了胶印生产中的数字化过程控制概述所涉及的术语和定义、GB/T 34690 的结构及总体要求。

本部分适用于胶印生产中数字化工作流程的构建。

纸质印刷产品印制质量检验规范 第 2 部分：抽样判定规则

标准编号：GB/T 34053.2-2017

发布部门：中华人民共和国国家质量监督检验检疫总局

中国国家标准化管理委员会

发布日期：2017-12-29

实施日期：2019-01-01

标准简介：

本部分规定了纸质印刷产品抽样判定的术语和定义、抽样程序、批质量判定。

本部分适用于纸质印刷产品的抽样及批质量判定。

书刊印刷产品分类

标准编号：GB/T 35398-2017

发布部门：中华人民共和国国家质量监督检验检疫总局

中国国家标准化管理委员会

发布日期：2017-12-29

实施日期：2018-07-01

适用范围：

本标准规定了书刊印刷产品分类的相关术语和定义、分类原则及分类类别。

本标准适用于书刊印制及相关领域的标准编制、教学、科研、生产、检测及技术交流。

印刷技术术语 第 9 部分：书刊印刷术语

标准编号：GB/T 9851.9-2017

发布部门：中华人民共和国国家质量监督检验检疫总局

中国国家标准化管理委员会

发布日期：2017-12-29

实施日期：2018-07-01

适用范围：

本部分规定了印刷技术领域图书和期刊印刷的术语及定义。

本部分适用于图书和期刊的印刷、出版及相关领域的标准编制、教学、科研及技术交流。本册印刷可参考使用。

纸包装凹版印刷过程质量控制及检验方法

标准编号：GB/T 36059-2018

发布部门：中华人民共和国国家质量监督检验检疫总局

中国国家标准化管理委员会

发布日期：2018-03-15

实施日期：2018-10-01

适用范围：

本标准规定了纸包装凹版印刷过程的术语、质量控制要求及检验方法。

本标准适用于纸包装凹版印刷过程的质量控制及检验。

数字印刷系统的使用要求及检验方法

标准编号：GB/T 36062-2018

发布部门：中华人民共和国国家质量监督检验检疫总局

中国国家标准化管理委员会

发布日期：2018-03-15

实施日期：2018-10-01

适用范围：

本标准规定了数字印刷系统的术语和定义、使用要求及检验方法。

本标准适用于以静电成像或喷墨成像为成像机理、纸张为承印物的数字印刷系统，其他类型的数字印刷系统可参照使用。

塑料软包装凹版印刷过程质量控制及检验方法

标准编号：GB/T 36064-2018

发布部门：中华人民共和国国家质量监督检验检疫总局

　　　　　中国国家标准化管理委员会

发布日期：2018-03-15

实施日期：2018-10-01

适用范围：

本标准规定了塑料软包装凹版印刷术语和定义、工艺基础条件、工艺过程控制、质量要求、检验方法。

本标准适用于塑料软包装和塑料薄膜标签凹版印刷生产过程的质量控制及其检验。

数字印刷 喷墨印刷图像质量属性的测试方法

标准编号：GB/T 36598-2018

发布部门：中华人民共和国国家市场监督管理总局

　　　　　中国国家标准化管理委员会

发布日期：2018-09-17

实施日期：2019-04-01

适用范围：

本标准规定了喷墨成像的线条、文本的质量以及颜色再现性、分辨力、均匀性、光泽度、印迹耐久性等质量属性的测试方法。

本标准适用于喷墨印刷图像质量属性的测试。喷墨打印的图像质量属性测试可参照使用。

印刷技术 胶印数字化过程控制 第 10 部分：评价方法

标准编号：GB/T 34690.10-2018

发布部门：中华人民共和国国家市场监督管理总局

　　　　　中国国家标准化管理委员会

发布日期：2018-12-28

实施日期：2019-07-01

适用范围：

本部分规定了胶印数字化过程控制所涉及的评价规则、内容及方法。

本部分适用于胶印生产过程中单个或多个工艺模块的数字化控制水平的评价。

印刷智能制造标准体系表

标准编号：CY/Z 31-2019

发布部门：中华人民共和国国家新闻出版署

发布日期：2019-11-28

实施日期：2020-01-01

适用范围：

本标准规定了印刷智能制造标准体系的基本框架及明细表。

本标准适用于印刷智能制造标准项目的规划、立项及制修订工作，也可用于生产、管理和科学技术研究。

包装印刷标准体系表

标准编号：CY/Z 28-2019

发布部门：中华人民共和国国家新闻出版署

发布日期：2019-11-28

实施日期：2020-01-01

适用范围：

本标准规定了包装印刷行业标准体系的基本框架及标准明细表。

本标准适用于包装印刷标准项目的规划、立项及制修订工作，也可作为生产、管理和科学技术研究的参考资料。

书刊印刷标准体系表

标准编号：CY/Z 29-2019

发布部门：中华人民共和国国家新闻出版署

发布日期：2019-11-28

实施日期：2020-01-01

适用范围：

本标准规定了书刊印刷行业标准体系的基本框架及标准明细表。

本标准适用于书刊印刷标准项目的规划、立项及制修订工作，也可作为生产、管理和科学技术研究的参考资料。

绿色印刷 书刊柔性版印刷过程控制要求及检验方法

标准编号：CY/T 195-2019

发布部门：中华人民共和国国家新闻出版署

发布日期：2019-11-28

实施日期：2020-01-01

适用范围：

本标准规定了柔性版印刷书刊过程中所涉及的绿色印刷术语和定义、材料要求、设备要求、制版要求、印刷要求及其检验方法。

本标准适用于以纸张为承印物的书刊柔性版印刷，其他柔性版印刷可参照使用。

挥发性有机物无组织排放控制标准

标准编号：GB 37822–2019

发布部门：中华人民共和国生态环境部

中华人民共和国国家市场监督管理总局

发布日期：2019–05–24

实施日期：2019–07–01

适用范围：

本标准规定了 VOCs 物料储存无组织排放控制要求、VOCs 物料转移和输送无组织排放控制要求、工艺过程 VOCs 无组织排放控制要求、设备与管线组件 VOCs 泄漏控制要求、敞开液面 VOCs 无组织排放控制要求，以及 VOCs 无组织排放废气收集处理系统要求、企业厂区内及周边污染监控要求。

本标准适用于涉及 VOCs 无组织排放的现有企业或生产设施的 VOCs 无组织排放管理，以及涉及 VOCs 无组织排放的建设项目的环境影响评价、环境保护设施设计、竣工环境保护验收、排污许可证核发及其投产后的 VOCs 无组织排放管理。

国家发布的行业污染物排放标准中对 VOCs 无组织排放控制已作规定的，按行业污染物排放标准执行。

因安全因素或特殊工艺要求不能满足本标准规定的 VOCs 无组织排放控制要求，可采取其他等效污染控制措施，并向当地生态环境主管部门报告或依据排污许可证相关要求执行。

印刷技术 四色印刷油墨颜色和透明度 第 5 部分：柔性版印刷

标准编号：GB/T 30329.5–2019

发布部门：中华人民共和国国家市场监督管理总局

中国国家标准化管理委员会

发布日期：2019–12–31

实施日期：2020–07–01

适用范围：

本部分规定了用于四色柔性版印刷的一组原色油墨（包含添加剂）应满足的颜色及透明度特性，同时规定了规范性的测试方法。

为了避免限制不同颜料优化组合的发展，GB/T 30329 的本部分并没有指定颜料（或光谱特性），但应达到本部分指定的色度要求。

本部分适用于采用溶剂油墨、水性油墨的柔性版印刷。

森林
森林包装 | 快印包

关于我们
OUR BUSINESS

森林包装集团是一家集造纸、纸包装生产研发、废纸回收为一体的绿色循环型企业。属中国印刷20强企业、中国包装名牌产品、国家高新技术企业。响应国家环保号召，拥有国内先进的成套污水处理、烟气处理设施，从事废纸回收、造纸、纸包装生产已形成上下游产业互补，实现了绿色循环经济。运用智能化、网络化手段，真正实现“现代化智能工厂”建设。

森林始终坚持科学发展，紧握市场需求，基于地区的实际情况，与浙江各配套产业联动和合作。预计在未来几年通过技改及扩建并购，可实现集团产值持续增长，朝着成为行业最具影响力的绿色企业而努力。

快印包商城
FAST PRINTING PACKAGE STORE

快印包商城可快速查询订单进度、发货状况，充分体现了方便快捷。实现由传统包装制造商向整体解决方案提供商、由生产商制造向服务型制造的转型，为客户提供专业的整体包装服务。

在印刷包装行业有20多年的研发设计经验，整合线上设计师、设计各行各业样箱。客户在线自主报价，自主参与设计，快速便捷减少沟通等待。通过数码印刷结合，网上个性化定制满足小批量生产需求。快印包平台+工业互联网+智能工厂的接单和生产模式，融合下游纸箱三级厂的订单资源充分发挥集中生产，利用各自产能优势互补，在提升生产效率的同时，又充份体现更好共同服务好终端客户，最终达到为客户提供便捷的整体包装增值服务。

扫码下载APP
关注快印包公众号
关注官方公众号

森林包装集团股份有限公司
台州快印包网络科技有限公司
浙江省温岭市大溪镇大溪北路460号
400-133-2018
www.ekyb.com

AL46-H500
TP-4696H+

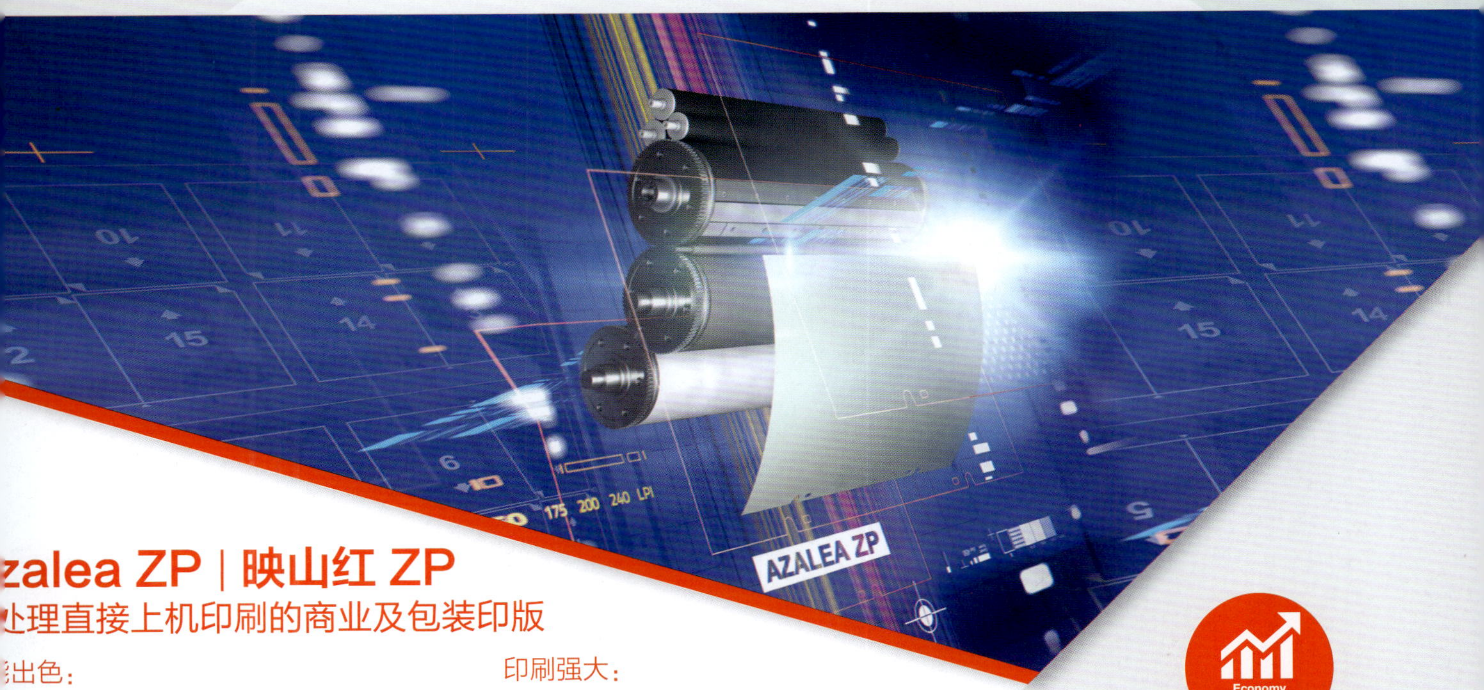
175 200 240 LPI
AZALEA ZP

北京凌奇印刷有限责任公司

——按需数码印刷

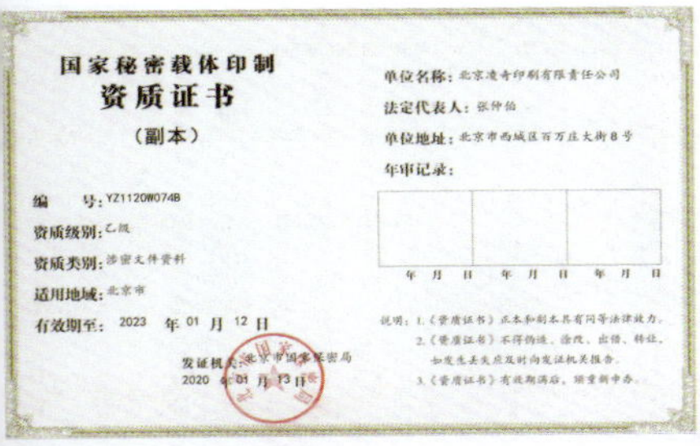
国家秘密载体印制
资质证书
(副本)

编　　号：YZ1120W074B
资质级别：乙级
资质类别：涉密文件资料
适用地域：北京市
有效期至：2023 年 01 月 12 日

单位名称：北京凌奇印刷有限责任公司
法定代表人：张仲伯
单位地址：北京市西城区百万庄大街8号
年审记录：

北京凌奇印刷有限责任公司（中国人民解放军第二二〇七工厂）是具有八十多年悠久历史的军工印刷企业，现位于北京市西城区百万庄大街8号。公司具有丰富的印刷管理经验，先进的印刷设备，一流的印刷技艺，深厚的企业文化底蕴。近年来，公司按照国家《印刷业“十三五”时期发展规划》提出的“绿色化、数字化、智能化、融合化”的发展要求，根据公司实际情况，进行系列的调整改革和转型升级。公司先后淘汰传统印刷设备和工艺，全面转型为按需数码印刷。现如今公司拥有多台数码印刷机及多台套进口数码印后设备，并可实现一本起印POD按需印刷。公司具有国家秘密载体印制乙级资质并通过了ISO质量、环境、职业健康体系认证，连续多年入围中央国家机关定点印刷厂；中央直属机关、全国人大定点印刷厂和北京市政府机关定点印刷厂。公司下属凌奇宾馆对外经营，客房有150套，并设有大小会议室、餐厅、商务中心、大型停车场等配套设施。公司地处市中心，环境优雅安静，真诚希望各界朋友光临。

领驭新未来
OJI
木尽其用
森生不息
王子（OJI）集团
百年精彩，尽在王子

数据统计

- 2015–2019 年印刷和记录媒介复制业规模以上工业企业统计数据
- 2015–2019 年全国印刷业年度统计数据
- 2015–2019 年全国报纸印刷量调查统计情况
- 2019 年国内印刷装备、印刷器材主要商品进出口地（前 5 位）统计数据汇总表

上海紫明精密机械有限公司

SHANGHAI CLARITY PRINTING MACHINERY CO.,LTD

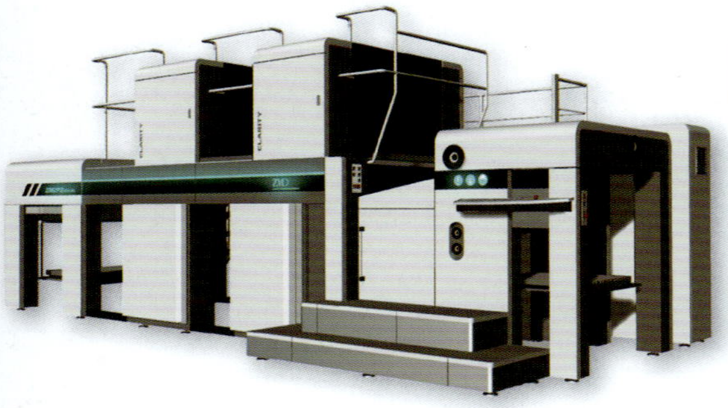

ZM2P2104-AL 双面双色平版印刷机技术参数

最高运转速度 Max.speed	13000 张 / 小时
最大纸张尺寸 Max speed size	720*1040mm
最大纸张尺寸 Min speed size	360*520mm
最大印刷面积 Max printing area	710*1030mm
承印纸张厚度 Thickness(weight) of paper	0.04-0.20mm(40-200g/m^2)
飞达纸堆高度 Feeder pile height	1200mm
收纸堆高度 Delivery pile height	1100mm
整机功率 Overall power	45kw
外形尺寸（长 * 宽 * 高）Overall dimensions	7590*3380*2750mm
机器装箱重量 Machine weight	约 25000kg

地址：浙江省嘉善县姚庄镇宝群东路 89 号　　电话：0573-84771178

网站：www.zimingchina.com

万邦科技　助力智能制造

北京万邦联合科技股份有限公司，是专注致力于工业行业生产物料智能化输送技术服务的高新技术企业，不仅是国内同速供纸机的制造者也是国内实现通过AGV智能自动上纸的企业。

公司坐落于风景如画的北京密云经济开发区，拥有完备的研发技术队伍和组装基地，同时也是多个用户企业、科研院校的产、学、研发地。

2016年8月份万邦联合科技正式收购中成印刷器材（香港）有限公司麾下的中成（TPE）品牌堆积机的生产与服务，在传承和发扬了“TPE的品牌基础上，继续服务于印刷行业。至此万邦联合已形成同速供纸机、堆积机，和适用骑马钉联动线和胶订联动线的堆书机产品，真正实现印前、印后的产品覆盖，为广大印刷用户降低成本和增效提供更加完善的技术解决方案！

过去：我们只是行业的设备制造商，今天我们是物料智输送智能化解决方案提供者，服务范围包括：立体库、AGV、自动同速供纸机、堆机、分本机、智能印后联动线、捆扎机、码垛机器人等......

未来：万邦科技将由数字化入手，逐渐变成以印刷和包装行业为主的智能制造工厂服务商。

16500
RAPIDA

北京天宇星印刷厂

企业简介

北京天宇星印刷厂成立于1998年，注册资金500万，员工120余人，是行业股份制企业。北京天宇星印刷厂主要服务于人民教育出版社、高等教育出版社、电子工业出版社、人民邮电出版社、华语教学出版社、中国税务出版社和中国计划出版社等在北京出版社。优秀的员工团队，先进的技术，精良的印刷设备，严格的管理是企业得以不断发展壮大、产品能够赢得用户依靠的根本所在。

北京天宇星印刷厂2020年又上马一台全新KM 460cf Advance系列连续纸喷墨印刷系统，采用日本技术，具有纸张弯曲展平机构，回旋纸路设计，滚筒式烘干装置；印刷后道采用中心分切，滚刀裁切，上下双通道纸张输出的方式，同时配有纸张剔废机构和点胶装置（选配），可实现单本输出方便连线后道加工装订设备。望都天宇星书刊印刷有限公司是北京天宇星印刷厂的生产基地，2018年3月9日建厂，北京天宇星印刷厂极力把望都天宇星书刊印刷有限公司建成一个事业共同体、利益共同体、命运共同体，实践证明这种体制的企业具有更强的生命力，从管理体制到分配形式，更能激发着每一个员工的最大积极性。

联系人：罗建忠　电话：13901074154

韦　涛　电话：17731839103

不忘初心 牢记使命

云南省人大机关印务中心

云南省人大机关印务中心是一个不足50人的微型机关文印单位，通过28年来的不断努力进取，取得了一个个骄人的成绩：全省书刊印刷质量管理金奖单位、连续3年全省书刊印刷质量免检单位、连续12年全省书刊印刷质量管理先进单位、连续3年全省印刷行业人才培养先进单位。

我单位《党政机关文印绿色化升级及创新应用示范项目》于2019年7月25日正式入选印刷业绿色化发展重点项目。这一项目实施完成后，不仅在技术和设备上可以完全实现机关文印支持保障流程的绿色化、数字化，建立绿色生产管理体系，全面提升自身服务能力。还可在全省乃至西南地区起到绿色印刷发展的引领示范作用，更可以通过积极利用省级大数据平台、省级机关保密网，实现相关文件、资料和档案的保密内网共享，同时将可以公开的文件、资料和档案实现社会发展共享，服务于社会经济文化建设，优化政务服务。并将在机关事务及机关文印、绿色环保、保密网络建设、电子档案和电子公文共建共享方面，在全国范围内起到一个全面的示范引领效应，是我省省级机关后勤服务社会化改革的一个重大成果，将有力助推我省机关事务管理工作实现“奋力走在全国前列”的目标。

单位地址：云南省昆明市滇池路166号（云南省人大常委会机关办公大楼内） 邮政编码：650228
联系方式：马行宇 13888293670/周 岚 13888578210/穆云虹 13888959881

2015–2019 年印刷和记录媒介复制业规模以上工业企业统计数据

本部分收录的是 2015–2019 年国家统计局关于“印刷和记录媒介复制业”规模以上企业主要经济指标的统计数据。国家统计局对“规模以上工业企业”的界定是“年主营业务收入 2000 万元及以上的工业法人单位”，对“大中型工业企业”的界定，2015–2017 年参见 2011 年《统计上大中小微型企业划分办法》，2018–2019 年参见《统计上大中小微型企业划分办法（2017）》。本部分收录数据摘自历年《中国统计年鉴》，2015–2017 年统计数据精确到小数点后两位，2018–2019 年统计数据精确到小数点后一位；2015–2017 年统计数据中的“主营业务收入”、“主营业务成本”两项指标，在 2018–2019 年变更为“营业收入”、“营业成本”。由于统计口径调整等原因，2018、2019 年主要指标数据与上年数据之间存在不可比因素。

表 1　全部规模以上工业企业主要指标　（单位：亿元）

年份	2015 年	2016 年	2017 年	2018 年	2019 年
企业单位数（个）	5451	5578	5621	5706	5673.0
资产总计	5529.08	5941.04	5890.54	5752.4	5906.9
流动资产合计	2803.74	3003.29	3078.31	3094.8	3301.6
应收账款	838.98	929.09	948.41	992.3	1076.3
存货	559.12	580.22	624.17	626.2	643.9
产成品	227.41	239.31	251.52	241.4	263.0
负债合计	2408.40	2553.04	2542.04	2576.0	2717.9
主营业务收入 / 营业收入	7401.81	8057.87	7857.66	6471.1	6794.0
主营业务成本 / 营业成本	6196.22	6808.69	6636.49	5429.7	5612.2
销售费用	192.16	204.57	204.94	177.6	193.2
管理费用	374.43	401.02	405.14	386.8	463.2
财务费用	59.70	55.53	62.23	45.5	49.0
利润总额	577.97	575.22	542.23	425.6	469.0
平均用工人数（万人）	98.07	98.71	95.51	84.5	85.0

表 2　规模以上工业企业中的国有控股工业企业主要指标　（单位：亿元）

年份	2015 年	2016 年	2017 年	2018 年	2019 年
企业单位数（个）	304	284	283	284	278.0
资产总计	754.96	739.52	756.35	766.5	807.2
流动资产合计	406.79	416.23	444.36	467.3	497.3
应收账款	85.81	95.60	79.38	85.2	98.5
存货	75.73	74.81	88.87	93.2	100.5
产成品	28.03	26.23	30.54	34.1	39.1
负债合计	253.38	248.96	242.99	239.9	261.3
营业收入	520.60	483.32	521.40	581.3	598.2
营业成本	406.66	379.20	405.71	441.7	460.8
销售费用	10.61	10.92	10.60	10.7	11.9
管理费用	60.52	59.47	64.04	67.2	68.7
财务费用	−0.10	−0.36	−1.01	−1.7	−0.4
利润总额	57.17	42.61	46.99	65.8	58.8
平均用工人数（万人）	9.36	8.88	8.39	8.0	7.5

表 3　规模以上工业企业中的私营工业企业主要指标　（单位：亿元）

年份	2015 年	2016 年	2017 年	2018 年	2019 年
企业单位数（个）	3119	3239	3331	3423	3830.0
资产总计	2095.68	2285.53	2224.42	2106.7	2508.4
流动资产合计	994.04	1070.29	1099.31	1103.6	1365.4
应收账款	313.33	345.90	379.92	395.6	515.0
存货	215.39	228.87	230.58	236.1	276.2
产成品	87.59	95.62	96.75	92.5	112.0
负债合计	1009.22	1083.88	1095.99	1130.1	1365.1
营业收入	3733.62	4169.15	4025.56	3136.9	3797.2
营业成本	3175.64	3570.87	3455.10	2711.9	3210.4
销售费用	94.13	101.87	100.66	79.7	99.7
管理费用	144.90	161.00	163.56	143.7	219.4
财务费用	36.81	34.85	34.71	29.1	32.6
利润总额	261.39	273.63	246.29	159.2	215.7
平均用工人数（万人）	42.45	42.82	41.28	36.3	44.1

表 4　规模以上工业企业中的外商投资和港澳台商投资工业企业主要指标　（单位：亿元）

年份	2015 年	2016 年	2017 年	2018 年	2019 年
企业单位数（个）	625	613	589	588	531.0
资产总计	1183.37	1267.61	1255.08	1319.9	1284.4
流动资产合计	701.74	739.63	747.23	758.0	727.6
应收账款	234.28	251.20	248.76	256.4	236.9
存货	130.28	130.33	139.71	141.1	134.1
产成品	61.56	55.22	56.18	55.3	58.3
负债合计	474.88	500.20	518.35	522.5	507.4
营业收入	1248.11	1279.03	1141.27	1143.1	1100.1
营业成本	1005.07	1048.24	923.07	919.5	876.2
销售费用	38.31	38.90	38.54	39.6	40.3
管理费用	81.75	84.63	84.39	88.7	90.8
财务费用	4.53	3.44	8.59	3.8	5.9
利润总额	122.29	111.54	94.32	90.4	91.2
平均用工人数（万人）	22.32	22.18	20.75	19.4	18.0

表 5　规模以上工业企业中的大中型工业企业主要指标　（单位：亿元）

年份	2015 年	2016 年	2017 年	2018 年	2019 年
企业单位数（个）	701.0	697	690	688	551.0
资产总计	2392.25	2577.21	2620.35	2603.4	2585.1
流动资产合计	1204.52	1315.96	1370.31	1385.9	1419.0
应收账款	352.39	401.83	384.85	417.9	451.0
存货	243.18	249.21	277.63	271.9	271.1
产成品	100.26	100.95	110.19	106.7	112.6
负债合计	910.99	995.80	976.64	975.6	1009.8
营业收入	2761.77	2850.01	2812.66	2409.0	2549.9
营业成本	2263.29	2362.60	2305.69	1931.5	2022.9
销售费用	79.05	81.82	83.05	78.4	84.1
管理费用	170.18	174.71	180.61	178.5	201.3
财务费用	17.49	13.84	22.14	12.4	15.5
利润总额	254.93	233.24	239.52	217.9	230.6
平均用工人数（万人）	45.65	45.26	43.85	37.9	35.9

2015-2019 年全国印刷业年度统计数据

除特别说明外，本部分收录的数据均出自 2015-2019 年国家新闻出版署印刷企业年度核验（年度报告），直接摘引自历年《中国印刷业发展报告》（中国书籍出版社出版）。数据相关说明如下：1. 本部分数据中的珠三角地区系指广东省，长三角地区涵盖上海市、江苏省和浙江省，环渤海地区涵盖北京市、天津市、河北省、山东省、辽宁省，中部地区涵盖山西省、安徽省、江西省、河南省、湖南省、湖北省；2. 本部分数据中的第三部分“部分主营业务发展情况”系不完全统计，各年度上报企业数量及范围并不一致，增长率指标仅供参考；3. 本部分数据中的“规模以上重点印刷企业”系指年产值 5000 万元及以上的印刷企业。

一、行业整体情况

表 1　印刷业资产总额、工业总产值和利润总额

年份	印刷企业数量（家）	资产总额（亿元）	资产总额增长率	工业总产值（亿元）	工业总产值增长率	利润总额（亿元）	利润总额增长率
2015 年	103467	12357.31	5.05%	11246.24	3.58%	698.60	-2.18%
2016 年	101420	12904.80	4.43%	11544.75	2.65%	675.27	-3.34%
2017 年	99054	13593.54	5.34%	12057.74	4.44%	676.58	0.19%
2018 年	98276	15187.45	11.73%	12712.08	5.43%	716.49	5.90%
2019 年	97229	15472.87	1.88%	13016.62	2.40%	697.33	-2.67%

表 2　印刷企业平均产值和行业人均产值

年份	工业总产值（亿元）	印刷企业数量（家）	企业平均产值（万元）	企业平均产值增长率	行业从业人数（万人）	行业人均产值（万元）	行业人均产值增长率
2015 年	11246.24	103467	1086.94	5.10%	317.60	35.41	10.69%
2016 年	11544.75	101420	1138.31	4.73%	309.07	37.35	5.49%
2017 年	12057.74	99054	1217.29	6.94%	281.74	42.80	14.58%
2018 年	12712.08	98276	1293.51	6.26%	270.40	47.01	9.85%
2019 年	13016.62	97229	1338.76	3.50%	258.33	50.39	7.18%

表 3　印刷企业平均利润和行业人均利润

年份	利润总额（亿元）	印刷企业数量（家）	企业平均利润（万元）	企业平均利润增长率	行业从业人数（万人）	行业人均利润（万元）	行业人均利润增长率
2015 年	698.60	103467	67.52	–0.75%	317.60	2.20	4.54%
2016 年	675.27	101420	66.58	–1.39%	309.07	2.18	–0.67%
2017 年	676.58	99054	68.30	2.59%	281.74	2.40	9.91%
2018 年	716.49	98276	72.91	6.74%	270.40	2.65	10.34%
2019 年	697.33	97229	71.72	–1.63%	258.33	2.70	1.88%

表 4　印刷业外商投资总额、外商注册资金额、对外加工贸易额

年份	外商投资总额（亿美元）	外商投资总额增长率	外商注册资金额（亿美元）	外商注册资金额增长率	对外加工贸易额（亿元）	对外加工贸易额增长率
2015 年	473.18	17.05%	294.40	14.72%	865.18	–0.11%
2016 年	496.79	4.99%	324.00	10.05%	874.28	1.05%
2017 年	402.55	–18.97%	267.19	–17.53%	841.85	–3.71%
2018 年	288.89	–28.23%	208.55	–21.95%	779.11	–7.45%
2019 年	518.26	79.40%	274.33	31.54%	788.17	1.16%

表 5　印刷业工业增加值在国内生产总值中的占比

年份	国内生产总值（亿元）	国内生产总值名义增长率	印刷业工业增加值（亿元）	印刷业工业增加值名义增长率	印刷业工业增加值在国内生产总值中的占比
2015 年	688858.2	7.04%	2592.39	3.72%	0.38%
2016 年	746395.1	8.35%	2583.06	–0.36%	0.35%
2017 年	832035.9	11.47%	2794.43	8.18%	0.34%
2018 年	919281.1	10.49%	2939.36	5.19%	0.32%
2019 年	990865.0	7.79%	2701.73	–8.08%	0.27%

注：国内生产总值数据引用自国家统计局

表 6　珠三角、长三角、环渤海和中部地区印刷业工业总产值在全国总量中的占比

区域	2015 年		2016 年		2017 年		2018 年		2019 年	
	印刷工业总产值（亿元）	在全国印刷工业总产值中的占比	印刷工业总产值（亿元）	在全国印刷工业总产值中的占比	印刷工业总产值（亿元）	在全国印刷工业总产值中的占比	印刷工业总产值（亿元）	在全国印刷工业总产值中的占比	印刷工业总产值（亿元）	在全国印刷工业总产值中的占比
珠三角	2001.11	17.79%	2108.21	18.26%	2345.62	19.45%	2530.71	19.91%	2605.87	20.02%
长三角	3397.27	30.21%	3478.73	30.13%	3671.72	30.45%	3894.14	30.63%	4092.55	31.44%
环渤海	2282.64	20.30%	2312.25	20.03%	2206.34	18.30%	2283.06	17.96%	2274.66	17.48%
中部地区	1764.89	15.69%	1805.62	15.64%	1894.60	15.71%	1981.88	15.59%	1950.26	14.98%
其他地区	1800.33	16.01%	1839.92	15.94%	1939.46	16.08%	2022.28	15.91%	2093.28	16.08%

表 7　我国印刷业十强省份

排名	2015 年		2016 年		2017 年		2018 年		2019 年	
	省份	印刷业工业总产值（亿元）	省份	印刷业工业总产值（亿元）	省份	印刷工业总产值（亿元）	省份	印刷工业总产值（亿元）	省份	印刷工业总产值（亿元）
1	广东	2001.11	广东	2108.21	广东	2345.62	广东	2530.71	广东	2605.87
2	江苏	1301.59	江苏	1347.71	江苏	1461.46	江苏	1568.93	浙江	1655.27
3	浙江	1246.75	浙江	1319.45	浙江	1393.47	浙江	1492.41	江苏	1623.06
4	上海	848.93	上海	811.57	山东	860.39	山东	908.26	山东	951.45
5	山东	789.80	山东	803.71	上海	816.79	上海	832.80	上海	814.22
6	河北	735.72	河北	743.85	河北	665.32	河北	680.56	福建	672.50
7	福建	539.77	福建	567.24	福建	608.08	福建	638.28	河北	626.72
8	江西	409.37	湖北	427.01	湖北	446.71	湖北	482.61	湖北	501.77
9	四川	406.51	江西	413.21	四川	423.57	四川	437.19	四川	491.66
10	湖北	403.76	四川	412.52	江西	407.28	安徽	423.59	安徽	443.91
合计	—	8683.32	—	8954.48	–	9428.70	–	9995.36	–	10386.44
在全国印刷业工业总产值中的占比	—	77.21%	—	77.56%	–	78.20%	–	78.63%	–	79.79%

二、不同类别印刷企业情况

（一）出版物印刷

表 8　我国图书、期刊、报纸总印张和折合用纸量

年份	总印张数（亿印张）	折合用纸量（万吨）	总印张增长率
2015 年	2467.03	570.75	–12.21%
2016 年	2196.43	508.73	–10.97%
2017 年	2020.94	479.86	–7.99%
2018 年	1937.18	445.56	–4.14%
2019 年	1855.82	–	–4.20%

表 9　图书、期刊、报纸的总印数和总印张

年份	图书		期刊		报纸	
	总印数（亿册、张）	总印张（亿印张）	总印数（亿册）	总印张（亿印张）	总印数（亿份）	总印张（亿印张）
2015 年	86.62	743.19	28.78	167.78	430.09	1554.93
2016 年	90.37	777.21	26.97	151.95	390.07	1267.27
2017 年	92.44	808.04	24.92	136.66	362.50	1076.24
2018 年	100.09	882.52	22.92	126.75	337.26	927.90
2019 年	105.97	938.04	21.89	121.27	317.59	796.51

注：表 8、表 9 数据引自国家新闻出版署“全国新闻出版业基本情况”

表 10　出版物印刷关键数据指标及增长情况

年份	企业数量（家）	企业数量增长率	产值（亿元）	产值增长率	增加值（亿元）	增加值增长率
2015 年	7176	0.32%	1738.01	0.57%	444.81	0.40%
2016 年	7225	0.68%	1724.50	–0.78%	470.67	5.81%
2017 年	7177	–0.66%	1785.66	3.55%	482.05	2.42%
2018 年	7277	1.39%	1851.88	3.71%	514.49	6.73%
2019 年	7427	2.06%	1860.01	0.44%	440.20	–14.44%

表 11–1　2015 年我国出版物印刷十强省份

排名	省份	企业数量（家）	印刷产值（亿元）	增加值（亿元）
1	广东	684	289.44	84.16
2	山东	486	158.37	19.56
3	上海	205	154.98	43.52
4	浙江	479	149.83	37.93
5	北京	652	121.04	51.14
6	湖南	395	113.17	24.41
7	河北	280	90.81	21.17
8	福建	204	85.77	15.61
9	江苏	286	69.24	13.15
10	江西	133	62.47	20.73
合计		3804	1295.11	331.37

表 11–2　2016 年我国出版物印刷十强省份

排名	省份	企业数量（家）	印刷产值（亿元）	增加值（亿元）
1	广东	680	302.02	104.82
2	浙江	489	168.87	38.52
3	山东	527	168.80	20.99
4	北京	602	135.84	61.57
5	湖南	389	119.04	22.79
6	上海	171	98.62	34.35
7	河北	289	93.80	21.40
8	福建	198	88.96	25.33
9	江苏	300	78.44	18.37
10	江西	137	52.82	20.94
合计		3782	1307.21	369.10

表 11—3 2017 年我国出版物印刷十强省份

排名	省份	企业数量（家）	印刷产值（亿元）	增加值（亿元）
1	广东	596	306.33	102.08
2	浙江	480	178.39	40.80
3	山东	535	170.27	20.88
4	北京	553	160.89	56.94
5	湖南	395	117.55	31.16
6	河北	299	97.05	21.57
7	上海	162	92.49	31.70
8	江苏	316	90.39	20.04
9	福建	193	88.06	37.28
10	江西	138	55.61	21.00
合计		3667	1357.03	383.45

表 11—4 2018 年我国出版物印刷十强省份

排名	省份	企业数量（家）	印刷产值（亿元）	增加值（亿元）
1	广东	625	296.07	69.98
2	浙江	456	191.06	43.61
3	山东	580	179.55	25.17
4	北京	487	163.75	53.59
5	湖南	385	120.89	26.61
6	上海	155	108.85	33.49
7	福建	199	101.64	26.41
8	河北	325	99.37	23.18
9	江苏	328	94.16	16.06
10	江西	142	52.83	19.95
合计		3682	1408.17	338.05

表 11—5 2019 年我国出版物印刷十强省份

排名	省份	企业数量（家）	印刷产值（亿元）	增加值（亿元）
1	广东	635	337.19	91.40
2	山东	623	197.52	28.67
3	北京	475	146.20	49.31
4	浙江	407	123.16	25.73
5	湖南	395	122.84	26.47
6	河北	435	117.90	29.91
7	福建	200	111.09	23.83
8	上海	149	103.60	34.23
9	江苏	338	99.24	18.21
10	湖北	287	52.51	10.00
合计		3944	1411.25	337.75

表 12–1　2015 年珠三角、长三角、环渤海和中部地区出版物印刷企业数量、产值、增加值

区域	企业数量（家）	印刷产值（亿元）	增加值（亿元）	增加值在印刷产值中占比
珠三角	684	289.44	84.16	29.08%
长三角	970	374.05	94.59	25.29%
环渤海	1691	423.38	103.14	24.36%
中部地区	1620	336.89	84.95	25.22%
其他地区	2211	314.25	78.48	24.97%

表 12–2　2016 年珠三角、长三角、环渤海和中部地区出版物印刷企业数量、产值、增加值

区域	企业数量（家）	印刷产值（亿元）	增加值（亿元）	增加值在印刷产值中占比
珠三角	680	302.02	104.82	34.71%
长三角	960	345.93	91.24	26.38%
环渤海	1695	448.77	114.82	25.59%
中部地区	1629	328.75	79.16	24.08%
其他地区	2261	299.02	80.62	26.96%

表 12–3　2017 年珠三角、长三角、环渤海和中部地区出版物印刷企业数量、产值、增加值

区域	企业数量（家）	印刷产值（亿元）	增加值（亿元）	增加值在印刷产值中占比
珠三角	596	306.33	102.08	33.32%
长三角	958	361.27	92.53	25.61%
环渤海	1691	467.83	110.16	23.55%
中部地区	1645	332.70	83.66	25.14%
其他地区	2287	317.52	93.61	29.48%

表 12–4　2018 年珠三角、长三角、环渤海和中部地区出版物印刷企业数量、产值、增加值

区域	企业数量（家）	印刷产值（亿元）	增加值（亿元）	增加值在印刷产值中占比
珠三角	625	296.07	69.98	23.64%
长三角	939	394.07	93.17	23.64%
环渤海	1720	484.42	172.00	35.51%
中部地区	1627	338.74	78.89	23.29%
其他地区	2366	338.58	100.44	29.66%

表 12–5　2019 年珠三角、长三角、环渤海和中部地区出版物印刷企业数量、产值、增加值

区域	企业数量（家）	印刷产值（亿元）	增加值（亿元）	增加值在印刷产值中占比
珠三角	635	337.19	91.40	27.10%
长三角	894	326.00	78.16	23.98%
环渤海	1889	514.62	120.19	23.35%
中部地区	1635	339.72	73.99	21.78%
其他地区	2374	342.47	76.46	22.32%

（二）包装装潢印刷品印刷

表 13　包装装潢印刷品印刷关键数据指标及增长情况

年份	企业数量（家）	企业数量增长率	产值（亿元）	产值增长率	增加值（亿元）	增加值增长率
2015 年	51024	0.30%	8406.2	4.19%	1929.19	5.11%
2016 年	51375	0.69%	8704.37	3.55%	1948.38	0.99%
2017 年	50187	-2.31%	9279.19	6.60%	2072.53	6.37%
2018 年	50738	1.10%	9838.68	6.03%	2189.97	5.67%
2019 年	50318	-0.83%	10075.26	2.40%	2043.10	-6.71%

表 14-1　2015 年我国包装装潢印刷品印刷十强省份

排名	省份	企业数量（家）	印刷产值（亿元）	增加值（亿元）
1	广东	13066	1599.88	491.24
2	江苏	5931	1164.01	225.99
3	浙江	9367	960.39	197.67
4	上海	2498	619.60	190.66
5	山东	3956	579.53	77.13
6	河北	1968	526.06	112.35
7	福建	2008	431.60	114.41
8	四川	1157	338.42	70.89
9	安徽	1475	289.75	52.17
10	湖北	686	287.80	73.74
合计		42112	6797.04	1606.25

表 14-2　2016 年我国包装装潢印刷品印刷十强省份

排名	省份	企业数量（家）	印刷产值（亿元）	增加值（亿元）
1	广东	13068	1706.97	498.54
2	江苏	6012	1201.60	228.37
3	浙江	9574	1026.27	217.24
4	上海	2317	659.98	202.44
5	山东	4343	581.18	84.09
6	河北	2028	543.05	115.70
7	福建	1980	448.32	88.82
8	四川	1162	342.71	79.41
9	湖北	676	307.42	64.15
10	安徽	1470	291.98	62.26
合计		42630	7109.48	1641.03

表 14-3　2017 年我国包装装潢印刷品印刷十强省份

排名	省份	企业数量（家）	印刷产值（亿元）	增加值（亿元）
1	广东	11407	1964.64	540.34
2	江苏	6258	1302.20	264.00
3	浙江	9790	1098.24	231.34
4	上海	2068	676.92	206.36
5	山东	4500	645.85	86.57
6	河北	2055	492.02	127.23
7	福建	1933	486.26	91.27
8	四川	1273	359.97	78.60
9	湖北	673	326.65	67.47
10	安徽	1508	309.26	60.82
合计		41465	7662.00	1754.00

表 14-4　2018 年我国包装装潢印刷品印刷十强省份

排名	省份	企业数量（家）	印刷产值（亿元）	增加值（亿元）
1	广东	11593	2128.90	524.22
2	江苏	6449	1409.71	281.71
3	浙江	10096	1176.21	247.30
4	山东	4645	685.01	97.55
5	上海	1878	682.88	201.25
6	福建	1932	502.38	98.31
7	河北	2063	502.20	128.13
8	四川	1211	371.54	76.70
9	安徽	1613	355.18	64.68
10	湖北	675	342.03	67.59
合计		42155	8156.04	1787.44

表 14-5　2019 年我国包装装潢印刷品印刷十强省份

排名	省份	企业数量（家）	印刷产值（亿元）	增加值（亿元）
1	广东	12055	2172.81	527.30
2	江苏	6713	1460.29	228.70
3	浙江	8624	1379.47	227.51
4	山东	4899	712.11	96.53
5	上海	1792	672.68	232.36
6	福建	1908	525.11	87.58
7	河北	2044	452.66	114.83
8	四川	1229	371.82	83.68
9	安徽	1756	370.23	69.27
10	湖北	722	357.09	69.84
合计		41742	8474.26	1737.61

表 15—1　2015 年珠三角、长三角、环渤海和中部地区包装装潢印刷品印刷企业数量、产值、增加值

区域	企业数量（家）	印刷产值（亿元）	增加值（亿元）	增加值在印刷产值中占比
珠三角	13066	1599.88	491.24	30.70%
长三角	17796	2744.00	614.33	22.39%
环渤海	8526	1587.20	280.53	17.67%
中部地区	4807	1179.31	242.88	20.60%
其他地区	6829	1295.80	300.21	23.17%

表 15—2　2016 年珠三角、长三角、环渤海和中部地区包装装潢印刷品印刷企业数量、产值、增加值

区域	企业数量（家）	印刷产值（亿元）	增加值（亿元）	增加值在印刷产值中占比
珠三角	13068	1706.97	498.54	29.21%
长三角	17903	2887.85	648.05	22.44%
环渤海	8943	1601.93	289.42	18.07%
中部地区	4707	1195.13	225.29	18.85%
其他地区	6754	1312.48	287.09	21.87%

表 15—3　2017 年珠三角、长三角、环渤海和中部地区包装装潢印刷品印刷企业数量、产值、增加值

区域	企业数量（家）	印刷产值（亿元）	增加值（亿元）	增加值在印刷产值中占比
珠三角	11407	1964.64	540.34	27.50%
长三角	18116	3077.35	701.70	22.80%
环渤海	9131	1536.34	294.02	19.14%
中部地区	4816	1292.81	250.12	19.35%
其他地区	6717	1408.06	286.34	20.34%

表 15—4　2018 年珠三角、长三角、环渤海和中部地区包装装潢印刷品印刷企业数量、产值、增加值

区域	企业数量（家）	印刷产值（亿元）	增加值（亿元）	增加值在印刷产值中占比
珠三角	11593	2128.90	524.22	24.62%
长三角	18423	3268.80	730.26	22.34%
环渤海	8896	1590.06	392.97	24.71%
中部地区	5048	1367.12	251.78	18.42%
其他地区	6778	1483.81	290.73	19.59%

表 15—5　2019 年珠三角、长三角、环渤海和中部地区包装装潢印刷品印刷企业数量、产值、增加值

区域	企业数量（家）	印刷产值（亿元）	增加值（亿元）	增加值在印刷产值中占比
珠三角	12055	2,172.81	527.30	24.27%
长三角	17129	3,512.44	688.58	19.60%
环渤海	9112	1,544.91	292.29	18.92%
中部地区	5229	1,337.19	243.14	18.18%
其他地区	6793	1,507.91	291.79	19.35%

（三）其他印刷品印刷

表 16　其他印刷品印刷关键数据指标及增长情况

年份	企业数量（家）	企业数量增长率	产值（亿元）	产值增长率	增加值（亿元）	增加值增长率
2015 年	42233	–2.79%	873.96	7.82%	198.49	8.74%
2016 年	40250	–4.70%	881.98	0.92%	201.72	1.63%
2017 年	39048	–2.99%	853.07	–3.28%	202.86	0.57%
2018 年	37432	–4.14%	877.89	2.91%	196.83	–2.97%
2019 年	36557	–2.34%	923.90	5.24%	181.41	–7.83%

（四）不同类别印刷企业关键数据指标对比

表 17–1　2015 年各类别印刷企业平均产值、增加值

类别	企业数量（家）	产值（亿元）	企业平均产值（万元）	工业增加值（亿元）	企业平均工业增加值（万元）
出版物印刷	7176	1738.01	2421.97	444.81	619.86
包装装潢印刷品印刷	51024	8406.20	1647.50	1929.19	378.09
其他印刷品印刷	42233	873.96	206.94	198.49	47.00

表 17–2　2016 年各类别印刷企业平均产值、增加值

类别	企业数量（家）	产值（亿元）	企业平均产值（万元）	工业增加值（亿元）	企业平均工业增加值（万元）
出版物印刷	7225	1724.50	2386.85	470.67	651.44
包装装潢印刷品印刷	51375	8704.37	1694.28	1948.38	379.25
其他印刷品印刷	40250	881.98	219.12	201.72	50.12

表 17–3　2017 年各类别印刷企业平均产值、增加值

类别	企业数量（家）	产值（亿元）	企业平均产值（万元）	工业增加值（亿元）	企业平均工业增加值（万元）
出版物印刷	7177	1785.66	2488.03	482.05	671.66
包装装潢印刷品印刷	50187	9279.19	1848.92	2072.53	412.96
其他印刷品印刷	39048	853.07	218.47	202.86	51.95

表 17–4　2018 年各类别印刷企业平均产值、增加值

类别	企业数量（家）	产值（亿元）	企业平均产值（万元）	工业增加值（亿元）	企业平均工业增加值（万元）
出版物印刷	7277	1851.88	2544.84	514.49	707.00
包装装潢印刷品印刷	50738	9838.68	1939.11	2189.97	431.62
其他印刷品印刷	37432	877.89	234.53	196.83	52.58

表 17–5　2019 年各类别印刷企业平均产值、增加值

类别	企业数量（家）	产值（亿元）	企业平均产值（万元）	工业增加值（亿元）	企业平均工业增加值（万元）
出版物印刷	7427	1860.01	2504.38	440.20	592.70
包装装潢印刷品印刷	50318	10075.26	2002.32	2043.1	406.04
其他印刷品印刷	36557	923.89	252.73	181.41	49.62

三、部分主营业务发展情况

表 18　印刷业部分主营业务工业总产值　（单位：亿元）

主营业务类型	2015 年	2016 年	2017 年	2018 年	2019 年
书刊印刷	1043.74	974.03	1047.92	1001.14	1037.08
报纸印刷	170.40	159.20	142.60	144.09	129.01
纸包装印刷	3912.49	4024.52	4310.28	4645.56	4518.24
金属罐包装印刷	402.88	419.50	478.65	448.69	471.25
塑料软包装印刷	1438.25	1125.10	1319.99	1339.19	1427.94
普通票据印刷	153.92	161.36	144.82	175.65	152.38
安全印刷	207.01	122.57	138.52	138.17	94.20
玻璃、陶瓷包装印刷	—	201.52	18.97	14.30	29.17
标签印刷	—	80.19	143.07	193.72	218.68
其他包装装潢印刷	—	2413.33	3008.05	3178.83	3542.21

表 19–1　2015 年我国印刷业七类主营业务涉足企业数量、产值和增加值及排序

序号	业务类型	企业数量（家）	业务类型	产值（亿元）	业务类型	增加值(亿元）
1	纸包装印刷	25636	纸包装印刷	3912.49	纸包装印刷	801.30
2	塑料软包装印刷	7026	塑料软包装印刷	1438.25	塑料软包装印刷	481.99
3	书刊印刷	5468	书刊印刷	1043.74	书刊印刷	304.54
4	普通票据印刷	5198	金属罐包装印刷	402.88	金属罐包装印刷	95.60
5	安全印刷	789	安全印刷	207.01	安全印刷	85.87
6	金属罐包装印刷	594	报纸印刷	170.40	报纸印刷	53.04
7	报纸印刷	713	普通票据印刷	153.92	普通票据印刷	40.53

表 19–2　2016 年我国印刷业十类主营业务涉足企业数量、产值和增加值及排序

序号	业务类型	企业数量（家）	业务类型	产值（亿元）	业务类型	增加值(亿元）
1	纸包装印刷	24721	纸包装印刷	4024.52	纸包装印刷	884.63
2	其他包装装潢印刷	18614	其他包装装潢印刷	2413.33	其他包装装潢印刷	602.15
3	塑料软包装印刷	5869	塑料软包装印刷	1125.10	书刊印刷	273.53
4	书刊印刷	5616	书刊印刷	974.03	塑料软包装印刷	238.47
5	普通票据印刷	5036	金属罐包装印刷	419.50	金属罐包装印刷	106.37
6	玻璃、陶瓷包装印刷	928	玻璃、陶瓷包装印刷	201.52	报纸印刷	49.08
7	标签印刷	725	普通票据印刷	161.36	安全印刷	48.25
8	安全印刷	722	报纸印刷	159.20	玻璃、陶瓷包装印刷	47.23
9	报纸印刷	667	安全印刷	122.57	普通票据印刷	39.20
10	金属罐包装印刷	579	标签印刷	80.19	标签印刷	22.39

表 19-3　2017 年我国印刷业十类主营业务涉足企业数量、产值和增加值及排序

序号	业务类型	企业数量（家）	业务类型	产值（亿元）	业务类型	增加值(亿元）
1	纸包装印刷	25122	纸包装印刷	4310.28	纸包装印刷	921.21
2	其他包装装潢印刷	18333	其他包装装潢印刷	3008.05	其他包装装潢印刷	679.93
3	塑料软包装印刷	7196	塑料软包装印刷	1319.99	塑料软包装印刷	287.34
4	书刊印刷	5747	书刊印刷	1047.92	书刊印刷	267.58
5	普通票据印刷	4951	金属罐包装印刷	478.65	金属罐包装印刷	103.57
6	标签印刷	1207	普通票据印刷	144.82	安全印刷	59.88
7	安全印刷	772	标签印刷	143.07	报纸印刷	47.54
8	报纸印刷	594	报纸印刷	142.60	普通票据印刷	47.26
9	金属罐包装印刷	579	安全印刷	138.52	标签印刷	34.87
10	玻璃、陶瓷包装印刷	121	玻璃、陶瓷包装印刷	18.97	玻璃、陶瓷包装印刷	5.30

表 19-4　2018 年我国印刷业十类主营业务涉足企业数量、产值和增加值及排序

序号	业务类型	企业数量（家）	业务类型	产值（亿元）	业务类型	增加值(亿元）
1	纸包装印刷	25133	纸包装印刷	4645.56	纸包装印刷	1016.21
2	其他包装装潢印刷	20021	其他包装装潢印刷	3178.83	其他包装装潢印刷	743.11
3	塑料软包装印刷	6998	塑料软包装印刷	1339.19	塑料软包装印刷	289.43
4	书刊印刷	5721	书刊印刷	1001.14	书刊印刷	282.26
5	普通票据印刷	5216	金属罐包装印刷	448.69	金属罐包装印刷	92.52
6	标签印刷	1541	标签印刷	193.72	安全印刷	65.95
7	安全印刷	855	普通票据印刷	175.65	普通票据印刷	48.06
8	报纸印刷	571	报纸印刷	144.09	标签印刷	46.98
9	金属罐包装印刷	527	安全印刷	138.17	报纸印刷	39.93
10	玻璃、陶瓷包装印刷	107	玻璃、陶瓷包装印刷	14.30	玻璃、陶瓷包装印刷	1.35

表 19-5　2019 年我国印刷业十类主营业务涉足企业数量、产值和增加值及排序

序号	业务类型	企业数量（家）	业务类型	产值（亿元）	业务类型	增加值(亿元）
1	纸包装印刷	24110	纸包装印刷	4518.24	纸包装印刷	885.73
2	其他包装装潢印刷	22213	其他包装装潢印刷	3542.21	其他包装装潢印刷	707.95
3	塑料软包装印刷	6637	塑料软包装印刷	1427.94	塑料软包装印刷	305.26
4	书刊印刷	5729	书刊印刷	1037.08	书刊印刷	247.55
5	普通票据印刷	4840	金属罐包装印刷	471.25	金属罐包装印刷	91.14
6	标签印刷	2009	标签印刷	218.68	标签印刷	50.63
7	安全印刷	710	普通票据印刷	152.38	安全印刷	47.42
8	报纸印刷	563	报纸印刷	129.01	普通票据印刷	39.37
9	金属罐包装印刷	476	安全印刷	94.20	报纸印刷	37.50
10	玻璃、陶瓷包装印刷	190	玻璃、陶瓷包装印刷	29.17	玻璃、陶瓷包装印刷	6.14

表 20—1 2015 年不同主营业务对涉足该类业务印刷企业平均产值和增加值贡献度及排序

序号	业务类型	平均产值（万元）	业务类型	平均增加值（万元）
1	金属罐包装印刷	6782.53	金属罐包装印刷	1609.50
2	安全印刷	2623.72	安全印刷	1088.40
3	报纸印刷	2389.85	报纸印刷	743.95
4	塑料软包装印刷	2047.04	塑料软包装印刷	686.01
5	书刊印刷	1908.81	书刊印刷	556.96
6	纸包装印刷	1526.17	纸包装印刷	312.57
7	普通票据印刷	296.11	普通票据印刷	77.98

表 20—2 2016 年不同主营业务对涉足该类业务印刷企业平均产值和增加值贡献度及排序

序号	业务类型	平均产值（万元）	业务类型	平均增加值（万元）
1	金属罐包装印刷	7245.21	金属罐包装印刷	1837.18
2	报纸印刷	2386.79	报纸印刷	735.78
3	玻璃、陶瓷包装印刷	2225.59	安全印刷	668.30
4	塑料软包装印刷	1917.02	玻璃、陶瓷包装印刷	508.94
5	书刊印刷	1734.39	书刊印刷	487.06
6	安全印刷	1697.71	塑料软包装印刷	406.32
7	纸包装印刷	1627.98	纸包装印刷	357.85
8	其他包装装潢印刷	1296.51	其他包装装潢印刷	323.49
9	标签印刷	1106.12	标签印刷	308.82
10	普通票据印刷	320.40	普通票据印刷	77.84

表 20—3 2017 年不同主营业务对涉足该类业务印刷企业平均产值和增加值贡献度及排序

序号	业务类型	平均产值（万元）	业务类型	平均增加值（万元）
1	金属罐包装印刷	8266.77	金属罐包装印刷	1788.85
2	报纸印刷	2400.64	报纸印刷	800.32
3	塑料软包装印刷	1834.33	安全印刷	775.64
4	书刊印刷	1823.42	书刊印刷	465.60
5	安全印刷	1794.26	玻璃、陶瓷包装印刷	438.01
6	纸包装印刷	1715.74	塑料软包装印刷	399.30
7	其他包装装潢印刷	1640.78	其他包装装潢印刷	370.88
8	玻璃、陶瓷包装印刷	1567.45	纸包装印刷	366.69
9	标签印刷	1185.36	标签印刷	288.86
10	普通票据印刷	292.51	普通票据印刷	95.46

表 20—4　2018 年不同主营业务对涉足该类业务印刷企业平均产值和增加值贡献度及排序

序号	业务类型	平均产值（万元）	业务类型	平均增加值（万元）
1	金属罐包装印刷	8514.10	金属罐包装印刷	1755.60
2	报纸印刷	2523.39	安全印刷	771.33
3	塑料软包装印刷	1913.67	报纸印刷	699.25
4	纸包装印刷	1848.39	书刊印刷	493.37
5	书刊印刷	1749.93	塑料软包装印刷	413.60
6	安全印刷	1616.08	纸包装印刷	404.33
7	其他包装装潢印刷	1587.75	其他包装装潢印刷	371.17
8	玻璃、陶瓷包装印刷	1336.07	标签印刷	304.90
9	标签印刷	1257.12	玻璃、陶瓷包装印刷	126.44
10	普通票据印刷	336.75	普通票据印刷	92.13

表 20—5　2019 年不同主营业务对涉足该类业务印刷企业平均产值和增加值贡献度及排序

序号	业务类型	平均产值（万元）	业务类型	平均增加值（万元）
1	金属罐包装印刷	9900.18	金属罐包装印刷	1914.62
2	报纸印刷	2291.45	安全印刷	667.92
3	塑料软包装印刷	2151.49	报纸印刷	666.05
4	纸包装印刷	1874.01	塑料软包装印刷	459.94
5	书刊印刷	1810.23	书刊印刷	432.11
6	其他包装装潢印刷	1594.66	纸包装印刷	367.37
7	玻璃、陶瓷包装印刷	1535.28	玻璃、陶瓷包装印刷	323.07
8	安全印刷	1326.71	其他包装装潢印刷	318.71
9	标签印刷	1088.52	标签印刷	252.01
10	普通票据印刷	314.83	普通票据印刷	81.35

表 21　书刊印刷业务关键数据指标及增长情况

年份	企业数量（家）	企业数量增长率	产值（亿元）	产值增长率	增加值（亿元）	增加值增长率
2015 年	5468	0.15%	1043.74	0.86%	304.54	8.18%
2016 年	5616	2.71%	974.03	–6.68%	273.53	–10.18%
2017 年	5747	2.33%	1047.92	7.59%	267.58	–2.18%
2018 年	5721	–0.45%	1001.14	–4.46%	282.26	5.49%
2019 年	5729	0.14%	1037.09	3.59%	247.55	–12.30%

表 22 报纸印刷业务关键数据指标及增长情况

年份	企业数量（家）	企业数量增长率	产值（亿元）	产值增长率	增加值（亿元）	增加值增长率
2015 年	713	13.72%	170.40	-6.33%	53.04	-6.64%
2016 年	667	-6.45%	159.20	-6.57%	49.08	-7.47%
2017 年	594	-10.94%	142.60	-10.43%	47.54	-3.14%
2018 年	571	-3.87%	144.09	1.04%	39.93	-16.01%
2019 年	563	-1.40%	129.01	-10.47%	37.50	-6.09%

表 23 纸包装印刷业务关键数据指标及增长情况

年份	企业数量（家）	企业数量增长率	产值（亿元）	产值增长率	增加值（亿元）	增加值增长率
2015 年	25636	1.79%	3912.49	6.62%	801.30	8.18%
2016 年	24721	-3.57%	4024.52	2.86%	884.63	10.40%
2017 年	25122	1.62%	4310.28	7.10%	921.21	4.14%
2018 年	25133	0.04%	4645.56	7.78%	1016.21	10.31%
2019 年	24110	-4.07%	4518.24	-2.74%	885.73	-12.84%

表 24 金属罐包装印刷业务关键数据指标及增长情况

年份	企业数量（家）	企业数量增长率	产值（亿元）	产值增长率	增加值（亿元）	增加值增长率
2015 年	594	-16.46%	402.88	13.54%	95.60	-5.93%
2016 年	579	-2.53%	419.50	4.13%	106.37	11.27%
2017 年	579	0.00%	478.65	14.10%	103.57	-2.63%
2018 年	527	-8.98%	448.69	-6.26%	92.52	-10.67%
2019 年	476	-9.68%	471.25	5.03%	91.14	-1.49%

表 25 塑料软包装印刷业务关键数据指标及增长情况

年份	企业数量（家）	企业数量增长率	产值（亿元）	产值增长率	增加值（亿元）	增加值增长率
2015 年	7026	-0.43%	1438.25	7.17%	481.99	-1.92%
2016 年	5869	-16.47%	1125.10	-21.77%	238.47	-50.52%
2017 年	7196	22.61%	1319.99	17.32%	287.34	20.49%
2018 年	6998	-2.75%	1339.19	1.45%	289.43	0.73%
2019 年	6637	-5.16%	1427.94	6.63%	305.26	5.47%

表 26 普通票据印刷业务关键数据指标及增长情况

年份	企业数量（家）	企业数量增长率	产值（亿元）	产值增长率	增加值（亿元）	增加值增长率
2015 年	5198	30.08%	153.92	18.45%	40.53	13.47%
2016 年	5036	-3.12%	161.36	4.83%	39.20	-3.28%
2017 年	4951	-1.69%	144.82	-10.25%	47.26	20.56%
2018 年	5216	5.35%	175.65	21.29%	48.06	1.69%
2019 年	4840	-7.21%	152.38	-13.25%	39.37	-18.08%

表 27　安全印刷业务关键数据指标及增长情况

年份	企业数量（家）	企业数量增长率	产值（亿元）	产值增长率	增加值（亿元）	增加值增长率
2015 年	789	1.94%	207.01	73.77%	85.87	64.91%
2016 年	722	–8.49%	122.57	–40.79%	48.25	–43.81%
2017 年	772	6.93%	138.52	13.01%	59.88	24.10%
2018 年	855	10.75%	138.17	–0.25%	65.95	10.14%
2019 年	710	–16.96%	94.20	–31.82%	47.42	–28.10%

四、规模以上重点印刷企业发展态势

表 28　规模以上重点印刷企业资产总额、工业总产值、工业增加值和利润总额

年份	企业数量（家）	资产总额（亿元）	资产总额增长率	工业总产值（亿元）	工业总产值增长率	工业增加值（亿元）	工业增加值增长率	利润总额（亿元）	利润总额增长率
2015 年	3247	6822.81	8.44%	6085.64	3.93%	1583.99	4.18%	459.07	3.67%
2016 年	3236	7087.72	3.88%	6204.00	1.94%	1588.14	0.26%	423.52	–7.74%
2017 年	3723	7913.65	11.65%	6926.24	11.64%	1766.80	11.25%	466.84	10.23%
2018 年	3860	8700.10	9.94%	7660.78	10.61%	1745.63	–1.20%	470.53	0.79%
2019 年	4176	9304.75	6.95%	8046.32	5.03%	1800.86	3.16%	524.13	11.39%

表 29　规模以上重点印刷企业关键数据指标在全国印刷业中的占比

年份	企业数量	资产总额	工业总产值	增加值	利润总额
2015 年	3.14%	55.21%	54.11%	61.10%	65.71%
2016 年	3.19%	54.92%	53.74%	61.48%	62.72%
2017 年	3.76%	58.22%	57.44%	63.23%	69.00%
2018 年	3.93%	57.28%	60.26%	59.39%	65.67%
2019 年	4.30%	60.14%	61.82%	66.66%	75.16%

表 30 规模以上重点印刷业企业平均产值和人均产值

年份	企业数量（家）	工业总产值（亿元）	企业平均产值（万元）	企业平均产值增长率	从业人数（万人）	人均产值（万元）	人均产值增长率
2015 年	3247	6085.64	18742.36	0.03%	91.47	66.53	5.29%
2016 年	3236	6204.00	19171.83	2.29%	93.73	66.19	–0.51%
2017 年	3723	6926.24	18603.92	–2.96%	95.35	72.64	9.74%
2018 年	3860	7660.78	19846.58	6.68%	95.98	79.82	9.88%
2019 年	4176	8046.32	19268.01	–2.92%	100.32	80.21	0.48%

表 31 规模以上重点印刷企业平均利润和人均利润

年份	企业数量（家）	利润总额（亿元）	企业平均利润（万元）	企业平均利润增长率	从业人数（万人）	人均利润（万元）	人均利润增长率
2015 年	3247	459.07	1413.83	-0.22%	91.47	5.02	5.02%
2016 年	3236	423.52	1308.78	-7.43%	93.73	4.52	-9.99%
2017 年	3723	466.84	1253.93	-4.19%	95.35	4.90	8.36%
2018 年	3860	470.53	1218.99	-2.79%	95.98	4.91	0.13%
2019 年	4176	524.13	1255.10	2.96%	100.32	5.22	6.57%

表 32 规模以上重点印刷企业对外加工贸易额和行业对外加工贸易额

年份	规模以上重点印刷企业对外加工贸易额（亿元）	规模以上重点印刷企业对外加工贸易额增长率	行业对外加工贸易额（亿元）	行业对外加工贸易额增长率
2015 年	552.86	3.30%	865.18	-0.11%
2016 年	576.77	4.32%	874.28	1.05%
2017 年	652.80	13.18%	841.85	-3.71%
2018 年	579.82	-11.18%	779.11	-7.45%
2019 年	739.44	27.53%	788.17	1.16%

表 33-1 2015 年我国拥有规模以上重点印刷企业数量最多的十个省份

序号	省份	企业数量（家）	资产总额（亿元）	工业总产值（亿元）	工业增加值（亿元）	利润总额（亿元）
1	广东	627	1576.91	1460.98	429.77	61.29
2	江苏	403	569.01	759.63	187.65	54.82
3	浙江	366	690.85	581.16	114.95	32.06
4	上海	268	820.99	618.07	181.54	42.91
5	山东	265	504.60	385.60	65.29	24.15
6	福建	168	332.24	332.51	63.73	18.95
7	安徽	146	251.90	237.97	48.10	20.14
8	四川	125	256.76	242.28	59.74	16.33
9	湖北	111	326.29	237.22	89.11	56.82
10	北京	99	295.39	188.72	73.84	20.87
合 计		2578	5624.94	5044.14	1313.72	348.34

表 33-2 2016 年我国拥有规模以上重点印刷企业数量最多的十个省份

序号	省份	企业数量（家）	资产总额（亿元）	工业总产值（亿元）	工业增加值（亿元）	利润总额（亿元）
1	广东	638	1615.77	1502.04	458.08	82.22
2	江苏	421	718.79	780.19	197.24	58.30
3	浙江	338	702.73	597.74	131.56	34.70
4	山东	276	536.74	424.81	77.27	25.52
5	上海	257	804.34	619.09	193.27	46.08
6	福建	162	392.91	349.55	84.91	24.83
7	安徽	145	261.98	242.87	58.35	21.51
8	四川	130	230.05	220.34	42.67	14.78
9	湖北	124	345.40	206.34	48.32	16.46
10	天津	88	164.44	132.19	30.72	6.63
合 计		2579	5773.14	5075.16	1322.38	331.03

表 33-3　2017 年我国拥有规模以上重点印刷企业数量最多的十个省份

序号	省份	企业数量（家）	资产总额（亿元）	工业总产值（亿元）	工业增加值（亿元）	利润总额（亿元）
1	广东	829	1754.34	1600.98	486.36	95.46
2	江苏	513	958.90	992.21	227.58	69.64
3	浙江	388	786.59	662.85	158.10	37.97
4	山东	301	540.20	475.30	77.56	27.81
5	上海	270	916.85	634.72	200.35	52.68
6	福建	177	453.99	392.36	107.30	27.92
7	安徽	150	280.18	256.44	54.34	22.06
8	四川	137	244.65	282.02	61.30	15.98
9	湖北	130	381.33	212.17	54.09	17.44
10	天津	100	181.37	161.03	30.90	5.13
合计		2995	6498.40	5670.08	1457.87	372.09

表 33-4　2018 年我国拥有规模以上重点印刷企业数量最多的十个省份

序号	省份	企业数量（家）	资产总额（亿元）	工业总产值（亿元）	工业增加值（亿元）	利润总额（亿元）
1	广东	846	1792.82	1811.73	447.09	87.01
2	江苏	542	1328.64	1076.18	242.24	73.00
3	浙江	425	806.43	744.06	150.58	42.20
4	山东	312	547.07	515.66	90.73	29.05
5	上海	264	919.46	657.15	197.85	54.51
6	福建	179	662.25	471.75	94.10	21.81
7	四川	145	261.33	295.46	63.03	19.88
8	安徽	152	320.30	292.24	57.58	25.29
9	湖北	131	382.32	273.17	61.41	17.63
10	天津	92	150.99	160.01	35.67	5.65
合计		3088	7171.60	6297.41	1440.27	376.03

表 33-5　2019 年我国拥有规模以上重点印刷企业数量最多的十个省份

序号	省份	企业数量（家）	资产总额（亿元）	工业总产值（亿元）	工业增加值（亿元）	利润总额（亿元）
1	广东	891	1990.32	1813.75	477.49	102.88
2	浙江	598	1031.94	950.70	176.00	53.36
3	江苏	555	1283.79	1116.84	189.91	75.27
4	山东	309	541.73	510.31	80.77	30.69
5	上海	247	939.97	645.43	223.86	70.57
6	福建	195	692.66	496.64	89.10	28.52
7	安徽	170	350.95	303.06	62.97	25.89
8	四川	160	287.37	294.58	60.92	20.15
9	湖北	140	339.18	312.30	62.38	18.76
10	河北	98	155.44	154.81	42.32	10.49
合计		3363	7613.35	6598.42	1465.72	436.58

表 34—1 2015 年珠三角、长三角、环渤海和中部地区规模以上重点印刷企业数量、资产总额、工业总产值、工业增加值和利润总额

区域	企业数量（家）	资产总额（亿元 ）	工业总产值（亿元）	工业增加值(亿元）	利润总额（亿元）
珠三角	627	1576.91	1460.98	429.77	61.29
长三角	1037	2080.85	1958.86	484.14	129.79
环渤海	583	1176.23	903.21	217.12	68.91
中部地区	466	897.15	812.00	222.33	125.89
其他地区	534	1091.67	950.60	230.64	73.20

表 34—2 2016 年珠三角、长三角、环渤海和中部地区规模以上重点印刷企业数量、资产总额、工业总产值、工业增加值和利润总额

区域	企业数量（家）	资产总额（亿元 ）	工业总产值（亿元）	工业增加值(亿元）	利润总额（亿元）
珠三角	638	1615.77	1502.04	458.08	82.22
长三角	1016	2225.86	1997.02	522.07	139.08
环渤海	577	1197.27	948.00	224.62	63.91
中部地区	475	979.28	835.58	179.86	65.41
其他地区	530	1069.54	921.36	203.51	72.89

表 34—3 2017 年珠三角、长三角、环渤海和中部地区规模以上重点印刷企业数量、资产总额、工业总产值、工业增加值和利润总额

区域	企业数量（家）	资产总额（亿元 ）	工业总产值（亿元）	工业增加值(亿元）	利润总额（亿元）
珠三角	829	1754.34	1600.98	486.36	95.46
长三角	1171	2662.33	2289.78	586.03	160.29
环渤海	613	1219.51	1058.70	233.07	66.22
中部地区	513	1089.07	861.55	183.22	60.98
其他地区	597	1188.39	1115.22	278.13	83.88

表 34—4 2018 年珠三角、长三角、环渤海和中部地区规模以上重点印刷企业数量、资产总额、工业总产值、工业增加值和利润总额

区域	企业数量（家）	资产总额（亿元）	工业总产值（亿元）	工业增加值(亿元）	利润总额（亿元）
珠三角	846	1792.82	1811.73	447.09	87.01
长三角	1231	3054.52	2477.39	590.67	169.72
环渤海	623	1201.80	1124.48	250.46	61.76
中部地区	538	1134.56	995.52	201.63	64.89
其他地区	622	1516.39	1251.66	255.78	87.15

表 34—5 2019 年珠三角、长三角、环渤海和中部地区规模以上重点印刷企业数量、资产总额、工业总产值、工业增加值和利润总额

区域	企业数量（家）	资产总额（亿元 ）	工业总产值（亿元）	工业增加值(亿元）	利润总额（亿元）
珠三角	891	1990.32	1813.75	477.49	102.88
长三角	1400	3255.70	2712.97	589.76	199.19
环渤海	642	1248.90	1126.99	240.04	75.30
中部地区	577	1177.12	1089.89	235.82	50.15
其他地区	666	1632.72	1302.73	257.74	96.61

2015–2019 年全国报纸印刷量调查统计情况

本部分表格数据依据中国报业协会印刷工作委员会提供的 2015–2019 年中央各报、各省区市以及部分地市报纸印刷单位上报的当年报纸印量情况整理。

表 1　2015–2019 年全国主要报纸印刷量调查汇总表　（单位：亿对开印张）

2015 年			2016 年			2017 年			2018 年			2019 年		
年印刷量分档	企业数（家）	印量	年印刷量分档	企业数（家）	印量	年印刷量分档	企业数（家）	印量	年印刷量分档	企业数（家）	印量	年印刷量分档	企业数（家）	印量
10 亿印张以上	21	389.46	10 亿印张以上	16	272.54	8 亿印张以上	18	252.31	8 亿印张以上	15	194.97	7 亿印张以上	19	198.60
5 亿 –10 亿印张	32	227.07	5 亿 –10 亿印张	27	192.93	5 亿 –8 亿印张	23	145.21	4 亿 –8 亿印张	27	158.55	4 亿 –7 亿印张	18	99.30
2 亿 –5 亿印张	37	121.29	2 亿 –5 亿印张	41	133.16	2 亿 –5 亿印张	37	118.25	2 亿 –4 亿印张	28	76.71	2 亿 –4 亿印张	28	76.57
1 亿 –2 亿印张	27	39.14	1 亿 –2 亿印张	24	33.92	1 亿 –2 亿印张	30	43.63	1 亿 –2 亿印张	29	42.62	1 亿 –2 亿印张	29	42.06
1 亿印张以下	34	18.88	1 亿印张以下	44	23.41	1 亿印张以下	51	25.88	1 亿印张以下	55	28.34	1 亿印张以下	54	26.66
合计	151	795.84	合计	152	655.96	合计	159	585.28	合计	154	501.19	合计	148	443.19

表 2　2015—2019 年全国各地区报纸印刷量分布统计表

地区	省市	2015 年				2016 年				2017 年			
		单位数量（家）		印量（亿印张）		单位数量（家）		印量（亿印张）		单位数量（家）		印量（亿印张）	
华北地区	北京	13	34	69.51	125.99	13	34	63.27	110.70	13	38	61.48	114.99
	天津	2		16.22		2		12.66		2		11.19	
	河北	10		22.69		10		19.68		12		20.52	
	山西	3		11.52		3		10.32		4		10.79	
	内蒙古	6		6.05		6		4.77		7		5.09	
东北地区	辽宁	4	12	29.33	56.99	5	12	21.41	39.79	5	11	17.10	38.98
	吉林	4		10.62		3		5.7		3		5.78	
	黑龙江	4		17.04		3		12.68		3		10.08	
华东地区	上海	4	45	36.48	276.99	4	45	29.3	228.81	3	47	25.40	229.72
	江苏	11		41.63		11		37.05		11		33.30	
	浙江	11		71.46		11		57.54		11		46.89	
	安徽	3		13.48		3		11.75		3		10.17	
	福建	4		28.8		4		21.52		4		18.20	
	江西	3		13.04		3		11.48		3		10.45	
	山东	9		72.1		10		60.17		12		54.08	
中南地区	河南	11	34	31.08	210.68	11	34	26.83	176.25	11	36	23.86	176.82
	湖北	5		32.83		6		22.56		7		20.50	
	湖南	2		16.53		2		14.95		2		14.28	
	广东	11		106.82		12		91.1		12		77.37	
	广西	4		16.43		3		13.97		3		12.32	
	海南	1		6.99		1		6.84		1		6.29	
西南地区	重庆	3	13	17.68	80.64	2	13	10.33	59.17	1	12	8.90	58.65
	四川	5		38.27		5		30.72		5		28.34	
	贵州	2		12.15		2		8.33		2		6.78	
	云南	2		10.98		2		8.16		3		8.43	
	西藏	1		1.56		1		1.63		1		1.75	
西北地区	陕西	5	13	20.46	44.55	6	13	19.51	41.24	6	15	14.65	41.42
	甘肃	2		8.56		2		7.78		3		8.81	
	青海	2		3.84		2		3.77		2		3.59	
	宁夏	1		2.6		1		2.32		1		2.30	
	新疆	3		9.09		3		7.86		3		6.59	
总计	31	151		795.84		152		655.96		159		585.28	

（续表）

地区	省市	2018 年				2019 年			
		单位数量（家）		印量（亿印张）		单位数量（家）		印量（亿印张）	
华北地区	北京	11	35	57.26	97.04	11	32	52.68	89.80
	天津	1		6.00		1		5.45	
	河北	12		19.00		10		16.62	
	山西	4		10.28		4		11.26	
	内蒙古	7		4.50		6		3.79	
东北地区	辽宁	5	12	14.58	30.06	5	11	13.68	26.25
	吉林	4		6.74		4		5.56	
	黑龙江	3		8.74		2		7.01	
华东地区	上海	3	46	23.91	154.12	2	44	18.83	140.57
	江苏	11		29.89		11		30.63	
	浙江	11		41.28		11		39.74	
	安徽	3		9.99		3		9.04	
	福建	5		15.97		5		14.69	
	江西	3		8.81		3		7.97	
	山东	10		24.27		9		19.67	
中南地区	河南	9	35	21.89	140.54	9	34	19.49	116.92
	湖北	7		19.44		6		17.24	
	湖南	2		13.86		2		12.94	
	广东	12		67.21		12		51.02	
	广西	4		12.17		4		10.98	
	海南	1		5.97		1		5.25	
西南地区	重庆	2	12	10.27	50.49	2	12	8.92	44.80
	四川	5		23.66		5		21.19	
	贵州	1		6.61		1		5.79	
	云南	3		8.08		3		7.07	
	西藏	1		1.87		1		1.83	
西北地区	陕西	5	14	10.16	28.94	5	15	8.49	24.85
	甘肃	3		7.50		4		6.83	
	青海	2		3.05		2		2.11	
	宁夏	1		2.18		1		2.00	
	新疆	3		6.05		3		5.42	
总计	31	154		501.19		148		443.19	

表 3　2015 年报纸印刷量在 10 亿印张以上的单位

编号	单　位	2015 年		2014 年	
		年印刷量（亿印张）	± %	年印刷量（亿印张）	± %
1	广州日报报业经营公司印务分公司	36.05	–11.66	40.81	–6.66
2	山东大众报业集团半岛传媒股份有限公司	35.44	–10.01	39.38	–1.80
3	上海报业集团印务有限公司	30.23	–11.58	34.19	–14.42
4	广东南方报业传媒公司印务分公司	28.43	–22.62	36.74	–8.29
5	浙江日报报业集团印务有限公司	26.14	–13.70	30.29	–9.96
6	辽宁新闻印刷集团有限公司	19.33	–23.87	25.39	–15.79
7	湖北日报传媒集团楚天印务总公司	18.49	–19.50	22.97	–18.08
8	杭报集团盛元印务有限公司	18.27	–24.75	24.28	–11.09
9	深圳报业集团印务有限公司	18.06	–13.38	20.85	–7.91
10	河南日报报业集团公司印务中心	17.70	–13.99	20.58	–0.95
11	四川日报报业集团印务公司	17.59	–16.75	21.13	–14.11
12	人民日报印刷厂	16.57	3.56	16.00	–6.05
13	福建日报报业集团印刷厂	14.86	–18.13	18.15	–6.59
14	山东大众华泰印务有限责任公司	14.01	–3.84	14.57	–2.15
15	成都博瑞传播股份有限公司印务分公司	13.36	–30.27	19.16	–16.66
16	广东羊城晚报经营有限公司印务中心	11.46	–28.02	15.92	–15.77
17	广西日报社印刷厂	11.20	–13.18	12.90	6.05
18	云南报业传媒集团印务中心	10.78	–12.07	12.26	–12.66
19	重庆重报传媒有限公司印务中心	10.60	–22.63	13.70	–6.16
20	华商数码信息股份有限公司	10.49	–28.49	14.67	–17.68
21	武汉长江日报传媒集团印务分公司	10.40	–39.53	17.20	–9.47
总计	21 家	389.46	–17.34	471.14	–9.85

表 4　2016 年报纸印刷量在 10 亿印张以上的单位

编号	单　位	2016 年		2015 年	
		年印刷量（亿印张）	± %	年印刷量（亿印张）	± %
1	广州日报报业经营公司印务分公司	32.16	−10.79	36.05	−11.66
2	山东大众报业集团半岛传媒股份有限公司	30.12	−15.01	35.44	−10.01
3	上海报业集团印务中心	23.66	−21.73	30.23	−11.58
4	广东南方报业传媒公司印务分公司	23.16	−18.48	28.41	−22.62
5	浙江日报报业集团印务有限公司	22.16	−15.23	26.14	−13.70
6	四川日报报业集团印务公司	15.38	−12.56	17.59	−16.75
7	河南日报报业集团公司印务中心	15.37	−13.07	17.68	−13.99
8	人民日报印刷厂	15.00	−9.47	16.57	3.56
9	深圳报业集团印务有限公司	14.55	−19.44	18.06	−13.38
10	辽宁金印文化传媒股份有限公司	13.97	−27.73	19.33	−23.87
11	杭报集团盛元印务有限公司	12.87	−23.76	16.88	−24.75
12	山东大众华泰印务有限责任公司	12.22	−12.78	14.01	−3.84
13	福建日报报业集团印刷厂	10.85	−26.99	14.86	−18.13
14	湖北日报传媒集团楚天印务总公司	10.50	−25.53	14.10	−19.50
15	广西日报社印刷厂	10.35	−7.67	11.21	−13.18
16	华商数码信息股份有限公司（含重庆吉林分公司）	10.22	−21.87	13.08	−28.49
总计	16 家	272.54	−17.32	329.64	−17.34

表 5　2016 年报纸印刷量在 5 亿 −10 亿印张的单位

编号	单　位	2016 年		2015 年	
		年印刷量（亿印张）	± %	年印刷量（亿印张）	± %
1	解放军报印刷厂	9.59	0.10	9.58	−19.43
2	重庆重报传媒有限公司印务中心	9.20	−18.58	11.30	−22.63
3	华声在线股份公司湖南报业印务分公司	9.12	−2.67	9.37	−4.19
4	成都博瑞传播股份有限公司印务分公司	9.02	−32.49	13.36	−30.27
5	南京时代传媒股份公司（印刷事业部）	8.69	−1.81	8.85	−16.75
6	武汉长江日报传媒集团印务分公司	8.02	−22.88	10.40	−39.53
7	新华社印务有限责任公司	8.02	−17.40	9.71	−7.60
8	云南报业传媒集团印务中心	7.97	−26.07	10.78	−12.07
9	广东羊城晚报经营有限公司印务中心	7.80	−31.94	11.46	−28.02
10	甘肃日报报业集团印务分公司	7.69	−9.21	8.47	−7.13
11	北京日报印务有限责任公司	7.50	−5.42	7.93	−9.78
12	新华报业传媒集团印务中心	7.47	−13.84	8.67	−15.91

（续表）

编号	单　位	2016 年		2015 年	
		年印刷量（亿印张）	±%	年印刷量（亿印张）	±%
13	今晚报社印刷厂	7.46	–19.96	9.32	–10.13
14	黑龙江龙江传媒有限责任公司	7.38	–19.70	9.19	–17.80
15	江西日报社印务中心	7.03	–18.92	8.67	–25.30
16	新安传媒有限公司印务公司	6.93	–12.50	7.92	–11.01
17	海南日报社印刷厂	6.84	–2.01	6.98	–4.38
18	河北日报报业集团印务中心	6.45	–2.86	6.64	7.27
19	贵州日报报业集团公司印务分公司	6.28	–21.01	7.95	–13.21
20	苏州日报印务中心	6.05	–17.12	7.30	–13.60
21	石家庄日报社石报印刷厂	5.92	–12.56	6.77	–13.76
22	长沙晚报传媒有限公司印务分公司	5.83	–18.58	7.16	–19.00
23	宁波报业印刷发展有限公司	5.74	–4.97	6.04	–16.57
24	山西闻兴印务有限责任公司	5.41	–3.39	5.60	–5.76
25	中国青年报社印刷厂	5.21	–5.44	5.51	–6.45
26	天津北方报业印务股份有限公司	5.20	–24.64	6.90	–24.18
27	陕西日报社印刷厂	5.11	–4.84	5.37	–4.45
总计	27 家	192.93	–15.08	227.20	–14.26

表 6　2017 年报纸印刷量在 8 亿印张以上的单位

编号	单　位	2017 年		2016 年	
		年印刷量（亿印张）	±%	年印刷量（亿印张）	±%
1	山东大众报业集团半岛传媒股份有限公司	26.28	–12.75	30.12	–15.01
2	广东南方报业传媒公司印务分公司	22.73	–1.86	23.16	–18.48
3	广州日报报业经营公司印务分公司	22.68	–29.48	32.16	–10.79
4	上海报业集团印务有限公司	20.20	–14.62	23.66	–21.73
5	浙江日报报业集团印务有限公司	17.79	–19.72	22.16	–15.23
6	人民日报印刷厂	15.41	2.73	15.00	–9.47
7	四川日报报业集团印务公司	15.11	–1.76	15.38	–12.56
8	河南日报报业集团公司印务中心	13.90	–9.56	15.37	–13.07
9	深圳报业集团印务有限公司	13.68	–9.52	15.12	–19.44
10	辽宁新闻印刷集团有限公司	11.37	–18.61	13.97	–27.73
11	山东大众华泰印务有限责任公司	11.19	–8.43	12.22	–12.78
12	湖北日报传媒集团楚天印务总公司	9.16	–12.76	10.50	–25.53
13	广西日报社印刷厂	9.16	–11.50	10.35	–7.67
14	杭报集团盛元印务有限公司	9.02	–29.09	12.72	–23.76

（续表）

编号	单　位	2017 年		2016 年	
		年印刷量（亿印张）	±%	年印刷量（亿印张）	±%
15	华声在线股份公司湖南报业印务分公司	8.97	–1.64	9.12	–2.67
16	重庆重报印务有限公司	8.90	–3.26	9.20	–18.58
17	福建日报报业集团印刷厂	8.38	–22.76	10.85	–26.99
18	新华社印务有限责任公司	8.38	4.49	8.02	–17.40
总计	18 家	252.31	–12.72	289.08	–17.32

表 7　2017 年报纸印刷量在 5 亿 –8 亿印张的单位

编号	单　位	2017 年		2016 年	
		年印刷量（亿印张）	±%	年印刷量（亿印张）	±%
1	北京日报印务有限责任公司	7.67	0.26	7.65	–5.42
2	武汉长江日报传媒集团印务分公司	7.55	–5.86	8.02	–22.88
3	江西日报社印务中心	7.08	0.71	7.03	–18.92
4	南京时代传媒股份公司（印刷事业部）	7.05	–18.78	8.68	–1.81
5	云南报业传媒集团印务中心	7.02	–11.92	7.97	–26.07
6	甘肃日报报业集团印务分公司	7.01	–8.84	7.69	–9.21
7	成都博瑞传播股份有限公司印务分公司	6.90	–23.50	9.02	–32.49
8	黑龙江龙江传媒有限责任公司	6.82	–7.46	7.37	–19.70
9	新安传媒有限公司印务公司	6.57	–5.19	6.93	–12.50
10	新华报业传媒集团印务中心	6.40	–14.32	7.47	–13.84
11	海南日报社印刷厂	6.29	–8.04	6.84	–2.01
12	工人日报社印刷厂	6.20	44.19	4.30	–12.24
13	河北日报报业集团印务中心	6.10	–5.28	6.44	–2.86
14	贵州日报报业集团公司印务分公司	6.08	–3.18	6.28	–21.01
15	华商数码信息股份有限公司（含重庆吉林分公司）	5.96	–34.65	9.12	–21.87
16	山西日报传媒（集团）印务有限责任公司	5.95	9.98	5.41	–3.39
17	今晚报社印刷厂	5.89	–21.05	7.46	–19.96
18	广东羊城晚报经营有限公司印务中心	5.78	–25.90	7.80	–31.94
19	石家庄日报社石报印刷厂	5.60	–8.20	6.10	–12.56
20	苏州日报印务中心	5.36	–11.26	6.04	–17.12
21	陕西日报社印刷厂	5.32	4.11	5.11	–4.84
22	长沙晚报传媒有限公司印务分公司	5.31	–8.92	5.83	–18.58
23	天津北方报业印务股份有限公司	5.30	1.92	5.20	–24.64
总计	23 家	145.21	–9.11	159.76	–15.08

表 8　2018 年报纸印刷量在 8 亿印张以上的单位

编号	单　位	2018 年		2017 年	
		年印刷量（亿印张）	±%	年印刷量（亿印张）	±%
1	广东南方报业传媒控股公司印务分公司	20.75	–8.71	22.73	–1.86
2	上海报业集团印务中心	18.70	–7.43	20.20	–14.62
3	广州日报报业经营有限公司印务分公司	17.75	–21.74	22.68	–29.48
4	浙江日报报业集团印务有限公司	16.35	–8.09	17.79	–19.72
5	人民日报印刷厂	16.01	3.89	15.41	2.73
6	四川日报报业集团印务公司	14.64	–3.11	15.11	–1.76
7	河南日报报业集团有限公司印务中心	13.14	–5.47	13.90	–9.56
8	深圳报业集团印务有限公司	12.45	–8.99	13.68	–9.52
9	山东大众华泰印务有限责任公司	10.43	–6.79	11.19	–8.43
10	辽宁金印文化传媒股份有限公司	10.19	–10.38	11.37	–18.61
11	华声在线股份公司湖南报业印务分公司	9.06	1.00	8.97	–1.64
12	湖北楚天传媒印务有限责任公司	9.04	–1.31	9.16	–12.76
13	重庆重报印务有限公司	9.00	3.45	8.70	–3.26
14	广西日报社印刷厂	8.83	–3.60	9.16	–11.50
15	新华社印务有限责任公司	8.63	3.11	8.37	4.49
总计	15 家	194.97	–6.45	208.42	–12.72

表 9　2018 年报纸印刷量在 4 亿 –8 亿印张的单位

编号	单　位	2018 年		2017 年	
		年印刷量（亿印张）	±%	年印刷量（亿印张）	±%
1	杭报集团盛元印务有限公司	7.94	–8.00	8.63	–29.09
2	工人日报社印刷厂	7.20	16.13	6.20	44.19
3	北京日报印务有限责任公司	7.12	–7.17	7.67	0.26
4	江西日报社印务中心	7.00	–1.13	7.08	0.71
5	福建日报报业集团印刷厂	6.89	–14.52	8.06	–22.76
6	云南报业传媒集团有限责任公司印务中心	6.75	–8.29	7.36	–11.92
7	河北报业传媒集团印务有限公司	6.75	–7.66	7.31	–5.28
8	贵州日报报业集团公司印务分公司	6.61	8.72	6.08	–3.18
9	武汉长江日报传媒集团公司印务分公司	6.47	–14.30	7.55	–5.86
10	甘肃日报报业集团有限公司印务分公司	6.45	–7.86	7.00	–8.84
11	新安传媒有限公司印务公司	6.39	–2.74	6.57	–5.19
12	经济日报印刷厂	6.22	46.01	4.26	17.68
13	黑龙江龙江传媒有限责任公司	6.10	–10.56	6.82	–7.46

（续表）

编号	单　位	2018 年		2017 年	
		年印刷量（亿印张）	± %	年印刷量（亿印张）	± %
14	山西日报传媒（集团）印务有限责任公司	6.04	1.51	5.95	9.98
15	南京时代传媒股份有限公司（印刷事业部）	6.00	–14.89	7.05	–18.78
16	天津北方报业印务股份有限公司	6.00	13.21	5.30	1.92
17	海南日报社印刷厂	5.97	–5.09	6.29	–8.04
18	新华日报社报刊印务部	5.72	–10.63	6.40	–14.32
19	陕西日报社印刷厂	4.95	–6.95	5.32	4.11
20	长沙晚报传媒有限公司印务分公司	4.80	–9.60	5.31	–8.92
21	广东羊城晚报经营有限公司印务中心	4.79	–17.13	5.78	–25.90
22	石家庄报业传媒集团有限公司印务分公司	4.77	–10.84	5.35	–8.20
23	苏州日报印刷中心	4.74	–7.78	5.14	–11.26
24	吉林日报社印务中心	4.57	–3.99	4.76	1.06
25	徐州报业传媒集团印务中心	4.20	–12.50	4.80	4.35
26	厦门报业传媒集团有限公司印务中心	4.07	–10.35	4.54	9.40
27	中国青年报社印刷厂	4.04	–4.94	4.25	–18.43
总计	27 家	158.55	–4.96	166.83	–9.11

表 10　2019 年报纸印刷量在 7 亿印张以上的单位

编号	单　位	2019 年		2018 年	
		年印刷量（亿印张）	± %	年印刷量（亿印张）	± %
1	广东南方报业传媒控股公司印务分公司	18.31	–11.76	20.75	–8.71
2	上海报业集团印务中心	16.74	–10.48	18.70	–7.43
3	人民日报印刷厂	16.17	1.00	16.01	3.89
4	浙江日报报业集团印务有限公司	14.71	–10.03	16.35	–8.09
5	四川日报报业集团印务公司	13.14	–10.25	14.64	–3.11
6	河南日报报业集团有限公司印务中心	11.81	–10.12	13.14	–5.47
7	杭报集团盛元印务有限公司	9.94	–11.49	11.23	–8.00
8	广州日报报业经营有限公司印务分公司	9.90	–44.23	17.75	–21.74
9	深圳报业集团印务有限公司	8.87	–28.76	12.45	–8.99
10	辽宁金印文化传媒股份有限公司	8.67	–14.92	10.19	–10.38
11	湖北楚天传媒印务有限责任公司	8.57	–6.03	9.12	–1.31
12	华声在线股份公司湖南报业印务分公司	8.48	–6.50	9.07	1.00
13	新华日报社报刊印务部	8.48	–2.86	8.73	–10.63
14	广西日报社印刷厂	8.12	–8.14	8.84	–3.60
15	重庆重报印务有限公司	7.70	–14.44	9.00	3.45

（续表）

编号	单　位	2019 年		2018 年	
		年印刷量（亿印张）	±%	年印刷量（亿印张）	±%
16	山东大众华泰印务有限责任公司	7.65	–26.65	10.43	–6.79
17	新华社印务有限责任公司	7.26	–15.87	8.63	3.11
18	山西日报传媒（集团）印务有限责任公司	7.06	18.86	5.94	1.51
19	工人日报社印刷厂	7.02	–2.50	7.20	16.13
总计	19 家	198.60	–12.96	228.17	–6.45

表 11　2019 年报纸印刷量在 4 亿 –7 亿印张的单位

编号	单　位	2019 年		2018 年	
		年印刷量（亿印张）	±%	年印刷量（亿印张）	±%
1	江西日报社印务中心	6.50	–7.14	7.00	–1.13
2	河北报业传媒集团印务有限公司	6.38	–5.48	6.75	–7.66
3	经济日报印刷厂	6.35	2.09	6.22	46.01
4	福建日报报业集团印刷厂	6.24	–9.30	6.88	–14.52
5	云南报业传媒集团有限责任公司印务中心	5.97	–11.56	6.75	–8.29
6	北京日报印务有限责任公司	5.94	–17.15	7.17	–7.17
7	贵州日报报业集团公司印务分公司	5.79	–12.41	6.61	8.72
8	甘肃日报报业集团有限公司印务分公司	5.72	–11.32	6.45	–7.86
9	新安传媒有限公司印务公司	5.61	–12.07	6.38	–2.74
10	武汉长江日报传媒集团公司印务分公司	5.59	–13.60	6.47	–14.30
11	南京时代传媒股份有限公司（印刷事业部）	5.52	–8.00	6.00	–14.89
12	天津北方报业印务股份有限公司	5.45	–9.17	6.00	13.21
13	海南日报社印刷厂	5.25	–12.06	5.97	–5.09
14	黑龙江龙江传媒有限责任公司	4.94	–19.41	6.13	–10.56
15	陕西日报社印刷厂	4.70	–5.05	4.95	–6.95
16	苏州日报印刷中心	4.50	–5.06	4.74	–7.78
17	长沙晚报传媒有限公司印务分公司	4.46	–7.08	4.80	–9.60
18	石家庄报业传媒集团有限公司印务分公司	4.39	–12.38	5.01	–10.84
总计	18 家	99.30	–9.96	110.28	–4.96

2019年国内印刷装备、印刷器材主要商品进出口地（前5位）统计数据汇总表

税号	商品名称	进口来源地	进口数量（台）	进口值（美元）	出口目的地	出口数量（台）	出口值（美元）
84423021	计算机直接制版设备	德国	91	9866644	比利时	206	10180208
		日本	34	2437346	日本	202	7277569
		中国	48	1704365	印度	173	6095563
		加拿大	46	1153667	美国	164	5533262
		比利时	12	1071393	韩国	63	3038244
税号	商品名称	进口来源地	进口数量（千克）	进口值（美元）	出口目的地	出口数量（千克）	出口值（美元）
84425000	印刷用版（片）、滚筒及其他印刷部件；制成供印刷用(例如，刨平、压纹或抛光）的板（片）、滚筒及石板	德国	411966	7606636	马来西亚	365826	12082005
		瑞士	327613	4812426	印度	806279	6965713
		韩国	89554	4539779	土耳其	481618	6472015
		中国台澎金马关税区	294135	4147680	泰国	299044	6352440
		日本	33376	3779233	美国	481026	4705042
税号	商品名称	进口来源地	进口数量（台）	进口值（美元）	出口目的地	出口数量（台）	出口值（美元）
84431100	卷取进料式胶印机	日本	54	25270879	意大利	9	4918472
		意大利	22	1119190	西班牙	6	2356049
		法国	1	250000	越南	45	1814544
		印度	1	145552	泰国	3	1441944
		中国	1	122564	中国台澎金马关税区	4	1204144

（续）

税号	商品名称	进口来源地	进口数量（台）	进口值（美元）	出口目的地	出口数量（台）	出口值（美元）
84431313	平张纸进料式四色胶印机	日本	185	99100476	印度	33	5781558
		德国	243	85514645	越南	17	3057315
					德国	6	2838353
					法国	1	853521
					菲律宾	3	780753

税号	商品名称	进口来源地	进口数量（台）	进口值（美元）	出口目的地	出口数量（台）	出口值（美元）
84431319	其他平张纸进料式胶印机	德国	607	413335776	越南	49	13947290
		日本	145	87916770	美国	18	9974255
		捷克	5	3880936	印度	27	3973562
					土耳其	3	2356601
					菲律宾	5	2287499

税号	商品名称	进口来源地	进口数量（台）	进口值（美元）	出口目的地	出口数量（台）	出口值（美元）
84431600	苯胺印刷机	德国	8	10326985	越南	112	8606822
		意大利	16	6918751	印度	192	5527437
		美国	3	3176997	俄罗斯联邦	79	5213232
		西班牙	1	2891655	印度尼西亚	31	3773114
		捷克	1	1722811	韩国	17	3213583

税号	商品名称	进口来源地	进口数量（台）	进口值（美元）	出口目的地	出口数量（台）	出口值（美元）
84431700	凹版印刷机	意大利	5	5370649	印度	187	9799446
		日本	3	3143993	越南	516	6486438
		中国台澎金马关税区	5	2289487	泰国	45	4085518
		韩国	8	850255	韩国	29	3591126
		美国	8	386621	马来西亚	53	3115175

税号	商品名称	进口来源地	进口数量（台）	进口值（美元）	出口目的地	出口数量（台）	出口值（美元）
84431922	平网印刷机	中国台澎金马关税区	229	21502292	越南	756	13065674
		日本	51	9835553	孟加拉国	139	4452741
		葡萄牙	15	3807507	中国台澎金马关税区	336	4064377
		韩国	49	972737	印度尼西亚	103	3732048
		奥地利	3	370791	美国	14866	3160535

税号	商品名称	进口来源地	进口数量（台）	进口值（美元）	出口目的地	出口数量（台）	出口值（美元）
84433221	数字式喷墨印刷机，可连接	日本	3982	33277446	美国	75486	127060858
		中国	9553	29154085	荷兰	22504	61641141
		泰国	69042	19804892	德国	89000	53475033
		印度尼西亚	51637	16514142	印度	10791	51040663
		意大利	62	14110836	日本	20222	34747326

（续）

税号	商品名称	进口来源地	进口数量（千克）	进口值（美元）	出口目的地	出口数量（千克）	出口值（美元）
84439929	数字印刷设备的其他零件及附件	日本	602618	169758897	美国	515568	18035446
		美国	218639	88936041	日本	440856	16428419
		中国	498196	68203294	以色列	1344882	14205665
		新加坡	185379	21448413	荷兰	129617	8938938
		马来西亚	166754	17121192	韩国	27239	7588425
税号	商品名称	进口来源地	进口数量（台）	进口值（美元）	出口目的地	出口数量（台）	出口值（美元）
84411000	切纸机	中国台澎金马关税区	467	9512818	美国	2418235	162309917
		德国	364	8919587	越南	11024	25545462
		日本	1866	2628222	印度	44285	22906902
		意大利	51	2543333	马来西亚	184973	19637671
		美国	166	2308441	荷兰	166397	12620380
税号	商品名称	进口来源地	进口数量（台）	进口值（美元）	出口目的地	出口数量（台）	出口值（美元）
84413090	其他制造箱、盒、管、桶或类似容器的机器	中国台澎金马关税区	44	14836535	印度	12490	48462063
		日本	17	4757358	越南	3087	31921189
		德国	16	2408447	泰国	359	11562654
		法国	1	2374519	马来西亚	315	11472801
		韩国	12	1118528	墨西哥	399	9108648
税号	商品名称	进口来源地	进口数量（千克）	进口值（美元）	出口目的地	出口数量（千克）	出口值（美元）
32151900	其他印刷油墨	日本	2534538	103054244	越南	3934852	13799194
		中国台澎金马关税区	2516746	27254556	印度	1895149	6349213
		韩国	1229336	17971101	中国台澎金马关税区	1267135	5816337
		新加坡	452322	15062795	印度尼西亚	1195819	5129993
		英国	518554	12156730	巴基斯坦	1652170	4874341
税号	商品名称	进口来源地	进口数量（千克）	进口值（美元）	出口目的地	出口数量（千克）	出口值（美元）
32159020	水性喷墨墨水	日本	1913083	46986485	新加坡	628411	16038603
		美国	1408904	21370716	荷兰	517922	9087078
		马来西亚	889513	16806772	印度	1067210	7322451
		印度尼西亚	735454	15370902	印度尼西亚	1174924	6747354
		菲律宾	221867	5023017	越南	891598	5941938
税号	商品名称	进口来源地	进口数量（平方米）	进口值（美元）	出口目的地	出口数量（平方米）	出口值（美元）
37013024	未曝光的 CTP 版，任一边 > 255mm	日本	92545	4778315	韩国	20727815	58301974
		中国	168041	468698	印度	8918032	26385171
		德国	23260	134654	比利时	8940612	25591608
		希腊	55705	123121	土耳其	9652246	24775290
		中国台澎金马关税区	19529	53594	中国台澎金马关税区	7524062	20844972